面向 21 世纪课程教材
国家外语非通用语种本科人才培养基地教材

主 编 汪大年

缅甸语教程

第六册

本册编著 李 谋

北京大学出版社
北 京

图书在版编目(CIP)数据

缅甸语教程. 第六册/ 李谋编著. —北京：北京大学出版社，2005.8

ISBN 978-7-301-07944-7

Ⅰ. 缅… Ⅱ. 李… Ⅲ. 缅语-高等学校-教材 Ⅳ. H421

中国版本图书馆 CIP 数据核字(2005)第 010628 号

书　　　名：**缅甸语教程 第六册**
著 作 责 任 者：李　谋　编著
责 任 编 辑：杜若明
标 准 书 号：ISBN 978-7-301-07944-7/H・1204
出 版 发 行：北京大学出版社
地　　　址：北京市海淀区成府路 205 号　100871
网　　　址：http://cbs.pku.edu.cn
电　　　话：邮购部 62752015　发行部 62750672　编辑部 62753334
电 子 邮 箱：zpup@pup.pku.edu.cn
排 版 者：北京华伦图文制作中心
印 刷 者：北京虎彩文化传播有限公司
经 销 者：新华书店
　　　　　890 毫米×1240 毫米　A5　9 印张　240 千字
　　　　　2005 年 8 月第 1 版　2024 年 2 月第 3 次印刷
定　　　价：26.00 元

编者的话

1. 《缅甸语教程》是教育部"高校外语专业面向21世纪教育内容和课程体系改革计划"中的入选项目,也是北京大学外语主干课程教材基础建设的一项重要科研任务。十五年前,我们曾经编写过《缅甸语基础教程》,出版后受到广大读者的欢迎,也被许多兄弟院校采用。但是,十多年来,国内外形势有了很大变化,尤其是进入21世纪,我国加入WTO,客观形势对外语教学又提出了新的更高的要求。为了适应时代发展的需要,我们在总结以往经验和教训的基础上,重新编写了从基础到高级的全套《缅甸语教程》。

2. 《缅甸语教程》主要读者对象为大专院校缅甸语专业本科生,也可供从事缅甸语言教学和研究人员及自学人员参考和学习。

3. 《缅甸语教程》共分六册,供两个阶段学习:第一、第二、第三册为基础阶段教材,学习时间一般为一年半,共教词汇约4500个;第四、第五、第六册为提高阶段教材,学习时间为一年半,词汇量约5000左右。

  第一册(基础教程)为语音阶段和基础句型阶段所用。包括12课语音教材及8课基本句型为主的课文。语音阶段教学的主要目的是使学生掌握缅甸语的语音基础、熟练掌握缅甸语的发音、变音、声调、基本语调及缅甸文字拼写规律。第13—20课的课文阶段主要目的是使学生了解缅甸语的基本句子构成和常用语表达方式。还是以巩固基本语音、基本句型为主,不要求深入分析语法关系,同时以实用的日常会话来带动语音学习。

进大学学习缅甸语的学生与学英语的学生外语基础不同,学习缅甸语的学生都是从零开始,因此《缅甸语教程》特别重视语音的基本功训练。同时由于缅甸语中书面语体和口语体有较大的差别,往往形成学生学习中的障碍,为了尽快消除这些障碍,根据多年来的教学经验,我们采取在基础教材中口语体和书面语体同步前进的方式。

第二、第三册(基础教程),以基本词汇、基本语法和基本句型的教学为主,围绕生活会话的内容进行语言训练。要求经过三册的学习,达到了解和熟悉缅甸语的基本语言规律,较熟练地掌握生活会话。

第四、第五、第六册(高级教程),为提高阶段所用。这三册都以原文注释词汇和课文内容。通过大量练习,不断提高外语的理解能力和表达能力;通过对原文学习,使学生更多地了解缅甸的政治、经济、文化和风俗习惯等,进一步扩大学生的知识面和培养学生独立思考能力和解决问题的能力;通过大量严格的训练,全面提高学生的听、说、写、读等能力并熟练掌握汉缅、缅汉语言互译的基本技能和技巧。

4.《缅甸语教程》的主要特点是:

(1)以实践第一为原则:首先,我们筛选经典或精品作课文的主要内容,同时补充有时代感和前瞻性的作品。21世纪全球共同关注的经济一体化、发展高科技、加速信息化、远离艾滋病以及与缅甸关系密切的禁毒反毒等内容都在课文中有所反映。使学生真正做到学以致用。其次,注重"精讲多练",扩大课文中的练习内容,使课堂不仅是老师授业的场所,更成为学生得到反复训练机会的场所。

(2)贯彻以人为本的原则:教材除提供各种丰富的练习内容,还提供了补充阅读材料,便于"因材施教",使各类学生都能得到充分发挥的机会。同时,教材还着重考虑到调动和发挥学生的积极性，尤其是练习内容不仅要使学生学到有用的知识，更重要的是注重培养学生优良的道德品质和较强的独立思考和解决问题的能力。

（3）确保教材的系统性和科学性：《缅甸语教程》包括缅甸语中基本语音、词汇、语法及习用语等，从基础教程到高级教程基本做到深浅合适，符合循序渐进的要求。

（4）题材和体裁丰富多彩，并有多种常用的应用文内容，便于扩大学生的知识面和提高实际应用能力。

（5）知识性与趣味性有机的结合：课文不仅内容丰富，形式多样并有许多诸如儿歌、成语、绕口令、谜语、讨论题、辩论题等生动内容，为学生创造轻松、自如的学习氛围，进行有效的学习。

5. 《缅甸语教程》编委成员有：

汪大年、林琼、杨国影、姜永仁、姚秉彦、李谋

编写任务分工如下：

主　　编：　汪大年　（负责全书的审定）

分册编著：

第一册：　汪大年

第二册：　林　琼

第三册：　杨国影、汪大年

第四册：　姜永仁

第五册：　姚秉彦

第六册：　李　谋

6. 《缅甸语教程》的编写，得到了教育部"高校外语专业面向 21 世纪教学内容和课程体系改革计划"项目的经费资助。同时也得到"北京大学创建世界一流大学计划"、"北京大学国家外语非通

用语种人才培养基地"的经费资助，使编写工作得以顺利完成。《缅甸语教程》的出版还得到北京大学基干课程教材出版基金的资助。

7. 《缅甸语教程》编写过程中，我们与兄弟院校的师生进行了广泛座谈和探讨，吸取了许多宝贵意见和他们的好经验。

8. 《缅甸语教程》的编写也受到北京大学外国语学院和东语系各级领导的关心和支持。责任编辑杜若明认真审读并提出了许多宝贵的修改意见。缅甸语言文化专业博士研究生祝湘辉和硕士研究生邹怀强在编写过程中，帮助做了许多具体工作。在此一并表示衷心的感谢。

9. 《缅甸语教程》的编写，经过反复的修改、补充，前后历时 4 年，大家都尽心尽力，埋头苦干，总希望能将教材编得最好。然而，毕竟编写教材是一项细致而又长期的科研工作，不可能毕全功于一役，也难以做到尽善尽美。《缅甸语教程》中难免有疏漏和不当之处，衷心希望和热诚欢迎本教程使用者提出宝贵意见和建议，使教材质量精益求精、不断提高。

编　者
2002. 7. 1

မာတိကာ

သင်ခန်းစာ(၁)	ငပါးနပ်၊ငတုံးတာနဲ့ငကျွန်	၁
သင်ခန်းစာ(၂)	ပုပွားရယ်သာလာလှည့်ပါ	19
သင်ခန်းစာ(၃)	အေအိုင်ဒီအက်စ်ရောဂါနှင့်မြန်မာနိုင်ငံ	35
သင်ခန်းစာ(၄)	သိပ္ပံမောင်ဝ	51
သင်ခန်းစာ(၅)	လူအသည်း	73
သင်ခန်းစာ(၆)	ဘယ်သူ့လက်အောက်မှမနေချင်ဘူး	85
သင်ခန်းစာ(၇)	ပုဂံမှစေတီပုထိုးများ	102
သင်ခန်းစာ(၈)	ပုခက်လွဲ့သောလက်	122
သင်ခန်းစာ(၉)	နှစ်ပေါင်းတစ်ထောင်ကျော်ကပျူတေးသံ	144
သင်ခန်းစာ(၁၀)	ဘကြီးအောင်ညာတယ်	159

သင်ခန်းစာ(၁၁) ပဒေသရာဇ်ခေတ်မြန်မာစာပေအခြေအနေ 175

သင်ခန်းစာ(၁၂) စာမေးပွဲ 191

သင်ခန်းစာ(၁၃) ပုဂံပေးစာတစ်စောင် 206

သင်ခန်းစာ(၁၄) ဖလား 222

သင်ခန်းစာ(၁၅) မြစေတီကျောက်စာ 242

ဝေါဟာရများ 260

သင်ခန်းစာ (၁)
ပေါ်းနပ်၊ တော်းတာနဲ့ ကျွန်

ကျွန်ဟာရင်နဲ့ အပြည့်ဖြစ်နေတဲ့ သူ့ဒုက္ခဝေဒနာကို ဖွင့် အံ့ပြောပြနိုင်ဖို့ အတွက် နားထောင်မယ့် လူတစ်ယောက်ကို လိုက်ရှာတတ်တဲ့ အလုပ်က လွဲပြီး ဘာမှ ဟုတ်ဟုတ်ညည်းညည်း လုပ်တတ်တာရယ်လို့ မရှိဘူး။ သူ့ဒုက္ခတွေကို ညည်းတွားပြောပြချင်တာရယ်၊ ပြောပြတတ်တာရယ်၊ အဲဒါ သူ အစွမ်းအစ အကုန်ပါပဲ။ ဒါကလွဲလို့ တခြား ဘာမှ သူ မလုပ်တတ်ဘူး။

တစ်နေ့တော့ ပေါ်းနပ် တစ်ယောက်နဲ့ သူတွေ့တယ်။

"ဆရာရယ် ..."

ဝမ်းပန်းတနည်း ပါးပြင်ပေါ် မျက်ရည်တွေ တဖြိုင်ဖြိုင်ကျရင်းနဲ့ ကျွန်က ပြောတယ်။

"ခွေးတိုးဝက်ဝင် ဘဝမျိုးနဲ့ ကျွန်တော် နေရတာ ... ဆရာလည်း အသိပါပဲ။ တစ်နေကုန်နေလို့မှ ထမင်းတစ်နပ် မစားရတဲ့ ဘဝ။ စားရပြန်တော့လည်း ဝက်စာ ထက်ညံ့ဖျင်းတဲ့ မဝရေစာ လေးတစ်ခွက်လောက်။ ငတ်မသေရုံတမယ်ပါပဲ ..."

"အင်း ... ဒီပုံအတိုင် သာဖြင့် အခြေအနေ သိပ်ဆိုး နေပါပေါ့ ကလားကွာ ..."

ပေါ်းနပ်က ရှုကနာသန်နဲ့ ပြောလိုက်တယ်။

"ဒါတင် ဘယ်က မလဲ ဆရာရယ်"

ပြောရင်းနဲ့ ကျွန်က အားတက်သရော ဖြစ်လာဟန် တူတယ်။

"နေ့လည်း မအားရ ... ညလည်း မအားရ ... များလိုက်တဲ့ အလုပ်ဆရာရယ်။ မိုးလင်းတာနဲ့ ရေထမ်း၊ မိုးချုပ်တော့ ညစာချက်၊ မနက်ဖက်မှာ ကိုဟိုဒီ လက်တို လက်တောင်းပြေး၊ ညပိုင်းကျတော့ ဂျုံကြိတ်၊ နေသာရင် အဝတ်တွေ လျှော်၊ မိုးရွာတော့ ထီးတော်မိုး လုပ်၊ ဆောင်း

ရောက်တော့မီးဖိုစောင့်ပေအုံးပေါ့။ နွေရာသီလည်းရောက်ရောသခင်အတွက်ယပ်တော်ခတ် ပေးရတဲ့ဘဝရောက်ပြန်ရတော့တာပါပဲဆရာရယ်။ ညည့်နက်သန်းခေါင်ကျပြန်တော့မိဖြူဟင်း ချိုကျိုရင်းဖဲကစားနေတဲ့ကျွန်တော့်သခင်ကိုခစားရပြန်တယ်။ အဲဒီလောက်မအိပ်မနေလုပ် ကိုင်ပေးတာတောင်ကျွန်တော့်မှာဆုငွေကလေးမရပါဘူး။ တစ်ခါတလေအရိုက်တောင်ခံလိုက်ရသေး တယ်ဆရာရယ်"

"ညြော် ... ဖြစ်မှဖြစ်ရလေကွာ"

သက်ပြင်းရှည်ကြီးချရင်းကပေါနုပ်ရဲ့မျက်လုံးတွေဟာဝိုတော့မယောင်ရဲရဲနီလာတယ်။

"ကျွန်တော်တော့ဘယ်နည်းနဲ့မှဒီအတိုင်းဆက်နေလို့မဖြစ်တော့ဘူးဆရာ။ ထွက် ပေါက်ထွက်လမ်းရှာရတော့မှာပဲ။ ပြောမယ်သာပြောရတယ်၊ ရှေ့ဆက်ပြီးကျွန်တော်ဘာလုပ်ရင် ကောင်းမလဲဆရာ"

"ငါအသေအချာပြောရဲ့ပါတယ်ကွာ။ ဖြစ်သမျှအကြောင်းတွေဟာကောင်းသထက် ကောင်းလာကြဖို့ချည်းပါပဲ။"

"ဆရာဒီလိုပဲထင်သလား၊ ကျွန်တော်လည်းပဲဒီအတိုင်းမျှော်လင့်မိတာပါပဲ။ ဟုတ်ပါ တယ်လေ။ ဘာပဲပြောပြောအခုဆိုရင်ဆရာဆီမှာကျွန်တော့်ဒုက္ခအဝဝကိုရင်ဖွင့်ပြလိုက်ရပြီ။ ဆရာ ကကျွန်တော့်ဘဝကိုစာနာရဲ့တင်မကအားပေးဖော်လည်းရတယ်ဆိုတော့ကျွန်တော်တော် တော်လေးစိတ်သက်သာရာရပါပြီ။ ဒါကိုက ... လောကကြီးမှာတရားမျှတမှုရှိသေးတယ်ဆို တဲ့လက္ခဏာပါပဲ"

သင်ခန်းစာ (၁)

ဒီလိုနဲ့ရက်တော်တော်ကြာသွားပြန်တော့ ကျွန်ဟာစိတ်ဓာတ်ကျအားငယ်လာပြန် တယ်။ဒီတော့သူ့ဒုက္ခဝေဒနာကိုရင်ဖွင့်အန္တချူပြနိုင်ဖို့အတွက်နောက်လူတစ်ယောက်ရှာပြီးတွေ့ရ ပြန်တယ်။

"ဆရာရယ်"

ကျွန်ဟာမျက်ရည်ဖြိုင်ဖြိုင်ကျရင်းရင်ဖွင့်ပြန်တယ်။

"ကျွန်တော့တဲ့ဟာဝက်စားကျင်းထက်တောင်နံချည်းဖျင်းတာကိုဆရာလည်းအသိပါပဲ။ ကျွန်တော့်သခင်ဟာကျွန်တော့်ကိုလူစာရင်းထဲတောင်သွင်းထားပုံမရပါဘူး။ကျွန်တော့်ထက် စာရင်သူ့ခွေးကမှအဆသောင်းပေါင်းများစွာလောက်ပိုပြီးဂရုစိုက်ယုယတာခံရပါသေးတယ် ခင်ဗျာ ..."

"တယ် ... တော်တော်လူမဆန့်တဲ့တိရစ္ဆာန်ကောင်" နောက်လူတစ်ယောက်ဆိုသူရဲ့ ဒေါကြီးမောကြီးအော်ဟစ်ကြိမ်းဆဲရေရွတ်လိုက်သံပါပဲ။

သူ့အသံကြောင့်ကျွန်တောင်တော်တော်အလန့်တကြားဖြစ်သွားပါတယ်။ အဲဒီ နောက်လူဟာငတုံးတာတစ်ယောက်ပါပဲ။

"ကျွန်တော်နေရာတကယ့်တဲ့စုတ်ကလေးပါဆရာရယ်။အခန်းကလေးတစ်ခန်းပဲရှိ ပါတယ်။ဖိုတီးစိစွတ်မှောင်မှောင်မဲမဲနဲ့ ... ကြမ်းပိုးတွေကလည်းတစ်လှေကြီး။အိပ်မလို့လှဲ လိုက်တာနဲ့ ကြမ်းပိုးအုပ်ကြီးကအငမ်းမရကိုက်လိုက်ခဲလိုက်ကြတာမပြောပါနဲ့တော့ဆရာရယ်။ ပြီးတော့ပြတင်းကလေးတစ်ပေါက်တောင်မရှိတဲ့အခန်းမို့အန့်အသက်ဆိုးတွေနဲ့ပိတ်လျောင်မွှန်း ကျပ်ပြီးအသက်တောင်မရှုရသာပါဘူး။"

"မင်းရဲ့သခင်ကိုပြတင်းတစ်ပေါက်လောက်ဖောက်ပေးဖို့ပြောလို့မရနိုင်ဘူးလား"

"မလုပ်ပါနဲ့ဆရာရယ် ... ကျွန်တော်ဘယ်ပြောဝံ့ပါ့မလဲ"

"ကိုင် ... ဒီလိုဆိုရင် ... မင်းအခန်းကိုလိုက်ပြစမ်းပါအုံး"

ငတုံးတာဟာကျွန်နေတဲ့တဲကလေးဆီလိုက်သွားတယ်။တဲကလေးဆီရောက်တာနဲ့ ရှုံ့နဲ့ကိုတဒန်းဒုန်းရိုက်ထုပြီးဖျက်တော့တာပဲ။

"ဟာ ... ဆရာ ... ဘယ်လိုလုပ်တာလဲဗျ ..."

ငကျွန်ကကြောက်လန့်တကြားနဲ့မေးလိုက်တယ်။

"ကျုပ် ... မင်းအတွက်ပြတင်းတစ်ပေါက်ဖောက်ပေးမလို့လေ"

"အမယ်လေး ... မလုပ်လိုက်ပါနဲ့ဆရာရယ် ... သခင်ကတော့ကျွန်တော့်ကိုဆဲတော့မှာပဲ"

"မင်းသခင်ဆိုတဲ့ကောင်ကိုမေ့ထားလိုက်စမ်းပါကွာ"

ငတုံးတာကနံရံကိုဆက်လက်ထုရှိက်ဖောက်ထွင်းမြဖောက်ထွင်းနေတယ်။

"ကယ်တော်မူကြပါခင်ဗျား၊ဓားပြတစ်ယောက်အိမ်ကိုဖောက်နေလို့ပါ။မြန်မြန်လာကြပါခင်ဗျား ... နံရံပြိုပါတော့မယ်"

ငကျွန်ဟာအော်လည်းအော်ရဲ့။ငိုလည်းငိုရဲ့။

တုန်လှုပ်ချောက်ချားခြင်းကြီးစွာနဲ့၊မြေပြင်မှာလူးလိမ့်နေပါတော့တယ်။

တခြားကျေးကျွန်တွေတစ်အုပ်ကြီးပြေးလာကြပြီးငတုံးတာကိုဝိုင်းဝန်းမောင်းထုတ်လိုက်ကြတယ်။

အော်သံဟစ်သံတွေကြောင့်နောက်ဆုံးမှပြည်းဖြည်းဆေးဆေးရောက်လာသူကတော့သခင်ဖြစ်သူပါပဲ။

"ဓားပြတစ်ယောက်ဟာကျွန်တော်တို့အိမ်ကိုဖောက်ထွင်းဖို့ကြိုးစားပါတယ်သခင် ... ကျွန်တော်အော်ဟစ်သတိပေးလို့အားလုံးညီညီညာညာဝိုင်းဝန်းပြီးဓားပြကိုမောင်းထုတ်လိုက်ပါပြီသခင်"

ငကျွန်ဟာရိရိကျိုးကျိုးနဲ့အောင်ပွဲရစစ်သူကြီးပမာသူသခင်ကိုပြောရှာတယ်။

"မင်းရှိပေလို့သာပေါ့ကွာ"

သခင်ကသူ့ကျွန်ကိုကောင်းချီးပေးလိုက်တယ်။

အဲဒီနေ့ကငကျွန်ဆီကိုသတင်းမေးသူတော်တော်များများရောက်လာကြတယ်။အဲဒီလိုသတင်းမေးလာကြသူတွေထဲမှာပါးနပ်လည်းပါတာပေါ့။

သင်ခန်းစာ (၁)

"ဆရာ ... ကျွန်တော်တော့ကိုယ့်ကိုယ်ကိုအသုံးကျတဲ့လူဖြစ်အောင်နေတတ်ထိုင် တတ်လို့သခင်ရဲ့ဂုဏ်ပြုချီးကျူးမှုကိုခံရပါတယ်။ တစ်နေ့ကပဲဆရာပြောလိုက်သေးတယ်မဟုတ် လား၊ ဖြစ်သမျှအကြောင်းတွေဟာကောင်းသထက်ကောင်းလာကြဖို့ချည်းပဲ ... လို့ဆရာက တော့တကယ်ကိုအမြော်အမြင်ကြီးမားပါပေတယ်ခင်ဗျာ ... ။"

ဂျွန်ကမျှော်လင့်ချက်အပြည့်နှင့်ရွှင်ရွှင်ပျူပျူပြောလိုက်တယ်။

"ဒါဟာသစ္စာတရားပဲလေကွာ" လို့ပေါနပ်ကဂျွန်အတွက်သိပ်ကျေနပ်အားရသ ယောင်ယောင်စကားတို့ပြန်လိုက်တယ်။

ဒီဇင်ဘာ ၂၆။၁၉၂၅။
(လူရွှန်းရေးသော "မြက်ရိုင်း" စာစုမှရှေးစာတစ်ပုဒ်မြန်မာဘာသာသို့ပြန်ထားသည်)

ဝေါဟာရ

င (န) ယောက်ျား၏အမည်ရှေ့ကထည့်သုံးသောစကားလုံး။
  ၁။ ရှေးခေတ်ကရိုးရိုးလူ၏အမည်ရှေ့ကထည့်သုံးသည်။
  ၂။ ယခုခေတ်တွင်ဂုဏ်နိမ့်သူအမည်ရှေ့မှသာရင့်ရင့်သီးသီးထည့်သုံးသည်။ တစ်ခါတစ်လေတစ်စုံတစ်ယောက်သောသူကိုရွံ့မုန်းအထင်သေးသောအ ခါသုံးတတ်သည်။
  ၃။ ပုံပြင်ပြောသောအခါပုံပြင်ထဲကဇာတ်ကောင်၏အမည်ရှေ့တွင် 'င' ထည့်၍ခေါ်လေ့ရှိသည်။
  ၄။ အလွန်ရင်းနှီးသူတို့အချင်းချင်းအမည်ရှေ့ကထည့်ခေါ်ဝေါ်တတ် သည်။
တုံးတာ (နဝ) ဉဏ်ထိုင်းသော။ ထုံထိုင်းသော။
အပြည် (န) (အတိုင်းအတာအရေအတွက်ပမာဏစသည်)မယုတ်လျော့ခြင်း။ နေရာ

လပ်မရှိခြင်း။ ဥပမာ-
- ကျွန်ကမျော်လင့်ချက်အပြည့်နှင့်ရွှင်ရွှင်ပျုပျုပြောလိုက်တယ်။
- ရေအိုးထဲတွင်ရေအပြည့်နှင့်ထည့်မထားချေ။
(ကစ) (အတိုင်းအတာ၊အရေအတွက်၊ပမာဏစသည်)မယုတ်လျော့ပဲနေရာလပ်မရှိပဲ။ ဥပမာ-
- ရင်နဲ့အပြည့်ဖြစ်နေတဲ့သူ့ဒုက္ခဝေဒနာကိုဖွင့်အန်ပြောပြနိုင်ဖို့ ...
- ရွှေစလောင်းနှင့်အပြည့်တင်ထားသောထမင်းစမဲဟင်းလျာများ

ဟုတ်ဟုတ်ညားညား (ကစ) မည်မည်ရရ။ ထိထိရောက်ရောက်။

ခွေးတိုးဝက်ဝင် (န) ခွေးမျိုးဝက်မျိုးကဲ့သို့သူတစ်ပါး၏လေးစားခြင်းကိုမခံရသောအဖြစ်။

မဝရေစာ (န) ဝလင်အောင်မစားရသောအစာ။

အားတက်သရော (ကစ) စိတ်အားထက်သန်တက်ကြွစွာ။

လက်တိုလက်တောင်း (န) အိမ်မှုအသေးအဖွဲ့လုပ်ငန်း။

ယပ် (န) လေခတ်ရန်၊နေကိုကာကွယ်ရန်ထန်းရွက်စသည်ဖြင့်ပြုလုပ်ထားသည့်အပြားအချပ်ပစ္စည်းတစ်မျိုး။

ယပ်ခတ် (က) ယပ်နှင့်လေကိုခတ်သည်။

မှိုဖြူ (န) 银耳

ရင်ဖွင့် (က) စိတ်နှလုံးထဲ၌မျိုသိပ်ထိမ်ချန်ထားရသောအကြောင်းအရာများကိုဖွင့်ဟဖော်ထုတ်သည်။

ဖြိုင်ဖြိုင် (ကစ) အများအပြားတဖြိုင်တည်း။

စားကျင် (န) ၁။ သစ်လုံးကိုလှေဝမ်းကဲ့သို့ထွင်းထားသောမြင်း၊ဝက်တို့စားခွက်ရှည်။
၂။ ဝက်စသောတိရစ္ဆာန်များအစာရှာရာဥ့်ကောက်ပက်ထားသောမြေအရပ်။

စိုတီးစိစွတ် (ကဝ) ရေသို့မဟုတ်အရည်စွဲဝင်တည်ရှိစွာ။

ကြမ်းပိုး (န) လူအိပ်ရာနေရာကြမ်းအကြို့အကြား၌ တွင်ခိုအောင်း၍ အသွေးကိုစုပ်တတ်သောနံ့သိုးကောင်။

အမ်းမရ (ကဝ) လိုချင်တပ်မက်ခြင်းပြင်းပြစွာ၊ စောင့်စည်းထိန်းသိမ်းခြင်းမရှိပဲ။

ရှိရှိကျိုးကျိုး (ကဝ) အောက်ကျို့ဝပ်တွားလေးစားစွာ။

သစ္စာတရား (န) အမှန်ဖြစ်တတ်သောအကြောင်း။

*****   *****   *****

ရှင်းပြချက်

၁။။။ ကလား အာမေဋိတ်ဝါကျအဆုံးသတ်ရာတွင် သုံးသည်။ အံ့ဩသောလေသံဖြစ်သည်။ တခါတလေ 'ချည်(ချေ)' 'တာ' 'ပါ' 'ပေါ့' စသောစကားလုံးများနှင့်တွဲသုံးလေ့ရှိသည်။ ဥပမာ–

- နေ့ရှိတိုင်းစိုးရိမ်နေရတဲ့ ဘဝမျိုးကလား။
- မျက်နှာပျက်လှချည်ကလား။
- မောင်ဘဟာမောင်မောင်နဲ့တယ်တူတာကလား။
- သူ့မှထိုက်တာကလား။
- မင်းလွန်လွန်းလုပါကလား။
- သူ့ကိုမတွေ့ရပါကလား။

၂။။။ ငတ်မသေရုံတမယ်ပါပဲ။ 饿不死而已。

ရုံတမယ် (ပ) စကားပြောရာ၌ တစုံတခုသောအတိုင်းအတာအကန့်အသတ်ကိုလေးနက်စွာဖော်ပြရန်ကြိယာနောက်တွင်ဆက်ထားသောစကားလုံး။ သို့မဟုတ်တစုံတရာအဖို့အတွက်မျှကိုအလေးအနက်ဖော်ပြသောစကားလုံး။ ဥပမာ–

- ဖျားလိုက်တာမသေရုံတမယ်ပဲကျန်တော့တယ်။
- မသေရုံတမယ်ပြေးယင်းလွှားယင်းနဲ့တစ်နေရာရောက်နေတယ်။
- စိတ်ထားကခပ်မြင့်မြင့်၊ မိုးပေါ် မှတရိပ်ရိပ်မပြေးရုံတမယ်ဘဲ။

၃။ ဒီပုံအတိုင်းသာဖြင့်အခြေအနေသိပ်ဆိုးနေပါပေါ့ကလားကွာ။ 照这样，处境可太惨啦！

သာ= အခြားတစ်ပါးသောအရာကိုမြစ်ပယ်လျက်ထင်ရှားစွာဖော်ပြသောစကားလုံး။

ဖြင့်= အတိုင်းအတာအချိန်ကာလစသည်ကိုတစုံတရာအလေးထားပိုင်းကန့်၍သတ်မှတ်ဖော်ပြရာ၌သုံးသောစကားလုံး။

ပေါ့= သေချာတိကျသော၊ ကောင်းနွှဲဖြစ်သောသဘောကိုပြထားသည့်စကားလုံး။

ကလား = အံ့ညိုမိခြင်း၊အံ့အားသင့်ခြင်း၊လိုက်လံစွာခံစားမိခြင်းပြသောလေသံ။

၄။ ပြောမယ်သာပြောရတယ်။ 仅仅是说说而已。 说是这样说。

၅။ ကျွန်တော့်သခင်ဟာကျွန်တော့်ကိုလူစာရင်းထဲတောင်သွင်းထားပုံမရပါဘူး။
主人不把我当人看。

၁။ လူစာရင်းထဲမသွင်း: 不当人看待。（直译：不列入人的名单）

၂။ ပုံရ = ကြိယာသို့မဟုတ်နာမဝိသေသနနောက်တွင်ဆက်ထားပြီးအရိပ်အယောင်ဟန်သွင်ပြသည့်သဘောကိုဆောင်ထားသည်။ ဥပမာ-
- မေတ္တာကိုရှေ့ထားပြီးသနားပုံရသည်။
- ဤမိန်းကလေးသည်လိမ္မာရေးခြားပုံရသည်။
- သူသည်အနည်းငယ်ကသိကအောက်ဖြစ်သွားပုံရလေသည်။

သင်ခန်းစာ (၁)   9

၆ ။ ။ တယ် တော်တော်လူမဆန်တဲ့ တိရစ္ဆာန်ကောင်။ 哼！没有人性的畜牲！
    တယ် (အ) ငေါက်ငမ်းခြိမ်းခြောက်သောအာမေဍိတ်စကားလုံး။

၇ ။ ။ ပါပေ (ပ) သေချာလေးနက်စေရန်ကြိယာတွင်ဖြည့်၍သုံးသောစကားလုံး။ ဥပမာ-
    - ဆရာကတော့ တကယ်ကိုအမြော်အမြင်ကြီးမားပါပေတယ်ခင်ဗျာ။
    - ရှင်းပြမှသူနားလည်သွားပါပေတော့တယ်။
    - သင်ပြောသည့်အတိုင်းဆိုလျှင်မှန်ပါပေ၏။
    - သူတို့နောက်မိသည်မှာလွန်လည်းလွန်သွားပါပေသည်။

၈ ။ ။ လည်း (သ)အထက်ရည်ညွှန်းရင်ဆိုလိုရင်းနှင့်သာမပြီးပဲထိုအကြောင်းအရာကိုထပ် ပြည့်ပေါင်းစည်း၍ငင်သည့်သဘောဖြင့်သုံးသောစကားလုံး။ကြိယာ(သို့မဟုတ်နာမဝိ သေသန)ကိုနှစ်ထပ်ပြု၍အကြား၌သုံးလေ့ရှိ၏။နောက်ကြိယာကိုပဓာနထား၍ရှေ့ ကြိယာပုဒ်ကိုဝိသေသနသဘောသုံးသည်။ ဥပမာ-
    - ကျွန်ဟာအော်လည်းအော်ရဲ့ ငိုလည်းငိုရဲ့။
    - လယ်သမားသည်ထွန်လည်းထွန်၏ စိုက်လည်းစိုက်၏။
    - မြင့်ခင်သည်စာအုပ်ကိုဝယ်လည်းဝယ်၏ ရောင်းလည်းရောင်း၏။
    - မမြသည်ဝလည်းဝ၏ လှလည်းလှ၏။
    - သူသည်စာကိုမြန်လည်းမြန်မြန်လုလည်းလုလုရေးတတ်သည်။

၉ ။ ။ ကိုက (ပ)=ကို(နာမ်ကိုလေးနက်စေသောစကားလုံး)+က(ပြုသူဖြစ်သူကိုညွှန်ပြသော စကားလုံး) ဥပမာ-
    - ဒါကိုကလောကကြီးမှာတရားမျှတမှုမရှိသေးတယ်ဆိုတဲ့လက္ခဏာပါပဲ။
    - ဒီကောင်ကိုကလည်းအစဉ်းစားအဆင်ခြင်ဉာဏ်မရှိတာပါ။

- ငါ့ကိုကဒီလိုမလုပ်သင့်ပါဘူး။
- မင်းကိုကဲ့ပဲကဲ့လွန်းတယ်။
- စပါးဖြစ်အောင်လုပ်နိုင်တယ်ဆိုတာကိုကပညာရှိလို့သူယုံကြည်တယ်။

*****　　　*****　　　*****

လေ့ကျင့်ခန်း

၁။။ သင်ခန်းစာကိုသေသေချာချာဖတ်ပြီးလျှင်စာရေးဆရာလှုရှန်းကမည်သည့်လူစား မျိုးအားသရော်ထားသည်ကိုဝေဖန်စိစစ်ပြီးရေးပြပါ။

၂။။ 'က' ဟူသောစကားလုံး၏သုံးပုံသုံးနည်းအမျိုးမျိုးကိုပေါင်းရုံးသုံးသပ်ကြည့်ပါ။ ဤသင်ခန်းစာအပါအဝင်တွေ့ရှိခဲ့သောဆောင်းပါးများမှသက်ဆိုင်ရာဝါကျထုတ် နုတ်၍ပြယုဂ်အဖြစ်နှင့်ပြပါ။

၃။။ အောက်ပါစကားလုံးများဖြင့်ဝါကျတစ်ခုစီဖွဲ့ပြပါ။

ကလွဲပြီး၊	...တာရယ်...တာရယ်၊	ရုံတမယ်ပါပဲ။
...ဟန်တူတယ်၊	...မယောင်၊	...ဖော်ရ။
...ရာရ၊	ပမာ။	

၄။။ ဆင်းရဲနွမ်းပါးသည့်ဘဝမျိုးကိုဖော်ပြသောစကားစုငါးခုလောက်ရေးပြပါ။

၅။။ အောက်ပါစာပိုဒ်ကိုတရုတ်ဘာသာသို့ပြန်ဆိုပါ။

၁။ အကြင်နာ၊အယုယ၊အချစ်ထိုအရာများသည်ကျွန်မအလိုလားဆုံးအရာများ ဖြစ်ခဲ့ပါသည်။ကျွန်မဘဝတွင်မိဘ၏အချစ်ကိုဆုံးရှုံးခဲ့ရပြီးသည့်နောက်

တွင်ငတ်မွတ်တောင့်တခဲ့ရသောအရာများဖြစ်ပါသည်။ ယခုအခါကျွန်မလိုချင် သည့်အရာများကိုရပါပြီ။ ကျွန်မချစ်သောအစ်ကိုကြီးဆီကရပါသည်။ သို့ တိုင်ကြီးကြီးမေကကိုကြီးနှင့်လက်ထပ်ရန်နားချသောအခါကျွန်မငိုမိသေး သည်။ ကိုကြီးကိုကျွန်မချစ်သော်လည်းမယုံပါ။ တစ်နေ့ကျလျှင်ကျွန်မကိုပစ် ထားခဲ့မည်ဟုပင်ထင်နေပါသည်။ ကျွန်မသည်လူ့ဘဝ၏အကွေ့အကောက်၊ အနိမ့်အမြင့်ရှိတတ်သောသဘောကိုရိပ်စားမိတတ်လာပါပြီ။

၂။ ကျွန်မရင်သည်တလုပ်လုပ်ခုန်လာပါသည်။ တစ်ကိုယ်လုံးလည်းတုန်ယင် ယိုင်နဲ့လာပါသည်။ ကိုကြီးတစ်ယောက်ဗျာများနေရပုံများ၊ ကြီးကြီးမေက တစ်သက်လုံးဘယ်သူ့အပေါ်မှာမှမကောင်းခဲ့ပါပဲလျက်ကျွန်မအပေါ် အ ရေးတယူပြုခဲ့ပုံများ၊ ပြီးတော့ကျွန်မကိုသနားပါသည်ဆိုသောကိုကြီး၏စ ကား၊ ထိုအဖြစ်များကိုကျွန်မတရေးရေးမြင်လာပါသည်။ အချစ်ကိုငတ်မွတ်ခဲ့ သောကျွန်မအချစ်ကိုရယူတတ်သောကိုကြီး၊ အချစ်ကိုရောင်းစားသောကြီး ကြီးမေပြီးကျွန်မဝမ်းကြာခုံတွင်မှလူ့လောကအတွင်းဝင်ရောက်ရန်သန္ဓေ တည်စပြုနေသောရင်သွေးငယ်။

၆။ အောက်ပါဝါကျများကိုမြန်မာဘာသာသို့ပြန်ဆိုပါ။

(1) 他流着泪把满肚子的委屈都倾吐出来。

(2) 他就这么点儿本事，除了经常发发牢骚以外什么正经事儿也不会干。

(3) 您也知道,解放前他食不果腹，衣不蔽体，过着猪狗不如的生活。

(4) 一整天也吃不上一顿饭，吃上了也只是填不饱肚子的一小碗糙米饭，仅仅饿不死而已。

（5）日本法西斯是些没有人性的禽兽，他们根本不把中国人当人看。

（6）照这么说，情况真是太糟糕啦。

（7）无论如何也不能这样继续下去了，非想个法子才行。

（8）我敢肯定一切都会越来越好起来的。

၇။ အောက်ပါသရော်စာတစ်ပုဒ်ကိုမြန်မာဘာသာသို့ပြန်ဆိုပါ။

宋大哥：

您好！听了您关于精简机构的报告后，深受启发。小小梁山，竟有108位领导干部，一份文件须画108个圈才能下发，开大会时主席台上拥挤如"罗汉堂"……这种情况，的确难以适应新时期新形势，所以俺对您精简领导班子的想法一千个赞成，一万个拥护！不过，您以俺文化水平低为由，叫俺提前退休，实在不妥。虽说俺铁牛不识几个大字，但主席台上写着俺大名的小小牌子还能认得吧？每次领饷银的时候手印也从未按错过地方啊！听人念过文件，圈俺还是能画的嘛……再说，俺没能上学，那还不是因为那年头家里穷没钱嘛！后来东奔西跑打打杀杀，哪有时间学文化？想当初到江州劫法场，还不是俺第一个打赤膊抡板斧杀了进去把大哥你背出来的？上山后，俺对您也一直是忠心耿耿，理解的执行，不理解的也执行……纵无功劳，也有苦劳。还望大哥顾念旧情，让俺再留任一届吧！

小弟　李逵　敬上（吴用代笔）

၈ ။ ။ စကားပြောပုံပြင်တစ်ခုခုလက်တန်းဟောပြပါ။ (ဤသင်ခန်းစာမှသင်ခဲ့ရသော စကားလုံးများ၊ပြောပုံပြောနည်းတွေကိုတတ်နိုင်သရွေ့အတုယူထည့်သွင်းသုံး နှုန်းပြပါ)

附：本课课文中文原文

聪明人和傻子和奴才

奴才总不过是寻人诉苦。只要这样，也只有这样。有一日，他遇到一个聪明人。

"先生！"他悲哀地说，眼泪联成一线，就从眼角直流下来。"你知道的。我所过的简直不是人的生活。吃的是一天未必有一餐，这一餐又不过是高粱皮，连猪狗都不要吃的，尚且只有一小碗……。"

"这实在令人同情。"聪明人也惨然说。

"可不是么！"他高兴了。"可是做工是昼夜无休息的：清早担水晚烧饭，上午跑街夜磨面，晴洗衣裳雨张伞，冬烧汽炉夏打扇。半夜要煨银耳，侍候主人耍钱；头钱从来没分，有时还挨皮鞭……。"

"唉唉……。"聪明人叹息着，眼圈有些发红，似乎要下泪。

"先生！我这样是敷衍不下去的。我总得另外想法子。可是什么法子呢？……"

"我想，你总会好起来……。"

"是么?但愿如此。可是我对先生诉了冤苦,又得你的同情和慰安,已经舒坦得不少了。可见天理没有灭绝……。"

但是,不几日,他又不平起来了,仍然寻人去诉苦。

"先生!"他流着眼泪说,"你知道的。我住的简直比猪窝还不如。主人并不将我当人;他对他的叭儿狗还要好到几万倍……。"

"混账!"那人大叫起来,使他吃惊了。那人是一个傻子。

"先生,我住的只是一间破小屋,又湿又阴,满是臭虫,睡下去就咬得真可以。秽气冲着鼻子,四面又没有一个窗……。"

"你不会要你的主人开一个窗的么?"

"这怎么行?……。"

"那么,你带我去看去!"

傻子跟奴才到他屋外,动手就砸那泥墙。

"先生!你干什么?"他大惊地说。

"我给你打开一个窗洞来。"

"这不行!主人要骂的!"

"管他呢!"他仍然砸。

"来人呀!强盗在毁咱们的屋子了!快来呀!迟一点可要打出窟窿来了!……"

他哭嚷着,在地上团团地打滚。

一群奴才都出来了,将傻子赶走。

听到了喊声,慢慢地最后出来的是主人。

"有强盗要毁咱们的屋子我首先叫喊起来，大家一同把他赶走了。"他恭敬而得胜地说。

"你不错。"主人这样夸奖他。

这一天就来了许多慰问的人。聪明人也在内。

"先生。这回因为我有功，主人夸奖了我了。你先前说我总会好起来，实在是有先见之明……。"他大有希望似的高兴地说。

"可不是么……。"聪明人也代为高兴似的回答他。

一九二五年十二月二十六日

（选自《鲁迅全集·野草》）

***** ***** *****

အပိုဖတ်စာ

တောက်တဲ့နှင့်တူသောယောက်ျားများ

အိကြာကွေး

ခုတလော...

ပုဂံရာမတွင်ဘာနှင့်တူသောမိန်းမ၊ညာနှင့်တူသောယောက်ျား...စသည်ဖြင့်(တူသော)ကိုအသုံးပြုကာတင်စားချက်တွေများနေသည်။

သူများယောင်တိုင်းဘာမှန်းမသိဘဲဝင်ဝင်ယောင်တတ်သောကျွန်ုပ်တို့၏ဇာတ်လိုက်ကျော်ယောင်ကြီးအီကွေးလျှားလည်း(တူသော)အရေးအရာတွင်ဝင်ယောင်လိုသဖြင့်...

"ကိုရင်ပျော်ရေ...ကျုပ်တို့ပုဂံရာမက(တူသော)တွေထဲမှာကိုရင်တို့၊ကျုပ်တို့လည်း(တူသော)တစ်မျိုးမျိုးအနေနဲ့ပါသင့်တယ်လို့ကျုပ်ထင်တယ်၊ပါရင်ကောင်းမလား..."

ကိုရင်ပျော့ကဖားပြုတ်ပြီးလေးပြုးလို့...

"ပါရင်ကောင်းတာပေါ့၊မပါဘဲချုပ်နေရင်ဝမ်းနုတ်ဆေးစားရအုန်းမယ်၊ပါမှဖိုက် ချောင်မယ်၊ဖိုက်ချောင်မှစတုဒီသာမဏ္ဍပ်တွေမှာအဝအပြဲစားနိုင်မယ်..."

"ကိုရင်ပျော့လည်းကျွပ်နဲ့တွဲနေလို့လားမသိဘူး၊တဆိတ်ရှိအစားပဲစဉ်းစားနေတာပဲ။..."

ထိုစဉ်ကပင်ကလင်ကလင်ဟူသောဘဲလ်သံနှင့်အတူပုဂံရာမ၏ဆိုက်ကားအကျော်ကို ရင်စာကလေး၏ဆိုက်ကားရောက်လာသည်။

ဆိုက်ကားပေါ်တွင်ခရီးသည်မပါ။ရှေ့ခုံတွင်ရောမဒန်အိုးကြီးတစ်လုံးနှင့်နောက်ခုံတွင် မိုးခြဒယ်အကြီးစားကြီးတစ်လုံးကိုကြိုးချည်၍တင်လာသည်။

"လိုက်ကြမလား...လိုက်ကြမလား"

အီကွေးလျှားတို့ကိုခေါ်သဖြင့်...

"ထိုင်စရာမှမရှိတာဘယ်လိုလုပ်လိုက်မလဲ..."

"ဆိုက်ကားဘေးကကုန်းကြောင်းလိုက်ခဲ့ပေါ့ကိုရင်တို့၊ဒီအိုးကြီးနှစ်လုံးကိုမြင်ကပါအ ထိသွားပို့ရမယ်။အိုးကြီးတွေကကြီးလည်းကြီးလေးလည်းလေးတော့ဆိုက်ကားကဖြည်းဖြည်း ပဲသွားနိုင်တယ်။ကုန်းကြောင်းလိုက်ရင်းစကားတပြောပြောနဲ့သွားကြတာပေါ့..."

"လုပ်လိုက်လေကြာသလားလို့၊အီကြာကွေးနဲ့နှစ်ပွဲ"

သို့ဖြင့်နေပူကျဲကျဲတွင်ဆိုက်ကားတစ်စီး၊အိုးကြီးနှစ်လုံးနှင့်လူသုံးယောက်တို့သည်နင်း သုနင်း၊လျှောက်သူလျှောက်၊တဖြည်းဖြည်းလာခဲ့ကြရာနေချိုချိန်တွင်မြင်ကပါသို့ရောက်လာ သည်။

"အတော်ပဲဖျို...ကိုရင်အီကွေးလျှားတို့ပါတစ်ပါတည်းပါလာတာ...အိုးတွေကူချကြ ဗျာ..."

အိမ်ရှင်ကပြောသဖြင့်(ရပါတယ်၊ရပါတယ်)အီကွေးလျှားနှင့်ငပျော့တို့အိုးတွေဝိုင်း သယ်ပေးကြသည်။

"မနက်စောစောလာနော်၊ဘုန်းကြီးငါးပါးဆွမ်းကပ်မယ်၊မုန့်ဟင်းခါးကျွေးမယ်..."

"ကျွပ်တို့နေရာကမြင်ကပါနဲ့အဝေးကြီး၊ပြန်ဟယ်သွားဟယ်နဲ့ဘယ်လိုမှမနက်စော စောမရောက်နိုင်ဘူး၊ဒီမှာပဲအိပ်ရမှာပဲ…"

"ကိုရင်တို့အိပ်မယ်ဆိုရင်လည်းဝွတ်ထဝွတ်ထပေါ့"

အလှူရှင်ကဝွတ်ထပြောတာပြောထိုက်သည်။အီကွေးလျှားတို့ညအိပ်သဖြင့်လုပ်အား ပေးနှစ်ယောက်တိုးလာသည်မဟုတ်ပါလား။အီကွေးလျှားကထင်းခွဲစဉ်ကိုရင်ပျော့ကမီးဖိုဖို သည်။

မြင်ကပါသူအပျို၊ချောများကငါးပြုတ်သူပြုတ်၊ရေတ်ထောင်သူထောင်း၊ကြက်သွန် နှာသူနှာ၊ဂျင်းလှီးသူလှီးတက်ညီလက်ညီဝိုင်းလုပ်ကြရာညဆယ်နာရီတွင်မုန့်ဟင်းရည်အိုး တည်ဖြစ်သွားသည်။

"အိုးနှစ်လုံးမွှေဖို့တာဝန်ကိုကိုရင်တို့ပဲယူပါ"

"ရပါတယ်၊ရပါတယ်"

သို့ဖြင့်၊ကိုရင်ပျော့ကခန်အိုးကြီးကိုမွှေ၊အီကွေးလျှားကမိုးဖြဒယ်မွှေ၊ယောက်မတစ် ယောက်တစ်ချောင်းဖြင့်အမွှေဇတ်တော်ကြီးခင်ခဲ့ရာမိုးလင်းလုလုတွင်မုန့်ဟင်းရည်နှစ်အိုးလုံး ကျက်သွားသည်။ဟင်းရည်နံ့ကလေးကသင်းပျံ့လာသဖြင့်…

"ကိုရင်ပျော့ရေ–ဟင်းအိုးမွှေရင်းနဲ့ကျွပ်တော့သွားရည်တမြားမြားဖြစ်လာပြီ။ဘုန်းကြီး တွေကပ်ပြီးတာနဲ့အရင်ဆုံးတွယ်ရမယ်"

"ကျွန်ပ်လည်းထိုနည်းလည်းကောင်းထိုနည်းလည်းကောင်း"

မည်သို့ပင်ဖြစ်စေထူအလှူတွင်အီကွေးလျှားတို့နှစ်ယောက်သားခေါင်းမဖော်တမ်း တွယ်လိုက်ကြတာအလှူရှင်ကိုယ်တိုင်တအံ့တသြဖြစ်ယူရသည်။အလှူမပြီးသေးခင်ကျွန်ပ်တို့ ဇတ်လိုက်ကျော်အီကွေးလျှားနှင့်ကိုရင်ပျော့တို့ကိုဝေဖန်သံတွေကြားရသည်။

"ဒီနှစ်ယောက်ဟာမိုးဖြဒယ်နဲ့အတူတူရောက်လာတယ်ရောက်ကတည်းကမပြန်တော့ ဘူး၊အလှူအိမ်မှာပဲညအိပ်ပြီးဝိုင်းကူလုပ်တယ်။စားတော့လည်းတဝတပြဲပါးဖြနားဖြ။သူတို့ ကိုနာမည်ပေးဖို့ကောင်းနေပြီ…"

ပရိသတ်၏နောက်ဆက်တွဲစကားကြောင့်အီကွေးလျားတို့မှာပါးစပ်အဟောင်းသား ဖြစ်သွားသည်။

"မိုးဖြဒယ်သွားရာလိုက်အလှူအိမ်မှာပဲနေ၊မစားရမချင်းမပြန်တဲ့အတွက်သူတို့နှစ် ယောက်ကို(တောက်တဲ့နှင့်တူသောယောက်ျားများ)လို့နာမည်ပေးရမယ်..."

***** ***** *****

သင်ခန်းစာ (၂)
ပုဗ္ဗားရယ်သာလာလှည့်ပါ

စိမ်းစိမ်းညို့ညို့မှိုင်မှိုင်ရှုစားသာစွမြရောင်စိုနေတဲ့တောင်တော်ပုပ္ပားကိုမြင်တွေ့ရ သူတိုင်းက 'လှအားပါပေ့' လို့မတွေးပဲမနေနိုင်ပါ။

ပုပ္ပားဟာသွေ့ခြောက်နေတဲ့ပတ်ဝန်းကျင်လွင်ပြင်ကျယ်ထဲမှာအထီးတည်းစိမ်းလမ်း အေးစိတဲ့နေရာဖြစ်လို့ပုပ္ပားကိုရောက်ဖို့ထားဦးအဝေးကမြင်ရရုံနဲ့ပဲရင်မှာအေးမြရတယ်။

မိတ္ထီလာမြင်းခြံကျောက်ပန်းတောင်းပုဂံညောင်ဦးဘက်ကိုရောက်ရင်လွင်ပြင်ကျယ် ထဲမှာပုပ္ပားတောင်မကြီးကိုထင်ထင်ရှားရှားမြင်တွေ့နိုင်တယ်။ကြည့်မြင်ရဘက်ကိုလိုက်ပြီး ပုပ္ပားတောင်ကြီးရဲ့အသွင်ကလည်းပြောင်းလဲနေတယ်။

အရှေ့ဘက်မျက်နှာကကြည့်ရင်နွား လိုအသွင်မြင်ရတယ်။ဒါကြောင့်တောင်မကြီးအ ရှေ့ဘက်မှာနေထိုင်သူတွေကနွားနဲ့ဖက်ပြီးလုပ်ကိုင်တဲ့ တောင်သူလယ်သမားများဖြစ်ကြရ တယ်။မြောက်အရပ်ကကြည့်ရင်ရက်ကန်းလက်ခတ်အသွင်မြင်ရလို့ဝါဂွမ်းစိုက်ပျိုးခြင်းရက် ကန်းလုပ်ငန်းဖွံ့ဖြိုးမယ်။တောင်ဘက်ကကြည့်ရင်စပါးပုံကြီးအသွင်မြင်ရလို့ပုပ္ပားတောင်ဘက် သားတွေဟာလယ်လုပ်ပါပြီးကြီးပွားချမ်းသာမယ်လို့အယူအဆရှိကြတယ်။အနောက်အရပ်က ကြည့်ရင်တော့ဆင်ကြီးဝပ်တွားနေတဲ့အသွင်ထင်မြင်ရတာမို့ပုပ္ပားအနောက်ဘက်အရပ်သား တွေဟာဆင်ခြင်တုံတရားကြီးမားမယ်ဆိုပါတယ်။

ပုပ္ပားမှာဘုရားဖူးခရီးသွားညည်သည်တွေသွားတာများတာကတောင်ကလပ်ပါ။ တောင် ကလပ်ဟာပုပ္ပားမြို့ကလေးကနေနှစ်မိုင်ပဲဝေးတယ်။

ပုပ္ပားတောင်ဟာတစ်ချိန်ကမီးတောင်ဖြစ်ခဲ့တယ်ဆိုတာတော့လူတိုင်းသိပြီးဖြစ်ပါ

တယ်။

သာသနာ ၁၀၁နှစ်၊ခရစ်တော်မပေါ်မီဘီစီ ၄၄၃နှစ်သရေခေတ္တရာမြို့တည်ဒွတ္တပေါင်မင်း လက်ထက်မှာမြေကြီးငလျင်ပဲ့တင်ထပ်မျှလှုပ်တယ်၊ဘိုးဦးတောင်အရပ်မှာအင်းကြီးပေါ် တယ်၊စမုံဆံမြိတ်မြစ်ပေါ် လာတယ်၊ပုပ္ပားတောင်မြေကစုန့်စုန့်တက်လာတယ်၊သရေခေတ္တရာ ပြည်တည်ရာမှာပင်လယ်ရေခန်းခြောက်တယ်လို့မှန်နန်းစတဲ့မြန်မာရာဇဝင်ကျမ်းတွေမှာတညီ တညွတ်တည်းရေးသားဖော်ပြခဲ့ကြတယ်။

ပုပ္ပါးတောင်

ဘီစီ ၄၄၂ ခုမှာပုပ္ပါးတောင်ဟာချော်ရည်တွေထွက်ပြီးမီးတောင်ကြီးအဖြစ်ရောက် လာခဲ့တယ်။ပုပ္ပါးတောင်မကြီးဟာမြောက်ဘက်ထိပ်ဝအခြမ်းကမီးတောင်ပေါက်ကွဲပွင့် ထွက်ခဲ့တယ်။တောင်ကလပ်ဟာပုပ္ပါးတောင်မကြီးကလွင့်စဉ်ထွက်လာတဲ့မီးတောင်အဆို့တစ် ခုလို့ယူဆကြတယ်။

တောင်ကလပ်က ၂၄၁၇ ပေမြင့်တယ်။တောင်ကလပ်ကိုတက်စရာစောင်းတန်းသုံး သွယ်တောင်ခြေမှာရှိပါတယ်။ရွှေစောင်းတန်း၊ပတ္တမြားစောင်းတန်းနဲ့ငွေစောင်းတန်းပါ။

ငွေစောင်းတန်းကတောင်ကလပ်မြောက်ဘက်မဟာကဿပလိုဏ်ဂူဘက်သွားရာလမ်း ဘက်မှာရှိပြီးရှေးယခင်က`နဂါးစောင်းတန်း´ကိုနဂါးရုပ်တွေဖျက်ပယ်ပြီးအမည်ပြောင်းထား တာ။ပတ္တမြားစောင်းတန်းကတော့စောင်းတန်းသစ်။ခရီးသွားအများစုကတော့လမ်းသာတဲ့

သင်ခန်းစာ (၂)

ရွှေစောင်းတန်းကပဲတောင်ကလပ်ကိုတက်ကြတာပါပဲ။

တောင်ကလပ်ကိုတက်ရတဲ့စောင်းတန်းမှာနေရာအချို့ကမတ်စောက်ပါတယ်။ သံလေးကားမတ်မတ်နဲ့တက်ရတဲ့နေရာနှစ်နေရာရှိတယ်။ ဒါပေမဲ့ခုထက်ထိနိုင်ငံခြားလိုတောင်ပေါ်ကိုကေဘယ်ကြိုးတွေဆင်ပြီးဓာတ်အိမ်ထဲလူတွေထိုင်လိုက်သွားတာမျိုးကိုတော့မဖြစ်နိုင်သေးပါ။

တောင်ကလပ်စောင်းတန်းကိုတက်ရင်းအောင်မင်းခေါင်ရဲ့မူလပထမဓာတ်နန်းတွေ့ရမယ်။ မယ်ဝဏ္ဍကရွှေဖျဉ်းညီနောင်ကိုသားဖွားရာဂူနေရာကိုတွေ့ရမယ်။ အရင်ကဝိဇ္ဇာဇော်ဂျီတွေပျော်မွေ့ခဲ့ရာတောင်ဖြစ်လို့ဝိဇ္ဇာဇော်ဂျီများဆေးကြွတ်ရာဆေးကျောက်ပျဉ်ဆိုတာတွေ့တွေ့မယ်။ သည်ကျောက်ပျဉ်မှာအဆင်သင့်ရှိတဲ့ဆေးမြစ်ဆေးရွက်တွေကိုတင်သွေးပြီးလိမ်းကျံရင်လိုရာဆန္ဒပြီးမြောက်မယ်ယူဆသူတွေလည်းရှိတယ်။

ပုပွားတောင်ကလပ်ကိုလာသူအများစုကတော့သဘာဝပတ်ဝန်းကျင်စိမ်းလန်းလှပတဲ့အတွက်အပန်းဖြေဖို့လာကြတာပါ။ ပုပွားတောင်ကိုနတ်တောင်လို့ယူဆကြတယ်။ ရွှေဖျဉ်းညီနောင်နဲ့မယ်တော်မယ်ဝဏ္ဍမင်းမဟာဂီရိမောင်တော်နှမတော်တို့ရဲ့နတ်နန်းများရှိသလိုဘိုးတော်အောင်မင်းခေါင်ကြီးရဲ့ဓာတ်နန်းလည်းရှိပါတယ်။ အထက်ဆရာတော်ကြီးများထွက်ရပ်ပေါက်ရာကျောက်ဖျာဥမင်များလည်းရှိတဲ့အတွက်ယုံကြည်ကိုးကွယ်သူတွေလည်းပူဇော်ပသဖို့ပုပွားကိုလာကြပါတယ်။

တောင်ကလပ်တစ်ဝိုက်ကဈေးတန်းမှာပုပွားရောက်ခိုက်အဝယ်များကြတာကတော့ဆေးမြစ်စုံပန်းပုလင်း၊ ဆေးပင်ပန်းပင်နဲ့အမှတ်တရအရုပ်ကလေးတွေပါ။

ပုပွားတောင်ကပရဆေးပင်တွေကိုဆေးစွမ်းထက်တယ်လို့မြန်မာတွေကယူဆတယ်။ ပုပွားတစ်ဝိုက်မှာဆေးပင်ဆေးရွက်တွေလည်းများများပေါက်ရောက်တယ်။ ဆေးပင်တွေရောင်းတဲ့ဆိုင်တွေရှိတယ်။ တောင်တစ်ရိုးကချို့လာတဲ့ဆေးရွက်၊ ဆေးပင်၊ ဆေးမြစ်တွေကိုထမ်းဆိုင်ကလေးတွေနဲ့လည်ရောင်းသူတွေလည်းရှိတယ်။ သူတို့ထမ်းဆိုင်မှာပရဆေးမြစ်စုံအပြင်ပုပွားတောင်ပေါ်ကဆေးဖက်ဝင်တယ်ဆိုတဲ့ကျောက်တုံးကျောက်ခဲတွေလည်းပါလာတာ

တွေ့ရမယ်။

ပုပ္ပားကို'စံကားဝါမြေ'လို့ခေါ်ကြတယ်။တောင်တစ်ပိုက်ကခဲ့တွေမှာစံကားဝါပင်တွေ ပွင့်တယ်။တပေါင်းတန်ခူးဆိုရင်စံကားဝါပွင့်ပါပြီ။

စံကားဝါပန်းကိုမိုးရေကျောက်ချည်ရည်စိမ်ပြီးပုလင်းသွတ်ထားရင်အလှမပျက်ပဲကြာကြာ ခံတယ်။ပုပ္ပားမှာပန်းပုလင်းတွေလည်းအမှတ်တရဝယ်ကြတယ်။

အခုနောက်ပိုင်းပုပ္ပားခရီးသွားသည်တွေအဝယ်များလာတာကအမှတ်တရပလပ်စ တစ်ကြိုးရောင်စုံနဲ့အမွေးပွအရုပ်ကလေးတွေပါ။ဝက်ဝံရုပ်၊ယုန်ရုပ်၊ခွေးရုပ်၊ဗိုလ်မရုပ်၊ခရစ္စ မတ်ဘိုးဘိုးရုပ်စသဖြင့်ဉာဏ်ရှိသလိုချဲ့ထွင်လုပ်ထားတဲ့ရုပ်တွေပဲ။

ပုပ္ပားတောင်ကြီးဝန်းကျင်မှာအောင်မြေတွေ၊ထွက်ရပ်လမ်းတွေများစွာရှိပါတယ်။သမ ထနဲ့၊ဝိပဿနာရှိဝိဇ္ဇာလမ်းစဉ်လိုက်စားသူတွေကပုပ္ပားဒေသမှာလာပြီးအဓိဋ္ဌာန်ယူအားထုတ်လေ့ရှိကြ ပါတယ်။ဝိဇ္ဇာလမ်းစဉ်ကိုမလိုက်စားသော်မှရှိစေတောင်ကလပ်အခြေမှာ(မြောက်ဘက်ကကပ် ဖောက်ထားတဲ့)ညောင်ပင်ဆိပ်ကားလမ်းခွဲတိုင်းလျှောက်သွားမယ်ဆိုရင်ရှားညိုရောင်ယော ဂီဝတ်စုံဝတ်ထားတဲ့ပုဂ္ဂိုလ်များကိုစိတ်ဝင်စားစရာတွေ့နိုင်တယ်။

ပုပ္ပားတောင်ကလပ်ကိုသဘာဝအလှခံစားဖို့သွားသူခရီးသည်တိုင်းဝင်ကြည့်နိုင်တဲ့နေ ရာတစ်ခုကတော့ပုပ္ပားတောင်ဥယျာဉ်ပါ။

ပုပ္ပားတောင်ဥယျာဉ်ကိုသစ်တောဦးစီးဌာနသဘာဝဝန်းကျင်နှင့်သားငှက်တိရစ္ဆာန်ထိန်း သိမ်းရေးဌာနခွဲကဖွင့်လှစ်ထားတာပါ။ခရီးသည်တွေအနားယူအပန်းဖြေဖို့၊အနားယူအပန်းဖြေ ရင်းသဘာဝတောတောင်သားငှက်တွေကိုလေ့လာကြည့်ရှုဖို့၊သဘာဝအလှကိုမြတ်နိုးလာပြီး သဘာဝဝန်းကျင်ထိန်းသိမ်းလိုစိတ်ပွားများလာစေဖို့ရည်ရွယ်ချက်ထားတာတွေ့ရတယ်။

ပုပ္ပားတောင်ဥယျာဉ်ထဲမှာသဘာဝဝန်းကျင်ထိန်းသိမ်းရေးပညာပေးပြခန်းရှိပြီးပုပ္ပား တစ်ပိုက်ကိုရိုက်ကူးထားတဲ့ဗီဒီယိုဆလိုက်ဖလင်တွေအခမဲ့ကြည့်မြင်နိုင်တယ်။

သည်ပြခန်းကနေတော့မြို့ခြေလမ်းကလေးအတိုင်းလျှောက်ဝင်သွားရင်အပန်းဖြေစ ခန်းတစ်ခုကိုရောက်မယ်။

သင်ခန်းစာ (၂)

ပုပ္ပားတောင်မကြီးတစ်ခုလုံးကိုကားနဲ့ပတ်မောင်းကြည့်နိုင်တဲ့တောင်ပတ်လမ်းလည်း အပန်းဖြေစခန်းနားမှာရှိတယ်။ မြင်းငှားပြီးတောင်ပတ်လမ်းကိုပဲဖြစ်ဖြစ်၊ တောင်ဥယျာဉ်ထဲမှာပဲ ဖြစ်ဖြစ်လှည့်လည်လို့ရတယ်။

တောင်ဥယျာဉ်ထဲမှာသဘာဝအလှကိုကြည့်ဖို့ရေထွက်စခန်းတွေလည်းလုပ်ထားပါ တယ်။

သားငှက်တိရစ္ဆာန်စိတ်ဝင်စားသူတွေအတွက်လိပ်ပြာအမျိုးစုံ၊ ငှက်အမျိုးစုံတိရစ္ဆာန်အမျိုး စုံကိုလည်းမွေးမြူထိန်းသိမ်းထားတာကြည့်နိုင်တယ်။

မီးတောင်ချိုင့်ဝှမ်း၊ ကျောက်တောင်တွေကြားမှာသာနေထိုင်ကျက်စားတတ်တဲ့မျောက် မွဲမျက်နာဖြူကိုပုပ္ပါးတောင်မကြီးမီးတောင်ချိုင့်ဝှမ်းထဲမှာကြည့်မြင်နိုင်တယ်။ ရှားပါးတော ကြောင်မျိုးကိုလည်းတွေ့နိုင်တယ်။ မြန်မာပြည်မှာသာရှိတဲ့ရွှေသမင်မျိုးကိုလည်းအလေ့ကျ ပေါက်ပြီးခဲ့စည်းရိုးခတ်ထိန်းသိမ်းထားနေတဲ့စန္ဒကူးတောထဲမှာတွေ့နိုင်ပါတယ်။

ပုပ္ပါးတောင်ဥယျာဉ်ထဲမှာပဲပရဆေးခြံရှိပါသေးတယ်။ ပရဆေးပင်အမျိုးပေါင်း ၁၅၀ ကျော် ကိုထိန်းသိမ်းပြုစုပျိုးထောင်ထားတယ်။ ရေမြေရာသီဥတုကလည်းမျှတတော့ပရဆေးမျိုးစုံ ရှင်သန်ပွားများနေတာတွေ့ရတယ်။

အချို့ခရီးသွားဧည့်သည်တွေကတောင်ကလပ်ကိုပဲပုပ္ပားတောင်လို့မှတ်ထင်ကြတယ်။ အမှန်တကယ်ကတော့ပုပ္ပားတောင်မကြီးကအထီးတည်းတသီးတခြားပါ။

တောင်မကြီးအမြင့်ဆုံးနေရာမှန်ပြင်တောင်က ၄၉၈၀ ပေမြင့်တယ်။ တောင်မကြီးကိုလမ်း အသွယ်သွယ်ကတက်နိုင်တယ်။ ပုပ္ပားတောင်ဥယျာဉ်ဂိတ်ကဖြတ်တက်ရာလမ်း၊ ပုပ္ပားတောင် ကလပ်ဘက်ဂိတ်(၂)လမ်းနဲ့ပုပ္ပားမြို့နမော်နတ်နန်းကတက်တဲ့လမ်းဆိုပြီးလမ်းသုံးသွယ် ရှိတယ်။

နှစ်စဉ်နှစ်တိုင်းခရစ္စမတ်ရက်မှာပုပ္ပားတောင်မကြီးတက်တဲ့ပွဲရှိတယ်။ ပုပ္ပားဝန်းကျင်မ ကွေး၊ ရေနံချောင်း၊ ချောက်၊ ပုပ်၊ ညောင်ဦး၊ ကျောက်ပန်းတောင်း၊ မိတ္ထီလာ၊ မြင်းခြံ၊ မန္တလေးစတဲ့ ဒေသတွေကတောင်တက်ဝါသနာရှင်တွေစုပေါင်းပြီးတက်တာပါ။ သည်ရက်မှာတော့တောင်

တက်အားကစားကိုအားပေးတဲ့အနေနဲ့ပုဗ္ဗားတောင်ဥယျာဉ်ကတောင်တက်တွေလမ်းမမှားရ အောင်လမ်းညွှန်ပွိုင့်ကလေးတွေပြင်ဆင်ပေးထားတယ်။

ပုဗ္ဗားမှာအခီကပွဲတော်တွေကတော့နှစ်စဉ်မြန်မာနှစ်ဆန်းတစ်ရက်နေ့မှာပြုလုပ်တဲ့ မယ်တော်ရဲ့ပုဗ္ဗားပွဲနဲ့နတ်တော်လပြည့်နေ့မှာကျင်းပတဲ့မင်းမဟာဂီရိနတ်မောင်နှမပွဲပါ။

မင်းမဟာဂီရိနတ်ပွဲကိုပုဂံပြည်ရှင်သေဉ်လည်ကြောင်ကြီးမင်းလက်ထက်ကစခဲ့တယ် လို့ဆိုပါတယ်။

မင်းမဟာဂီရိဆိုတာပန်းပဲမောင်တင့်တယ်နဲ့နမမြတ်လှမောင်နှမကိုကိုးကွယ်ကြတာ ပါ။မင်းမဟာဂီရိနတ်ဟာအချို့ယူဆသလိုပန်းပဲမောင်တင့်တယ်မဟုတ်ပဲနမမြတ်လှသာမင်း မဟာဂီရိဖြစ်တယ်လို့ဆိုတယ်။မောင်တင့်တယ်ကိုစကားပင်မှာချည်နှောင်ပြီးဖိုကျင်ထိုးသတ် စဉ်မြတ်လှကသူ့ကြောင့်သူ့အစ်ကိုသေရခြင်းလို့ယူကျုံးမရဖြစ်ပြီးမီးပုံတွင်းကိုခုန်ဆင်းတော့ အစောင့်အကြပ်များကဆွဲငင်ရာဆံပင်နဲ့ဦးခေါင်းကမီးမလောင်ပဲကိုယ်သာလောင်ကျွမ်းခဲ့ တယ်။ကြီးမြတ်တဲ့ဦးခေါင်းဖြစ်တယ်ဆိုပြီးမဟာဂီရိအမည်နဲ့ကိုးကွယ်ခဲ့ကြတာဆိုပါတယ်။

ပုဗ္ဗားဒေသဟာနတ်တော်နတ်ပွဲကစတင်စည်ကားလာခဲ့ပြီးသင်္ကြန်အပြီးမြန်မာနှစ်သစ် ကူးချိန်အထိအစည်ကားမပျက်ပါ။

(၂၀၀၀ပြည့်နှစ်ဩဂုတ်လထုတ် "ဓန" ဂျာနယ်မှကျော်ရင်မြင့်ဆောင်းပါးကောက်နုတ်ချက်)

ဝေါဟာရ

နွားလပို့ (န) နွား၏လည်ကုပ်ပေါ်၌မို့မောက်သောအဖုအလုံး။အရင်းကိုစစ်သော 'လ ပို့'သည် 'လည်ပို့'ကအသံပြောင်း၍ဖြစ်လာသည်။ကုလားအုတ်များမှာ လည်လပို့တစ်လုံးသို့မဟုတ်နှစ်လုံးရှိသည်။နောက်ပြီးပျားအုံ၏အ ထက်ပိုင်းကိုပျားလပို့ဟုခေါ်သေးသည်။

လက်ခတ် (န) ယက်ကန်းစင်၌ယှဉ်သွားကိုညှပ်သွင်းထားကာပေါက်ချည်ပင်ကိုစေ့ စပ်စွာထိကပ်စေရန်ဆွဲခတ်ရသောကိရိယာ။

သင်ခန်းစာ (၂)

ဆင်ခြင်တုံတရား (န) စူးစမ်းမေးမြန်းချင့်ချိန်၍ဆုံးဖြတ်ခြင်း။
တောင်ကလပ် (န) ကျယ်ပြန့်ကားထွက်သောတောင်ထိပ်ရှိသည့်တောင်။
သာသနာနှစ်၊သာသနာတော်နှစ် (န) မြတ်စွာဘုရားပရိနိဗ္ဗာန်စံပြီးအသစ်စတင်ရေ
တွက်သောနှစ်၊ခရစ်သက္ကရာဇ်ထက် ၅၄၄ နှစ်ပို
သည်။ 佛历
ခရစ်မပေါ်မီ၊ ဘီစီ (န) 公元前
ပဲ့တင်ထပ် (က) အသံရင်းကိုစွဲ၍အလားတူပြန်ဖြစ်ပေါ်လာသောအသံများမြည်
ဟီးသည်။
စုန့်စုန့် (ကြိဝိ) မိုမောက်တက်လျက်၊စုကြွတက်လျက်။
အဆို့ (န) ဝိတ်ဆီးထားသောအရာ။
ချော်ရည် (န) မီးတောင်မှယိုစီးထွက်လာသောအရည်ပြစ်။
ဝိဇ္ဇာဇော်ဂျီ (န) မန္တန်အတတ်၊ဆေးအတတ်၊အင်းအတတ်၊ပြဒါးအတတ်စသည်တို့၌
ကျွမ်းကျင်၍ကောင်းကင်ပျံခြင်း၊မြေလျှိုးခြင်း၊ကိုယ်ပျောက်ခြင်းစ
သည်တန်ခိုးအမျိုးမျိုးရရှိသောပုဂ္ဂိုလ်။
ကျောက်ပျဉ် (န) ကျောက်ပြား၊ဆေးနံ့သာစသည်တို့ကိုသွေးရန်အလယ်မို့၍ပတ်
လည်တွင်မြောင်းဖော်ထားသောကျောက်ချပ်ဝိုင်း။(ခြေသုံးချောင်းသို့မ
ဟုတ်ခြေလေးချောင်းပါတတ်သည်)
ဥမင် (န) မြေသား၊တောင်နံရံစသည်တို့တွင်သဘာဝအတိုင်းဖြစ်စေ၊လူတို့ဖောက်လုပ်
၍ဖြစ်စေဖြစ်တည်နေသောလိုဏ်ခေါင်း။
ကျောက်ဖျာ (န) မျက်နှာပြင်ပြန့်ကျယ်ညီညာသောကျောက်အပျဉ်၊ကျောက်ချပ်ကြီး။
ကေဘယ်ကြိုး (န/လိပ်+မြန်= cable+ကြိုး) လုံးပတ် ၁၀ လက်မလောက်တုတ်
သောသံဇကြိုးကြီး။
တတ်အိမ် (န) ကေဘယ်ကြိုးပြင်ချိတ်ဆွဲသွားလာသောလှူစီးယာဉ်။

ဓာတ်နန်း (န) နတ်နန်း။

ထွက်ရပ်ပေါက် (က) တရားကျင့်ကြ၍တန်ခိုးစွမ်းအားရှိကာနတ်ဖြစ်သွားသည်။

ထွက်ရပ်လမ်း (န) ထွက်ရပ်ပေါက်ခြင်း။

ထမ်းဆိုင်း (န) အိုးစသည်ကိုထည့်သွင်းကာထမ်းဆောင်ရသောဝန်သယ်ကိရိယာ။

စံကားဝါ (န) အနံ့မွှေးသောအဝါရောင်ပန်းများပွင့်သည့်သစ်ပင်ကြီး။ (အဖြူရောင်ပန်း ပွင့်, နီဝါရောင်ပန်းပွင့်သောအပင်ဟူ၍အမျိုးမျိုးရှိသည်။ ကဆုန်လ၏ရာ သီပန်းပင်ဟုအမှတ်ပြုသည်။)

ကျောက်ချဉ် (န) ချဉ်ဖန်ဖန်အရသာရှိသောဝါတ်ဆားခဲတစ်မျိုး။ 明矾

ခရစ္စမတ်ဘိုးဘိုး (န/လိပ်+မြန်= Christmas + ဘိုးဘိုး) 圣诞老人

သမထ (န) ကိလေသာကင်းစင်၍သမာဓိရအောင်ကျင့်ကြခြင်း။ 摒弃欲念修身养性

ဂန္ဓာရီဝိဇ္ဇာ (န) အတတ်မျိုးစုံကျွမ်းကျင်၍ကောင်းကင်ပျံခြင်း၊မြေလျှိုးခြင်း၊ကိုယ် ပျောက်ခြင်းစသည်တန်ခိုးရရှိသောပုဂ္ဂိုလ်။

အောင်မြေ (န) ရန်ကိုအောင်မြင်ရာမင်္ဂလာရှိသောအရပ်။

အဓိဋ္ဌာန် (န) စိတ်၌စွဲမြဲစွာဆောက်တည်ခြင်း။

ရှား (န) အပူပိုင်းဒေသများတွင်ပေါက်လေ့ရှိသောအထူသဖြင့်အညိုရောင်ရှိပြီး၊ဖန် သော အရသာရှိသောအစေးထုတ်ယူရသည့်အနှစ်မှာ ပင်စောက်ကြီးတစ်မျိုး။ 儿茶（汁液可入药，褐色，味涩苦，也可做鞣革染料）

ယောဂီ (န) စျာန်အဘိညာဉ်(禅定智)နှင့်မဂ်ဖိုလ်ရအောင်အားထုတ်သောပုဂ္ဂိုလ်။

ဆလိုက်ဖလင် (န/လိပ် slide film) 幻灯胶片

စန္ဒကူး (န) 檀香

လမ်းညွှန်ပွိုင့် (န/မြန်+ လိပ်=လမ်းညွှန် +point) 路标

သင်ခန်းစာ (၂)

ဗိုကျင် (န) ဝါးဗိုးကြီးနှစ်လုံးပူးပြုလုပ်ထားသောခေါင်းပွပြွန်၌ငှက်မွေးထိုးတံနှစ် ချောင်းပြင့်နိမ့်တုံမြင့်တုံပြု၍လေအားပေးသောဗို။

***** ***** *****

ရှင်းပြချက်

၁ ။ ။ စွ (ပ) နာမဝိသေသနနောက်တွင်ဆက်ထား၍လွန်သောက်သောအနက်ကိုပြသည့် စကားလုံး။ ဥပမာ-

- စိမ်းစိမ်းညို့ညို့မို့မို့နိုင်းနိုင်းရှုတိုင်းသာစွမြရောင်စို
- သင်၏သားကားထူးခြားလှလေစွ။
- မင်းမှတ်ဉာဏ်ကောင်းစွ။
- ညြာချမ်းသာစွ၊ချမ်းသာစွ။
- ဖိုးခင်မှာကောင်းလာဗို့ဝေးစွ၊ဆိုးသည်ထက်ဆိုးလာသည်။

၂ ။ ။ အား (ကထ) ၁ ။ ငဲ့ညှာထောက်ထားခြင်းကင်းမဲ့သောသဘောပြသည့်စကား လုံး။ ဥပမာ-

- မယ်ပုပုံကိုအမြင်သားနှင့်နေအားတယ်။
- နေပဲနေအားလိုက်တာ။
- ငါ့မျက်မှောက်တွင်ငါ့ညီကိုကျိန်ဆဲအား

၂ ။ ပြုမူနိုင်စွမ်းသောသဘောကိုထင်ရှားစေရန်သုံးသောစကားလုံး။ ဥပမာ-

- လှအားပါပေ့။
- တတ်အားသမျှလုပ်ပါမည်။
- အလုပ်တာဝန်မပြီးသေးသဖြင့်ညတွင်ရုပ်ရှင်မကြည့်အားတော့ပေ။

၃။။ ပေ့ (ပ) ကြိယာနှင့်နာမဝိသေသနတို့၏လွန်ကဲခြင်း ကိုဖော်ပြသည့်စကားလုံး၊ =ပါပေ့ ဥပမာ-
- ဟုတ်ပေ့မှန်ပေ့။
- ကောင်းပေ့ညွန့်ပေ့ဆိုသောဝမ့ဟင်းလျာများ။
- ကောင်းပေ့ဆိုတာမှသူများကိုပေးတယ်။
- အားကျစရာကောင်းပါပေ့ဗျာ။
- သူကစကားနည်းတယ်၊ရက်တတ်တယ်ညာဏ်ကတော့ထက်ပါပေ့။

၄။။ ထားဦး (သ)များသောအားဖြင့် "ရန်" နောက်တွင်သုံးလေ့ရှိရှိဝါကျနှစ်ခုကိုဆက်ပေးသောစကားဆက်ဖြစ်သည်။ ရှေ့ဝါကျအကြောင်းခဏဘေးဖယ်ပြီးလျှင်ဟူသောအဓိပ္ပာယ်ဆောင်ထားသည်။ ဥပမာ-
- ပုပ္ပားကိုရောက်ဖို့ထားဦးအဝေးကမြင်ရရုံနဲ့ပဲရင်မှာအေးမြရတယ်။
- ရဖို့ထားဦး၊တစ်ခါလောက်တွေ့ဖို့တောင်ခက်ပါတယ်။

၅။။ သရေခေတ္တရာ ယနေ့ပြည်မြို့တည်ရှိရာအမည်ဟောင်း။

၆။။ ဒွတ္တပေါင်မင်း သရေခေတ္တရာမြို့တည်ခဲ့သောပျူမင်းတစ်ပါး၏အမည်။

၇။။ မှန်နန်းရာဇဝင် ခရစ်သက္ကရာဇ် ၁၈၂၉ခုနှစ်ကကုန်ဘောင်ခေတ်ရဟန်းရှင်လူပညာရှိများဘုရင်အမိန့်တော်အရစုပေါင်းပြုစုရေးသား ခဲ့သောမြန်မာရာဇဝင်တစ်ဆူဖြစ်သည်။ ပညာရှိသုခမိန်တို့မန္တလေးနန်းမြို့တော်မှန်နန်းဆောင်တွင်ရေးသားပြုစုခဲ့၍မဟာမှန်နန်းရာဇဝင်ဟုတွင်ပေသည်။

၈ ။ ။ အောင်မင်းခေါင် = ဘိုးတော်အောင်မင်းခေါင် မြန်မာတွေယုံကြည်ကိုးကွယ်သောနတ်တစ်ပါး။ ကုန်သည်များအထူးကိုးကွယ်ကြသည်။ စီးပွားတက်ခြင်းကိုမစသည်ဟုဆိုသည်။

၉ ။ ။ ရွှေဖျင်းညီနောင် ပုဂံခေတ်အနော်ရထာမင်းကြီးလက်ထက်ခစားသောအပါးတော်မြနှစ်ပါးဖြစ်သည်။ ဘုရင်မင်းကြီးအမျက်တော်ရှ၍အကွပ်မျက်ခံရပြီးနတ်ဖြစ်သွားသည်။ သူတို့မယ်တော်သည်ပုပ္ပါးတောင်ဘီလူးမ မယ်ဝဏ္ဏဖြစ်သည်။

၁၀ ။ ။ သော်မှ (သ)မဖြစ်ပျက်သေးသည်ကိုဖြစ်ပျက်ဘိသကဲ့သို့မှတ်ယူ၍ယင်းသို့ဖြစ်ပျက်မှုနှင့်ဆန့်ကျင်သောအခြားကြိယာကိုသုံးလိုရာ၌ဆက်စပ်သောစကားလုံး။ ဥပမာ–
- ဝိဇ္ဇာလမ်းစဉ်ကိုမလိုက်စားသောမှုရှိစေတောင်ကလပ်အခြေမှာညောင်ပင်ဆိပ်ကားလမ်းခွဲအတိုင်းလျှောက်သွားမယ်ဆိုရင်ရှားညိုရောင်ယောဂီဝတ်စုံဝတ်ထားတဲ့ပုဂ္ဂိုလ်များကိုစိတ်ဝင်စားစရာတွေ့နိုင်တယ်။
- သေသော်မှအရှုံးမပေးလို။

တစ်ခါတစ်လေ'သော်မှ'နာမ်နှင့်တွဲ၍လည်းသုံးနိုင်သည်။ ဥပမာ–
- ပညာရှင်များသော်မှမဖြေစွမ်းနိုင်သောပြဿနာကိုသူကဖြေနိုင်ခဲ့ပြီ။

***** ***** *****

လေ့ကျင့်ခန်း

၁ ။ ။ အောက်ပါမေးခွန်းများကိုဖြေပါ။
　၁ ။ ပုပ္ပါးတောင်ကြီးဟာဘယ်လိုအသွင်မျိုးရှိပါသလဲ။
　၂ ။ တောင်ကြီး၏အသွင်ကိုစွဲပြီးလူတွေကဘယ်လိုယူဆကြသလဲ။
　၃ ။ ခရီးသည်တွေအရောက်များတဲ့တောင်ကလပ်ဟာပုပ္ပါးတောင်ကြီးပဲ

လား။ပုပ္ပားတောင်ကြီးဘယ်လောက်မြင့်ပါသလဲ။

၄။ တောင်ကလပ်တက်ဖို့စောင်းတန်းဘယ်နှစ်သွယ်ရှိပါသလဲ။အလွယ်က လေးနဲ့ပဲတက်နိုင်ရဲ့လား။

၅။ တောင်ကလပ်တက်ရင်ဘယ်နာမည်ကျော်နေရာတွေတွေ့နိုင်သလဲ။

၆။ ရောက်လာတဲ့ခရီးသည်တွေဟာပုပ္ပားအရပ်ကနေဘာများဝယ်သွားလေ့ရှိကြသလဲ။

၇။ ပုပ္ပားတောင်ဆီကိုရိုးရိုးခရီးသည်အပြင်ဘယ်သူတွေလာကြသေးသလဲ။

၈။ ပုပ္ပားတောင်ဥယျာဉ်ဘယ်လိုနေသလဲ။ဥယျာဉ်ထဲမှာဘာတွေတွေ့နိုင်သလဲ။

၉။ ပုပ္ပားတောင်အရပ်မှာဘယ်ပွဲတော်တွေရှိပါသလဲ။

၁၀။ မင်းမဟာဂီရိအကြောင်းအကျဉ်းချုံးရေးပြပါ။

၂။ 'စား' ဟူသောစကားလုံးကိုကြိယာအဖြစ်သုံးနိုင်သည်.အပြင်အရင်းခံကြိယာ ပုဒ်၏အနက်ကိုလေးနက်စေသောစကားလုံးတစ်ခုအဖြစ်လည်းသုံးနိုင်သည်။ဤ သင်ခန်းစာထဲ၌ပင် 'စား' ကို၄-၅နေရာမျှသုံးထားသည်။ ၎င်းတို့ကိုရှာဖွေ ကောက်နှုတ်၍ထုတ်ပြပါ။အခြားသောသာဓကများကိုလည်း ၃-၄ခုလောက်ဖြည့် စွက်ပြီးပြပါ။

၃။ အောက်ပါစကားလုံးများဖြင့်ဝါကျတစ်ခုစီဖွဲ့ပြပါ။

ရုံနဲ့ပဲ၊	သော်မှ၊	...မယ်ဆိုရင်၊
...တာပါ၊	...ဖြစ်ဖြစ်...ဖြစ်ဖြစ်၊	အနေနဲ့၊
အတိုင်း၊	မို့၊	

၄ ။ ။ သင်ခန်းစာ၏အစမှစ၍ "ပုပ္ပားအနောက်ဘက်အရပ်သားတွေဟာဆင်ခြင်တုံ တရားကြီးမားမယ်ဆိုပါတယ်" အထိတရုတ်ဘာသာသို့ပြန်ဆိုပါ။

၅ ။ ။ အောက်ပါဝါကျများကိုမြန်မာဘာသာသို့ပြန်ဆိုပါ။

（1）凡登上长城的人都会不由得赞叹道：这长城太伟大了！

（2）学问并非仅仅知道就行的，必须仔细地弄懂才有用处。

（3）不要说亲身去首都玩儿，就是在梦里也没梦到过。

（4）那年代农民们整日里跟土地、耕牛打交道。有些人还不一定能养家糊口。

（5）他根本不会喝酒，所以尝一丁点儿也会醉。

（6）现在去我老家除了陆路外，不论水路还是飞机都能到了。

（7）顺这条路一直走，可以登上山顶。一路上都是郁郁葱葱的树林和看不尽的大自然美景。

（8）就是抱着宁死不屈的信念，才获得了最后胜利的。

၆ ။ ။ အောက်ပါစာအတိုအထွာတစ်ပုဒ်ကိုမြန်မာဘာသာသို့ပြန်ဆိုပါ။

海 上 日 出

巴 金

为了看日出，我常常早起。那时天还没有大亮，周围很静，只听见船里机器的声音。

天空还是一片浅蓝，很浅很浅的。转眼间，天水相接的地方出现了一道红霞。红霞的范围慢慢扩大，越来越亮。我知道太阳就要从天边升起来了，便目不转睛地望着那里。

果然，过了一会儿，那里出现了太阳的小半边脸，红是红得很，却没有亮光。太阳像负着什么重担似的，慢慢儿，一纵一纵地使劲儿向上升。到了最后，它终于冲出了云霞，完全跳出了海面，颜色真红得可爱。一刹那间，这深红的圆东西发出夺目的亮光，射得人眼睛发痛，它旁边的云也突然有了光彩。

有时候太阳躲进云里。阳光透过云缝直射到水面上，很难分辨出哪里是水，哪里是天，只看见一片灿烂的亮光。

有时候天边有黑云，而且云片很厚，太阳升起来，人就不能够看见。然而太阳在黑云背后放射它的光芒，给黑云镶了一道光亮的金边。后来，太阳慢慢透出重围，出现在天空，把一片片云染成了紫色或者红色。这时候，不仅是太阳、云和海水，连我自己也成了光亮的了。

这不是伟大的奇观吗？

၇။ အသင်ရောက်ခဲ့ဖူးသောရှုခင်းသာနေရာတစ်နေရာ၏အကြောင်းကိုမိတ်ဆက်ရေးပြပါ။

၈။ နွေရာသီနှန်းတော်သို့မဟုတ်ပေဟိုင်ဉယျာဉ်အကြောင်းမိတ်ဆက်ပြောပြပါ။

*****　　　*****　　　*****

အပိုဖတ်စာ

အင်းလေးကန်

ပြည်ထောင်စုမြန်မာနိုင်ငံတွင်လမ်းကိုမြေတွင်မတွေ့ရရေတွင်သာတွေ့ရသောအရပ်ကို၊ ခရီးကိုလှည်းနှင့်မသွားလှေနှင့်သွားသောအရပ်ကိုလှေကိုလက်နှင့်မလှော်ခြေနှင့်လှော်သော အရပ်ကို၊ အိမ်ကိုကုန်းတွင်မဆောက်ရေတွင်ဆောက်သောအရပ်ကိုပြပါဆိုလျှင် အင်းလေး ကန်ကိုပြရပါလိမ့်မည်။

ရှေးသရောအခါပုဂံပြည်အလောင်းစည်သူမင်းကြီးတိုင်းခန်းလှည့်လည်သောအခါ၍ အင်းကြီးသို့ရောက်သည်။ မင်းကြီး၏နောက်လိုက်ထားဝယ်သားမင်းမှထမ်းများသည်ယင်း အင်းကြီးထဲတွင်ရွာလေးရွာကိုတည်ထောင်နေထိုင်၍အင်းလေးရွာဟုခေါ် ရာမှအင်းကြီးကိုလည်း အင်းလေးကန်ဟုခေါ် တွင်လာကြောင်းအဆိုရှိလေသည်။

အင်းလေးကန်ထဲတွင်ထူးဆန်းသောအရာတစ်ခုမှာကျွန်းမျောများဖြစ်သည်။ ရေစီးဖြင့် ရွေ့မျောနေသောကျွန်းများဖြစ်သဖြင့် ကျွန်းမျောဟုသာမန်ခေါ်နေကြသော်လည်းအင်းသားများ ကမှုကုန်းပေါ် ဖုတ်ဟုခေါ်ကြကြောင်းသိရသည်။ အင်းစပ်ရေတိမ်တွင်မြက်ပင်၊ ကိုင်းပင်၊ မှော် ပင်၊ ရေညှိပင်များစုခဲ့ရောထွေးပေါင်းယှက်၍အိမင်သေပျက်ကြသောအခါရေပေါ် သစ်ဆွေး ကျွန်းများဖြစ်လာကြသည်။ ယင်းတို့ကိုကျွန်းမျောများဟုခေါ်ကြခြင်းဖြစ်သည်။ ကျွန်းမျောကြီး များကိုမှီခို၍ရွာတည်ကြသည်။ စိုက်ပျိုးရေးကိုလုပ်ဆောင်ကြသည်။ ငါးလုပ်ငန်းကိုလုပ်ကြရသည်။

အင်းသားများသည်အင်းတွင်ငါးအမျိုးမျိုးတို့ကိုပိုက်ချ၍လည်းကောင်း၊ ဆောင်းအုပ်၍ လည်းကောင်း၊ မြှေးထောင်၍လည်းကောင်း၊ ငါးများချိတ်ဖြင့်မျှား၍လည်းကောင်း၊ ခက်ရင်းဖြင့် ထိုး၍လည်းကောင်းဖမ်းကြသည်။

အင်းသားများသည်လက်မှုပညာအရာတွင်လည်းအလွန်လက်မြောက်ကြသည်။ ပန်းပဲ လုပ်ငန်း၊ လက်သမားလုပ်ငန်း၊ ယွန်းထည်လုပ်ငန်း၊ ငွေပန်းထိမ်လုပ်ငန်း၊ နိဿွာန်ကုန်လုပ်ငန်းစ သည်တို့ဖြင့်အသက်မွေးကြသောရွာပေါင်းများစွာရှိသည်။ ပြည်ထောင်စုတစ်နိုင်ငံလုံးကသုံးစွဲ ရန်အင်းသားပညာသည်တို့ကျွမ်းကျင်လိမ္မာစွာလုပ်ဆောင်သောလုပ်ငန်းကြီးတစ်ရပ်မှာပိုး

ထည့်လုပ်ငန်းဖြစ်သည်။

အင်းသားများသည်စကားပြောရာတွင်လည်းယဉ်ကျေးသိမ်မွေ့ကြသည်။ သာယာပြေ ပြစ်ကြသည်။ သူတို့ပြောသောမြန်မာစကားသည်ထားဝယ်စကားနှင့်အသံထွက်ပုံဆင်၍ပုံ ခေတ်ရေးသားပုံနှင့်နီးစပ်သည်ဟုဆိုကြသည်။ အထူးထင်ရှားသောအချက်မှာလဲ့ဆံ့ကိုပြောဆို နေဆဲရှိခြင်းဖြစ်သည်။

အင်းလေးတစ်ဝိုက်တွင်ဖောင်တော်ဦးဘုရားမှာအလွန်ကန်ခိုးကြီးသောဘုရားဖြစ် သည်။ သီတင်းကျွတ်လတွင်ဖောင်တော်ဦးဘုရားပွဲတော်ကိုကမ်းလုံးညွတ်မျှစည်ကားစွာကျင်းပ သည်။ ဤပွဲတော်တွင်ခြေဖြင့်လှော်၍ပြိုင်သောလှေပြိုင်ပွဲမှာအလွန်အံ့ဖွယ်သရဲဖြစ်ပေသည်။

*****   *****   *****

သင်ခန်းစာ (၃)
အေအိုင်ဒီအက်စ်ရောဂါနှင့်မြန်မာနိုင်ငံ

အေအိုင်ဒီအက်စ်ရောဂါဆိုလျှင် ယခုအခါကုရာနတ္တိဆေးမရှိသောရောဂါဆိုးကြီးဖြစ် သည်ကိုမြန်မာနိုင်ငံနိုင်ငံသားတိုင်းလိုသိကြပြီ။စင်စစ်အေအိုင်ဒီအက်စ်ဆိုသည်မှာအင်္ဂလိပ်စ ကားလုံး Acquired Immuno Deficiency Syndrome ၏အစစာလုံး များကိုစု ပေါင်းခေါ် ထားသောအတိုကောက်စာလုံးဖြစ်သည်။အေအိုင်ဒီအက်စ်ခေါ် မူလကိုယ်ခံစွမ်းအား လျော့ရောဂါ(ဝါ)ခုခံအား ကျဆင်းမှုရောဂါသည်အမေရိကန်ပြည်ထောင်စု၌၁၉၈၀ခုနှစ်တွင်စ တင်တွေ့ရှိဖော်ထုတ်ခဲ့သော်လည်းမြန်မာနိုင်ငံ၌မှာ၁၉၈၈ခုနှစ်တွင်မှယင်းရောဂါပိုးရှိစ်ပိုးခံစား နေရသူများကိုစမ်းသပ်စစ်ဆေးတွေ့ရှိကြရသည်။ ထိုအချိန်မှစ၍ယင်းဗိုင်းရပ်စ်ပိုးဝင်ရောက်စွဲ ကပ်နိုင်သူများ၊ဥပမာ-မူးယစ်ဆေးစွဲသူ၊ကာလသားရောဂါရသူနှင့်၊ပြည့်တန်ဆာများကိုသွေး စစ်ဆေးကြည့်ရှုရာယခုအခါယင်းရောဂါဝေဒနာခံစားနေရသူနှန်းမှာတရိပ်ရိပ်တက်လျက်ရှိပေ သည်။

ယင်းရောဂါပိုးသွေးထဲတွင်ရှိသူမှာမြန်မာနိုင်ငံ၌၁၉၈၉ခုနှစ်က ၁.၄ရာခိုင်နှုန်း၊၁၉၉၀ ပြည့်နှစ်တွင်၂ရာခိုင်နှုန်းနှင့်၊၁၉၉၁ခုနှစ်တွင်၂.၇ ရာခိုင်နှုန်းဖြစ်သည်။ယင်းကိန်းဂဏန်းများမှာ ရောဂါရနိုင်သောသူများကိုမွေး၍စမ်းသပ်ရာမှရခြင်းဖြစ်၏။သို့သော်ယင်းတို့ကိုယေဘုယျအား ဖြင့်.(လူပြိန်းနည်းဖြင့်.)တစ်နိုင်ငံလုံးလူဦးရေသန်း၄၀ခန့်ဖြင့်.တွက်ပါကရောဂါရနေသူများ ၁၉၈၉ခုနှစ်တွင်ငါးသိန်းခြောက်သောင်း၊၁၉၉၀ပြည့်နှစ်တွင်ရှစ်သိန်းနှင့်၊၁၉၉၁ခုနှစ်ရောက်သော် တစ်သန်းရှစ်သောင်းဖြစ်ရာကြောက်ဖွယ်လိလိပင်ဖြစ်ပေတော့သည်။

ဤအေအိုင်ဒီအက်စ်ရောဂါဆိုးကြီးသည်နိုင်ငံတစ်နိုင်ငံဖြစ်လိုက်ပြီဆိုပါကရောဂါပြန်.

ပွားနှုန်းမှာအထူးလျင်မြန်လှပေသည်။ ဤရောဂါကိုစတင်တွေ့ရှိခဲ့သောအမေရိကန်ပြည်
ထောင်စု၌၁၉၈၃ခုနှစ်ကုန်ခါနီးတွင်လူတစ်သန်းခွဲကျော်ရောဂါရနေကြသည်။တစ်ကမ္ဘာလုံးမှာဆို
လျှင်ယခုအခါ လားလား ရောဂါရသူ၁၀သန်းခန့်ရှိနေပေသကော။

ဤသို့ဗိုင်းရပ်စ်ပိုးဝင်ပြီးပါကယင်းလူများမှာတစ်သက်လုံးဤဗိုင်းရပ်စ်ပိုးကိုသယ်
ဆောင်ထား၏။ယင်းသူ၁၀ယောက်တွင်တစ်ယောက်မှာငါးနှစ်အတွင်း အေအိုင်ဒီအက်စ်ရောဂါ
လက္ခဏာများပြကာနောက်ဆုံးသေဆုံးကြရ၏။ရောဂါလက္ခဏာပြပြီးအများဆုံးအသက်ရှင်
နိုင်သောကာလမှာပျမ်းမျှခြောက်လမှနှစ်နှစ်သာရှိပေသည်။သုံးနှစ်ထက်ကျော်၍အသက်ရှင်နိုင်
နှုန်းမှာ၁၀ချို့၁ချို့သာရှိပေသည်။သို့ဖြစ်၍အေအိုင်ဒီအက်စ်ရောဂါပိုးနိုင်ငံတစ်နိုင်ငံတွင်ဝင်
ရောက်စွဲကပ်ပြီဆိုပါကအမှန်ပင်တုန်လှုပ်ချောက်ချားဖွယ်ရာဖြစ်ပေ၏။

အမှန်စင်စစ်အေအိုင်ဒီအက်စ်ရောဂါဆိုသည်မှာယင်းရောဂါရှင်၏ကိုယ်ခံစွမ်းအား
ထုတ်ပေးသောစနစ်(ဝါ)အင်္ဂါအဖွဲ့အစည်းပျက်စီး၍ဖြစ်ရသောရောဂါဝေဒနာလက္ခဏာစုဖြစ်ပါ
သည်။အထူးသဖြင့်သားနုရည်အကျိတ်၏ကလပ်စည်းများလင်ဖိုဆိုက်သွေးဖြူဥများလျော့နည်း
ပြီးရောဂါပြီးစေသည်။အစွမ်းသတ္တိလျော့နည်းသွားခြင်းကြောင့်ဖြစ်ရပါသည်။သို့ဖြင့်လူမှာတ
ဖြည်းဖြည်းပိန်ချုံးကာအားမရှိ၊အမြဲမောပန်းနွမ်းနယ်ပြီးအခြားရောဂါပိုးတစ်ခုခုဝင်ရောက်ပါ
ကခုခံနိုင်စွမ်းအားမရှိတော့ပဲပြုန်းဆိုသေဆုံးကြရပါတော့သည်။အခြားလူများ၌အချို့သော
ရောဂါဖြစ်ပါကအစွမ်းထက်သောပဋိဇီဝဆေးများဖြင့်ကုကပျောက်၏။သို့သော်ယင်းရောဂါများ

သင်ခန်းစာ (၃)

သည်အေအိုင်ဒီအက်စ်ရောဂါရှင်များ၍ဖြစ်ပါကမစွမ်းတော့ပါ၊ဆေးမတိုးတော့ပါသို့ဖြင့်ရော ဂါရှင်မှာလုံးပါးပါး၍သေဆုံးကြရပါသည်။

၁၉၈၁ခုနှစ်မှစ၍အမေရိကန်ဆေးသိပ္ပံပညာရှင်များနှင့်ပြင်သစ်ဆေးပညာရှင်များသည် မူလကိုယ်ခံစွမ်းအားလျော့စေသည့်ရောဂါပိုးကိုဓာတ်ခွဲခန်းအတွင်း၌သုတေသနပြုမွေးကြရာ ၁၉၈၃ခုနှစ်တွင်အမေရိကန်ပြည်ကင်ဆာသုတေသန၌နမှဒေါက်တာရောဘတ်ဂဲလိုသည် (Dr.RobertC.Gallo)ယင်းဗိုင်းရပ်စ်ပိုးကိုတွေ့ရှိရသည်။သူကလူတွင်တွေ့ရသောတီ- ဆဲလ်သားနံရည်အကျိတ်ကြိုက်ဗိုင်းရပ်စ်-၃ဟုအမည်ပေးခဲ့၏။သားနံရည်မှဖြစ်သောရောဂါပြီး သည်ကိုယ်ခံစွမ်းအား(ဝါ)ခုခံအားကိုကျဆင်းစေသောကြောင့်ထိုသို့အမည်ပေးခြင်းဖြစ်၏။

တစ်ချိန်တည်းလိုပင်ပြင်သစ်ပြည်ပဲရစ်မြို့မှပတ်စ်ချာသုတေသနဌာနမှဒေါက်တာလပ် မောင်တက်ဂ်နီယား(Dr. Lue Montagnier)ကလည်းအလားတူဗိုင်းရပ်စ်ပိုးကိုတွေ့ရ ၏။သို့သော်သူကသားနံရည်အကျိတ်ရောဂါ၏ဗိုင်းရပ်စ်ဟုအမည်ပေးလေသည်။

ယခုမူယင်းဗိုင်းရပ်စ်ပိုးမှာတစ်မျိုးတည်းဖြစ်သဖြင့်လူတွင်ကိုယ်ခံစွမ်းအားလျော့စေ သောဗိုင်းရပ်စ်ဟုခေါ်၏။

အမေရိကန်နှင့်ပြင်သစ်မည်သူက၍ဗိုင်းရပ်စ်ပိုးကိုအလျင်တွေ့သလဲဟုစောကြောသူ များရှိ၏။စင်စစ်သိပ္ပံပညာရှင်နှစ်ဦးလုံးပင်အသိပညာဖလှယ်ကာခင်မင်ရင်းနှီးစွာသုတေသနပြု ခဲ့ကြသည်ဟုနှစ်ဦးလုံးကထုတ်ဖော်ပြောကြားကြသည်။၍ဗိုင်းရပ်စ်ပိုးအတွက်ဆေးပညာနိ ဗဲလ်ဆုပေးလျှင်နှစ်ဦးလုံးပင်ရပေလိမ့်မည်။သို့တိုင်၍ဗိုင်းရပ်စ်ပိုးသည်လူတွင်သာအေအိုင်ဒီ အက်စ်ရောဂါဖြစ်ပွားစေနိုင်ပြီးတိရစ္ဆာန်များတွင်မဖြစ်ပွားနိုင်သေးပေ။သို့ဖြစ်၍ရောဂါကာကွယ် ဆေးထုတ်လုပ်ရာ၌ပြဿနာဖြစ်စေပေသည်။အမေရိကန်ပြည်ထောင်စုထင်ရှားသောအကူဇီ ဝပညာရှင်နှင့်ရောဂါပြီးဝေဒပညာရှင်ဒေါက်တာဂေ့တ်လီယက်ဗ်(Dr. Michael S. Gottlieb) ကမူ၍ဗိုင်းရပ်စ်ပိုးကိုတွေ့သည်မှာကြီးကျယ်သောသိပ္ပံတွေ့ရှိမှုဖြစ်ကြောင်း၊သို့သော်အကူဇီ ဝပညာအမြင်ဖြင့်ပြောရပါက၍ဗိုင်းရပ်စ်ပိုးသည်၍ရောဂါကိုတိရစ္ဆာန်များတွင်မဖြစ်ပွားနိုင် သေး၍ကော့ခ်၏စည်းမျဉ်းကန့်သတ်ချက်(Koch's Postulates)နှင့်မှညီသေးကြောင်း

ထုတ်ဖော်ပြောခဲ့သည်။

အေအိုင်ဒီအက်စ်ရောဂါကိုကာကွယ်နိုင်ရန်ကာကွယ်ဆေးဖော်စပ်ရာတွင်အခြားအ နောင့်အယှက်တစ်ခုမှာယခုအခါ၌ အေအိုင်ဒီအက်စ်ရောဂါကိုဖြစ်စေသောနောက်ထပ်ပိုးရပ်ပိုး တစ်မျိုးကိုထပ်တွေ့ရခြင်းဖြစ်၏။ သို့ဖြင့် အေအိုင်ဒီအက်စ်ရောဂါကိုဖြစ်စေသောဗိုင်းရပ်စ်ပိုး၁ နှင့်ဗိုင်းရပ်စ်ပိုး၂ ဟူ၍အမည်ပေးထားရသည်။ သို့သော်လိုင်းကြီးလေ့အောက်တောင်ကြီးဖဝါး အောက်ဆိုကြသကဲ့သို့ သက်ဆိုင်ရာပညာရှင်များမဆုတ်မနစ်ဥကိုးပမ်းမှုကြောင့်၍ လူတွင်ဖြစ် ပွားသောအေအိုင်ဒီအက်စ်ရောဂါဗိုင်းရပ်စ်ပိုးနှင့်ဆင်တူသည်ဗိုင်းရပ်စ်ပိုးတစ်မျိုးကိုအာဖရိ ကမျောက်စိမ်း၏သွေးများတွင်လည်းတွေ့ရ၏။ ၍မျောက်ဗိုင်းရပ်စ်ပိုးမှဗီဇဖောက်ပြီးလူဗိုင်း ရပ်စ်ပိုးဖြစ်နိုင်သည်ဟုအချို့ပညာရှင်တို့ကဆိုကြသည်။ ကြောင်များတွင်လည်းလူတွင်ဖြစ်ပွား သောအေအိုင်ဒီအက်စ်ရောဂါလက္ခဏာပြသည့်အလားတူရောဂါကိုဖြစ်စေသောဗိုင်းရပ်စ်ပိုး တစ်မျိုးကိုတွေ့ရ၏။ ယင်းအတွက်ကာကွယ်ဆေးပင်ဖော်စပ်၍ပေးပြီ။

အေအိုင်ဒီအက်စ်ရောဂါရနိုင်သူများမှာအောက်ပါအတိုင်းဖြစ်သည်။

- လိင်တူဆက်ဆံသူနှင့် လိင်ဆက်ဆံမှုထွေပြားသူများ
- ပြည့်တန်ဆာများ
- ရောဂါပိုးရှိသောသွေးသွင်းခံသူများ
- ကာလသားရောဂါရှိသူများ
- အေအိုင်ဒီအက်စ်ရောဂါရှိသောမိဘမှမွေးဖွားသောကလေးများ

မူလကိုယ်ခံစွမ်းအားလျော့ဗိုင်းရပ်စ်ပိုးဝင်သူတိုင်း အေအိုင်ဒီအက်စ်ရောဂါရသည်ကား မဟုတ်ပေ။ ယင်းဗိုင်းရပ်စ်ပိုးဝင်လျှင်ပထမဆွေးထဲ၌ယင်းဗိုင်းရပ်စ်ပိုးကိုဆန့်ကျင်သောပဋိ ပစ္စည်းကိုရှာဖွေ၍ရ၏။ ယင်းပဋိပစ္စည်းရှိပါက၍ဗိုင်းရပ်စ်ပိုးရှိသည်၊ မရှိပါကရောဂါပိုးမဝင်သေး ဟုကောက်ချက်ချနိုင်သည်။ သို့သော်ဗိုင်းရပ်စ်ပိုးတစ်ခါဝင်ပြီးလျှင်တစ်သက်လုံးထိုသူတွင်၍ ပိုးဝင်၍နေလေ၏။

၍ဗိုင်းရပ်စ်ပိုးသည်ရောဂါရှိသူထံမှလိင်တူလိင်ကွဲဆက်ဆံပြီးဖြစ်စေ၊ ရောဂါရှိသောမိ

သင်ခန်းစာ (၃)

ခင်ထံမှသန္ဓေသားသို့ဖြစ်စေသို့မဟုတ်မွေးလာသောအခါဖြစ်စေကူးစက်တတ်၏။ ၍ပိုင်းရပ်စ ပိုးသည်ခန္ဓာကိုယ်၏အရည်အားလုံးတွင်ပါရှိသဖြင့်၊သွေး၊ချွေး၊တံတွေး၊အန်ဖတ်နှင့်လိင်အင်္ဂါ မှထွက်သောအရည်များတွင်ပါနိုင်လမ်းရှိသည်။ သို့သော်အမေရိကန္ဓနမ်းရုံဖက်ရုံဖြင့်ကားမကူး နိုင်။ အဝတ်အစား၊စားပွဲ၊ကုလားထိုင်၊အိမ်သာထိုင်ခုံများမှတစ်ဆင့်လည်းကူးသည်ကိုမတွေ့ရ ဟုသိရ၏။ အကြောင်းမှာ၍ပိုင်းရပ်စပိုးသည်လူ့ခန္ဓာကိုယ်၏အပြင်တွင်မိနစ်အနည်းငယ်သို့မ ဟုတ်နာရီပိုင်းသာအသက်ရှင်ခံနိုင်သောကြောင်ဖြစ်သည်။ ယခုနောက်ဆုံးသိရသည်မှာရောဂါ ရှိသောမိခင်၏နို့မှတစ်ဆင့်လည်းနို့စို့ကလေးကိုရောဂါကူးနိုင်သည်ဟု၍ဖြစ်၏။

ပိုင်းရပ်စပိုးခန္ဓာကိုယ်ထဲဝင်ပြီး အေအိုင်ဒီအက်စ်ရောဂါလက္ခဏာများပေါ်သည် အချိန် အထိရောဂါပျိုးချိန်(ဂါ)ငုပ်လျှိုးနေချိန်မှာခြောက်လမှ၁ဝနှစ်အထိကြာ၏။ အချို့လူများ၌အချိန် အကန့်အသတ်မရှိပေ။ ပျမ်းမျှရောဂါပျိုးချိန်မှာ၁ဝနှစ်၊၁၁နှစ်ဖြစ်၏။ သို့ဖြစ်၍၁၉၈၁ခုနှစ်၌ရော ဂါလက္ခဏာပေါ်သူများသည်၁၉၇ဝပြည်နှစ်ကတည်းကရောဂါကူးစက်ခံရပြီးဖြစ်သည်ဟု ဆေးပညာရှင်များကယူဆကြသည်။ သို့ဖြစ်၍ယင်းလူတို့၏လိင်ဆက်ဆံမှုရာဇဝင်နှင့်သွေး သွင်းခံရမှုများကိုလိုက်စုံစမ်းသောအခါအီဂွေ့တာနံ့ကျင်အာဖရိကအလယ်ပိုင်းမှရောဂါပိုးစ သည်ဟုတွေ့ရှိကြရလေသည်။ မည်သို့မည်ပုံစခဲ့သည်ဆိုသည်ကိုကားအတိအကျမပြောနိုင် သေးပေ။

၍ပိုင်းရပ်စပိုးဝင်ပြီးနောက်အချို့သူများတွင်တုပ်ကွေးရောဂါရသကဲ့သို့ဖျားခြင်း၊ကိုယ် လက်မအီမသာဖြစ်ခြင်း၊သားနံရည်အကျိတ်များရောင်ခြင်းတို့ဖြစ်ပြီးနောက်ကောင်းသွား သည်။ အချို့သူများတွင်မှဘာမျှမဖြစ်ဘဲကြာမှရောဂါလက္ခဏာများပြ၏။ ယင်းလက္ခဏာများမှာ ခန္ဓာကိုယ်တစ်ခုလုံးရှိသားနံရည်အကျိတ်များရောင်ခြင်း၊အရေပြားရောဂါများရခြင်း၊အပေါ်ယံထ ခိုက်မိရုံဖြင့်သွေးထွက်လွန်ခြင်းစသည်တို့ဖြစ်သည်။

အချို့သူများတွင်မှဖျားခြင်း၊ ကိုယ်အလေးချိန်လျော့ခြင်း၊ ဝမ်းလျှောခြင်း၊ပါးစပ်တွင် မှက္ဍရပေါက်ခြင်းတို့ဖြစ်၏။ ၍သည်ကိုအေအိုင်ဒီအက်စ်ရောဂါနှင့်ဆက်နွယ်နေသော ရောဂါလက္ခဏာစုရသည်ဟုခေါ်၏။

ဤသည်မှာအေအိုင်ဒီအက်စ်ရောဂါဆိုးကြီးရခြင်းမဟုတ်သေးပေ။ သို့သော်သူတို့ သည်အေအိုင်ဒီအက်စ်ရောဂါဆိုးကြီးရရန်သေချာနေ၏။ ထိုသို့မရမီလည်းဦးနှောက်မွေးရောင် ခြင်းဦးနှောက်နှင့်အာရုံကြောများပျက်စီးခြင်းနှင့်ရှူသွပ်ခြင်းတို့လည်းဖြစ်နိုင်သည်။ အေအိုင်ဒီ အက်စ်ရောဂါ၏အဓိကလက္ခဏာများမှာအောက်တွင်ဖော်ပြထားသည့်အတိုင်းဖြစ်သည်။

၁။ ရုတ်ခြည်းဖြစ်ရောဂါ

ဖျားခြင်း၊ကိုယ်လက်မအီမသာဖြစ်ခြင်း၊ခေါင်းကိုက်ခြင်း၊နုံ့ခြင်း၊မောပန်းခြင်း၊ညတွင် ချွေးထွက်ခြင်း၊သားနံရည်အကျိတ်များရောင်ခြင်း။

၂။ နာတာရှည်ဖြစ်ခြင်း

သားနံရည်အကျိတ်များရောင်ခြင်း၊ဖျားခြင်း၊ကိုယ်အလေးချိန်လျော့ခြင်း၊ညတွင်ချွေး ထွက်ခြင်း၊သွေးအားနည်းရောဂါရခြင်း၊သွေးပြဥများကျဆင်းခြင်း၊ပါးစပ်တွင်မှကွာရှပေါက်ခြင်း၊ ထိုမှအခြားကြားဝင်ရောဂါများရခြင်း၊ဉပမာ-အဆုတ်ရောင်ရောဂါရခြင်း၊အရေပြားကင်ဆာ ဖြစ်ခြင်းနှင့်သားနံရည်ကင်ဆာရခြင်း။

၃။ သေဆုံးခြင်း

အထက်ပါကြားဝင်ရောဂါများရ၍ဖြစ်စေ၊ဝမ်းလျှောခြင်း၊ဦးနှောက်မွေးရောင်ခြင်း၊ရှူ သွပ်ခြင်းစသောအစာလမ်းကြောင်းနှင့်ဦးနှောက်အာရုံကြောများပျက်စီး၍ဖြစ်စေဘာဆေးပေး ပေးတုန်ပြန်မှုတိုးတက်မှုမရှိဘဲသေဆုံးရသည်။

အေအိုင်ဒီအက်စ်ရောဂါဆိုးကြီးရလျှင်မှုသေဖို့သေချာနေပါ၏။ အေအိုင်ဒီအက်စ်ရော ဂါဆိုးကြီး၏အဓိကလက္ခဏာများမှာမောပန်းခြင်း၊ကိုယ်အလေးချိန်ကျခြင်းနှင့်ခံနိုင်ရည်မရှိ ခြင်းဖြစ်၏။ ကြားဝင်ရောဂါများရ၍လည်းသေဆုံးနိုင်သည်။

ကမ္ဘာ့ကျန်းမာရေးအဖွဲ့ကြီးကမှရောဂါလက္ခဏာရသူများကိုကူးစက်ပုံအရပုံသဏ္ဍာန် သုံးမျိုးခွဲခြားထားသည်။

၁။ ဤသည်မှာမြောက်အမေရိက၊အနောက်ဥရောပ၊ဩစတြေးလျ၊နယူးဇီလန်နှင့် တောင်အမေရိကမြို့ကြီးများ၌ဖြစ်ပွားပုံဖြစ်၏။ ပိုင်းရပ်စ်ပိုးသည်လိင်တူဆက်ဆံရာမှဖြစ်စေ

သင်ခန်းစာ (၃)

လိင်ကွဲလိင်တူပူးတွဲဆက်ဆံရာမှဖြစ်စေရ၏။ သွေးကြောတွင်းမှူးယစ်ဆေးထိုးသွင်းရာမှလည်း ကူးစက်သည်။ ကလေးများကူးစက်ခြင်းမှရှား၏။ အကြောင်းမှမိန်းမများတွင်ဤရောဂါဖြစ်ပွား မှုနည်း၍ဖြစ်၏။

၂။ ဤသည်မှာဆာဟာရအောက်အာဖရိကတိုက်၊ လက်တင်အမေရိကနှင့် ကရစ်ဘီယံပင်လယ်ဒေသတွင်အဖြစ်များ၏။ ယောက်ျားမိန်းမလိင်ဆက်ဆံရာမှကူးစက်၏။ သို့ဖြစ်၍မိန်း မအထူးသဖြင့်ပြည့်တန်ဆာများတွင်အဖြစ်များသည်။ သွေးသွင်းခြင်းမှလည်းကူး၏။ မသန့် သောဆေးထိုးအပ်များမှလည်းကူးသည်။ ကိုယ်ဝန်သည်များမှကလေးများကိုကူးသည်။ ကိုယ် ဝန်သည်၅ ရာခိုင်နှန်းမှ ၁၅ ရာခိုင်နှန်းသည်ဤဗိုင်းရပ်စ်ပိုးသယ်ဆောင်ထားကြ၏။

၃။ ဤသည်မှာအာဖရိကမြောက်ပိုင်း၊ အရှေ့အလယ်ပိုင်း၊ အရှေ့ဥရောပ၊ အာရှနှင့်၊ ပစီ ဖိတ်ဒေသတို့တွင်အဖြစ်များ၏။ ၁၉၈၈ခုနှစ်အထိဤဒေသမှာကမ္ဘာတစ်ခုလုံး အေအိုင်ဒီအက်စ် ရောဂါဖြစ်ပွားမှု၏တစ်ရာခိုင်နှုန်းသာရှိ၏။

ဤဒေသတွင်ရောဂါရသူများမှာအထက်ပါပုံသဏ္ဍာန်၁နှင့်၂မှရောဂါရသူများနှင့်ဆက် ဆံရာမှရကြ၏။ သို့မဟုတ်ရောဂါရပြီးသောသွေးသွင်းခံရ၍ဖြစ်၏။ ပြည့်တန်ဆာနှင့်မူးယစ်ဆေး သွေးကြောထဲထိုးသူများတွင်အဖြစ်များသည်။

ဤဒေသများ၌ရောဂါကူး စက်ပုံမှာမြန်လှ၏။ ဥပမာဘန်ကောက်မြို့တွင်၁၉၈၇ခုနှစ်က မူးယစ်ဆေးစွဲသူများ၏တစ်ရာခိုင်နှုန်း သာရောဂါပိုးရှိရာမှ၁၉၈၈ခုနှစ်တွင်၁၆ရာခိုင်နှုန်းအထိ ခုန်တက်ခဲ့၏။

တစ်နည်းအားဖြင့်ဆိုရပါကသွေးသွင်းခြင်း၊ သွေး ကြောထဲမူးယစ်ဆေးထိုးထည့်ခြင်းမ သန့်ရှင်းသောအပ်များကိုအတူအသုံးပြုခြင်းနှင့်မိခင်မှကလေးသို့ရောဂါပိုးကူးရန်အခွင့်အ လမ်းသည် အလွန်များ၏။ လိင်တူလိင်ကွဲထည်လဲဆက်ဆံသူများမှာလည်းရောဂါရရန်အခွင့်အ လမ်းပိုရှိလေသည်။ သို့ဖြစ်၍ယင်း တို့ကိုရှောင်ကြဉ်ရန်ဆင်ခြင်ရန်သတိပေးနေရခြင်းဖြစ်လေသ တည်း။

ဝေါဟာရ

အေအိုင်ဒီအက်စ်ရောဂါ (န/လိပ် AIDS=Acquired Immuno Deficiency Syndrome) 艾滋病（后天免疫缺乏综合症）

မူလကိုယ်ခံစွမ်းအားလျော့ရောဂါ (န) AIDS

ခုခံအားကျဆင်းမှုရောဂါ (န) AIDS

ကိုယ်ခံစွမ်းအားထုတ်ပေးသောစနစ် (န) 免疫系统

ဗိုင်းရပ်စ်ပိုး (န/လိပ် + မြန် Virus + ပိုး) 病毒

ကာလသားရောဂါ (န) ကာမဆက်ဆံမှုကြောင့်ကူးစက်ဖြစ်ပွါးတတ်သောအနာရောဂါမျိုး။ လူပျို့နာ။

ပြည်တန်ဆာ (န) အဖိုးအဖျူလျှက်ကာမလိုအင်ဖြည့်စွမ်းသောသူ။

တရိပ်ရိပ် (ကဝ) လျင်သောအဟုန်ဖြင့်။

လူပြိန်း (န) အတွေ့အကြုံ့အသိအမြင်နည်းပါးသူ။

အတိုကောက်စာလုံး (န) ချို့၍ပြထားသောစာလုံး။ 缩略词

သားနံရည်အကျိတ် (န) အနာမှစိမ့်ထွက်သည့်အရည်ကြည်တည်ရှိရာဖုံးလုံး။ 淋巴结

ကလာပ်စည်း (န) အငယ်ဆုံးအဖွဲ့အစည်း။

ရောဂါပြီး (က) ဖျားနာခြင်းကိုခံနိုင်ရည်အစွမ်းရှိသည်။

ဆေးမတိုး (က) ဆေးယဉ်နေ၍ဖြစ်စေ၊ရောဂါလွန်နေ၍ဖြစ်စေဆေးအစွမ်းမပြနိုင်ဖြစ်သည်။

လုံးပါးပါး (က) တဖြည်းဖြည်းမသိမသာအားဖြင့်ယုတ်လျော့ကုန်ခန်းပျက်စီးသည်။

ပဋိဇီဝဆေး (န) ရောဂါပိုးမွှားတို့ကိုတိုက်ဖျက်သုတ်သင်နိုင်သောဆေးဝါး။ 抗生素

တီ-ဆဲလ် (န/လိပ် T-cell) T 细胞

ပက်စ်ချာ (န/လိပ် Pasteur)【医】巴斯德狂犬病

စောကြော (က) စုံစမ်းမေးမြန်းသည်။စစ်ဆေးသည်။ထောက်လှမ်းသည်။

နိုဗဲဆု (န/လိပ်-မြန် Nobel +ဆု) 诺贝尔奖

အကူဇီဝ (န) သာမန်မျက်စိဖြင့် မမြင်နိုင်သောအလွန်သေးငယ်သည့်သက်ရှိအရာ။
စည်းမျဉ်းကန့်သတ်ချက် (န) ထိန်းသိမ်းလိုက်နာရမည်ပိုင်းခြားမှတ်သားချက်။ 原理
ကာကွယ်ဆေး (န) ရောဂါပျားနာခြင်းများကိုဆီးတားပိတ်ပင်နိုင်သောဆေး။
အာဖရိကမျောက်စိမ်း (န) 非洲野猿
လိင်တူဆက်ဆံသူ (န) 同性恋者
လိင်ဆက်ဆံမှုထွေပြားသူ (န) 性滥交者
မူးယစ်ဆေး (န) 毒品
သွေးမတိတ်ရောဂါ (န)【医】血友病
ပဋိပစ္စည် (န) ရောဂါပိုးဝင်လာ၍ ခန္ဓာကိုယ်ထဲတွင်ဖြစ်ပေါ်လာသောရောဂါပိုးကိုခုခံ
           အားရှိသောအရာ။【医】抗体
အန့်ဖတ် (န) ပျို့အန်သဖြင့်ခံတွင်းမှထွက်လာသောအရာ။
ရောဂါပျိုးချိန် (န)【医】疾病潜伏期
တုပ်ကွေးရောဂါ (န)【医】流行性感冒
အရေပြားရောဂါ (န)【医】皮肤病
မုက္ခရ (န)【医】鹅口疮, 真菌性口炎
ဦးနှောက်မြှေးရောင်ခြင်း (န)【医】脑膜炎
ကြားဝင်ရောဂါ (န)【医】并发症
တက် (က) ရောဂါကြောင့်ဖြစ်စေစိတ်ချောက်ချားကြောင့်ဖြစ်စေကိုယ်လက်အင်္ဂါတို့
      ရုတ်တရက်ခက်မာတွန့်လိမ်ကောက်ကွေ့လာသည်။
ကမ္ဘာကျန်းမာရေးအဖွဲ့ကြီး (န) WHO 世界卫生组织
ကရစ်ဘီယံပင်လယ် (န)【地】加勒比海
ထည် (န) ၁။ ပြောင်းလဲဝတ်ဆင်စရာအထည်။
        ၂။ (ဥပစာ) တစ်မျိုးပြီးလျှင်တစ်မျိုးလဲလှယ်ခြင်း၊ အမျိုးမျိုးအဖုံဖုံ။

***** ***** *****

ရှင်းပြချက်

၁။။ ကုရာနတ္တဆေးမရှိ။ (ဖလေ့သုံးစကား) ရောဂါကျွမ်း၍ကုသရန်နည်းလမ်းနှင့်ဆေးမရှိ တော့ပေ။

၂။။ ကော့ခ်၏ စည်းမျဉ်းကန့်သတ်ချက် Koch's Postulates Robert 德国细菌学家罗伯特·科赫（1843—1910）的原理

၃။။ (ဝါ)။ သို့မဟုတ် (တစ်မျိုးထက်ပိုသောအနက်ကိုထပ်၍ သို့မဟုတ် အလွယ်လွယ်ပေါ် ပြရာ၌စကားခံ၍သုံးသောစကားဆက်) ဥပမာ-
- အေအိုင်ဒီအက်စ်ခေါ် မူလကိုယ်ခံစွမ်းအားလျော့ရောဂါ (ဝါ) ခုခံအားကျဆင်းမှု ရောဂါ
- ကိုယ်ခံစွမ်းအား (ဝါ) ခုခံအား
- ကိုယ်ခံစွမ်းအားထုတ်ပေးသောစံနစ် (ဝါ) အင်္ဂါအဖွဲ့အစည်း
- ရောဂါပျိုးချိန် (ဝါ) ငုပ်လျှိုးနေချိန်

၄။။ ဆို မြည်သံစွဲစကားလုံးနှင့် ဆက်ထား၍နောက်မှာတည်ရှိသောနာမ်သို့မဟုတ်ကြိယာ ကိုအထူးပြုနိုင်သည်။ ဥပမာ-
- 'ပြွန်း' ဆိုကျလာတော့မယ်။
- ဒိုင်းဆို (သေနတ်သံ) ကြားလိုက်ရ၏။
- တဒက်ဒက်ဆိုစက်သေနတ်သံရပ်တရက်ထွက်ပေါ်လာတယ်။

သင်ခန်းစာ (၃)

၅ ။ ။ သော် နာမ်နောက်တွင်တွဲ၍အချိန်သို့မဟုတ်နေရာကိုအလေးပေးပြီးပြထားသောစကား လုံး။ ဥပမာ–

နတ်ပြည်ကသော် ၊ တစ်နေ့သော် ၊
တစ်ခါသော်

၆ ။ ။ လီလီ လုနီးပါး၊အပြည့်အဝရှိကြောင်း၊အလွန်အမင်းဖြစ်ကြောင်းကိုဖော်ပြလိုရာ၌ကြိ ယာ၏နောက်မှဆက်၍ထားသောစကားလုံး။ ဥပမာ–

ရွှဲဖွယ်လီလီ   ရှက်ဖွယ်လီလီ   ကြောက်ဖွယ်လီလီ

၇ ။ ။ လား လား

၁ ။ အံ့ဩဖွယ်မြင်ခင်းကိုတွေ့၍အံ့အားသင့်ခါသုံးသောစကားလုံး၊မြင်ရပုံမှာဤ၍နယ် တကားဟူသောအနက်ရှိသည်။ ဥပမာ–

– လား လား ရွာမှာတောင်စက်ရုံဆောက်နေပြီကိုး။
– လား လား မြွေတစ်ကောင်ပါလား။

၂ ။ ကြုံးဝါးသောအခါသုံးသောစကားလုံး။ 'တယ်လေ'ဟူသောစကားမျိုးနှင့်အနက် တူသည်။ ဥပမာ–

– လား လား ဒီလူတွေကတကယ်တော့လူညံ့လူရှော်လူရိုင်းတွေပါတကား။
– လား လား ဆက်ကိုပိုင်းလိုက်ရော။

၈ ။ ။ သကော =သော်ကော၊ကြိယာနောက်တွင်ထား၍ဝါကျတစ်ခုကိုအဆုံးသတ်သည်။သေချာ သောလေသံမျိုးပြသည်။ ဥပမာ–

– အစားထိုးမရနိုင်သကော။
– သာယာပါသကော။

- သွားမယ်ပြောပြီးပါသကော။
- သိပါသော်ကော။
- ဆိုင်သော်ကောဗျာ။

၉ ။ ။ လိုင်းကြီးလေ့အောက်တောင်ကြီးဖဝါးအောက်(စကားပုံ)မကျော်လွန်နိုင်သောအခက် အခဲမျိုးမရှိဟူလို။တောင်ကြီးဖဝါးအောက်ဟုလည်းချို့၍သုံးသည်။

***** ***** *****

လေ့ကျင့်ခန်း

၁ ။ ။ ဝါကျထဲ၌ကြိယာနောက်တွင်သုံးလေ့ရှိသည်. "လေ" ဟူသောစကားလုံး၏သုံး ပုံသုံးနည်းများကိုပေါင်းရုံးသုံးသပ်ကြည့်ပါ။တွေ့ခဲ့သောဆောင်းပါးများမှသက် ဆိုင်ရာဝါကျထုတ်နုတ်၍ပြယုဂ်အဖြစ်နှင့်ပြပါ။

၂ ။ ။ အောက်ပါစကားလုံးများဖြင့်ဝါကျတစ်ခုစီဖွဲ့ပြပါ။

ဆို၊   လား လား ....၊   သို့ဖြစ်၍   သော်၊
လီလီ   ...သကော၊   လုံးပါးပါး၊   ထည်လဲ၊

၃ ။ ။ အောက်ပါဝါကျများကိုမြန်မာဘာသာသို့ပြန်ဆိုပါ။

(1) 癌症现在已经不是一种无药可医的绝症了。相信不久的将来人们一定会彻底攻克这个医学难关。

(2) 俗语说：要让高山低头，让河水让路。只要人类好好运用自己的智慧与力量就没有办不成的事。

(3) 啧！啧！看过他的作品真令人惊叹不已。

သင်ခန်းစာ (၃)

(4) 突然一下子他站在了我的面前，真不知道他是从哪儿冒出来的。

၄ ။ ။ အောက်ပါစာပိုဒ်နှစ်ပိုဒ်ကိုမြန်မာဘာသာသို့ပြန်ဆိုပါ။

1. 加入世界贸易组织以后，意味着中国将进一步融入世界经济。我国可以与世贸组织成员更广泛深入地进行经贸合作，真正实现中国向世界所有国家和地区开放。入世不仅加快沿海、沿江和沿边地区的对外开放，也大大加快中西部地区的对外开放，从而形成一个整体的开放格局。开放的程度也会进一步扩大，由原来的货物开放，延伸到服务开放，进而延伸到生产要素本身的交流。入世促使我们加快营造更好的投资环境，更多地吸引外资，另一方面，我们的对外贸易也享受更为良好的待遇，可以进一步开拓国际市场，实行国际化、全球化经营，在更广泛的范围内获取更大的经济利益，相信我国对外贸易定会从而获得惊人的发展。

2. 铁道通信信息有限责任公司（简称"铁通"，英文简称CRC）是经国务院批准，信息产业部核准，国家工商管理局注册，其股权结构为铁道部占51%，13个铁路局、广州铁路（集团）公司、广梅汕铁路有限责任公司合计占49%。公司成立于2000年12月26日，目前由铁道部直接管理，同时接受国务院电信行业主管部门的行业管理。公司总资产136亿元，注册资本103亿元，员工6.5万人。中国铁路通信已有百余年历史。建国后经过几十年的建设，体系完整、稳定可靠、功能齐全，覆盖全国主要经济区域,其规模仅次于中国电信的综合性通信网。估计到 2005 年,铁通的全国局用电话交换机容量将达到 2.76 亿门。按照信息产业部"十五"规划的目标,到 2005 年,全国固定电话用户将达到 2.3 亿户。

၅။။ မူးယစ်ဆေးဝါးအန္တရာယ်တိုက်ဖျက်ရေးခေါင်းစဉ်ဖြင့်စာစီစာကုံးတစ်ပုဒ်ရေးပါ။

၆။။ တရုတ်ဆေးဝါးပညာအကြောင်းများကိုမြန်မာလို၅မိနစ်လောက်မိတ်ဆက်ပြောပြပါ။

*****　　　　*****　　　　*****

အဓိကဗတ်စာ

ဆက်သွယ်ရေးဖွံ့ဖြိုးမှု

မြဟန်သိန်း

ယနေ့ကမ္ဘာပေါ်ရှိလူသားများအဖို့အလှမ်းကွာဝေးခြင်းသည်ပြဿနာမဟုတ်ပြီ။ ရွှေပင်လယ်ကာဆီရုံမျှမကသမုဒ္ဒရာကြီးပင်ခြားနားနေပါစေခေတ်သစ်စက်မှုနည်းပညာများကအလှမ်းကွာဝေးမှုကိုချို့၍ပစ်နိုင်ခဲ့ကြသည်။

ခြေကျင်ဆက်သားမြင်းစစ်သည်တော်စေလွှတ်၍သဝဏ်လွှာပါးခဲ့ရသောရှေးခေတ်၏ဆက်သွယ်ရေးစနစ်။ အဆိုပါအခြေအနေများသည်သမိုင်းစာအုပ်၏စာမျက်နှာများပေါ်တွင်ပုံပြင်ပမာအံ့ဖွယ်သုတအဖြစ်ကျန်ရစ်နေခဲ့ပြီဖြစ်သည်။ ကျွန်တော်တို့ငယ်စဉ်အခါကမန္တလေးမှရန်ကုန်သို့မီးရထားစီး၍လာခဲ့ကြရာပျဉ်းမနားတွင်တစ်ညအိပ်ခဲ့ကြရသည်။ ယခုဆိုလျှင်ရန်ကုန်-မန္တလေးခရီးစဉ်သည်နာရီပိုင်းလောက်ရောက်နိုင်ပြီ။ ဆက်သွယ်ရေးနည်းပညာများဖွံ့ဖြိုးလာသည်နှင့်အညီတစ်မြို့တစ်ရွာသီးခြားနေကြသူနှစ်ဦးဟိုမှသည်မှအပြန်ပြန်အလှန်လှန်

သင်ခန်းစာ (၃)

ဆက်သွယ်၍စကားပြောဆိုနိုင်ကြသည်။ပုတာအိုမှကော့ဆောင်း၊တာချီလိတ်မှမောင်တော၊ ရွှေဘိုမှပုပွတောလိုချင်ရာရာကိုအချိန်တိုတစ်ခဏအတွင်းမှာဆက်သွယ်၍ရနေကြသည်။

ကမ္ဘာ့နိုင်ငံအချင်းချင်းလည်းဆက်သွယ်ရေးပြိုဟ်တုများကိုအသုံးပြု၍သတင်းအ ချက်အလက်များကိုလျှင်မြန်လွယ်ကူစွာဖလှယ်နိုင်ကြသည်။

ကြေးနန်းကြိုးများကိုအသုံးပြုဆက်သွယ်နေရာမှကြိုးမဲ့စနစ်ကိုတီထွင်လာခဲ့ကြသည်။ ငွေကုန်ကျမှုပမာဏနှင့်လုပ်ငန်းတာဝန်ကြီးလေးမှုတို့ကိုလျှော့ချနိုင်ခဲ့ကြသည်။

အနာဂတ်ကာလတွင်စာတွဲများထည်သံမဏိဗီရိုကြီးများ၊စာရွက်စာတန်းအဟောင်းအ ထုပ်ကြီးများ၊အလှဆင်ပန်းချီကားချပ်ကြီးများလုပ်ငန်းအခြေအနေပြစာရင်းဇယားနှင့်ဂရပ် ပုံများ၊ပန်းအိုးနှင့်ကျယ်ဝန်းသပ်ရပ်ခမ်းနားသောရုံးခန်းကြီးများရှားပါး၍လာပေတော့မည်။ လမ်းပေါ်မှာလျှောက်သွားနေရင်း၊အိမ်မှာထိုင်နေရင်းကပင်တစ်ဦးနှင့်တစ်ဦးဆက်သွယ်အလုပ် လုပ်နေကြပေရော့မည်။

လွန်ခဲ့သောအနှစ် ၂၀အတွင်းမှာပင်ဖက်ဗ်ဖြင့်စာများရှုပ်ပုံများကိုအဝေးသို့လှမ်းပို့နိုင် ခြင်း၊ဆယ်လူလာခေါ် အိတ်ဆောင်တယ်လီဖုန်းနှင့်နိုင်ငံတကာဆက်သွယ်ရေးကွန်ယက်စနစ် တို့ပေါ် ထွန်းလာခဲ့သည်။အသံလိုင်းများကိုသာပုံရိပ်အဖြစ်မြင်ကြရမည်ဆိုလျှင်ကောင်းကင် တစ်ပြင်လုံးကြောင်ခြစ်ထားသည်ထက်အပြန်တစ်ဆမကရှုပ်ထွေးနေပေမည်။

လျှပ်စစ်နည်းပညာသည် ၂၀ရာစုကိုအသွင်ပြောင်းလွှဲပေးလိုက်သည်။လူသားတွေအဖို့ လည်းအာရုံခံစားစရာတွေပိုတိုးပွား၍လာရပြီးအလုပ်တွေပိုများပြား၍လာခဲ့ရသည်။ယခင်က လိုအေးအေးလူလူနေထိုင်၍မရကြတော့။ဘယ်နေရာသွားသွား၊ဘယ်နေရာရောက်ရောက် ဆက်သွယ်ရေး၏အစွမ်းအာနိသင်ကြောင့်အလုပ်များသည်လူသားတို့ကိုအစဉ်စိုးမိုးနိုင်စက်နေကြ သည်။

နောင်နှစ်အနည်းငယ်အတွင်း၌တယ်လီဖုန်းစက်ခလုတ်ခုံထိုင်ဝန်ထမ်းများ၊အော်ပရေ တာများ၊လိုင်းပြင်အလုပ်သမားများအစရှိသူတို့သည်အလုပ်မှအနားယူကြရပေတော့မည်။ စာတိုက်အားကိုးပြီးစာပို့နေကြခြင်းလည်းလျော့နည်းလာမည်ဖြစ်၍ပို့လျှံနေသောစာ

တိုက်ဝန်ထမ်းများအလုပ်မှအနားယူကြရပေတော့မည်။

ပုဂ္ဂလိကလုပ်ငန်းရှင်များနှင့်အပြိုင်အဆိုင်လုပ်ကိုင်ကြရတော့မည်ဖြစ်၍အစိုးရဆက်သွယ်ရေးဌာနများအနေဖြင့်မိမိတို့၏ခေတ်မမီတော့သောရုံးလုပ်ငန်းစနစ်နှင့်လုပ်ငန်းဖွဲ့စည်းပုံများကိုမလွဲမသွေပြောင်းလွဲပြင်ဆင်ကြရပေတော့မည်။

***** ***** *****

သင်ခန်းစာ (၄)
သိပ္ပံမောင်ဝ

သိပ္ပံမောင်ဝ၏အမည်ရင်းမှာဦးစိန်တင်ဖြစ်လေသည်။၁၈၉၉ခုတွင်မော်လမြိုင်မြို့မှပွန် နတ်ကျွန်းအရပ်၌ဖွားမြင်သည်။အဖမှာဦးအုန်းရွှေဖြစ်၍အမိမှာဒေါ်ဒေါ်သစ်ဖြစ်သည်။ငယ်စဉ် ကပင်မိခင်ဆုံးသဖြင့်အဖွားနှင့်ကြီးတော်တို့လက်တွင်ကြီး ပြင်းရလေသည်။

သိပ္ပံမောင်ဝသည်ပွန်ရပ်ဆရာဦးချစ်လှကျောင်းတွင် ကျောင်းနေသည်။ထို့နောက်မောင်ငံရပ်သာသနာပြုကျောင်း သို့ပြောင်းရွှေ့နေသည်။သတ္တမတန်းအောင်သောအခါရင်မ ဟာဗုဒ္ဓဃောသကျောင်းသို့ပြောင်းရွှေ့နေသည်။၁၉၂၀ပြည့် နှစ်တွင်ဆယ်တန်းစာမေးပွဲကိုမြန်မာဘာသာနှင့်ပါဠိဘာသာ တို့ဖြင့်အထူးအမှတ်ရကာအောင်မြင်လေသည်။

သိပ္ပံမောင်ဝသည်ကျောင်းတွင်ပညာဆည်းပူးရသည်ကိုမတင်းတိမ်သဖြင့်အဖိုးဖြစ်သူ ထွတ်ပုံပြင်ရာဇဝင်စသည်တို့ကိုကြားနာမှတ်သားဆည်းပူးသည်။အဖွားဖြစ်သူထံမှလည်းမြန် မာ့ရှေးရိုးထုံးတမ်းအစဉ်အလာတို့ကိုကြားနာမှတ်သားဆည်းပူးသည်။ထို့မျှမကသေးဘကြီး ဖြစ်သူရွှေကျင်တိုက်ဘုန်းတော်ကြီးဦးပညာဇောတထံတွင်ပါဠိမြန်မာနှစ်ဘာသာဆိုင်ရာဗဟုသု တများကိုကြားနာမှတ်သားဆည်းပူးသေးသည်ဟုဆိုလေသည်။

ဆယ်တန်းအောင်ပြီးနောက်သိပ္ပံမောင်ဝသည်ကောလိပ်သိပ္ပံကျောင်း(ရန်ကုန်တက္ကသိုလ်)တွင်ပညာဆည်းပူးသည်။ပထမကျောင်းသားသဗိတ်အရေးတော်ပုံကြီးပေါ်ပေါက်ပြီးဗဟို

နေရှင်နယ်ကျောင်းကြီးကိုတည်ထောင်ကြသောအခါသိပ္ပံမောင်ဝသည်သဖိတ်လှန်သည့်အထိကျောင်းဆရာအဖြစ်ဖြင့်တိုင်းပြည်တာဝန်ကိုထမ်းဆောင်ခဲ့လေသည်။ထို့နောက်ကောလိပ်သို့ပြန်သွား၍ပညာဆက်လက်ဆည်းပူးသည်။၁၉၂၇ခုတွင်မြန်မာစာဝိဇ္ဇာဂုဏ်ထူးတန်းကိုပထမတန်းဖြင့်အောင်မြင်ခဲ့လေသည်။

ရန်ကုန်တက္ကသိုလ်သမိုင်းတွင်မြန်မာစာဝိဇ္ဇာဂုဏ်ထူးတန်းသည်၁၉၂၅ခုတွင်မှစတင်ပေါ်ပေါက်သည်။ထိုအတန်းပေါ်ပေါက်လာအောင်တီထွင်သူမှာဆရာကြီးဦးဖေမောင်တင်ဖြစ်သည်။ထိုအတန်းကိုပထမဦးဆုံးတက်ရောက်သင်ကြားသူမှာသိပ္ပံမောင်ဝဖြစ်သည်။ထိုအချိန်ကအင်္ဂလိပ်စာတန်ခိုးကြီး၍မြန်မာစာသည်နောက်တန်းရောက်နေချိန်ဖြစ်သည်။ဘီဧအက်၊အိုင်စီအက်တို့ခေတ်စားနေသည်။မြန်မာစာလေ့လာလိုက်စားသူတို့မှာအများ၏အထင်သေးခြင်းကိုခံရသည်။အလုပ်အကိုင်ကောင်းရရန်လည်းအလားအလာကောင်းမရှိပေ။သို့စဉ်လျက်သိပ္ပံမောင်ဝသည်မြန်မာစာဝိဇ္ဇာဂုဏ်ထူးတန်းကိုတစ်ဦးတည်းစွန့်တက်ခဲ့ပေသည်။ယင်းသို့မြန်မာစာဝိဇ္ဇာဂုဏ်ထူးတန်းတက်သည်နှင့်ပတ်သက်၍သိပ္ပံမောင်ဝကဆောင်းပါးတစ်စောင်တွင်–

"မြန်မာဘာသာဂုဏ်ထူးလိုချင်သည်ကားအခြားကြောင့်မဟုတ်၊မြန်မာစာပေကိုလေ့လာရန်ဆန္ဒရှိသည်တစ်ကြောင်း၊မြန်မာစာကိုအားပေးလိုသည်တစ်ကြောင်း၊မြန်မာစာကိုဝါသနာပါသည်တစ်ကြောင်းတို့ကြောင့်ဖြစ်လေသည်"ဟူ၍ဖော်ပြထားပေသည်။တစ်ဖန်ယင်းဆောင်းပါးတွင်ပင်

"ဤသို့မြန်မာဘာသာဂုဏ်ထူးယူသည်ကိုရင်းနှီးသောမိတ်ဆွေတို့ကများစွာမနှစ်သက်။မြန်မာစာဂုဏ်ထူးကြီးနှင့်အောင်ပြီးနောက်မည်သည့်အလုပ်မျိုးကိုလုပ်မည်နည်းဟုစိတ်ပျက်အောင်ပြောလေ့ရှိကြ၏။ဝါသနာပါ၍ယူသည်၊အလုပ်မှာကိစ္စမရှိဟုပြန်ပြောရ၏။ထိုအခါကမြန်မာစာဂုဏ်ထူးမှာအည်စားဂုဏ်ထူးပဲဟုအယူရှိကြလေသည်။များစွာမခံချင်ဖြစ်သောကြောင့်၊'မင်းတို့နဲ့တစ်နေ့နေ့တွေ့ဦးမယ်'ဟုစိတ်တွင်ကြိမ်းဝါးမိခဲ့ပေ၏။အချို့ကမြန်မာစာဂုဏ်ထူးယူခြင်းသည်အမျိုးသားအတွက်ဂုဏ်ယူစရာတိုင်းပြည်အတွက်ဂုဏ်ယူစရာဟူ၍ချီးမွမ်းကြ၏။

သင်ခန်းစာ (၄)

သို့ရာတွင်ဝမ်းထဲကမုကားများစွာစိတ်မပါလှပေမည်သည့်အရပ်သို့ပင်သွား စေကာမူမြန်မာ စာဂုဏ်ထူးနှင့်အောင်လျှင်မည်သည့်အလုပ်လုပ်မည်နည်းဟူ၍မေးကြသည်နှင့်သာကြုံတွေ့ ရလေသည်။ပညာကိုငွေကြေးနှင့်တွက်စစ်၍ယူသောသူတို့သာလောကဒ္ဓများပေသေးသည်" ဟူ၍ထိုစဉ်ကအဖြစ်အပျက်များကိုတင်ပြခဲ့ဘူးလေသည်။

တက္ကသိုလ်၌ပညာဆည်းပူးစဉ်သိပ္ပံမောင်ဝ၏ဆရာရင်းများမှာဆရာကြီးဦးဖေမောင် တင်ပုဂံဝန်ထောက်ဦးတင်ဂုဏ်ထူးဆောင်ဆရာကြီးဦးပွါး၊အဂ္ဂမဟာပဏ္ဍိတဦးလင်းစသူတို့ဖြစ် သည်။သိပ္ပံမောင်ဝသည်ပုဂံကျောက်စာမှစ၍ပျို့လင်္ကာရာဇဝင်သမိုင်းတို့အပါအဝင်ကာလပေါ် ဝတ္ထုအထိဖြစ်သောမြန်မာစာပေအမျိုးမျိုးကိုလေ့လာဆည်းပူးခဲ့သည်။နိုင်ငံခြားစာပေကိုလည်း အထူးလေ့လာဆည်းပူးသည်။မြန်မာစာပေတိုးတက်ရာတိုးတက်ကြောင်းအတွက်မြန်မာစာ ကိုသာဖတ်နေရုံနှင့်မပြီး၊နိုင်ငံခြားစာကြီးပေကြီးတို့ကိုလည်းဖတ်ရမည်ဟူ၍သိပ္ပံမောင်ဝသည် အနိုင်အမာယူကြံစည်ခဲ့လေသည်။စာပေဝေဖန်ချက်များနှင့်ပတ်သက်၍အင်္ဂလိပ်စာရေးဆရာ Hazlitt နှင့် Macaulay တို့၏စာတမ်းများကိုအထူးလေ့လာဖတ်ရှုခဲ့သည်ဟုကြား သိရသည်။

သိပ္ပံမောင်ဝသည်ဝိဇ္ဇာဂုဏ်ထူးတန်းအောင်ပြီးနောက်တက္ကသိုလ်တွင်နည်းပြဆရာလုပ် သည်။ထိုအတွင်းနိုင်ငံတော်ဝန်ထမ်းပညာတော်သင်(အိုင်စီအက်)အဖြစ်နှင့်ရွေးချယ်ခြင်းခံရ ကာအင်္ဂလန်ပြည်အောက်စဖို့ဒ်တက္ကသိုလ်သို့သွား၍၂–နှစ်ကြာမျှပညာဆည်းပူးခဲ့လေသည်။ ထို့နောက်၁၉၂၉–ခုတွင်အင်္ဂလန်မှပြန်ရောက်လာကာနိုင်ငံဝန်ထမ်းအဖွဲ့တွင်ဝင်ရောက်လုပ် ကိုင်လျက်ဒေသအမျိုးမျိုးတွင်ပြောင်းရွှေ့နေထိုင်ခဲ့ပေသည်။

သိပ္ပံမောင်ဝသည်ဆယ်တန်းကျောင်းသားဘဝမှစတင်စာရေးသည်ဆိုသည်။ထိုစဉ်က ဇီရောတင်၊ဟူသောကလောင်အမည်ကိုခံယူလျက်သတင်းစာများတွင်ဆောင်းပါးများရေးသည် ဟုဆိုသည်။သို့သော်တကယ်တမ်းစာရေးသည်မှာမူတက္ကသိုလ်ကျောင်းသားဘဝသို့ရောက် လာမှဖြစ်သည်။တက္ကသိုလ်ကျောင်းသားဘဝ၌ရှိစဉ်လက်ရေးစာစောင်တစ်ခု၌ဆောင်းပါးတစ်ပုဒ် ကို "နေရပ်ချောင်ကလူမည်မောင်ဝ" ဟုကလောင်အမည်ခံယူကာရေးသားခဲ့ရာမှ "သိပ္ပံ

မောင်ဝ" အမည်ကိုနှစ်သက်စွဲလမ်းစွာအသုံးပြုခဲ့သည်ဟုသိရသည်။ထိုစဉ်ကရန်ကုန်တက္ကသိုလ် မှာ "ကောလိပ်ကျောင်း" ဟုအမည်တွင်သည်။ "သိပွံ" မှာထိုကောလိပ်သိပ္ပံကျောင်းကိုအစွဲပြု ထားချက်ဖြစ်သည်။မြန်မာစာပေတိုးတက်ရာတိုးတက်ကြောင်းကိုသိပွံကျောင်းသားများက လည်းဆောင်ရွက်နေကြောင်းတင်ပြလိုဖြင့် "မောင်ဝ" ရှေ့တွင် "သိပွံ" တပ်သည်ဟုဆိုလေ သည်။

သိပွံမောင်ဝသည်စာအမြောက်အမြားကိုအံ့ဖွယ်ရေးနိုင်သူဖြစ်သည်။သိပွံမောင်ဝအမည် ဖြင့်ဝတ္ထုဆောင်းပါးများကိုမနားတမ်းရေးစဉ်တစ်ဘက်ကလည်း "သိပွံကျောင်းသားမောင်မြ သွင်" "တင်မောင်မြင့်" "မောင်သံချောင်း" "တင့်တင့်" "ကောလိပ်ခင်ခင်" စသောအမည် အမျိုးမျိုးဖြင့်စာအမျိုးမျိုးကိုစာနယ်ဇင်းအမျိုးမျိုးတွင်ရေးခဲ့ပေသည်။ဂန္ဓလောက၊ ဒဂုန်၊ သူရိ ယမဂ္ဂဇင်း၊ကြီးပွားရေးမဂ္ဂဇင်း၊ကောလိပ်မဂ္ဂဇင်း၊သူရိယနေ့စဉ်၊မြန်မာနေ့စဉ်တို့တွင်သူ့စာများ ကိုတွေ့ရပေသည်။တင်မောင်မြင့်အမည်ဖြင့်စာတမ်းများရေးလေ့ရှိသည်။သိပွံကျောင်းသား မောင်မြသွင်အမည်ဖြင့်မြန်မာစာပေအကြောင်းဆောင်းပါးများရေးသည်။ယင်းတို့ကိုသူရိယ နေ့စဉ်သတင်းစာတွင်၁၉၂၃ခုမှ၁၉၃၀ပြည့်နှစ်အထိရေးသားထည့်သွင်းသည်။ဆောင်းပါး ပေါင်း(၇၀)ကျော်ရှိသည်ဟုဆိုသည်။တင့်တင့်အမည်ဖြင့်ဆောင်းပါးများရေးသည်။သိပွံ မောင်ဝအမည်ဖြင့်ဝတ္ထုဆောင်းပါးအမြောက်အမြားအပြင် "ခြင်းလုံးဆောင်းပါး" "ပုဂံဆောင်း ပါး" "စေတုတ္တရာဆောင်းပါး" "ရဲရမန်ဆောင်းပါး" "စသောဆောင်းပါးရှည်ကြီးတို့ကိုရေး ခဲ့သည်။ "လူအုန်းမယ်" ဝတ္ထုကိုလည်းရေးခဲ့သည်။ "အောက်စဖို့ဒ်တက္ကသိုလ်နေ့စဉ်မှတ် တမ်း" စာအုပ်ကိုလည်းရေးခဲ့သည်။ထို့ပြင် "အဝေးရောက်မင်းဦးအောင်ကြီး" "ထွတ်ခေါင် ဆရာတော်" "လယ်တီပဏ္ဍိတဦးမောင်ကြီး" "ဒေါက်တာဘမော်" စသောအတ္ထုပ္ပတ္တိ ဆောင်းပါးများလည်းရေးခဲ့သည်။

သူသည်မည်သည့်အလုပ်ကိုလုပ်ကိုင်၍မည်သည့်ဒေသတွင်ရောက်ကာမည်သည့်အ ခြေအနေမျိုး၌ရှိစေကာမှုစာရေးမပျက်ခဲ့ပေ။နေ့စဉ်စာရေးလေ့ရှိသည်။ရေးဦးစွာအကြမ်းရေး သည်။ထို့နောက်အချောကူးသည်။ထို့နောက်မှဆိုင်ရာသို့ပို့သည်ဟုဆိုသည်။

သင်ခန်းစာ (၄)

"မြန်မာစာပေတိုးတက်ရေးသည်ကျွန်ုပ်တို့၏တာဝန်ဖြစ်သည်၊ကျွန်ုပ်တို့ပြုမှမည်မြန် မာစာဖြစ်သည်၊ကြိုးစားကြစို့။" ဟူ၍သိပ္ပံမောင်ဝကဆိုခဲ့သည်၊ဆိုခဲ့သည့်အတိုင်းလည်းသူ သည်ကွယ်လွန်ချိန်အထိမနားတမ်းစာပေများလေ့လာဆည်းပူးသည်၊ရေးသားသည်၊အားရစဖွယ် ပင်။

သိပ္ပံမောင်ဝသည်ခေတ်စမ်းစာပေကိုပြုစုပျိုးထောင်သူပုဂ္ဂိုလ်တစ်ဦးဖြစ်သည်၊ဆရာဇော် ဂျီတို့နှင့်စာပေဝါဒချင်းလည်းတူ၍ခင်မင်ရင်းနှီးခြင်းလည်း ရှိပေသည်၊သူ၏စာတို့နှင့်ပတ် သက်၍မြန်မာစွယ်စုံကျမ်းတွင်ဆရာဇော်ဂျီတို့က

"ဦးစိန်တင်သည်စာပေကိုချစ်ခင်သကဲ့သို့ပတ်ဝန်းကျင်လောကကိုလည်းချစ်ခင်ခြင်းရှိ လေသည်၊ပညာရှင်ကိုရှိသေလေးစားသကဲ့သို့ပတ်ဝန်းကျင်လောကကိုလည်းအယုတ်အ လတ်အမြတ်မရွေးရှိသေလေးစားခြင်းရှိလေသည်၊သူစာရေးသည်ဟုဆိုအပ်သော၁၉၇၇ခုနှစ် မှသူအနိစ္စရောက်သော၁၉၄၂ခုနှစ်အထိတစ်ဆယ့်ငါး နှစ်မျှသောကာလအတွင်းသူရေးခဲ့သ မျှသောစာပေဆောင်းပါးဝတ္ထုဆောင်းပါးတို့သည်သူ၏ချစ်ခင်တတ်ခြင်း ရှိသေလေးစားတတ် ခြင်းတို့ကိုသက်သေခံလျက်ရှိလေသည်၊အထူးသဖြင့်ဝတ္ထုဆောင်းပါးများသည်ချစ်ခင်တတ်သော ရှိသေလေးစားတတ်သောဦးစိန်တင်၏စေတနာကိုထင်ရှားစွာပြခဲ့လေသည်၊ထိုစေတနာ ကြောင့်ပင်လျှင်သူ၏စိတ်ကူးဉာဏ်နှင့်သူ၏အရေးအဖွဲ့နှင့်တို့ကလည်းကြည်လင်ရွှင်ပြခြင်းရှိလာ သည်ဟုဆိုအပ်လေသည်" ဟူ၍ဖော်ပြထားပေသည်။

သိပ္ပံမောင်ဝသည်စကားပြောရေးရာ၌အလွန်ထူးချွန်သည်၊လွယ်ကူသောစကားတို့ကိုသုံး လျက်ရှင်းလင်းပြတ်သားစွာရေးသားနိုင်သည်၊ထို့ကြောင့်သူ့စာကိုဖတ်ရသည်မှာထင်လွယ် မြင်လွယ်သိလွယ်ပေသည်၊ယင်းအချက်နှင့်ပတ်သက်၍ဆရာဇော်ဂျီတို့က

"နောင်းခေတ်မြန်မာစာပေသမိုင်းတွင်ကာရန်အချိတ်အဆက်ရှိသောစကားပြေမျိုးမှစ ကားပြေရိုးရိုးသို့ကူးပြောင်း၍အရေးများလာလေသည်၊အစကနဦးတွင်စကားပြေရိုးရိုးကိုကာ ရန်အချိတ်အဆက်ရှိသောစကားပြေမျိုးလောက်အရေးမပေးချင်ကြချေ၊နောင်အခါမှအရေး ပေးလာကြလေသည်၊ထိုသို့အရေးပေးအောင်စွမ်းဆောင်ကြသောစကားပြေစာရေးဆရာများ

အနက်ဦးစိန်တင်သည်ထူးချွန်သူတစ်ဦးဖြစ်လေသည်။ဦးစိန်တင်သည်အလွမ်းသမားမဟုတ် သဖြင့်၊လွမ်းစရာဆွေးစရာတို့ကိုရေးလေ့မရှိချေ။သို့ရာတွင်သူ့စေတနာအလျောက်ကြားမြင်ကြုံ တွေ့ရသောဘဝအကြောင်းလောကအကြောင်းကိုကား အာဝဇ္ဇန်းရွှင်ရွှင်နှင့်၊ရှင်းရှင်းလင်း လင်းသရုပ်ဖော်နိုင်သူဖြစ်လေသည်" ဟု၍မှတ်ချက်ချထားလေသည်။

၁၉၃၃ခုနှစ်တွင် "ခေတ်စမ်းပုံပြင်" စာအုပ်ထွက်ပေါ်လာသည်၊ထိုအခါအမျိုးမျိုးသော ဝေဖန်စာများပေါ်ထွက်လာသည်၊ဆရာကြီးပီမိုးနင်းကလည်းဝေဖန်စာရေးခဲ့သည်၊ဆရာကြီး ဝေဖန်စာမှာခေတ်စမ်းပုံပြင်ကိုချီးကျူးသောဝေဖန်စာဖြစ်သည်။ထိုခေတ်စမ်းပုံပြင်ပါသိပ္ပံမောင် ဝ၏ "အင်းလေးပွဲကြီး" နှင့်ပတ်သက်၍ဆရာကြီးပီမိုးနင်းက "မောင်စိန်တင်ရေးတဲ့အင်း လေးပွဲကြီးအကြောင်းစာကိုဖတ်ရသည်မှာပုံဝတ္တု၊မဟုတ်ကဗျာတေး၊မဟုတ်တော့လား လည်းမဟုတ်၊သဖြန်လေးချို့ရတုရကန်လည်းမဟုတ်ဘဲ၊လျှက်အဆုံးသို့မရောက်မချင်းစာအုပ် ကိုမချနိုင်အောင်စွဲသောစာဖြစ်၍၊အင်းသုအင်းသားတို့၏စိတ်နေသဘောထားပုံပညာမရှိသော ကျေးလက်ရွာငယ်များ၏အလေ့အကျင့်၊အမူအရာပြုမူကျင့်ကြံပြောဆိုပုံမခံချင်သောစိတ် ကြောင့်ပျက်စီးကြရပုံအစိုးရလုပ်၍ကျွေးနေကြပုံများကိုကွက်ကွက်ကွင်းကွင်းထင်ပေါ်အောင် ရေးပြသောစာဖြစ်လေရာရေးပုံမှာလည်းထိုဒေသထိုလူစားတို့၏အမူအရာဝိသသဖြင့်ရိုးရိုး ရေးရုံမျှဖြင့်ရယ်ရွှင်ဖွယ်ရာတွေအလိုအလျောက်ပါဝင်နေပေသည်၊မြန်မာမဂ္ဂဇင်းဂျာနယ်ထုတ်လုပ် သူများသည်ဤလိုစာမျိုးကိုထည့်မှမဂ္ဂဇင်းဂျာနယ်အဆင့်အတန်းမြောက်ကြောင်းမသိဘဲနေကြ လေသလား၊သတိမထားဘဲနေကြလေသလား၊ဤစာများသည်မြန်မာနိုင်ငံပညာပြန့်ပွားရေးအ သင်းကထုတ်ဝေသောဂန္ထလောကမဂ္ဂဇင်းမှထုတ်နတ်သောစာများဖြစ်ကြရာထိုမဂ္ဂဇင်းသည် မြန်မာပြည်၌အဆင့်အတန်းအမီဆုံးသောမဂ္ဂဇင်းဖြစ်သည်ဟုဆိုရပေမည်" ဟု၍ဆိုထားပေ သည်။

ဆရာမဟာဆွေနှင့်၊သိပ္ပံမောင်ဝသည်လည်း၊သိက္ခံခင်မင်၏၊၁၉၃၆ခုနှစ်ထုတ်ဇနက္ကျာ နယ်တွင်ဆရာမဟာဆွေကသိပ္ပံမောင်ဝအကြောင်းတစေ့တစောင်းရေးဖူးသည်၊ဆရာမဟာ ဆွေက "အရေးပိုင်ဦးစိန်တင်(အိုင်စီအက်)ဆိုလျှင်စာပေရသိတ်ထဲမှလူတိုင်းသိကြမည်မ

သင်ခန်းစာ (၄)

ဟုတ်သော်လည်းသိပ္ပံမောင်ဝဆိုလျှင်လူတိုင်းသိကြမည်ဖြစ်၍၊မောင်ဝကားခေတ်စမ်းစာပေ သမားဖြစ်၍၊သူရေးပုံရေးနည်းကိုကျောင်းသားအများအတုလိုက်ရေးကြ၏၊သူသည်အ ကြောင်းအရာတစ်ရပ်ရေးသားရာ၌ဖတ်သူတို့စိတ်ရှင်ပြီး၊နှစ်သက်အောင်ဆွဲငင်နိုင်သောသတ္တိရှိ၏၊ ဟု၍လည်းကောင်း၊ "သိပ္ပံမောင်ဝကားအထက်တန်းစားအရာရှိကြီးဖြစ်၍မော်တော်ကားနှင့် သားသားနားနားနေပုံကိုအထူးရေးဖွယ်မလိုကျောင်းဆရာဘဝတွင်သူ,တပည့်များကဆရာ မျက်ပြူးခေါ်သည်အတိုင်းမျက်လုံးမျက်ဖန်ကောင်းသည်ရုပ်ရည်သန့်၏၊အမှတ်မဲ့ကြည့်သော် ဟန်ကြီးပန်ကြီးနိုင်သည်ဟုထင်တတ်ကြသော်လည်းကပ်ပေါင်းသောအခါသဘောကောင်း ၏၊ဖော်ရွေ၏" ဟု၍လည်းကောင်း "သိပ္ပံမောင်ဝမှာဦးစိန်တင်(အိုင်စီအက်)ထက်သူ၏ မောင်ဝဟူသောအမည်ကိုလေးစားပုံရ၏၊အခြားကလောင်ရှင်များကိုလည်းလေးစား၏" ဟု၍ လည်းကောင်းရေးသားဖော်ပြထားလေသည်။

သိပ္ပံမောင်ဝသည်စစ်အတွင်းကာလပျက်ချိန်တွင်၁၉၄၂ခုဇွန်လ၆ရက်နေ့,ရွှေဘိုခရိုင် ကန့်ဗလူမြို့,အနီးဂါဒါးဆည်ကြီးရွာ၌မားပြလူဆိုးတို့၏ရက်စက်မှုကိုခံရကာကွယ်လွန်ခဲ့ရှာလေ သည်။ဇနီးသည်ဒေါ်ခင်ခင်မြင့်,သားတင်မောင်မြင့်,သမီးတင်မေမြင့်,တင်ရွှေမြင့်တို့ကျန်ရစ်ခဲ့ လေသည်။အသက်(၄၀)ကျော်အရွယ်ကလေးတွင်ကွယ်လွန်သွားရှာသောသိပ္ပံမောင်ဝအ တွက်ကျွန်တော်တို့မည်သို့တမ်းတရပါမည်နည်း။

(၁၉၉၃ခုနှစ်ဇွန်လထုတ် "တစ်ခေါ်တစ်ခါကအနှစ်တစ်ရာမမေ့သာသောသိပ္ပံမောင် ဝ၏ပေးစာများ" စာအုပ်မှမင်းယုဝေရေးသောဆောင်းပါး)

ဝေါဟာရ

ကြီးတော် (န) အမေ၏အစ်မ။
သဗိတ် (န) ၁။ သံယာများဆွမ်းခံယူရာဆွမ်းဘုဉ်းပေးရာသုံးသောအမဲရောင်ခွက် လုံး။
သဗိတ်ရောင် (န) ပြောင်လက်သောအမဲရောင်။

သပိတ်သွတ် (က) သေဆုံးသူအားရည်စူး၍သာခုခေါ် နိုင်စေရန်သံ
ယာတို့အားသပိတ်ထဲတွင်ဆွမ်းထည့်၍ကပ်ပြီး
တရားနာရေစက်ချအမျှဝေသည်။
သပိတ်ခါအိတ်ခါ (ကဝ) အကြွင်းမဲ့၊အကုန်အစင်ဖြစ်လျက်၊
- သပိတ်ခါအိတ်ခါအကုန်ပေးလိုက်ပြီ။
သပိတ်ဝင်အိတ်ဝင် (ကဝ) အသေအချာအပိုင်အနိုင်ရလျက်၊အ
သားတင်။
- ...ကျွန်စပါးများသည်လယ်သမားများအတွက်သ
ပိတ်ဝင်အိတ်ဝင်ဖြစ်သည်။
- ထိုဒေသသည်ငွေရင်းနှီးသူတို့အဖို့သပိတ်ဝင်အိတ်
ဝင်ဒေသပင်။
သပိတ်သံအိတ်သံ (န) စာသံပေသံ။
- သပိတ်သံအိတ်သံပါပါနှင့်မေးလေ၏။

၂။ သက်ဆိုင်ရာကလိုက်လျှောစေရန်အလုပ်တာဝန်ကိုရပ်ဆိုင်း၍ဆန္ဒ
ပြတောင်းဆိုပြုခြင်း။
သပိတ်မှောက် (က) တောင်းဆိုချက်ကိုသက်ဆိုင်ရာကလိုက်လျှော
စေရန်အလုပ်တာဝန်ကိုရပ်ဆိုင်း၍ဆန္ဒပြ
သည်၊အဆက်အဆံမပြုတော့ပဲပထားသည်။
သပိတ်တား (က) သပိတ်မှောက်သူများကမိမိတို့နှင့်ဘဝတူလုပ်
သားများအားမိမိတို့နည်းတူသပိတ်မှောက်စေ
ရန်ဌာန၊အလုပ်ရှိစည်အဝင်၌ဆီးဆို့တားမြစ်
သည်။
သပိတ်လှန် (က) သပိတ်မှောက်သည်အပြုအမူကိုရပ်စဲသည်။

သင်ခန်းစာ (၄)

ဘီစီအက် (န/လိပ် B.C.S. =Burmese Civil Service) 缅甸文职人员
အိုင်စီအက် (န/လိပ် I.C.S. = Indian Civil Service) 印度文职人员

ယူ (က) ရွေးချယ်သင်ကြားသည်။ ဥပမာ-
- ဤသို့မြန်မာဘာသာဂုဏ်ထူးယူသည်ကိုရင်းနှီးသောမိတ်ဆွေတို့ကများစွာ မနှစ်သက်။
- ခင်ဗျားတက္ကသိုလ်နေတုန်းကမသင်မနေရဘာသာနှင့်စိတ်ကြိုက်ဘာသာ တွေဘယ်ဘာသာတွေယူခဲ့သလဲ။

ကြီး (နဝ) ၁ ။ မသေးမငယ်မသိမ်မဖျင်းမနည်းမပါးဖြစ်သည်။ ဥပမာ-
ရေကြီးသည်၊ အသက်အရွယ်ကြီးလာပြီ၊
သြဇာကြီးသည်၊ အကောက်အခွန်ကြီးသည်၊
အန္တရာယ်ကြီးသည်၊ စျေးကြီးသည်၊

၂ ။ ပိုလွန်ကဲသည်။ ဥပမာ-
အအိပ်ကြီးသည်၊ အစားကြီးသည်၊
အသုံးကြီးသည်၊ သဘောထားကြီးသည်၊
စည်းကမ်းကြီးသည်၊

(ပ)၁ ။ ပူးတွဲပါကြိယာဝိသေသနသို့မဟုတ်နာမ်၏အနက်ကိုလေးနက်စေသောစကား လုံး။ ဥပမာ-
ပြောင်ပြောင်ကြီးဆန့်ကျင်သည်၊ ဝံ့ဝံ့စားစားကြီးကတိပေးလိုက်တယ်၊
မြိန်မြိန်ကြီးစားနေ၏။ ဝမ်းသာစရာကြီး၊
စာအတက်ကြီးမဟုတ်သော်လည်းရေးတတ်ဖတ်တတ်သည်။

၂ ။ နာမ်နှင့်တွဲသုံး၍လေးစားကြီးမြတ်သောအနက်ဆောင်ထားသည်။ ဥပမာ-
ဥက္ကဋ္ဌကြီး၊ ဝဟိုနေ့ရှင်နယ်ကျောင်းကြီး၊
ငြိမ်းချမ်းစွာအတူယှဉ်တွဲရေးမူကြီးငါးချက်၊

၃။ နာမ်နှင့်တွဲသုံး၍ခင်မင်ရင်းနှီးသောအနက်ဆောင်ထားသည်။ ဥပမာ-
မိတ်ဆွေကြီး၊ အစ်ကိုကြီး၊ ဆရာကြီးဦးဖေမောင်တင်၊

၄။ နာမ်နှင့်တွဲသုံး၍ရွံ့ရှာမုန်းတီးသောအနက်ဆောင်ထားသည်။ ဥပမာ-
- မြန်မာစာဂုဏ်ထူးကြီးနှင့်အောင်ပြီးနောက်မည်သည့်အလုပ်မျိုးကိုလုပ်မည်နည်း။
- အရက်သမားကြီး
- တနင်္ဂနွေနေ့ကြီးဘာလုပ်မလို့တုန်း။

ဂုဏ်ထူး (န) ၁။ ထူးကဲသောအရည်အချင်း၊အစွမ်းသတ္တိ။
၂။ ပညာသင်ယူရာ၌အမှတ်များရရှိခြင်း။ ဥပမာ-
- စာမေးပွဲကိုသုံးဘာသာဂုဏ်ထူးနှင့်အောင်သည်။
- အချို့ကမြန်မာစာဂုဏ်ထူးယူခြင်းသည်အမျိုးသားအတွက်ဂုဏ်ယူစရာ၊တိုင်းပြည်အတွက်ဂုဏ်ယူစရာဟူ၍ချီးမွမ်းကြ၏။
- မြန်မာစာဂုဏ်ထူးတန်း

အောက်စဖို့ဒ်တက္ကသိုလ် (န/လိပ်+မြန် Oxford+တက္ကသိုလ်) 牛津大学

ဂန္ထလောက (န) စာပေမဂ္ဂဇင်းတစ်စောင်၏အမည်။
ဂန္ထ (စာပေကျမ်းဂန်) +လောက=စာပေလောက

သူရိယ (န) မဂ္ဂဇင်းတစ်စောင်၏အမည်။ "နေမင်း"ဟူသောအဓိပ္ပါယ်ရ၏။

ပျို့ (န) ဇာတ်နိပါတ်တော်အကြောင်းရေးဖွဲ့သောကဗျာလက်ရှည်ကြီးတစ်မျိုး။

အာဝဇ္ဇန်း (န) စိတ်ဝင်စားဖွယ်ဖြစ်အောင်စကားကိုစီကာပတ်ကုံးပြောနိုင်စွမ်း။ ဥပမာ-
အာဝဇ္ဇန်းရှိ၊ အာဝဇ္ဇန်းကောင်း၊ အာဝဇ္ဇန်းရွှင်၊
အရေးအာဝဇ္ဇန်း

အချိတ်အဆက် (န) ကူးလူးဆက်သွယ်မှု၊အကျိုးအကြောင်းဆက်စပ်မှု၊ဆက်နွယ်မှု။

အလွမ်းသမား (န) ပူဆွေးတမ်းတတတ်သောပုဂ္ဂိုလ်။

သင်ခန်းစာ (၄)

အလျောက် (ပ) နာမ်နောက်တွင်ထားပြီးတစုံတရာနှင့်ထိုက်သင့်လျောက်ပတ်သည့် သဘောကိုဖော်ပြသည့်စကားလုံး။ အားလျော်စွာ။ ဥပမာ-

- သူ့စေတနာအလျောက်ကြားမြင်ကြုံတွေ့ရသောဘဝအကြောင်းလောကအ ကြောင်းကိုကားအာဝဇ္ဇန်းရွှင်ရွှင်နှင့်ရှင်းရှင်းလင်းလင်းသရုပ်ဖော်နိုင်သူဖြစ် လေသည်။
- ရာသီဥတုအလျောက်အပင်အမျိုးမျိုးပေါက်လာကြသည်။
- လူ့လောကသည်သမိုင်းဥပဒေသအလျောက်ဖြစ်ပေါ် တိုးတက်လာနေသည်။
- လူဦးရေတိုးတက်မှုနှုန်းထားပမာဏအလျောက်လူနေသိပ်သည်းမှုမှာလည်း တိုးတက်လာသည်။

☆မှတ်ချက်။ ကြိယာနောက်တွင်ထားလိုလျှင် "သည့်အလျောက်" သုံးရသည်။ ဥပမာ-

- ကြိုးစားသည့်အလျောက်အကျိုးခံစားရမည်။
- မှန်ကန်သောပေါ်လစီကျင့်သုံးခဲ့သည့်အလျောက်လုပ်ငန်းအောင်ပွဲတစ်ခုပြီး တစ်ခုရရှိသည်။

တောလား (န) မြန်မာကဗျာတစ်မျိုး၏အမည်။တောင့်လှည့်လည်သွားလာရာတွင်တွေ့ မြင်ခံစားရသည်တို့ကိုဖွဲ့ဆိုသောသီချင်းကဗျာ။

သဖြန် (န) မြန်မာကဗျာတိုတစ်မျိုး၏အမည်။

ရတု (န) မြန်မာကဗျာတစ်မျိုး၏အမည်။တစ်ပိုဒ်၊နှစ်ပိုဒ်သို့မဟုတ်သုံးပိုဒ်ထားပြီးဖွဲ့ဆို လေ့ရှိ၏။

ရကန် (န) မြန်မာကဗျာတစ်မျိုး၏အမည်။

ဇဝန (န) ၁။ ဖြတ်ထိုးဉာဏ်၊လျှင်မြန်စွာတွေးတောစဉ်းစားတတ်ခြင်း။
၂။ မြန်မာခေတ်စာရေးဆရာတစ်ဦး၏ကလောင်နာမည်။

မျက်ပြူး (န) ဝန်းပိုင်းကျယ်ပြန့်သောမျက်လုံး။

မျက်လုံးမျက်ဖန်ကောင်း (နဝ) ကြည်၍အလွန်လှပတင့်တယ်သောကြည်လင်သည်။

မျက်စေ့။

ရုပ်ရည်သန့် (နဝ) ရုပ်ဆင်းသွင်ပြင်သပ်ရပ်စင်ကြယ်သော။

ကာလပျက် (န) စစ်မက်ရေးရာစသည်တို့ကြောင့်တိုင်းပြည်မငြိမ်မသက်ဖြစ်ခြင်း၊အုပ် ချုပ်သူမရှိမင်းမဲ့စိုးမဲ့ဖြစ်ခြင်း။

***** ***** *****

ရှင်းပြချက်

၁။။ မင်းယုဝေ(၁၉၂၉-)၏ဆောင်းပါးရေးသူ၊အမည်ရင်းဦးဝင်းမောင်ဖြစ်သည်။၁၉၅၁ခု နှစ်တွင်ရန်ကုန်တက္ကသိုလ်ကဝိဇ္ဇာဘွဲ့ရခဲ့သည်။အစိုးရအထက်တန်းဘာသာပြန်၊ပညာ အုပ်စာတည်း၊အယ်ဒီတာချုပ်စသည့်တာဝန်ကိုထမ်းဆောင်ခဲ့သည်။ဇနီးသည်ငွေတာ ရီနှင့်တွဲဖက်၍ပြုစုသောအီစွတ်ပုံပြင်များစာအုပ်ဖြင့် ၁၉၅၃ခုနှစ်စာပေဗိမာန်ဘာသာ ပြန်ဆုရခဲ့သည်။သူရေးသောရေခပ်ချိန်ကဗျာများစာအုပ်အတွက် ၁၉၇၂ ခုနှစ်အမျိုး သား စာပေကဗျာဆုရခဲ့သည်။

၂။။ အဖြစ်ဖြင့် = အဖြစ်(ရောက်ရှိရာရှိရာဘဝ၊ဘဝအခြေအနေ)+ဖြင့်(ရှေ့ကယှဉ်စပ် သောနာမ်ပုဒ်၏အလုပ်သဘောကိုဖော်ပြသည့်စကားလုံး)။ ဥပမာ-

– ပထမကျောင်းသားသပိတ်အရေးတော်ပုံကြီးကိုပေါ်ပေါက်ပြီးဝဟိုနေရှင်နယ် ကျောင်းကြီးကိုတည်ထောင်ကြသောအခါသိပ္ပံမောင်ဝသည်သပိတ်လှန်သည် အထိကျောင်းဆရာအဖြစ်ဖြင့်၊တိုင်းပြည်တာဝန်ကိုထမ်းဆောင်ခဲ့လေသည်။

– အိမ်ရှင်မအဖြစ်ဖြင့်၊ပထမဦးဆုံးအကြိမ်ချက်ပြုတ်သည်။

– သူသည်ဘေးမှနားထောင်သူတစ်ဦးအဖြစ်ဖြင့်ငြိမ်သက်စွာနားထောင်လျက်ရှိ ၏။

– ၎င်းသစ်ရွက်ကြီးမျိုးကိုပစ္စည်းထုပ်ရန်ဖက်အဖြစ်ဖြင့်၊အသုံးပြုလေ့ရှိသည်။

သင်ခန်းစာ (၄)

- ငါတို့သည်ဖိုးသုညပျောက်ရေးလုပ်ငန်းကိုလူထုလှုပ်ရှားမှုတစ်ရပ်အဖြစ်ဖြင့် ဆောင်ရွက်နေသည်။
☆ မှတ်ချက်။ "အဖြစ်ဖြင့်" သုံးသောနေရာတွင် "အဖြစ်နှင့်" အစားထိုးသုံးလျှင် လည်းအဓိပ္ပယ်အတူတူပင်။

၃ ။ ။ သို့စင်လျက်(သ) ၍သိုဖြစ်ပါလျက်၊သို့သော်လည်း။ ဥပမာ-
- မြန်မာစာလေ့လာလိုက်စားသူတို့မှာအများ၏အထင်သေးခြင်းကိုခံရသည်၊အ လုပ်အကိုင်ကောင်းရရန်လည်းအလားအလာကောင်းမရှိပေ၊သို့စင်လျက်သိပ္ပံ မောင်ဝသည်မြန်မာစာပိဋကဂုဏ်ထူးတန်းကိုတစ်ဦးတည်းစွန့်တက်ခဲ့ပေသည်။
- ယမန်နှစ်ကမိုးအလွန်ခေါင်သည်၊သို့စင်လျက်စပါးသီးနှံလိုင်လိုင်ရရှိခဲ့သည်။
- ကျွန်တော်သည်ပုံနှိပ်တိုက်မန်နေဂျာတစ်ဦး၏အိမ်တွင်အကြာကြီးနေခဲ့ဘူး သည်၊သို့စင်လျက်ပုံနှိပ်တိုက်အကြောင်းဘာတစ်ခုမျှမမေးမစမ်းခဲ့ဘူးချေ။

၄ ။ ။ ရှင်မဟာဗုဒ္ဓဃောသ(၄ရာစုနှစ်နှောင်ပိုင်း-၅ရာစုနှစ်အလယ်ပိုင်း)အိန္ဒိယဘုန်းတော် ကြီးတစ်ပါးဖြစ်သည်၊ခရစ်သက္ကရာဇ်၄၁ဝခုနှစ်မှ၄၃၂နှစ်အထိသီဟိုဠ်ကျွန်းတွင်ထေ ရဝါဒဂိုဏ်းကျမ်းဂန်များကိုသွားရောက်ဆည်းပူးလေ့လာ၍မူလကမာဂဓဘာသာ(ပါဠိ ဘာသာ)မှသီဟိုဠ်ဘာသာဖြင့်ပြန်ထားခဲ့သောအဋ္ဌကထာတို့ကိုတဖန်ပြန်၍မာဂဓဘာ သာသို့ပြန်ဆိုခဲ့သည်၊အိန္ဒိယပြည်ကိုပြန်ရာတွင်သုဝဏ္ဏဘူမိသည်သောသထုံကိုရောက် ခဲ့၍ပါဠိဘာသာပိဋကတ်သုံးပုံကိုမြန်မာပြည်သို့ယူဆောင်လာခဲ့သည်ဟုဆိုကြသည်။

၅ ။ ။ ဗဟိုနေရှင်နယ်ကျောင်းကြီး၊ ဗဟိုအမျိုးသားကျောင်းဟုလည်းခေါ်ကြသည်၊၁၉၂ဝ ပြည့်နှစ်နှစ်ကုန်ပိုင်းတွင်တက္ကသိုလ်အက်ဥပဒေကိုကန့်ကွက်သည့်အနေဖြင့်ရန်ကုန် တက္ကသိုလ်ကျောင်းသားများသပိတ်မှောက်ကြသည်၊တစ်ချိန်တည်းတွင်ရန်ကုန်ဗဟို

အမျိုးသားကျောင်းကိုတည်ထောင်ခဲ့လေသည်။

၆။။ "တန်း"၊ "စား" နှင့် "တန်းစား"

တန်း ၁။ ဆိုးကောင်းနိမ့်မြင့်စသည်ဂုဏ်ရည်အလိုက်ခွဲခြားသတ်မှတ်သောအဆင့်။

အကြီးတန်း၊ နောက်တန်း၊ ပထမတန်း။

၂။ ကျောင်းများတွင်ပညာရည်နိမ့်မြင့်အလိုက်ခွဲခြားသတ်မှတ်သောအဆင့်။

ဥပစာတန်း၊ ဂုဏ်ထူးတန်း၊ ဆယ်တန်း။

စား အမျိုး။

အညံ့စား၊ အကောင်းစား။

တန်းစား ဂုဏ်ရည်အလိုက်ခွဲခြားသောအမျိုး။

ပထမတန်းစား၊ အထက်တန်းစားအရာရှိကြီး။

၇။။ သာဒိုးအောင်ဆု ၂၀ရာစုနှစ် ၂၀စုနှစ်ပိုင်းတွင်ရန်ကုန်တက္ကသိုလ်တွင်ထားရှိသောပညာဆုတစ်မျိုး။

၈။။ ဦးဖေမောင်တင် (၁၈၈၈-၁၉၇၃) နာမည်ကျော်ပညာရှင်ကြီး။ ၁၉၁၁ခုနှစ်တွင်ကာလကတ္တားတက္ကသိုလ်မှဘွဲ့ရရှိပြီးအောက်စဖို့ဒ်တက္ကသိုလ်သို့ပညာဆက်လက်ဆည်းပူးခဲ့သည်။ မြန်မာပြည်ကိုပြန်ရောက်ပြီးလျှင်ရန်ကုန်တက္ကသိုလ်မြန်မာစာပါမောက္ခအဖြစ်တာဝန်ထမ်းဆောင်ကာသူ၏အားပေးနှိုးဆော်မှုဖြင့်မြန်မာပြည်တွင်ခေတ်စမ်းစာပေလုပ်ရှားမှုတစ်ရပ်ပေါ်ထွက်လာခဲ့သည်။

၉။။ မင်းတို့နဲ့တစ်နေ့နေ့တွေ့ဦးမယ်။(ဝေလသုံးစကားတစ်မျိုး)
ကြုံးဝါးသောလေသံ၊ "တစ်နေ့နေ့တော့မင်းတို့ငါ့အကြောင်းကိုသိစေမှာပါ" ဟူသော
အဓိပ္ပါယ်ဆောင်ထားသည်။

၁၀။။ အဂ္ဂမဟာပဏ္ဍိတ ဂုဏ်ထူးဆောင်ဘွဲ့တစ်ခုဖြစ်သည်။
အဂ္ဂ(အစွန်းအထွတ်အချွန်)+မဟာ(ကြီးမြတ်သော)+ပဏ္ဍိတ(ပညာရှိ)
=ထူးချွန်သောပညာရှိကြီး။

၁၁။။ (William) Hazlitt(၁၇၇၈-၁၈၃၀)အင်္ဂလန်စာပေဝေဖန်ရေးသမား၊စာရေးဆ
ရာနှင့်ပန်းချီဆရာတစ်ဦးဖြစ်သည်။

၁၂။။ (Thomas Babington) Macaulay(၁၈၀၀-၁၈၅၉)အင်္ဂလန်သမိုင်းပညာ
ရှင်၊စာရေးဆရာနှင့်ကဗျာဆရာတစ်ဦးဖြစ်သည်။

၁၃။။ မြန်မာစာပေတိုးတက်ရေးသည်ကျွန်ုပ်တို့၏တာဝန်ဖြစ်သည်၊ကျွန်ုပ်တို့ပြုမူနည်းမြန်
မာစာဖြစ်သည်၊ကြိုးစားကြစို့။
ပြုမူန ဝေလသုံးစကားစုတစ်ခုဖြစ်၏။ "ပြု" သည်ဆောင်ရွက်သည်ဟူအဓိပ္ပါယ်
ဆောင်၏။ "န" သည် တင်စားသုံးသော စကားလုံးဖြစ်ရာ လိုက်လျောသည်ဟူအ
ဓိပ္ပါယ်ရ၏။ "ပြုမူနမည်" ဆောင်ရွက်မှုသာလျှင်ဖြစ်လာမည်ဟူအနက်ရသည်။
"ပြုသမျှနရသည်" ဟုလည်းသုံးလေ့ရှိကြသည်။

၁၄ ။ ။ စဖွယ် (ပ) = ဖွယ်၊ဖွယ်ရာ။တစုံတရာသောပြုလုပ်မှု၊ခံစားမှုအလို့ငှါထိုက်လျော် ကြောင်းဖော်ပြသောစကားလုံး။လောက်စရာ။ ဥပမာ-
အားရစဖွယ်၊ ရယ်ရွှင်စဖွယ်၊ အံ့ဖွယ်၊ အထူးရေးဖွယ်မရှိ၊
အဘယ်ဆိုဖွယ်ရာရှိပါမည်နည်း။

၁၅ ။ ။ ဇော်ဂျီ(၁၉၀၇-၁၉၉၀)နာမည်ကျော်စာရေးဆရာ၊ကဗျာဆရာ၊စာပေဝေဖန်ရေးဆရာ၊ အမည်ရင်းဦးသိန်းဟန်ဖြစ်သည်။အောက်မြန်မာပြည်ဖျာပုံမြို့၌ဖွားမြင်သည်။၁၉၂၃-၂၅ခုနှစ်၌ရန်ကုန်တက္ကသိုလ်သို့ရောက်သည်။၁၉၃၃ခုနှစ်တွင်မဟာဝိဇ္ဇာဘွဲ့ဆွတ်ခူးရ ရှိခဲ့သည်။၁၉၄၀ပြည့်နှစ်တွင်လန်ဒန်တက္ကသိုလ်တွင်စာကြည့်တိုက်ပညာဒီပလိုမာ ဘွဲ့ရရှိသည်။မြန်မာပြည်ကိုပြန်ပြီးရန်ကုန်တက္ကသိုလ်စာကြည့်တိုက်မှူးအဖြစ်တာဝန် ဆောင်ခဲ့သည်။၁၉၂၃ခုနှစ်ကစ၍ကဗျာများရေးသည်။ခေတ်စမ်းစာပေခေတ်စမ်းက ဗျာကိုဦးဆောင်ရေးသားပုံစုခဲ့သူတစ်ဦးဖြစ်သည်။

၁၆ ။ ။ ပီမိုးနင်း(၁၈၈၃-၁၉၄၀)နာမည်ကျော်စာရေးဆရာ။နာမည်ရင်းဦးကျော်ဖြစ်သည်။ အောက်မြန်မာပြည်သုံးဆယ်သားတည်း။ကျောင်းဆရာ၊အစိုးရအမှုထမ်း၊ပုံနှိပ်တိုက် စာပြင်သမား၊တို့အဖြစ်လုပ်ခဲ့သည်။ခရစ်ယာန်မစ်ရှင်နာရီကျောင်း(missionary school)တွင်ဆရာလုပ်နိုင်ရန်အတွက် Phillip မိုးနင်းဟုပဲကလောင်နာမည်အ ဖြစ်သုံးလာခဲ့သည်။

၁၇ ။ ။ မဟာဆွေ(၁၉၀၀-၁၉၉၃)နာမည်ကျော်စာရေးဆရာ။နာမည်ရင်းဦးဘရှိန်ဖြစ်သည်။ ဇာတိမှာစစ်ကိုင်းဖြစ်၏။ကျောင်းဆရာအဖြစ်အလုပ်တာဝန်ထမ်းဆောင်ယင်းဝတ္ထုတို များစွာရေးသည်။၁၉၃၉ခုနှစ်ကစာပေနယ်ထဲသို့ခြေစုံပစ်၍ဝင်လိုက်ရာစုစုပေါင်း ဝတ္ထုရှည်အပုဒ်၆၀ကျော်ဝတ္ထုတိုအပုဒ်၅၀၀ကျော်ရေးခဲ့သည်။

သင်ခန်းစာ (၄)

လေ့ကျင့်ခန်း

၁ ။ အောက်ပါမေးခွန်းများကိုဖြေပါ။

၁ ။ ဦးစိန်တင်သည်မည်သည့်ကျောင်းများတွင်ပညာရင်နို့သောက်စို့ခဲ့သ နည်း။

၂ ။ မည်သည့်အကြောင်းများကြောင့်ဦးစိန်တင်သည်မြန်မာဘာသာဂုဏ်ထူး တန်းတက်ရန်စိတ်ဆုံးဖြတ်လိုက်သနည်း။

၃ ။ အဘယ်ကြောင့်ဤဆောင်းပါးတွင် "သိပ္ပံမောင်ဝသည်မြန်မာစာဝိဇ္ဇာဂုဏ် ထူးတန်းကိုတစ်ဦးတည်းစွန့်တက်ခဲ့ပေသည်" ဟုရေးထားသနည်း။

၄ ။ သိပ္ပံမောင်ဝမြန်မာဘာသာဂုဏ်ထူးယူသည်ကိုရင်းနှီးသောမိတ်ဆွေတို့က မည်သို့သဘောရသနည်း။

၅ ။ မြန်မာစာဝိဇ္ဇာဂုဏ်ထူးတန်းတက်ရာတွင်သိပ္ပံမောင်ဝသည်မည်သည့်ဆရာ များထံမှမည်သို့သောဘာသာရပ်များကိုသင်ယူခဲ့ပါသနည်း။

၆ ။ ဦးစိန်တင်သည်စာပေရေးသားပြုစုရာတွင်မည်သို့သောကလောင်နာမည် များသုံးခဲ့ဖူးသနည်း။

၇ ။ မည်သည့်အကြောင်းကြောင့်စာရေးသူကသိပ္ပံမောင်ဝဟူသောကလောင် နာမည်ကိုယူရသနည်း။

၈ ။ သိပ္ပံမောင်ဝ၏စာပေလက်ရာများကိုအခြားမြန်မာစာရေးဆရာများကမည် သို့ဝေဖန်ကြပါသနည်း။

၂ ။ အောက်ပါစကားလုံးဖြင့်သင့်တော်ရာစကားစုငါးခုစီရေးပြပါ။ တရုတ်လိုအ နက်လည်းဖွင့်ပြပါ။

...အားဖြင့်၊ ...ရာ...ကြောင်း၊ ...ဖွယ်ရာ၊ ...တန်းစား၊

၃။။ "ကား" ဟူသောစကားလုံး၏သုံးပုံသုံးနည်းအမျိုးမျိုးကိုပေါင်းရုံးသုံးသပ်ကြည့်
ပါ။ဤသင်ခန်းစာအပါအဝင်သင်ခဲ့ဖူးသောဆောင်းပါးများမှသက်ဆိုင်ရာဝါကျများ
ကိုထုတ်နုတ်၍ပြယုဂ်အဖြစ်နှင့်ပြပါ။

၄။။ အောက်ပါစကားလုံးများဖြင့်ဝါကျတစ်ခုစီဖွဲ့ပြပါ။
အဖြစ်ဖြင့်၊   သို့စဉ်လျက်၊   အလျောက်၊   သည်အလျောက်၊
မ...ဘဲလျက်   ...တစ်ကြောင်း...တစ်ကြောင်း...တစ်ကြောင်းတို့ကြောင့်၊
...စေကာမူ၊   သဖြင့်၊

၅။။ အောက်ပါစာပိုဒ်၌ကွက်လပ်များကိုဆီလျော်သောစကားလုံးများဖြင့်ဖြည့်ပါ။
လူရှွန်း၏(   )ချူရူယင်(   )သည်။၁၈၈၁ခုနှစ်(   )တရုတ်နိုင်ငံကျဲ့
ကျန်းပြည်နယ်စောရှင်းမြို့(   )ဖွားမြင်(   )သည်။ထိုစဉ်(   )တရုတ်နိုင်ငံ(   )မန်ချူး
မင်းဆက်အစိုးရ(   )အုပ်ချုပ်မှု(   )ရှိသည်။မန်ချူးမင်းဆက်အစိုးရတိုင်းပြည်နယ်မြေ
များကိုရောင်းစားမှု(   )အနောက်နိုင်ငံနယ်ချဲ့သားတို့၏(控制)ကိုခံနေရချိန်ဖြစ်
သည်။လူရှွန်းသည်မင်းမှုထမ်းနှင့်ကုန်သည်မလုပ်လို(   )၁၉၀၂ခုနှစ်ဇတိမြေကိုစွန့်
ခွာ(   )ဆေးသိပ္ပံပညာသင်ကြား၍ပြီးအမိနိုင်ငံအားအလုပ်အကျွေးပြုမည်ဟုရည်ရွယ်
ကာဂျပန်နိုင်ငံသို့ထွက်ခွာခဲ့သည်။အမိနိုင်ငံလွတ်မြောက်ရေး(   )စိတ်အားထက်သန်
မှုနှင့်ရည်မှန်းချက်တို့ကို(表达)သည်။"တရုတ်ပြည်(   )ကျွန်ုပ်၏အသက်သွေးကို
ပေးလှူ(   )"ဆိုသောကဗျာကို(写)ထားခဲ့သည်။၁၉၀၄ခုနှစ်ဩဂုတ်လ(   )အစပြု
၍လူရှွန်းသည်ဂျပန်နိုင်ငံဆန်ဒိုင်မြို့ဆေးသိပ္ပံကျောင်းတွင်တက်ရောက်ပညာသင်ယူခဲ့
သည်။၁၉၀၄ခုနှစ်တွင်(开始爆发)သောရုရှားဂျပန်စစ်ပွဲပြီးသည်နောက်အနောက်
နိုင်ငံနယ်ချဲ့သားများနှင့်ဖက်ဆစ်ဂျပန်တို့ကတရုတ်နိုင်ငံကို(进一步)အနိုင်ကျင့်ကာ
နယ်မြေများ(瓜分)ခဲ့ကြသည်။တစ်နေ့တွင်စာသင်ခန်းထဲ၌(放幻灯片)ခဲ့ရာဓာတ်

ပုံများထဲတွင်တရုတ်အမျိုးသားတစ်ဦးအားဂျပန်စစ်သားများက (砍头) နေသည်ကိုဘေး
မှရပ်ကြည့်နေသောတရုတ်ပွဲကြည့်ပရိသတ်မှာ (任何) စိတ်ထိခိုက်ပုံမပြ(   )လူရှုန်း
မှာအတော်စိတ်ထိခိုက်သွားခဲ့သည်။ လူဆိုသည်မှာကိုယ်လက်အင်္ဂါကြံ့ခိုင်သန်စွမ်း(   )
အမျိုးသားရေးစိတ်ဓာတ်နိုးကြားမှုမရှိ(   )ဆားစာသို့မဟုတ်ပွဲကြည့်ပရိသတ်သာ
ဖြစ်ရမည်ကိုဆင်ခြင်မိ(   )အမိနိုင်ငံကိုကယ်တင်(   )ဆေးပညာ(   )မလုံလောက်
ကြောင်းသိမြင်(   )ဆေးပညာဆက်မသင်တော့ဘဲလူလောကနင့်လူ့စရိုက်ကိုပြု
ပြင်ရေး(   )စာပေနယ်သို့ (全身心) ဝင်ခဲ့လေသည်။

၆။ ။ "၁၉၃၃ခုနှစ်တွင်ခေတ်စမ်းပုံပြင်စာအုပ်ထွက်ပေါ်လာသည်" ကစရှ၍ သင်ခန်းစာ
၏အဆုံးအထိဖြစ်သောစာပိုဒ်များကိုတရုတ်ဘာသာသို့ပြန်ဆိုပါ။

၇။ ။ အောက်ပါဝါကျများကိုမြန်မာဘာသာသို့ပြန်ဆိုပါ။
(1) 虽然他口才并不好，但是个善于描写，而且文笔高雅的人。
(2) 那位老先生参加了 1938 年缅甸学生罢课运动，他积极动员去上课的学生也来参加罢课，直到罢课活动结束，学校开始复课为止。
(3) 学生时代他们两人曾同住一室很久，一个慢条斯理，一个脾气火暴，性格根本不同。尽管如此，他们却一次也没有吵过架。
(4) 他以优异的成绩高中毕业后进入大学。在大学又修过多门必修课和选修课，所以他是个学识基础很扎实的人。

（5）他并不是个任人摆布的人。当面对一种不公正的处境时，就会心中暗自发狠道："哼！总有一天会让你们知道我的！"

（6）他是个多愁善感的人，作品大多是些感伤文章，很少有抒发豪情之作。

（7）作家们往往从某个角度观察周围的人们，产生某种灵感才去进行写作。

（8）那个年轻人个头儿高高的，有些瘦弱，眼睛炯炯有神，穿着整齐得体。

၈။ အောက်ပါစာပိုဒ်ကိုမြန်မာဘာသာသို့ပြန်ဆိုပါ။

当时我就感觉到，这一门课非同凡响，是我最满意的一门课，比那些英、美、法、德等国来的外籍教授所开的课好到不能比的程度。朱先生不是那种口若悬河的人，他的口才并不好，讲一口带安徽味的蓝青官话，听起来并不"美"。看来他不是一个演说家，讲课从来不看学生，两只眼向上翻，看的好像是天花板上或者窗户上的某一块地方。然而却没有废话，每一句话都清清楚楚。他介绍西方各国流行的文艺理论，有时候也举一些中国作品作例子，并不牵强附会，我们一听就懂。对那些古里古怪的理论，他确实能讲出一个道道来，我听起来津津有味。我觉得，他是一个有学问的人，一个在学术上诚实的人。他不哗众取宠，他不用连自己都不懂的"洋玩意儿"去欺骗、吓唬年轻的中国学生。因此，在开课以后不久，我就爱上了这

သင်ခန်းစာ (၄)

一门课，每周盼望上课，成为我的乐趣了。

(摘自 1986 年 3 月 17 日《人民日报》载季羡林
《悼念朱光潜先生》一文）

၉ ။ ။ စာရေးဆရာတစ်ဦးဦး ၏အတ္ထုပ္ပတ္တိအကျဉ်းတစ်ပုဒ်ကိုဤသင်ခန်းစာရေးနည်း
ရေးဟန်တတ်နိုင်သလောက်အတုခိုးနည်းယူပြီးရေးပြပါ။

၁၀ ။ ။ လူရွှန်အကြောင်းမိတ်ဆက်ပြောပြပါ။

*****   *****   *****

အပိုဖတ်စာ

ဆရာလွှန်း

တစ်နေ့သော်ဆရာလွှန်းသည်ထမင်းချက်နေလေ၏။ရေးကထမင်းမချက်ဘူးသဖြင့်မိမိ ဇနီးကွယ်လွန်မှုထမင်း စတင်ချက်ရသောကြောင့်,ကောင်းစွာမှချက်တတ်ချေ။ပြာပေါ် တွင် ရေနွေးဆိုအိုင်နေအောင်လောင်း၍မီးရှို့ပြီး,ထင်းများကိုတင်လေ၏ ။နောက်ဆန်ကိုရေဖြင့်နှစ် ထပ်မျှဆေးပြီးရေများများဖြင့်တည်လေ၏ ။(၁၁)လသမီးကလေးသည်ပုခက်ထဲ၌အိပ်နေလေ၏။ အကြီးသမီးနှင့်,သားသည်ကျောင်းသွားရန်ပြင်ဆင်နေကြလေ၏။အငယ်ကလေးသည်ကားဆ ရာ ကြီးစာအုပ်များကိုလှန်လျော့ပြီးကစားနေလေ၏။မကြာမီထမင်းအိုးပွက်လေ၏။ယောင်းမ ဖြင့်ဝဲထအောင်မွှေပြီးဆန်ကိုစမ်းကြည့်ရှုယူပြီးစမ်းသပ်နေလေ၏။လက်ဖြင့်ကိုင်ကြည့်လေ၏။ မာနေသေးသည်ကိုတွေ့ရသဖြင့်,စလောင်းဖုံးထားပြန်လေ၏။ထမင်းအိုးလည်းတဝွက်ဝွက်ဖြင့် ပွက်နေလေ၏။ထိုအခိုက်အငယ်ဆုံးကလေးသည်အိပ်ရာမှနိုးလေ၏ ။နိုးသည်နှင့်,တပြိုင်နက် စူးရှစွာငိုလေ၏။ထိုအခါဆရာလွှန်း၏အသည်းနှလုံးသည်ဆွေးဆွေးခုန်လာလေ၏။ကလေးကို သနားကြင်နာလေ၏။နောက်ရက်တရက်ထမင်းအိုးခွင်မှလာပြီးကလေး၏ပုခက်ကိုလှုပ်၍လွဲ

နေရာ့ာလေ၏။ ကလေးလည်းအိမတိတ်သေးသောကြောင်၊ ကြောင်အိမ်ပေါ်မှနို့မုန့်ချောင်း ကလေးကိုယူပြီး၊ "အင်-အင်" ဟုကလေးအားကျွေးရလေ၏။ ကလေးသည်မုန့်ချောင်းကို ပါးစပ်တွင်တပ်ပြီးအငိုရပ်သွားလေ၏။

(သိန်းဖေမြင့်၏ "ဆရာလွန်းအတ္ထုပ္ပတ္တိ" မှ)

*****　　　　*****　　　　*****

သင်ခန်းစာ (၅)
လူအသည်း

တောကြီးခေါင်ခေါင်၌မိုးသက်မုန်တိုင်းများဆင်လျှပ်လျှပ်တဝင်းဝင်းထစ်ကြိုးကာ လေရောမိုးပါအုံ့မှိုင်းရွာသွန်းနေစဉ်တွင်ရောက်နေသူကားမျက်စိသူငယ်အသည်းထိတ်ထိတ်၊ ရင်တခုန်ခုန်၊ ကျိုးလန့်စာစား၊ မေးခိုက်ခိုက်တုန်လျှက်စိုရဲ့သောကိုယ်ကိုမျှဂရုမစိုက်နိုင်၊ အထက်သို့မော့ကာသစ်ပင်ကြီးလေမည်လောသစ်ပင်လဲကျလေမည်လောဟုလျှပ်ပြက်တိုင်းပြက် တိုင်း၊ မိုးကြိုးထစ်တိုင်းထစ်တိုင်းစိုးရိမ်ပူပန်မိ၏။မိုးကိုပင်လျှင်တန်ခိုးကြီးသောနတ်မင်းဟု မှတ်ထင်ကာမိုးနတ်မင်းရယ်တိတ်ပါတော့ဟုရှိပင်တောင်းပန်ရှာသည်။

အခက်အလက်သစ်ရွက်ချင်းထပ်ယှက်မှောင်မဲဝေရီနေအောင်ပင်ကိုင်းမကြီးတို့ဖြင့်ဖုံး အုပ်သောတောနက်တွင်းသို့ချင်းနှင့်မိသောသူသည်လည်းအားယယ်တိုင်းကိုးကွယ်ရာကိုရှာ ကြ၏။ ကျားဟိန်းသံ၊တောခြောက်သံတို့ကိုကြားတိုင်းခေါင်းနားပန်းကြီးလျှက်အသည်းစိမ်၏။ သွေးရပ်၏။တောကြီးဝယ်မိမိထက်တန်ခိုးကြီးသူတစ်ဦးဦးရှိလိမ့်မည်ဟုအယူသည်းကာသူတို့ အားတိုးလျှိုး၏။ပူဇော်သက္ကာရကိုတတ်အားသမျှတင်၏။

ရှည်လျားဝေးလံသောကာလသူတို့တောတွင်းမြေတွင်းအောင်းလျှက်ရှိင်းစိုင်းနေသော ကာလကမှမည်သို့ဆိုဖွယ်ရှိတော့အံ့၊လုံ့တ်ကိုစွဲလျှက်၊အမဲသားငါးတို့ကိုလိုက်လံရှာဖွေရ၏။ တစ်ဝမ်းစာရှာဖွေ၍မရသောအခါ၌လည်းကောင်း၊ဘေးဒုက္ခတစ်ခုခုဖြင့်တွေ့ကြုံရသောအခါ ၌လည်းကောင်းမှိုင်တွေချမိ၏။အားယယ်ရှာ၏။မိမိထက်တန်ခိုးကြီးသောတစ်ဦးဦးကနောင် ယှက်နေပြီဟုထင်ကာအမျိုးမျိုးပယသရှာ၏။ "ထိုသူ" တို့မပြိုငြင်ရလေအောင်အမြတ်နိုးဆုံးထား အပ်သောအသက်ကိုပင်ဆက်သရှာ၏။အမဲစိမ်းဆတ်ကိုရလေသမျှသူစိမ်းတရံဆံတို့၊ချဉ်း

ကပ်လာသမျှတို့ကိုဖမ်းလျက်လည်ချောင်းသွေးဖြင့်စိတ်၌စွဲလမ်းနေသူတန်ခိုးရှင်အားကျေနပ် အောင်ပြု၏။ "ထိုသူ" စိတ်ခနည်းကိုစိုးရွံ့ထိတ်လန့်လေတော့သည်။

ဤသို့ကိုးကွယ်မှုသည်သူနယ်နှင့်သူမိရိုးဖလာဆင်းသက်လာခဲ့ကြ၏။ ကမ္ဘာကြီးကားတ ပြည့်ပြည့်အသက်ရှင်လာ၏။ လူတို့သည်လည်းတပြည့်ပြည့်အသိဉာဏ်တိုးပွားလာကြ၏။ အစစအရာရာနေမှု၊ထိုင်မှု၊စားမှု၊သောက်မှုစိတ်နေစိတ်ထားတို့၌ရှင်သန့်လာကြကုန်၏။ ယဉ် ကျေးခဲ့ချေပြီ။

အိန္ဒိယပြည်၌ဂေါတမရှင်တော်ဘုရားသည်ပွင့်လင်းခဲ့၏။ ဗုဒ္ဓသာသနာတော်ကြီးထွန်း ကားခဲ့၏။ အရှေ့တိုင်းတစ်လွှားရှိတရှ်ပြည်ျပန်ပြည်တို့တွင်ပျံ့နှံ့ခဲ့၏။

ယုဒပြည်၌သခင်ယေရှုခရစ်ကိုဖွားမြင်ပြီး လျှင်အရွယ်ရောက်သောကာလလည်းလည် ၍ကြီးလှသောသနားခြင်းကရုဏာဖြင့်တပည့်တော်တို့ကိုကယ်တင်ခဲ့၏။ ယုံကြည်ကိုးစားသူ တို့မြှောက်မြားစွာစည်ကားခဲ့၏။ အနောက်တစ်လွှားအင်္ဂလန်ပြည်တိုင်နယ်ကျယ်ခဲ့၏။

မက္ကာပြည်၌မဟာမက်အရှင်သည်ဒေသနာတော်တို့ကိုပညတ်ခဲ့၏။ တသွေမတိမ်း လိုက်နာသူတို့ဖြင့်ပြည့်နှက်ခဲ့၏။ ကိုးကွယ်သူတို့သည်ဓားလွတ်ကိုဝင့်လျက်ဒုန်းစိုင်းအပ်သော မြင်းတို့၏ခွာအောက်မှမလိုက်နာမယုံကြည်သောတိုင်းပြည်တို့ကိုညွတ်စေလျက်အနောက်သို့ မော်ရှိကိုတိုင်၊ အရှေ့သို့အိန္ဒိယပြည်တိုင်အောင်သာသနာပြုခဲ့၏။

ကမ္ဘာပေါ်၌ဘုရားအဆူဆူပွင့်ခဲ့၏။ ဘာသာအသီးသီးပေါ်ပေါက်လာ၏။

ယခုခေတ်သို့ကူးခဲ့ပြီ၊ ကိုးကွယ်မှုသည်ဖွားခါစကလေး၏သွေးသား၌ရိုးတွင်းခြင်ဆီထိ အောင်စွဲမြဲပါလာ၏။ မိဘဆွေမျိုးတို့ကိုးကွယ်သောဘာသာအတွင်း၌ကြီးပြင်းလာ၏။ မိမိ လည်းထိုဘာသာဝင်ဖြစ်လာတော့သည်၊ ရံဖန်ရံခါအခြားဘာသာတို့ကိုအမြင်ကတ်၏၊ ရွတ်ချ၏။ စော်ကားတတ်၏၊ မိမိကိုးကွယ်သောဘာသာ၌အယူသည်လေလေအခြားဘာသာကိုရှုတ်ချ လေလေဖြစ်၏။

နေထွက်စန်နက်ခင်းဝယ်လန်းလန်းစွင့်စွင့်ပွင့်နေသောနှင်းဆီပန်းကြီးကိုတွေ့လျှင်ခ ရစ်ဘာသာဝင်တစ်ဦးသည်ဘုရားသခင်၏ဂုဏ်ကျေးဇူးတော်ကိုလေးလေးနက်နက်ခိုးကျူးလေ

သည်။ ဗုဒ္ဓဘာသာဝင်တစ်ဦးကြားမိသွားပါကပြုံး ယောင်ယောင်ဖြစ်လာပေမည်တည်း။ သူ့တ
ရားတော်အရအကြောင်း လေးပါးဖြစ်သောက်စိတ်၌တု၊အာဟာရသာလျှင်ပဓာနဖြစ်ပေသည်။
ဘုရားနှင့်လုံးဝမသက်ဆိုင်အယူဝါဒကားကွဲပြားသည်သာ။

ကောင်းပြီ။ ဘာသာဝင်တစ်ဦးသည်အခြားတစ်ဦး၏ယုံကြည်သက်၊သို့ယုံယုံကြည်
ကြည်ကြည်ရှုပါကထိုသူမြင်သက်၊သို့လိုက်၍မြင်ရပေလိမ့်မည်။ အဘယ်သို့လျှင်အယူဝါဒခြင်းကွဲ
ပြားပေတော့အံ့နည်း။

ဘာသာတိုင်းမိမိတို့ဘာသာသည်မှန်ကန်ကြောင်းကိုအတိအလင်းဝန်ခံ၏။ သေပြီး
သည်နောက်ဖြစ်သောဘဝသစ်၌အေးချမ်းပျော်ရွှင်မှုကိုတမ်းတကြ၏။ နိဗ္ဗာန်သို့မျှော်မှော်ပြု၏။
ကောင်းကင်ဘုံသို့အရှုပြု၏။ ဘုရားသခင်ထံပါးသို့ခယဝပ်စင်းလိုက်၏။ အဘယ်ကြောင့်နည်း။

ယခုဘဝ၌ဒုက္ခအဖုံနှင့်တွေ့ကြုံခြင်းကြောင့်ဖြစ်သည်။ ဘာသာဝင်တိုင်းတကယ်ကို
ပင်ထိုအေးချမ်းမှုကိုလိုလားပါသလော။ အေးချမ်းလွန်းမကအေးချမ်းလျှက်၊ပျော်ရွှင်လွန်းမက
ပျော်ရွှင်လေလျှင်ကြာလတ်သော်မပျင်းရိ၊မငြီးငွေ့ပြီလော။ ဤလောကဒုက္ခတွေ့နေစဉ်သေ
ချင်လောက်အောင်စိတ်ညစ်တတ်ကြ၏။ သုခကိုတွေ့ပြန်ကမူထိုဒုက္ခရစဉ်ကထက်နှစ်ဆ
လောက်ပို၍ပျော်ရွှင်ကြသည်။ အပြောင်းအလဲကလေးများရသဖြင့်နှစ်သက်တတ်ကြ၏။ စားမြုံ့
ပြန်တတ်ကြ၏။ ဒုက္ခမရှိသောနေရာ၌စဉ်းစိမ်ခံရသော်ဆားပြက်သောအရသာနှင့်မတူပြီလော။
စဉ်းစားစရာ။

ရွှေရောင်တညီးညီးဖြင့်ဝင်းလက်နေသောစေတီတော်ကြီးကိုထီးတော်မှသာသာယာယာ
နဲ့ နဲ့သဲ့ သဲ့ ကလေးထွက်ပေါ် လာသောဆည်းလည်းသံကလေးတွေကိုနားစိုက်ယင်းစေတီ
တော်ကြီး၏ခြေတော်ရင်း၌မျက်လွှာကိုချုလျှက်လက်အစုံကကြွင်းအသွင်ရှိခိုးချီလျှက်ဘုရားသို့အ
ရှုပြုနေသောဗုဒ္ဓဘာသာဝင်တစ်ဦးကိုမြင်ရပုံမှာအသည်းခိုက်အောင်စိတ်ကြည်နူးစရာတစ်
ရပ်ဖြစ်သည်။

လေးလေးဆေးဆေးသံမြင့်သံနိမ့်အတိုင်းအချက်ကျကျအဆက်မပြတ်တီးနေသောဘု
ရားရှိခိုးကျောင်းဆောင်မြင့်ထက်မှခေါင်းလောင်းသံကိုနာခံယင်းအစည်အဝေးတွင်ဒူး

ထောက်လက်အုပ်ခေါင်းငုံ့လျက်ဘုရားကိုအာရုံပြုနေသောခရစ်ဘာသာဝင်တစ်ဦးကိုမြင်ရပုံမှာ လည်းကြည်နူးရာ၏။

နေဝင်လုဆဲဆဲဗလီမျှော်စင်ထက်မှကော်ဇောကလေးကိုခင်းလျက်အနောက်ဘက်သို့ မျက်နှာမူကာမိမိတို့ဘာသာအတိုင်းသံနေသံထားဖြင့်ဝတ်ပြုရန်နို့ဆော်လိုက်သောအသံကိုနား ထောင်ယင်းကြည်ညိုစိတ်သန်သောမျက်နှာထားဖြင့်မိမိဝတ်ထားသောဂျူတာကိုပြုပြင်ကာပု ဆစ်ဒူးတုပ်နဖူးမြေထိဦးချသောမဟာမေဒင်ဘာသာဝင်ကိုမြင်ရပုံလည်းကြည်နူးဖွယ်ရာပင်။

လောက၌အဘယ်ဘာသာလျှင်လူစိတ်ကိုမညွတ်နိုင်အောင်ရှိပေအံ့။ဘာသာတရား ဆိုရာ၌လည်းလူ့အသည်းနှလုံးအတွင်း၌ခိုကိန်းအောင်းသောယုံကြည်မှုပင်ဖြစ်နေတော့သ တည်း။

ဝေါဟာရ

ထစ် (က) မိုးချုန်းသည်၊မိုးခြိမ်းသည်၊အပြင်းအထန်မြည်သည်။
ကြိုး (က) အသံပြင်းထန်စွာမြည်ဟည်းသည်။
လျှပ်ပြက် (က) လျှပ်စီးဖြစ်ပေါ်သည်၊လျှပ်စီးရောင်ဝင်းလက်သည်။
ဝေရီ (နဝ) မြင်ကွင်းမကြည်လင်မှုန်ဆိုင်းသောအမြင်မှုန်သည်။
ချင်းနင်း (က) ထိုးဖောက်ဝင်ရောက်သည်။
တောခြောက် (က) တောထဲတွင်မကောင်းဆိုးဝါးတို့ကခြောက်လှန့်သည်။
ခေါင်းနားပန်းကြီး (က) စိုးရိမ်ထိတ်လန့်သည်၊ခေါင်းကြီးသည်။
စိမ့် (က) ခံစားမှုဝေဒနာစသည်တို့တဖြည်းဖြည်းနှံ့သွားသည်။
အယူသည်း (က) လွန်လွန်ကဲကဲပြင်းပြင်းထန်ထန်စွဲမှတ်ယုံကြည်သည်။
တိုးလျှိုး (က) ငုံ့ဝပ်တိုးဝင်သည်ဦးနှိမ်ခညွတ်သည်။
သက္ကာရ (န) ပူဇော်ခြင်း၊အရိုအသေပြုခြင်း။
မိုင်ထွေချ (က) ရှင်လန်းတက်ကြွခြင်းကင်းစွာငေးငိုင်ဆုတ်နစ်နေသည်။

သင်ခန်းစာ (၅)

ပသ (က) တင်မြှောက်ပူဇော်သည်။

အမဲ (န) ခြေလေးချောင်းသတ္တဝါ၏အသား။

သူစိမ်းတရံဆံ (န) တစ်ကြိမ်တစ်ခါမျှတွေ့မြင်သိကျွမ်းဖူးခြင်းမရှိသောပုဂ္ဂိုလ်၊မရင်း
နှီးသူ။

ပွင့်လင်း (က) ၁ ။ (ဘုရားဉာဏ်စသည်တို့)ပေါ်ထွန်းလာသည်။

၂ ။ လျှို့ဝှက်မှုသိပ်၍မထားဘဲဝံ့ဝံ့စားစားပြောဆိုပြုမူလေ့ရှိသည်။

၃ ။ အပိတ်အကွယ်မရှိအရောင်ထွက်သည်။

ဂေါတမ (န) ပွင့်တော်မူသောဘုရားတစ်ဆူ၏အမည်တော်။ 乔达摩

ဝါးလွတ် (န) ဝါးအိမ်မှချွတ်ထားသောဝါး။

ပညတ် (က) ပြဋ္ဌာန်းသည်။

ဒုန်းစိုင်း (က) အပြေးအလွှားအလျင်အမြန်သွားသည်။

အမြင်ကတ် (က) မကြည့်ချင်မမြင်ချင်ဖြစ်သည်။မုန်းသည်။

ခယ (က) ရိုသေကျိုးနွံ့စွာဆည်းကပ်ခစားသည်။

ဝပ်စင်း (က) ရိုသေစွာဆည်းကပ်ခစားသည်။

စားမြုံ့ပြန် (က) ၁ ။ နွားဆိတ်စသည်တို့မျှို့ပြီးသောအစာကိုပထမအစာအိမ်မှပြန်
ထုတ်၍ဝါးသည်။

၂ ။ [ဥပစာ] ထပ်တလဲလဲပြန်လည်ခံစားသည်။တွေးတောသည်။
ပြောဆိုသည်။

ဆားပြက် (က) ဆားနည်းသည်။ဆားပေါ့သည်။

နွဲ့နွဲ့သဲ့သဲ့ (ကဝ) ကန့်ကရံပျော့ပျောင်းစွာတီးကိတာတာ။

ကြာငုံ (န) ကြာ၏အပွင့်မပွင့်မီအဖူးကလေး။

ဝလီ (န) မဟာမေဒင်ဘာသာဝင်(မွတ်စလင်ဘာသာဝင်)တို့ဝတ်ပြုသည့်အဆောက်
အအုံ။

ဝလီမျှော်စင် (န) 清真寺宣礼塔

ဂျုဗ္ဗာ (န/အာရဗီ) 宽大的阿拉伯长袍

ဒူးတုပ် (က) ဒူးကိုကွေး၍ထိုင်သည်၊ပုဆစ်တုပ်သည်။

ပုဆစ် (န) ဒူးဆစ်။

*****   *****   *****

ရှင်းပြချက်

၁ ။ ။ ကျိုးလန့်စာစား   လေ့သုံးစကားတစ်မျိုး၊ခဲမှန်ဖူးသောကျိုးနုက်ကဲ့သို့အမြဲထိပ်ထိပ် လန့်လန့်၊ဟိုကြည်သည်ကြည်နှင့်အစာစားသည်။အထိတ်ထိတ်အလန့်လန့်ဖြစ် လျက်နေသည့်သဘောကိုပြသည်။

၂ ။ ။ ပင်၊ တည်း   'ပင်' သည်ဖြစ်ခြင်းကြိယာအစားသုံး၍ဝါကျတစ်ခုလုံးအဆုံးသတ်သော စကားလုံး။ပို၍လေးနက်စေသောလေသံသုံးလိုလျှင် 'တည်း' ကိုသုံးသည်။တခါတလေ 'ပင်တည်း' လည်းသုံးတတ်သည်။နုတ်စကားတွင် 'ပင်' 'တည်း' တို့ကိုမသုံး။ 'ပဲ' 'ဘဲ' 'ပေပဲ' ကိုပဲသုံးသည်။ ဥပမာ-

– ...ကိုမြင်ရပုံလည်းကြည်နူးဖွယ်ရာပင်။

– သူ့အားဆုံးမရသည်မှာအမောပင်။

– သူကားကြီးစားမြဲကြီးစားသည်ပင်။

– ကြားမိသွားပါကပြီးယောင်ယောင်ဖြစ်လာပေမည်တည်း။

– ...ကိန်းအောင်းသောယုံကြည်မှုပင်ဖြစ်ပေတော့သတည်း။

– သူသည်အမိကတာဝန်ရှိသူပင်တည်း။

သင်ခန်းစာ (၅)

၃ ။ ။ သာ ဝါကျတစ်ခုနောက်ဆုံးတွင်ထား၍အခြားတစ်ပါးသောအရာကိုဖြစ်ပယ်ပြီးထင်ရှား
စွာဖော်ပြရာ၌သုံးသောစကားလုံး။ဥပမာ-
- အခြားသောအကြောင်းနှင့်လုံးဝမသက်ဆိုင်အယုတ်ဒကားကွဲပြားသည်သာ။
- သူလုပ်မြဲလုပ်နေသည်သာ။
- ဤသို့သောအခြေအနေမျိုးတွင်သူသွားမည်သာ။

၄ ။ ။ ...လွန်းမက... ဝေလေ့သုံးစကားဖွဲ့စည်းပုံတစ်မျိုး။အလွန့်အလွန်ဟူသောအနက်ရ၏။
ဥပမာ-
- အေးချမ်းလွန်းမကအေးချမ်းလျက်၊ပျော်ရွှင်လွန်းမကပျော်ရွှင်လေလျှင်ကြာ
လတ်သော်မပျင်းရိမငြီးငွေ့ပြီလော။
- ချွေးထွက်လွန်းမကထွက်၍အားပြတ်သွား၏။
- ဆာလွန်းမကဆာလို့အများကြီးစားလိုက်တယ်။

၅ ။ ။ လော (ပ)ဘယ်၊ဘာစသည့်အမေးပုဒ်မပါသောအမေးဝါကျတွင်အဆုံးသတ်ရာသုံး
သောစကားလုံး။နှုတ်စကားတွင်'လော'မသုံးပဲ'လား'သုံးသည်။ ဥပမာ-
- သူသည်တပ်မတော်သားတစ်ဦးလော။
- သင်သည်သူ့ကိုသိပါ၏လော။
- သစ်ပင်ကျိုးလေမည်လောသစ်ပင်လဲကျလေမည်လော။
- အကယ်ကိုပင်ထိုအေးချမ်းမှုကိုလိုလားပါသလော။
- ကြာလတ်သော်မပျင်းရိမငြီးငွေ့ပြီလော။
- ဆားပြက်သောအရသာနှင့်မတူပြီလော။

၆ ။ ။ နည်း ၊ (ပ)အဘယ်၊အတီ၊မည်သည်၊စသောအမေးပုဒ်ပါသည့်အမေးဝါကျတွင်အဆုံး
သတ်ရာသုံးသောစကားလုံး။နုတ်စကားတွင် 'နည်း' မသုံးပဲ 'လဲ' ၊ 'တုန်း' ကိုပဲသုံး
သည်။ ဥပမာ-
- အဘယ်ကြောင့်နည်း။
- အဘယ်သို့လျှင်အယူဝါဒချင်းကွဲပြားပေတော့အံ့နည်း။
- ဘာလုပ်သနည်း။
- ဤကိစ္စကိုမည်သို့ဆောင်ရွက်ရမည်နည်း။
- သူလက်ထဲတွင်ကိုင်ထားသည်မှာအဘယ်နည်း။

၇ ။ ။ နေဝင်လုဆဲဆဲဗလီမျှော်စင်ထက်မှကော်ဇောကလေးကိုခင်းလျက်အနောက်ဘက်သို့
မျက်နှာမူကာမိမိတို့ဘာသာအတိုင်းသံနေသံထားဖြင့်ဝတ်ပြုရန်နိူးဆော်လိုက်သောအသံ
黄昏时分，清真寺宣礼塔上铺着小毯子，（宣礼员）面向西方
用他们自己的语言发出了抑扬顿挫的宣礼声。

***** ***** *****

လေ့ကျင့်ခန်း

၁ ။ ။ အောက်ပါမေးခွန်းများကိုဖြေပါ။
၁ ။ စာရေးသူ၏သဘောအရမည်သည့်အကြောင်းများကြောင့်ဘာသာကို
ကွယ်မှုများဖြစ်ပေါ်လာခဲ့သနည်း။
၂ ။ ဗုဒ္ဓဘာသာကိုမည်သည့်အရပ်မှမည်သူကစတင်တည်ထောင်လာခဲ့သ
နည်း။ဗုဒ္ဓဘာသာကိုကိုးကွယ်သောအဓိကအရပ်ဒေသသည်မည်သည့်အ
ရပ်နည်း။

၃။ ခရစ်ယာန်ဘာသာကောမည်သိုသောအကြောင်းကဖြစ်လာသနည်း။ကိုး ကွယ်သောအဓိကအရပ်ဒေသသည်မည်သည့်အရပ်နည်း။

၄။ မွတ်စလင်ဘာသာကောမည်သိုဖြစ်ပေါ်လာခဲ့သနည်း။မည်သိုသောနည်း လမ်းဖြင့်သာသနာပြုခဲ့သနည်း။ယခုခေတ်အဓိကကိုးကွယ်သောအရပ်ဒေ သသည်မည်သည့်အရပ်နည်း။

၅။ ဘာသာတစ်မျိုးမျိုးယုံကြည်ကိုးကွယ်သူသည်အခြားအခြားသောဘာသာ အယူများအပေါ်မည်သို့သဘောထားတတ်သနည်း။ဤသို့သောသဘော ထားမျိုးမှာမှန်ပါ၏လော။

၆။ စာရေးသူသဘောအရဘာသာကိုးကွယ်သူတိုင်းသည်အခြားအခြားသော ကိုးကွယ်မှုအပေါ်မည်သို့သောသဘောမျိုးကိုထားသင့်ပါသနည်း။

၂။။ ဤသင်ခန်းစာ၏ရှေ့ဆုံးအပိုဒ်သုံးပိုဒ်ကိုတရုတ်ဘာသာသို့ပြန်ဆိုပါ။

၃။။ အောက်ပါစကားလုံးများဖြင့်ဝါကျတစ်ခုစီဖွဲ့ပြပါ။

...လွန်းမက...၊ ...လေလေ...လေလေ၊ ...ပါတော့၊ ...ရော...ပါ၊
...အံ့၊ သမျှ၊ ...လည်းကောင်း...လည်းကောင်း၊ ...လုဆဲဆဲ၊

၄။။ ထိပ်လန့်ချောက်ချားခြင်းကိုဖော်ပြသောစကားစု၅ခုလောက်ရေးပြပါ။
(မှတ်ချက်။ဤသင်ခန်းစာထဲကပါခဲ့သောစကားစုများကိုထည့်၍မတွက်နိုင်)

၅။။ အောက်ပါဝါကျများကိုမြန်မာဘာသာသို့ပြန်ဆိုပါ။
（１）急风骤雨雷电交加的时刻不宜在开阔地行走，有被雷击的危险。

（2）他是个胆小鬼，听到这件事不由得心跳加剧，惊慌失措，颤栗不已。
（3）回味童年的生活，谁也不会感到乏味，相反却会显得极其兴奋，极其愉快。
（4）他越不老老实实地回答所问的一切，我们就越想刨根问底。
（5）望着窗外的残阳落照，听着隔壁传来的悠扬琴声，感到十分舒畅和谐。
（6）没有经过奋斗与努力轻而易举地得到的成功，是不会珍惜它的。
（7）他是个坚强的人，所以当意外失利时不会无精打采、消沉气馁，也不会乞求别人帮忙。
（8）他是个虔诚的佛教徒，每当黎明时分就会跪在佛龛前，垂下眼帘双手合十对佛礼拜。
（9）宗教信仰是一种精神寄托。
（10）世界上的几大宗教，有着不同的历史背景和不同的教义。有时也会发生宗教冲突。

၆ ။ ။ အောက်ပါစာပိုဒ်ကိုမြန်မာဘာသာသို့ပြန်ဆိုပါ။

1976年7月28日凌晨3时42分，熟睡的唐山人无法意识到，一场空前的灾难正在袭来——就在这一刻，唐山突然遭受了7.8级强烈地震的袭击，整个华北大地都在剧烈颤抖。当蓝光闪过之后，仅仅十几秒钟的时间，这座新兴的重工业城市就变成一片废墟。强烈的地震冲击波横扫了唐山的一切——所有建筑几乎倒塌殆尽，铁路轨道发生蛇形扭曲或呈波浪式起伏，地表产生宽大裂缝，桥梁普遍塌毁，地震构造裂缝延伸 8 公里，裂缝带附近的地面运动非常惊人，其两侧 200 多米的范围内连人都被抛向空中。24 万人死亡，16 万人重伤，7200 个家庭全家丧生——唐山大地震成为至今 400 年来世界地震史上最为悲惨的一幕。

၇။ ။ "မိမိသဘောနှင့်မတိုက်ဆိုင်သောပုဂ္ဂိုလ်တို့နှင့်ဆက်ဆံရာတွင်" ခေါင်းစဉ်ဖြင့် ဆောင်းပါးတစ်ပုဒ်ရေးပါ။

၈။ ။ ခေါင်းစဉ်တစ်ခုခုထုတ်ပြပြီးအတန်းထဲကကျောင်းသူကျောင်းသားများနှစ်ဖွဲ့ခွဲ၍ စကားရည်လုပွဲတစ်ရပ်လုပ်ကြပါ။

*****　　　　*****　　　　*****

အပိုဖတ်စာ

မမြင်ရသောသပ်လျှိုခြင်း

စက်မှုခေတ်မတိုင်မီလူ့အဖွဲ့အစည်းတွင်ထုတ်လုပ်သူနှင့်စားသုံးသူဟူ၍နှစ်ခြမ်းမကွဲ။ ကျေးလက်လယ်သမားများသည်သူစိုက်သည်ကိုသူစား၍သူရက်သည်ကိုသူဝတ်သည်။ နယ်စားပယ်စားမြေရှင်ယာရှင်အတွက်တော့အပိုဆောင်းရသည်။ လယ်ယာခေတ်ကလူသည်ကိုယ့်ယာနှင့်ကိုယ်ဖူလုံသည်။ ထိုခေတ်၌ရောင်းဝယ်ဖောက်ကားခြင်းမရှိမဟုတ်ရှိသည်။ သို့သော်အနည်းအကျဉ်းသာဖြစ်သည်။

စက်မှုခေတ်၌ထုတ်လုပ်ခြင်းမှာဈေးကွက်အတွက်ဖြစ်သည်။ အစားအစာအသုံးအဆောင်ဝန်ဆောင်မှုမှန်သမျှကိုဈေးထဲမှာရောင်းချသည်။ စားသုံးသူကဝယ်ရသည်။ အရင်ခေတ်ကလို

မည်သူမှုကိုယ့်ဟာကိုယ်နှင့်မလုံလောက်၊လူ့အဖွဲ့အစည်းကြီးသည်လည်းထုတ်လုပ်သူနှင့်စား သုံးသူဟူ၍နှစ်ခြမ်းကွဲသွားသည်။

ဈေးသည်ထုတ်လုပ်သူနှင့်စားသုံးသူနှစ်ခြမ်းကွဲအကြားတွင်ရောက်ရှိနေသောသပ်ကြီး ဖြစ်သည်။ထုတ်လုပ်သူများဖြစ်သော အလုပ်သမားများ၊မန်နေဂျာပိုင်ရှင်များကလုပ်ခရပိုင်ခွင့်အ မြတ်များကိုရချင်ကြသည်။ စားသုံးသူကဈေးနှုန်းချို့ချို့လိုချင်သည်။ထိုအခါတစ်ဖက်နှင့်တစ် ဖက်မောင်းတက်စီးသလိုတစ်ဖက်ကတက်တုံ့၊တစ်ဖက်ကကျတုံ့ဖြစ်ရတော့သည်။လုပ်ခမြှင့်ဖို့ အရေးဆိုမှုများ၊ဈေးနှုန်းကြီး၍ဆူပူမှုများ၊မောင်ခိုခြင်း၊မောင်မခိုခြင်းပြဿနာများ၊ပေါ် လစီအ မှန်အမှား၊လူသုံးပစ္စည်းမထုတ်ဘဲတိုက်ကြီးတွေဆောက်ရသလားဟူသောဝေဖန်မှုများသည်အ ရင်းစစ်လျှင်နှစ်ခြမ်းကွဲခြင်းဟူသောအမြစ်ကြောင့်ဖြစ်သည်။

ထိုအကွဲကြီးကြောင့်ယဉ်ကျေးမှုကြီးလည်းပြောင်းလဲတော့သည်။ငွေကိုသာအာရုံပြုသော စီးပွားရေးဆန်သော၊တွက်လွန်ချက်လွန်သောလူသားများကိုမွေးထုတ်သည်။မိသားစုအချစ်၊ မိတ်ဆွေ၊အိမ်နီးနားချင်းအသိအဝန်းဆက်ဆံရေးများသည်စီးပွားရေး ဆန်ဆန်ကိုယ့်အကျိုး သာကြည့်မှုများနှင့်ညစ်ထေးပေါက်ပြသွားသည်။

ငွေ၊အရာဝတ္ထုများကိုလွန်လွန်မင်းမင်းတပ်မက်ခြင်းသည်အရင်းရှင်စနစ်ကြောင့်ဟူ သည်ထက်စက်မှုစနစ်ထွန်းကားခြင်းကြောင့်များဖြစ်နေမလား။လူသားအဖြစ်မှနိမ့်ကျသွားခြင်းများ သည်စက်မှုထွန်းကားသောဆိုရှယ်လစ်နိုင်ငံများတွင်လည်းတွေ့နေရသည်။လူတစ်ယောက်၏ လိုအပ်ချက်များကိုကိုယ့်အစွမ်းအစနှင့်သာမဖြည့်ဆည်းနိုင်တော့ဘဲဈေးကိုမှီခိုရသောအဖြစ် သို့ရောက်ရှိသောကြောင့်ထိုအဖြစ်မျိုးကြုံရခြင်းလား။

အရာဝတ္ထုထုတ်ကုန်များကိုသာဈေးဒေါင်းရောင်းချခြင်းမဟုတ်ပါ။လုပ်အား၊အကြံဉာဏ်၊ အနုပညာများကိုလည်းဈေးဒေါင်းရောင်းသည်။ထိုအခါပွဲစားကကော်မရှင်ယူသကဲ့သို့စာရေးက လက်ဖက်ရည်ဖိုးယူသည်။ဈေးကွက်ဒေါင်အရောက်သူအားထမင်းတစ်ပွဲကျွေးရသည်။စာရေးသူ ပန်းချီဆရာလည်းဈေးဒေါင်းရောင်းရန်ရေးရဆွဲရလေတော့သည်။

(၁၉၇၈ခုနှစ်နိုဝင်ဘာလထုတ်မြန်မာ့စီးပွားရေးမဂ္ဂဇင်း၊ကိုတာ၏ဆောင်းပါးမှ)

သင်ခန်းစာ (၆)
ဘယ်သူ့လက်အောက်မှမနေချင်ဘူး

ကျွန်တော်ယခုဒီအဆိုကိုတင်သွင်းရတဲ့အကြောင်းကတော့ကျွန်တော်တို့အနယ်နယ် အရပ်ရပ်ကလူမျိုးစုံတို့ရဲ့ကိုယ်စားလှယ်များလာရောက်စုဝေးလျက်တိုင်းပြုပြည်ပြုလွှတ် တော်ဆို၍ကျွန်တော်တို့ဖွဲ့စည်းပြီးတဲ့နောက်ဝမာပြည်ရဲ့ဖွဲ့စည်းအုပ်ချုပ်ပုံအခြေခံဥပဒေကိုရေးဆွဲ ဖို့လာ၍တာဝန်ယူခြင်းဖြစ်တယ်။ ကျွန်တော်တို့နိုင်ငံတော်ရဲ့ဖွဲ့စည်းအုပ်ချုပ်ပုံအခြေခံဥပဒေ ရေးဆွဲမယ်ဆိုတာကျွန်တော်တို့ရဲ့အခြေခံမူလကိုရှေးဦးစွာသိထားဖို့လိုတယ်။ ဒီလိုအခြေခံအ ချက်အလက်ကိုမှသိဘဲနှင့်ကျွန်တော်တို့ရှေ့ဆက်လက်၍ဝမာပြည်ရဲ့ဖွဲ့စည်းအုပ်ချုပ်ပုံအခြေ ခံဥပဒေကိုရေးဆွဲမယ်ဆိုလျှင်တစ်ယောက်နှင့်တစ်ယောက်သဘောတစ်မျိုးစီဖြစ်၍ဘာမျှအ ခြေခံမရှိ၊ လမ်းစဉ်မရှိဘဲညွှန်ကြားပြသမှုမရှိဘဲကျွန်တော်တို့လိုချင်ရာကိုအမြန်ဆုံးရောက်တော့ မယ်မဟုတ်ဘူး။

တိုင်းပြုပြည်ပြုလွှတ်တော်အဖွဲ့ကြီး၍တစ်ပတ်အစည်းအဝေးပြီးတဲ့နောက်ဒီတစ် ပတ်အစည်းအဝေးမှကော်မီတီအသီးသီးခန့်ထားမယ်။ ဒီကော်မီတီများကဆက်လက်၍ဝမာ ပြည်ရဲ့ဖွဲ့စည်းအုပ်ချုပ်ပုံဥပဒေထဲမှာဘာတွေထည့်သွင်းသင့်တယ်မသင့်ဘူးဆိုတာတွေသေ သေချာချာဆွေးနွေးတဲ့အခါမှအခြေအားဖြင့်ဘယ်အပေါ်မှုထား၍ဆွေးနွေးကြမယ်ဆိုတာ၊ တစ်ဦးနှင့်တစ်ဦးကျကျနနသိရှိမှုဖြစ်မယ်။ အဲဒီလိုတစ်ဦးနဲ့တစ်ဦးသိရှိနားလည်မှုမတူခဲ့လျှင် ကော်မီတီများရဲ့လုပ်ငန်းများမှာခက်ခဲမယ်။

အဲဒီတော့အခြေခံသဘောအားဖြင့်တိုက်ရိုက်သတ်မှတ်ဆုံးဖြတ်ချက်တစ်ခုကိုတိုင်းပြု ပြည်ပြုလွှတ်တော်မှပထမဆုံးဖြတ်ဖို့လိုတယ်။ အဲဒီလိုဆုံးဖြတ်ပြီးမှရှေ့ဆက်လက်အလုပ်လုပ်

တဲ့နေရာမှာဘယ်လိုလုပ်ရမယ်ဆိုတာသိနိုင်မယ်။ သို့မဟုတ်လျှင်ကော်မီတီအဖွဲ့များမှာတစ်ချို့ ကသမ္မတသဘောမျိုးဆွေးနွေးမယ်။ တစ်ချို့ကလဲရှင်ဘုရင်သဘောမျိုးဆွေးနွေးမယ်။ တစ်ချို့ ကလဲပြည်ထောင်စုသဘောမျိုးအစရှိသဖြင့် ဆွေးနွေးကြတော့အဖွဲ့အချင်းမတူကြတော့ တိုင်းပြုပြည်ပြုလွှတ်တော်မှာပြန်လှန်အစီရင်ခံကြတဲ့အခါဆက်စပ်လို့မရအောင်ဖြစ်သွားမယ်။ အဲဒါကြောင့်အခြေခံအားဖြင့်ကျွန်တော်တို့မူကိုပြဋ္ဌာန်းဖို့လိုတယ်။

အဲဒီလိုလုပ်ပြီးတဲ့နောက်မှတိုင်းပြုပြည်ပြုလွှတ်တော်ကနေရှုဖွဲ့စည်းအုပ်ချုပ်ပုံဥပဒေ ရေးဆွဲဖို့အဖွဲ့အသီးသီးခန့်ထားတဲ့နေရာမယ်ရှေ့ဆက်လက်၍အခြေခံရမယ်။ အဲဒီအခါမှာ ကျွန်တော်တို့အခြေခံလိုတဲ့အတိုင်းကျွန်တော်တို့အဆိုသွင်းတဲ့အခါမှာဒီအဆိုကိုတော်တော်ဘဲ စစ်စစ်ဆေးဆေးရေးဆွဲပြီးတင်သွင်းခြင်းဖြစ်တယ်။ မူလပထမဆုံးကျွန်တော်တင်သွင်းရဲ့ဒီအ ဆိုဟာဖ-ဆ-ပ-လအဖွဲ့ချုပ်ပညာမပြင်ဆင်မှုညီလာခံတုန်းကဆုံးဖြတ်တဲ့အဆိုဘဲ။ အဲဒီအ ဆိုကိုဖတ်ကြည့်တဲ့အခါမှာအချို့အချက်အလက်တွေကိုကျွန်တော်တို့စဉ်းစားပြီးတဲ့အတွက် ဖ-ဆ-ပ-လပညာမညီလာခံသဘင်ကခင်ဗျားတို့ကိုပြင်ဆင်စေ၍တိုင်းပြုပြည်ပြုလွှတ်တော် မှာတင်သွင်းခြင်းဖြစ်ပါတယ်။

ကျွန်တော်တို့ဟာယခုဒီလာ၍အစုံအညီစုဝေးရှိသာရှိပါသေးတယ်။ တောင်တန်းဒေသ နှင့်ဗမာပြည်မကိုယ်စားလှယ်များဟာတိုင်းသူပြည်သားတွေ၏ဆန္ဒအားဖြင့်နိုင်ငံတော်ဖွဲ့စည်း

သင်ခန်းစာ (၆)

အုပ်ချုပ်ပုံဥပဒေအခြေခံရေးဆွဲဖို့စုဝေးရုံဘဲရှိတယ်။နိုင်ငံတော်ကြီး၏အဖွဲ့အစည်းမဟုတ်သေး ဘူး။အဲဒီတော့ဒီနိုင်ငံတော်မှာဘယ်နယ်တွေပါမည်ဆိုတာကျကျနနသတ်မှတ်ချက်မဖြစ်နိုင် သေးဘူး။ကိုယ်စားလှယ်တွေစုဝေးတိုင်ပင်ရုံသာရှိသေးတယ်။

ကျွန်တော်တို့တင်သွင်းတဲ့အဆို(၁)အချက်နှင့်ပတ်သက်လို့ကျွန်တော်တို့ရေးဆွဲအပ် တဲ့နိုင်ငံတော်ဖွဲ့စည်းအုပ်ချုပ်ပုံဥပဒေကဘယ်လိုဖြစ်သင့်သလဲဆိုလျှင်ပြည်ထောင်စုမြန်မာနိုင် ငံတော်ဟုခေါ် တွင်စေသောလွတ်လပ်တဲ့အချုပ်အခြာအာဏာပိုင်သမ္မတနိုင်ငံဖြစ်သင့်တယ် ဆိုတဲ့အချက်နှင့်ကျွန်တော်ပထမရှေးဦးစွာဗမာနိုင်ငံရဲ့ပေါ် ဆဲပေါ် လတ္တံ့သောအခြေခံဥပဒေ သဘောများကိုဖော်ပြထားပါတယ်။ပြည်ထောင်စုမြန်မာနိုင်ငံတော်ဆိုတာကအထူးရှင်းပြစရာ မလိုပါဘူး။နိုင်ငံတော်အတွင်းမှာပြည်ထောင်စုသဘောမျိုးအားဖြင့်ဖြစ်တယ်။ပြည်ထောင်စု နိုင်ငံသဘောမျိုးအဖြစ်ဖွဲ့စည်းမည်ဆိုတာရည်ရွယ်ရင်းဖြစ်ပါတယ်။

ဒီပြည်ထောင်စုနိုင်ငံတော်ကိုကျွန်တော်တို့ကနေ၍တင်ပြထားခြင်းအားဖြင့်ယခုတိုင်းပြု ပြည်ပြုလွှတ်တော်ကိုကြွရောက်လာကြတဲ့တောင်တန်းဒေသဆိုင်ရာကိုယ်စားလှယ်အမတ်များ ဟာဒီပြည်ထောင်စုနိုင်ငံတော်ကိုသူတို့သက်ဆိုင်ရာနယ်များကပါဝင်ပြီးသားဖြစ်သလား၊မဖြစ် ဘူးလားဆိုတဲ့ကိစ္စနှင့်ပတ်သက်လို့နည်းနည်းသံသယရှိတယ်လို့ကျွန်တော်သိရတယ်။ဒီကိစ္စ နှင့်ပတ်သက်လို့တိတိလင်းလင်းရှင်းပြလိုတာကပြည်ထောင်စုမြန်မာနိုင်ငံတော်လို့ဒီအဆိုထဲ မှာတင်သွင်းထားခြင်းဖြစ်ပေမဲ့၊ဒီပြည်ထောင်စုနိုင်ငံတော်ထဲမှာဘယ်နယ်တွေပါတယ်လို့ သတ်မှတ်ထားခြင်းမရှိသေးဘူး။အဲဒီတော့တောင်တန်းဒေသမှနေ၍တက်ရောက်လာတဲ့ကိုယ် စားလှယ်တွေဟာဘာမျှဒီကိစ္စနှင့်ပတ်သက်လို့စိုးရိမ်စရာမရှိဘူး။ဒီပြည်ထောင်စုနိုင်ငံတော်ထဲ မှာကိုယ်ပါချင်မှပါနိုင်မယ်။

တိုင်းပြုပြည်ပြုလွှတ်တော်ဖွဲ့စည်းတဲ့နေရာမှာသဘောတူညီချက်စာချုပ်တဲ့အခါမှာ တောင်တန်းဒေသကိုယ်စားလှယ်များနှင့်ကျွန်တော်တို့ချုပ်ဆိုခဲ့တဲ့စာချုပ်အရဖြစ်စေ၊နောက် ဒီတောင်တန်းဒေသဆိုင်ရာစုံစမ်းရေးအဖွဲ့အစီရင်ခံစာမှာထောက်ခံချက်များကိုလက်ခံရလာခဲ့ သည့်အတိုင်းဖြစ်စေ၊အဲဒီလိုလက်ခံထားတဲ့စာချုပ်သဘောတူလိုတဲ့အချက်တွေကိုကျွန်တော်

တို့အဖို့မှာဆိုလျှင်သဘောတူလာတဲ့တကယ့်အရင်းခံသဘောထားကိုလက်ခံထားပြီး၊ဒီအတိုင်းဘဲတိုင်းပြည်ပြုလွှတ်တော်မှာလုပ်မှာဆိုတာတောင်တန်းနယ်ဖက်ဆိုင်ရာကိုယ်စားလှယ်တို့အားတိတိလင်းလင်းနားလည်စေချင်တယ်။ကျွန်တော်တို့ဟာပေးပြီးသားကတိ၊နားလည်းပြီးသားသဘောတူညီချက်တို့ကိုနဲခဲ့သမားလိုဖောက်ဖျက်ခြင်းမရှိဘူး။

တနေ့ကကျွန်တော့်ဆီစာတစ်စောင်ရောက်လာတယ်။အမှန်စင်စစ်ကတော့၊တောင်တန်းကိုယ်စားလှယ်တွေပြောလို့လား၊သို့မဟုတ်တောင်တန်းနယ်ဆိုင်ရာဌာနညွှန်ကြားရေးဝန်ကဘာလားမပြောတတ်ပါဘူး။သို့သော်လည်းအဲဒီလိုတဆင့်နေရှုတောင်တန်းဒေသဆိုင်ရာကိစ္စနှင့်ပတ်သက်ရှုတိုင်းပြည်ပြုလွှတ်တော်မှာဆွေးနွေးတဲ့အခါအင်မတန်အစိုးရိမ်ကြီးတဲ့အကြောင်းတွေစာတစ်စောင်ရတယ်။ဒီစာကိုတိုင်းပြည်ပြုလွှတ်တော်ရုံးကဘဲရမလားမပြောတတ်ဘူး။ဘာပါသလဲဆိုလျှင်မှတ်မိသလောက်ပြောရလျှင်တောင်တန်းနယ်ဆိုင်ရာကိစ္စအရပ်ရပ်ကိုတိုင်းပြည်ပြုလွှတ်တော်ကနေရှုဆုံးဖြတ်တဲ့အခါဆိုင်ရာဆိုင်ရာနယ်ရဲ့ကိုယ်စားလှယ်လူများစုသဘောတူညီချက်မရဘဲ၊တိုင်းပြည်ပြုလွှတ်တော်မှဆုံးဖြတ်နိုင်ဘူးဆိုတာ၊တောင်တန်းနယ်ဆိုင်ရာစုံစမ်းရေးအဖွဲ့တိုင်းကထောက်ခံချက်ပေးထိုက်တယ်။

ဆိုင်ရာကိုယ်စားလှယ်တွေအချင်းချင်းမှာလူများစုလူနည်းစုမဖြစ်ဘဲသဘောကွဲလွဲနေလျှင်တိုင်းပြည်ပြုလွှတ်တော်ကဘာဆုံးဖြတ်မလဲဆိုတဲ့မေးခွန်းကိုတောင်တန်းနယ်ဆိုင်ရာကိုယ်စားလှယ်တွေကလာတော့မမေးဘူး။တိုင်းပြည်ပြုလွှတ်တော်ဥက္ကဋ္ဌကိုလဲမမေးဘူး။မဆိုင်တဲ့တောင်တန်းဒေသဆိုင်ရာဌာနညွှန်ကြားရေးဝန်ကနေရှုစိတ်ပုပုံရတယ်။ကျွန်တော့်သဘောမှာစည်းကမ်းနည်းလမ်းမမှန်ဘူးလို့ယူဆတယ်။ကျွန်တော်တို့အခုပြောဆိုခြင်းဟာတောင်တန်းဆိုင်ရာကိုယ်စားလှယ်များကနေရှုအင်္ဂလိပ်ကိုသွားကပ်တယ်လို့မဆိုလိုဘူး။သို့သော်လည်းဒီတိုင်းပြည်ပြုလွှတ်တော်ကဆုံးဖြတ်တဲ့နေရာမှာအင်္ဂလိပ်မှုတို့ကိုကိုးကွယ်ရာရမယ်လို့ဆိုလျှင်ဒီလိုစိတ်ဓာတ်ရှိတဲ့လူတွေဟာနောင်ကိုးကွယ်ရာဘယ်နည်းနှင့်မှမရှိနိုင်ဘူးဆိုတာသတိပေးလိုတယ်။

ဒီတိုင်းပြည်ပြုလွှတ်တော်နှင့်ပတ်သက်လို့ပြောရလျှင်ဘယ်အင်္ဂလိပ်ရဲ့အကူအညီနဲ့

ဒီတိုင်းပြုပြည်ပြုလွှတ်တော်ကိုလာ၍ဩဇာပေးဖို့၊အခွင့်အရေးကိုကာကွယ်ဖို့သဘောမျိုးရှိ သင့်တဲ့တိုင်းပြုပြည်ပြုလွှတ်တော်မဟုတ်ဘူး။တောင်တန်းဒေသဆိုင်ရာကိစ္စကိုစဉ်းစားတဲ့ အခါမှာခင်ဗျားတို့နယ်ဆိုင်ရာအချင်းချင်းမဲချင်းတူနေကြလျှင်ဒီတိုင်းပြုပြည်ပြုလွှတ်တော်ထဲ မှာပ–ဆ–ပ–လအမတ်များဟာအများဆုံးဖြစ်တဲ့အတိုင်း၊အများဆုံးအဖွဲ့ခေါင်းဆောင်အဖြစ် နဲ့တိတိလင်းလင်းသတိပေးလိုတာကခင်ဗျားတို့အချင်းချင်းဘယ်သူဘယ်သူမှမသာဘဲနှင့်မဲ ပြိုင်နေလျှင်ကျွန်တော်တို့တိုင်းပြုပြည်ပြုလွှတ်တော်ကဝင်ရောက်အတင်းဖိပြီးမဆုံးဖြတ်ဘူး ဆိုတာသတိပေးလိုပါတယ်။

ကျွန်တော်တို့ဟာတောင်တန်းနယ်ဆိုင်ရာကိစ္စနှင့်ပတ်သက်၍စေတနာအင်မတန် သန့်သန့်ရှင်းရှင်းထားတယ်။ကျွန်တော်တင်သွင်းတဲ့အဆိုပြီးသည့်နောက် ဆက်လက်၍ပြည် ထောင်စုဖွဲ့စည်းတဲ့နေရာမှာဘယ်နယ်ပါလို့၊ဘယ်အချက်အလက်ဘယ်အခွင့်အရေးအခြေခံ တွေဘယ်လိုစုပေါင်းသင့်တယ်ဆိုတဲ့ကိစ္စကိုဆွေးနွေးတဲ့အခါကျွန်တော်တင်သွင်းတဲ့အဆို ကိုသဘောမကျလျှင်တောင်တန်းနယ်ဆိုင်ရာကိုယ်စားလှယ်တွေကသဘောရှိ၊ဗမာပြည်နှင့်မ ပေါင်းနိုင်လျှင်နေနိုင်တယ်။ ကျွန်တော်တို့ယနေ့ဒီတိုင်းပြုပြည်ပြုလွှတ်တော်မှာဒီစကားပြော ခြင်းဟာကျွန်တော်တို့ရဲ့စိတ်စေတနာကိုရှင်းရှင်းပြတ်ပြတ်သားသားထားတယ်ဆိုတာကိုသိစေ လို၍ဖြစ်တယ်။

ကျွန်တော့်အဖို့မှာကျွန်တော်တို့နှင့်အတူတူပေါင်းပြီးမလုပ်ချင်လျှင်ကျွန်တော်တို့က လဲ(ဗမာစကားတော့မဟုတ်ပါဘူးကရင်စကားဘဲ)ခင်ဗျားတို့ကိုအတင်းနသားဘာယားနည်း မျိုးမသုံးပါဘူး။တောင်တန်းကမိတ်ဆွေများတိတိလင်းလင်းနားလည်စေချင်တယ်။မိတ်ဆွေ တစ်ယောက်ပြောသလိုခင်ဗျားကရှင်ရှင်းပြောမှသူတို့ပိုရှုပ်သွားပြီလို့ဆိုသလိုမဖြစ်စေချင်ဘူး။

အဲဒီတော့ပြည်ထောင်စုနိုင်ငံတော်မှာဘယ်နယ်တွေပါရမယ်မသိရသေးဘူး။ပါချင်တဲ့ နယ်ပါကြ၊နယ်ကိုသတ်မှတ်မထားဘဲပြည်ထောင်စုမြန်မာနိုင်ငံတော်လို့သာမည်ထည့်ထားခြင်း မျှသာဖြစ်သေး တယ်။အချုပ်အချာအာဏာပိုင်သမ္မတနိုင်ငံဆိုတဲ့နေရာမှာလွတ်လပ်တယ်ဆို တဲ့အဓိပ္ပါယ်ဟာရှင်းစရာမလိုဘူး။အချုပ်အချာအာဏာပိုင်ဆိုတာအမျိုးမျိုးရှိတယ်။အမှန်

ကနိုင်ငံဆိုတဲ့သဘောကိုကအချုပ်အချာအာဏာအကျုံးဝင်ပြီးသားသဘောတရားရှိတယ်။ နိုင်ငံတော်ဆိုရှင့်အားမရမကျေနပ်ဘဲအချုပ်အချာအာဏာပိုင်နိုင်ငံမှပြည်စုံလုံလောက်တယ်လို့သဘောထားကြတယ်။

အဲဒီတော့ကျွန်တော်တို့နိုင်ငံတော်မှာသမ္မတစနစ်အားဖြင့်ဖွဲ့စည်းပြီးထူထောင်လိုတယ်။ သမ္မတစနစ်ဆိုတာဒီခေတ်အခါမှာသာကျွန်တော်တို့ရဲ့ဝမ်စာမှာပေါ် ပေါက်လာတဲ့စကားဘဲ။ ဘာလဲဆိုတစ်နိုင်ငံလုံးကိုအုပ်ချုပ်ရမဲ့ပုဂ္ဂိုလ်ကို၄နှစ်၊၅နှစ်၊၁ဝနှစ်အားဖြင့်တစ်ကြိမ်ကျရွေး ကောက်တင်မြှောက်တဲ့ထုံးစံစနစ်ဒီခေတ်ကျမှပေါ်လာတဲ့စနစ်ဖြစ်တယ်။

ဗမာပြည်တိုင်းပြုပြည်ပြုလွှတ်တော်ဟာအဆင့်အတန်းအားဖြင့်အချုပ်အချာအာဏာ ပိုင်သည်ဟုယူဆရသော်လည်းအခွင့်အရေးအားဖြင့်ဆိုလျှင်အာဏာမရှိသေးဘူး။ ဘီလပ်ပါလီမန်ကအုပ်ချုပ်နေသဖြင့်ပါလီမန်ကအချုပ်အချာစိုးမိုးအုပ်ချုပ်နေခြင်းမှရပ်စဲပြီးမှဥပဒေအရအချုပ်အချာအာဏာရရှိတယ်။

တိုင်းပြုပြည်ပြုလွှတ်တော်မှာပြောဆိုတဲ့စကားတွေဟာလွတ်လွတ်လပ်လပ်ပြောဆို နိုင်တယ်လို့ယူဆတယ်။ သို့သော်ဥပဒေအခွင့်အရေးအရအာဏာရှိသလားဆိုတော့မရှိသေးပါ။ ဒီတိုင်းပြုပြည်ပြုလွှတ်တော်မှာဆုံးဖြတ်လိုတဲ့အဆုံးအဖြတ်များကိုအနှောင့်အရှက်မရှိဆုံး ဖြတ်နိုင်တယ်။ တိုင်းပြုပြည်ပြုလွှတ်တော်အမတ်များကလွဲလျှင်မည်သူမျှအနှောင့်ရှက်နိုင်။ ဒီ လွှတ်တော်မှာကျွန်တော်တို့ရဲ့ဥက္ကဋ္ဌဟာရှင်ဘုရင်ဘဲ။ သူရဲ့အဆုံးအဖြတ်အစောင့်အရှောက်အ တိုင်းလုပ်နိုင်တယ်။

အကယ်၍အထက်ကပြောဆိုခဲ့တဲ့အတိုင်းအာဏာလွှဲပြောင်းမှုမှာအေးအေးဆေးဆေး မဖြစ်ဘဲအခက်အခဲများပေါ် ပေါက်လာမည်ဆိုလျှင်ဒီပြင်တစ်နည်းကိုစဉ်းစားရမှာဘဲ။ ဉပမာဆို လျှင်တိုင်းပြုပြည်ပြုလွှတ်တော်ဟာအချုပ်အချာအာဏာပိုင်အဖွဲ့ဖြစ်တဲ့အတိုင်းအာဏာကို အတင်းယူတဲ့နည်းရှိတယ်။ သို့သော်ယခုအဆိုမှာအတင်းယူတဲ့နည်းကိုမတိုက်တွန်းဘဲ ကြည်ကြည်သာသာမိတ်ဆွေသဘောမျိုးနှင့်ယူလိုတဲ့သဘောမျိုးသာဖြစ်တယ်။

တကယ်လို့သာတိုင်းပြုပြည်ပြုလွှတ်တော်ကဗမာပြည်ဟာလွတ်လပ်တဲ့တိုင်းပြည်ဖြစ်

သင်ခန်းစာ (၆)

တယ်လို့အတင်းကြေညာပြီးကြားဖြတ်အစိုးရဖွဲ့မည်ဆိုပြီးအတင်းလုပ်လျှင်အင်္ဂလိပ်အစိုးရနှင့် အကျယ်အကျယ်မငြိမ်းဖွယ်ဖြစ်မှာဘဲ။ ဒီလိုဖြစ်လျှင်ပြင်ဆင်မှုလုပ်ငန်းများလုပ်ထားဖို့လဲလို မယ်။ဒီတော့ဒီလိုမလုပ်ဘဲအေးချမ်းတဲ့နည်းနှင့်ဘဲလုပ်လျှင်လဲခုကမ္ဘာကြီးမှာဖြစ်ပျက်နေတဲ့အ ခြေနှင့် အင်္ဂလိပ်များဖြစ်ပျက်နေတဲ့အခြေအနေဖြစ်မယ်လို့လဲယူဆတယ်။ အနှေးအမြန်ဆိုတာ ကကျွန်တော်တို့ဖက်ကလဲအင်အားတောင့်တောင့်တင်းတင်းနှင့်စည်းစည်းလုံးလုံးရှိဖို့လိုသ လိုတစ်ဖက်ကလဲစေတနာရှိဖို့လိုတယ်။

လုံးဝလွတ်လပ်ရေးကိုဒီမူမှာထဲမှာထည့်ထားတဲ့အတွက်ရှေ့အဖို့ဘယ်လိုအနောင့်အရှက် မျိုးတွေနဲ့တွေ့မယ်ဆိုတာမတွေးရဲလောက်အောင်ပါဘဲ။ သို့သော်အခုအဆိုအတည်ပြုပြီး နောက်အဆိုအတိုင်းလက်တွေ့ဖြစ်မြောက်အောင်လုပ်ဖို့ရန်မှာအချုပ်အချာအဆင့်အတန်းလိုစ ကားသဘောမျိုးနှင့်မဟုတ်ဘဲ ဥပဒေအားဖြင့်လက်တွေ့ဖြစ်အောင်လုပ်မယ်ဆိုတဲ့အဓိဋ္ဌာန်ရှိ ဖို့လိုတယ်။

ဥပဒေရေးတဲ့အခါမှာအာဏာလွှဲပြောင်းတဲ့နေရာမှာအခက်အခဲဖြစ်ပေါ်အောင်ဖန်တီး ဖို့ဆိုလျှင်ပြည်မမှာကရင်ကိုမြောက်ပြီးတောင်တန်းကိုယ်စားလှယ်များကိုတစ်ဖက်ကအသုံး ချမှာဘဲဆိုတာပွင့်ပွင့်လင်းလင်းဖော်ပြထားလိုပါတယ်။ သို့သော်အဲဒီအရေးများကိုအကုန်လုံးခြုံ စဉ်းစားပြီးကျွန်တော်တို့ဟာဘယ်သူမြောက်မြောက်၊ချောက်ချောက်၊ချော့ချော့ရည်မှန်းရာလမ်း ကိုပြောင်းပြောင်းတန်းတန်းကြီးရောက်အောင်သွားရန်ဆုံးဖြတ်ပြီးပါဘဲ။

သို့သော်တောင်တန်းဒေသဆိုင်ရာကိုယ်စားလှယ်များအားမိတ်ဆွေသဘောမျိုးသာမ ကသွေးချင်းသားချင်းများအနေနှင့်ပြောဆိုတာကကျွန်တော်တို့ဟာတောင်တန်းဒေသများ နှင့်ဆိုင်လို့လွန်ခဲ့တဲ့၄-၅လကတည်းကအခြေအနေကျအောင်လုပ်ခဲ့ပြီးကူညီခဲ့ပြီးအမှောင်က အလင်းရောက်အောင်ဝတ်တရားရှိတဲ့အတိုင်းကျေပွန်အောင်လုပ်ခဲ့ပြီ။

အဲဒီအထဲမှာနယ်တစ်နယ်ကအင်္ဂလိပ်လက်အောက်နေချင်တယ်လို့ကြားရတယ်။ ကျွန် တော်တို့အဖို့မှာအင်္ဂလိပ်လက်အောက်မှာလဲမနေချင်၊ ဘယ်သူ့လက်အောက်မှာလဲမနေချင်၊ လွတ်လွတ်လပ်လပ်ဘဲနေချင်တယ်။ အဲဒီတော့အလင်းရောင်ထဲကအမှောင်ထဲသွားချင်တဲ့လူ

များရှိလျှင်ကျွန်တော်တို့အဆိုကိုမထောက်ခံဘဲနေနိုင်ခွင့်ရှိပါတယ်။ ။

(၁၉၄၇ခုနှစ်ဇွန်လ၁ရက်နေ့တွင်တိုင်းပြုပြည်ပြုလွှတ်တော်၌လုံးဝလွတ်လပ်ရေးအ
ဆိုတင်သွင်းစဉ်ဗိုလ်ချုပ်အောင်ဆန်းမြွက်ကြားသည့်မိန့်ခွန်း)

ဝေါဟာရ

    ဖွဲ့စည်းအုပ်ချုပ်ပုံအခြေခံဥပဒေ (န) 宪法

    တိုင်းပြုပြည်ပြုလွှတ်တော် (န) 立宪议会

        လွှတ်တော် 议会

        အထက်လွှတ်တော် 上议院

        အောက်လွှတ်တော် 下议院

    ပဏာမ (နဝ) အကြိုရှေ့ပြေးဖြစ်သော၊အဦးအဖျားကြိုတင်ပြုလုပ်သော။

    ပဏာမပြင်ဆင်မှုညီလာခံ (န) 筹备会

    အမတ် (န) 议员

    ပါလီမန် (န/လိပ် parliament) 议会

    ကပ် (က) ကိုယ်ကျိုးကိုသာ၍ပေါင်းသင်းဆက်ဆံသည်။

    နသားဘာယား (က) အတင်းအဓမ္မအကြပ်ကိုင်သည်။

    သာမည (နဝ) အများနည်းတူဖြစ်သော၊အထူးမဟုတ်သော၊သာမန်။

    *****   *****   *****

ရှင်းပြချက်

၁။ ။ ဗိုလ်ချုပ်အောင်ဆန်း(၁၉၁၅-၁၉၄၇)အဘိုးဖြစ်သူအင်္ဂလိပ်နယ်ချဲ့ကိုတော်လှန်ရာတွင်
အသက်ပေးလှုခဲ့၍အောင်ဆန်းလူငယ်ဘဝကပင်မျိုးချစ်စိတ်ပြင်းပြ၏။၁၉၃၂ခုနှစ်က

သင်ခန်းစာ (၆)

ရန်ကုန်တက္ကသိုလ်ကိုဝင်သည်။ တက္ကသိုလ်ကျောင်းသားသမဂ္ဂအမှုဆောင်နှင့် ကျောင်းသားစာစောင် အိုးဝေမဂ္ဂဇင်း၏ အယ်ဒီတာချုပ် အဖြစ် တာဝန်ထမ်းဆောင်ခဲ့သည်။ ၁၉၃၆ ခုနှစ် ကျောင်းသား သပိတ်ကို ခေါင်းဆောင်ခဲ့သည်။ ထိုနှစ်ကတည်ထောင်ခဲ့သော ဗမာပြည်လုံးဆိုင်ရာ ကျောင်းသားသမဂ္ဂ ဥက္ကဋ္ဌ အတင်မြှောက်ခံရသည်။ ၁၉၃၈ ခုနှစ်တွင် ဒို့ဗမာ အစည်းအရုံး၏ အထွေထွေအတွင်းရေးမှူး အဖြစ် အရွေးခံရပြန်သည်။ အင်္ဂလိပ်နယ်ချဲ့ တော်လှန်ရေးလုပ်ရှားမှုကြီးကို ခေါင်းဆောင်သည်။ အင်္ဂလိပ်နယ်ချဲ့များ အပြီးမောင်း ထုတ်လွှတ်လပ်ရေးရရှိရန်အတွက် ၁၉၄၀ ခုနှစ်နှစ်က ရဲဘော်သုံးကျိပ် ခေါင်းဆောင်ကာ ဂျပန်တို့ရဲ့ စစ်လေ့ကျင့်ပေးမှုကို ခံယူခဲ့သည်။ ၁၉၄၁ ခုနှစ် နှစ်ကုန်ပိုင်းတွင် ဂျပန်တို့၏ အကူအညီဖြင့် ထိုင်းနိုင်ငံတွင် ဗမာ့လွတ်လပ်ရေး တပ်မတော်ကို ခေါင်းဆောင်ဖွဲ့စည်း ခဲ့ပြီး ဗမာပြည်ထဲသို့ တိုက်ခိုက်ဝင်ရောက်လာခဲ့သည်။ နောက်ဖက်ဆစ်ဂျပန်ပြန်တိုက်၊ အင်္ဂလိပ်နယ်ချဲ့ကို တော်လှန်၊ ဗမာပြည်လွတ်လပ်ရေးရရှိရန် ဆက်တိုက်အားထုတ်ကြိုး ပမ်းခဲ့ရာ ၁၉၄၇ ခုနှစ် ဇူလိုင်လ ၁၉ ရက်နေ့တွင် နယ်ချဲ့ လက်ပါးစေဦးစောတို့၏ လက် ချက်ကြောင့် သေဆုံးသွားခဲ့ရှာသည်။ သူ့ကို ဗမာလွတ်လပ်ရေးဖခင်ဟု အများက လေးစား စွာ မှတ်ယူကြပေသည်။

၂။။ မှ ၁။ နာမ်ကို အထူးပြုသော တည်ရှိရာပုဒ်ညွှန်းစကားလုံး။ နှုတ်စကားတွင် "က" သုံး၏။ ဥပမာ-

- ကန်ထဲမှငါး၊
- ကျောင်းသားများမှ တစ်ယောက်ကို ရွေးလိုက်သည်။
- တရက်တန်းမှ မြီးရှည်ကို သတိရမိသည်။
- အမိုးမှ မိုးရေ ယိုစိမ့်လာသည်။

၂။ ပြုခြင်း ဖြစ်ခြင်း၏ အပါအနံပုဒ် (ထွက်ခွာရာဖဲခွာရာပြပုဒ်) ညွှန်းစကားလုံး။ နှုတ်စ ကားတွင် "က" သုံးသည်။ ဥပမာ-

- သင်္ဘောသည်ဆိပ်ကမ်းမှထွက်သွားပြီ။
- ဈေးမှဝယ်လာသည်။
- ပါတီဝင်အဖြစ်မှရပ်စဲသည်။
- သေဘေးမှလွတ်မည့်အကြောင်းကိုငါရှာအံ့။
- ...ဒီတစ်ပတ်အစည်းအဝေးမှကော်မီတီအသီးသီးခန့်ထားမယ်။

၃။ အခြားတပါးသောနာမ်ကိုပယ်မြစ်ခွါကန့်၍ဆိုလိုရာနာမ်ကိုသာထင်ရှားစွာကိုင်ပြုလိုရာ၌သုံးသောစကားလုံး။ ဥပမာ-

- အဲဒီလိုသားမှသား။
- တခြားမြို့ကဘယ်လောက်သာယာပေစေ၊တောင်ကြီးမြို့ကိုမမီဟုထင်သည်။ တောင်ကြီးမှတောင်ကြီး။
- ...သေသေချာချာဆွေးနွေးတဲ့အခါမှအခြေခံအားဖြင့်ဘယ်အပေါ်မှာမှထား၍ဆွေးနွေးကြမယ်ဆိုတာ...

၄။ အခြားတပါးသောကြိယာကိုပယ်မြစ်ခွါကန့်၍ဆိုလိုရာကြိယာကိုသာအထူးအရင်းခံအကြောင်းပြုဖြစ်စေလိုရာ၌သုံးသောစကားလုံး။ ဥပမာ-

- စိတ်ပျော်မှကိုယ်နသည်။
- သူသဘောတူမှကျွန်တော်တို့လုပ်နိုင်မည်။
- ညကျမှပိုကြည့်ကောင်းမည်။
- ...တစ်ဦးနှင့်တစ်ဦးကျကျနနသိရှိမှုဖြစ်မယ်။
- ...သတ်မှတ်ဆုံးဖြတ်ချက်တစ်ခုကိုလွှတ်တော်မှပထမဆုံးဖြတ်ဖို့လိုတယ်။

၅။ အရေအတွက်ပမာဏကိုပြလိုရာ၌လည်းကောင်း၊ကတ္တားပုဒ်ကံပုဒ်ကိုကန့်သတ်ဖော်ပြလိုရာ၌လည်းကောင်း၊တားမြစ်ကြိယာနင့်သုံးရာတွင်အဆုံးစွန်မြစ်ပယ်လိုရာ၌လည်းကောင်းအလေးထားပြီးသုံးသောစကားလုံး။ နှုတ်စကားတွင် လည်း "မှ" သုံးသည်။ ဥပမာ-

- တစ်ခါမှမရောက်ဖူးဘူး။
- သို့မှကျန်းမာလာနိုင်သည်။
- ဒီလိုအခြေခံအချက်အလက်ကိုမှမသိဘဲနှင့်...
- ဘယ်သူ့လက်အောက်မှလဲမနေချင်။
- တိုင်းပြုပြည်ပြုလွှတ်တော်မှမဆုံးဖြတ်နိုင်ဘူးဆိုတာ...
- အင်္ဂလိပ်မှငါတို့ကိုကွယ်ရာရမယ်လို့ဆိုလျှင်...
- ခင်ဗျားတို့အချင်းချင်းဘယ်သူဘယ်သူမှမသာဘဲနှင့်မဲပြိုင်နေလျှင်...

၃။။ ပြီးသား(ပ) အတိတ်၌ပြုလုပ်ဖြစ်ပျက်ခြင်းထမြောက်ကျော်လွန်ခဲ့သည်ကိုထင်ရှားစွာ ထပ်မံပြလိုရာသုံးသောစကားလုံး။ (အတွဲ ၄ သင်ခန်းစာ ၄ မှရှင်းပြချက် ၉ ကိုယှဉ် ကြည့်ပါ) ဥပမာ-
- သူတို့သက်ဆိုင်ရာနယ်များကပါဝင်ပြီးသားဖြစ်သလားမဖြစ်ဘူးလား...
- ကျွန်တော်တို့ပေးပြီးသားကတိ၊ နားလည်ပြီးသားသဘောတူညီချက်တို့ကို နယ်ချဲ့သမားလိုဖောက်ဖျက်ခြင်းမရှိဘူး။
- အမှန်ကနိုင်ငံဆိုတဲ့သဘောကိုကအချုပ်အချာအာဏာအကျုံးဝင်ပြီးသားသ ဘောတရားရှိတယ်။
- မင်းတောင်းပန်ဖို့မလိုဘူး၊ ကျွန်တော်ခွင့်လွှတ်ပြီးသားပဲ။
- ဒီအတိုင်းဖြစ်နေမယ်ဆိုတာငါအစကတည်းကတွက်ပြီးသား။
- လက်ဆောင်တွေဘာတွေပေးမနေနဲ့၊ ကျွန်တော်ရပြီးသားလို့သဘောထားပါ တယ်။

၄။။ မယ်(ပ) တည်နေရာသို့ မဟုတ် တည်ရာဝတ္ထု၊ လက်ခံပိုင်ဆိုင်ရာပုဂ္ဂိုလ်စသည်ကို ဆက်စပ်ညွှန်ပြသောစကားလုံး။ ဥပမာ-
- ဖွဲ့စည်းအုပ်ချုပ်ပုံဥပဒေရေးဆွဲဖို့ အဖွဲ့အသီးသီးခန့်ထားတဲ့နေရာမယ်ရှေ့ ဆက်လက်၍အခြေခံရမယ်။
- မိုးဦးကျညနေခင်းတစ်ခုမယ်ကျွန်တော်တို့ပန်းခြံကိုသွားလည်တယ်။
- ဟိုစာအုပ်မျိုးငါ့မယ်မရှိဘူး။

၅။။ ဖ-ဆ-ပ-လ ဖက်ဆစ်ဆန့်ကျင်ရေးပြည်သူ့လွတ်လပ်ရေးအဖွဲ့ချုပ်၏အတိုကောက် စာလုံး။ ၁၉၄၄ခုနှစ်ဩဂုတ်လ ၂၃ရက်နေ့၌ဖွဲ့စည်းခဲ့သောဂျပန်ခုခံရေး တိုက်ပွဲတပ် ပေါင်းစုတစ်ခုဖြစ်သည်။ မူလကဖက်ဆစ်တိုက်ဖျက်ရေးပြည်သူ့လွတ်လပ်ရေးအဖွဲ့ချုပ်ဟု နာမည်ယူထားသည်။ ဖွဲ့ခါစကဝမပြည်ကွန်မြူနစ်ပါတီ၊ ဗမာ့တပ်မတော်နှင့်ဝမပြည် သူ့အရေးတော်ပုံပါတီ(နောက်ဆိုရှယ်လစ်ပါတီဖြစ်သွားသည်)စသည်တို့ပေါင်းဖွဲ့ထား သောအဖွဲ့ချုပ်ဖြစ်၏။ ထိုအဖွဲ့ချုပ်သည်ဂျပန်ဖက်ဆစ်ဆန့်ကျင်ရေးတိုက်ပွဲခေါင်း ဆောင်ခဲ့ပြီး၁၉၄၆ခုနှစ်စက်တင်ဘာလကအင်္ဂလိပ်နယ်ချဲ့ကိုတိုက်၍လွတ်လပ်ရေးရရန် လုပ်နည်းလုပ်ဟန်ပေါ်တွင်သဘောကွဲလွဲမှုဖြစ်လာပြီးတစ်ခါပြီးတစ်ခါကွဲပြားလာခဲ့ရာ မြန်မာပြည်လွတ်လပ်ရေးရပြီးအာဏာရအစိုးရဖွဲ့ခဲ့သည်။ ၁၉၅၈ခုနှစ်လောက်တွင်ထပ် တစ်ခါနှစ်ခြမ်းကွဲလိုက်သည်။ ၁၉၆၄ခုနှစ်မတ်လတွင်ဗိုလ်ချုပ်ကြီးနေဝင်းအစိုးရ၏အ မိန့်အရကွဲပြားလာသောနှစ်ဖွဲ့စလုံးကိုဖျက်သိမ်းလိုက်သည်။

၆။။ ကြိယာနှစ်ကြိမ်ထပ်၍သုံးခြင်း။ စကားပြောတဲ့အခါမှာကြိယာတစ်လုံး၂ကြိမ်ထပ်၍ သုံးယင်မှုလကြိယာဆောင်ထားသောအနက်အဓိပ္ပါယ်မဟုတ်တော့ဘဲအခြားအခြား သောအနက်အဓိပ္ပါယ်များပြောင်းသွားတာကိုသတိထားရမည်။
၁။ မည်သို့ပင်လုပ်သည်ဖြစ်စေဟူသောအဓိပ္ပါယ်ဆောင်ထားသည်။ ဥပမာ-

သင်ခန်းစာ (၆)

- ကျွန်တော်တို့ဟာဘယ်သူကမြှောက်မြှောက်၊ချောက်ချောက်၊ချော့ချော့ရည်မှန်ရာလမ်းကိုဖြောင့်ဖြောင့်တန်းတန်းကြီးရောက်အောင်သွားရန်ဆုံးဖြတ်ပြီးပါဘဲ။
- တစ်ပုဒ်ရေးရေးနှစ်ပုဒ်ရေးရေးခင်ဗျားသဘောပေါ့။
- ပြောပြောမပြောပြောအရေးမကြီးဘူး။

၂။ အနက်အဓိပ္ပယ်လေးနက်စေခြင်း သို့မဟုတ်ထပ်ခါတလဲလဲပြုခြင်းဟူသောအဓိပ္ပယ်ဆောင်ထားသည်။ ဥပမာ-

- သူ့ဆီကိုသွားသွားနေတာပဲ။
- သူပြောပြောနေတဲ့စကားတစ်ခွန်းဟာ...
- တွေးတွေးမိတော့ကြောက်လှတယ်။

၃။ စကားပြောရာတွင်အချို့စကားလုံးမြှုပ်ထား၍ဖြစ်ခြင်း။ ဥပမာ-

- သွားသွားတယ်၊မသွားမသွားဘူးပေါ့။ ("သွားခဲ့တယ်ဆိုယင်သွားခဲ့တယ်လို့ပြော၊မသွားခဲ့ဘူးဆိုယင်မသွားခဲ့ဘူးလို့ဘဲပြောပေါ့။" ဟုဆိုလိုသည်)

***** ***** *****

လေ့ကျင့်ခန်း

၁။ အောက်ပါမေးခွန်းများကိုဖြေပါ။

၁။ ဗိုလ်ချုပ်အောင်ဆန်းမိန့်ခွန်းမြွက်ကြားခဲ့သည်၁၉၄၇ခုနှစ်ဇွန်လတွင်မြန်မာပြည်သည်မည်သည့်အခြေအနေမျိုး၌ရှိနေသည်ကိုသင်သိသလောက်ပြောပြပါ။

၂။ မည်သို့သောအခမ်းအနားတွင်ဗိုလ်ချုပ်အောင်ဆန်းကဤမိန့်ခွန်းကိုမိန့်ကြားခဲ့သနည်း။မည်သူမည်ဝါတွေသူ့မိန့်ခွန်းကိုနားထောင်ခဲ့သနည်း။

၃။ ဗိုလ်ချုပ်အောင်ဆန်းကမည်သည့်အဆိုကိုတင်သွင်းခဲ့သနည်း။

၄ ။ သူအဆိုတင်သွင်းသောအကြောင်းကိုအပြည့်အစုံပြောပြနိုင်သလော။

၅ ။ ဗိုလ်ချုပ်အောင်ဆန်းမိန့်ခွန်းပြောကြားစဉ်ကပြည်ထောင်စုမြန်မာနိုင်ငံ တော်မှာဘယ်နယ်တွေပါသည်ကိုသတ်မှတ်ပြီးပြီလော။

၆ ။ ဖ-ဆ-ပ-လ အဖွဲ့ချုပ်သည်မည်သိုသောအဖွဲ့အစည်းနည်း။

၇ ။ ဗိုလ်ချုပ်အောင်ဆန်းမိန့်ခွန်းမမြွက်ကြားမီမည်သည့်အကြောင်းတွေပါ သောစာတစ်စောင်ရခဲ့သနည်း။

၈ ။ ထိုစာအပေါ် ဗိုလ်ချုပ်အောင်ဆန်းကမည်သို့မြင်ပါသနည်း။မည်သို့သ ဘောရပါသနည်း။

၉ ။ ဗိုလ်ချုပ်အောင်ဆန်း၏သဘောအရအဘယ်စံနစ်မျိုးဖြင့်အချုပ်အချာအာ ဏာရှိသည့်၊ လွတ်လပ်သည့်ပြည်ထောင်စုမြန်မာနိုင်ငံကိုဖွဲ့စည်းတည် ထောင်လိုသနည်း။

၁၀ ။ ဤမိန့်ခွန်း၏လိုရင်းအချက်ကားအဘယ်နည်း။

၂ ။ ။ အောက်ပါစကားလုံးများဖြင့် ဝါကျတစ်ခုစီဖွဲ့ပြပါ။

| အဖို့၊ | ...ချင်မှ...၊ | ပြီးသား၊ | ရုံသာ၊ |
| တဆင့်၊ | ကနေ၍၊ | ကိုက၊ | ...ဆဲ...လတ္တံ့၊ |

၃ ။ ။ စကားလုံးတစ်ခုနှစ်ကြိမ်ထပ်ပြီးသုံးခဲ့လျှင်၎င်းဖော်ပြသောအနက်အဓိပ္ပါယ် တိုး များလာသည်သို့မဟုတ်ပြောင်းလဲလာတတ်သည်။ ဤသင်ခန်းစာရှိပြချက်များ တွင်ကြိယာတစ်လုံးနှစ်ကြိမ်ထပ်သောအခါအနက်အဓိပ္ပါယ်အဘယ်သို့ဖြစ်သွား သနည်းဆိုသည်ကိုပြခဲ့ပြီ။ နာမ်တစ်လုံးနှစ်ခါထပ်သုံးလျှင်ကော၊ နာမဝိသေသန တစ်လုံးနှစ်ခါထပ်သုံးလျှင်ကောအဘယ်သို့ဖြစ်သွားတတ်မည်နည်း။ မည်သည့်

အနက်အဓိပ္ပါယ်များဆောင်လာသနည်း၊ဆိုသည်ကိုဥပမာပြုယုဂ်များဖြင့်ပေါင်းရုံး သုံးသပ်ကြည့်ပါ။

၄။။ "တကယ်လို့သာတိုင်းပြုပြည်ပြုလွတ်တော်က..." မှစ၍ ၅မိနစ်ခွန်းအဆုံးအ ထိစာပိုဒ်၅ပိုဒ်ကိုတရုတ်ဘာသာသို့ပြန်ဆိုပါ။

၅။။ အောက်ပါဝါကျများကိုမြန်မာဘာသာသို့ပြန်ဆိုပါ။

(1) 如果连这个问题的难点都不知道，又怎么能讨论清楚解决的办法呢？

(2) 能与同事们团结一致干工作，跟大家都能处得好，本身就是一门学问。

(3) 现在通过通信卫星，大城市可以与偏远山村直接通电话了。

(4) 在预备会议上已经原则上通过了那个提案草案。

(5) 别人哄也好，吓也好，他根本不去理睬，决心按自己的路走下去。

(6) 我是个讲信用的人，凡答应了的事都会尽职尽责地做好。

(7) 只有对正在出现和将会发生的情况有个明确的认识，才能有效地应付并直至成功。

(8) 对于我们来说，"一个中国"是个根本的原则性问题，在这个前提下，海峡两岸人士其他任何问题都可以讨论。

၆။။ အောက်ပါစာပိုဒ်ကိုမြန်မာဘာသာသို့ပြန်ဆိုပါ။

没有一个学者是全才全能的。在科学日益发达的今天，学术分工更加细密了，不但精通所有各种科学的人并不存在，就是对自己专门研究的学科来说，也还是有大片的空白园地，还有广大的未知的领域存在。不认识这一点，学术的进步、提高就会受到损害。因此，学术研究工作者也必须抱谦虚、谨慎、严肃、认真的态度。首先要承认自己知识不够，才能去探索、研究这未知的领域，并且要下定决心，不怕失败，要从不断失败中丰富知识，把未知的领域逐步缩小，从而提高学术研究的水平。在这个问题上，采取自满的态度是不行的。

၇။။ မြန်မာပြည်မှာလူငယ်ကိုယ်စားလှယ်အဖွဲ့တစ်ဖွဲ့ ပီကင်းတက္ကသိုလ်သို့ လာရောက်လေ့လာသည်။ပီကင်းတက္ကသိုလ်ကျောင်းသားသမဂ္ဂက ကြို ဆိုသောအခမ်းအနားတစ်ရပ်ကျင်းပရာကျောင်းသူကျောင်းသားများကိုယ်စားမိန့်ခွန်းပြောကြားသည်ဆိုကြပါစို့။ မိန့်ခွန်းတို တစ်ပုဒ်ရေးပြုပါ။ (နှစ်နိုင်ငံချစ်ကြည်ရေးနှင့်အမိနိုင်ငံတော်ထူထောင်ရေးအတွက်အတူလက်တွဲလုပ်ဆောင်သွားကြမည်အကြောင်းများအဓိကထည့်သွင်းဖော်ပြရန်)

၈။။ ဆွေးနွေးပွဲတစ်ရပ်လုပ်ရန်။အတန်းထဲကကျောင်းသူကျောင်းသားများတာဝန်ခွဲဝေပြီးဗိုလ်ချုပ်အောင်ဆန်းနှင့်ပတ်သက်သောစာအုပ်နှင့်ဆောင်းပါးများဖတ်ပြီးလျှင်ဆွေးနွေးကြပါ။တစ်ယောက်လျှင်၅မိနစ်ကျစီပြောရန်ပြင်ဆင်ထားပါ။

***** ***** *****

အပိုဗတ်စာ

လူနှင့်အလုပ် အလုပ်နှင့်ဘဝ

လူ့ဘဝသည်အလုပ်၏ဖခင်ဖြစ်သည်ဟုရေးဟောင်းစကားပုံတစ်ခုကြားဖူးသည်။ ဘဝသည်အလုပ်အတွက်၊ အလုပ်သည်ဘဝအတွက်လည်းပတ်လုပ်ရှားနေကြပေသည်။

တစ်ခါတစ်ရံလူကအလုပ်ကိုရှာ၏၊ တစ်ခါတစ်ရံအလုပ်ကလူကိုရှာ၏။ မည်သို့ဆိုစေအလုပ်နှင့်လူတို့သဟဇာတဖြစ်ရန်သာအရေးကြီးသည်။ လက်တွေ့အလုပ်သမားနှင့်အပြောအလုပ်သမားကိုနှိုင်းယှဉ်လိုက်ပါကလက်တွေ့အလုပ်သမားတို့သည်ရေရှည်တွင်အောင်မြင်မှုရရှိမှာမလွဲပင်ဖြစ်၏။ အလုပ်ကိုချစ်သူသည်မည်သို့မျှနောက်ကျကျန်ရစ်မည်မဟုတ်ပေ။ တချို့ကမိမိ၏ဘဝမပြေလည်မှုအတွက်အလုပ်ကိုလွဲချ၏။ ကံဆိုးသည်မှာအလုပ်ပင်ဖြစ်သည်ကိုသိဟန်မတူ။ အလုပ်ကောင်းမကောင်းသည်ကိုနားလည်ထားရမည်။ တချို့ကအလုပ်ရှာ၏။ သို့သော်သူတို့ရှာသောအလုပ်ကား ပွဲပေါက်တိုးချမ်းသာဖိမ်ကျမည်လောဘအတွက်တွေးပြီးရှာ၏။ သူတို့စိတ်တိုင်းမကျလျှင်အလုပ်ကိုအပြစ်ဖို့တော့သည်။ လောကတွင်လူသည်ဖြစ်သင့်တာ၊ ဖြစ်ချင်တာဖြစ်လာတာမည်သို့မျှထပ်တူမကျနိုင်။ ရသည့်အလုပ်ကိုပင်တာဝန်ကျေပွန်စွာလုပ်ကြလျှင်အလုပ်၏အကျိုးကျေးဇူးခံစားရပေမည်။ တချို့ကမိမိတို့ငွေရေးကြေးရေးမပြည့်စုံ၍စီးပွားရေးမလုပ်နိုင်ဟုဆိုကြသည်။ ဖနေတိုးပွားလိုလျှင်အောက်ခြေကစလျှင်လည်းရပါသည်။ ဖနေအင်အားမရှိသောကြောင့်၊ ရွှေဆိုင်မဖွင့်နိုင်၍စိတ်ပျက်အားလျှော့နေမည်။ အစားတစ်ပိုင်းတစ်နိုင်ကွမ်းယာဆိုင်မှန်၊ ဆိုင်လေးဖွင့်လျှင်ပင်အစပ်ဟပ်တည့်ပါကစီးပွားနေတိုးတက်နိုင်ပါသည်။ ကွမ်းယာရောင်းပြီးကားစီးနိုင်သူများတွေ့ဖူး၏။ ရေခဲရေရောင်းပြီးတက္ကသိုလ်တက်နိုင်သူကိုလည်းတွေ့ဖူးသည်။ ဖနေတိုးပွားလိုလျှင်အလုပ်မရောင်။ အလုပ်မရွေးဖို့လိုပါသည်။ အလုပ်ဟူသမျှသည်ဂုဏ်ရှိစွာဖြစ်ပေသည်။ အလုပ်နှင့်ကြိုးစားမှုပေါင်းလိုက်ခြင်းသည်ဖနေတိုးတက်ပွားများခြင်း ပင်ဖြစ်သည်။ ဤသည်ပင်သာလျှင်ဖနေဉစ္စာကြွယ်ဝသောနည်းဖြစ်ကြောင်းစေတနာအမြင်ကိုတင်ပြလိုက်ရပေသတည်း။

(၁၉၉၉ခုနှစ်အောက်တိုဘာလထုတ်ဖနေစီးပွားရေးမဂ္ဂဇင်းမှ)

သင်ခန်းစာ (၇)
ပုဂံမှစေတီပုထိုးများ

ပုဂံမြို့ဟောင်းတွင်စေတီဂူကျောင်းပေါလေစွ။

မြန်မာနိုင်ငံအလယ်ပိုင်း၊ဧရာဝတီမြစ်အရှေ့ဘက်ကမ်းပေါ်ရှိထိုဒေသတစ်ဝိုက်တွင်ရှေး ဟောင်းအဆောက်အအုံများသည်လက်သို့ထိုးမလွဲမြေပြင်အနံ့ပုံသဏ္ဍာန်အမျိုးမျိုးထုထည် ပမာဏအဖုံဖုံဖြင့်တည်ရှိနေလေသည်။ဦးရေအားဖြင့် ၂၀၀၀ခန့်၊အကျယ်အဝန်းဧရိယာအား ဖြင့်စတုရန်း၁၆မိုင်ခန့်ဖြစ်ပေ၏။

ထိုအဆောက်အအုံများအနက်အချို့သည်စေတီပြို့လိုက်ဂူပျက်များဖြစ်၍အချို့မှာမူ ဆိုင်ရာတို့ကထိန်းသိမ်းပြုပြင်ထားလေသဖြင့်သပ္ပာယ်သစ်လွင်နေကြသည်။တစ်ဖန်အချို့သည် ဘုရားဖူးများဖြင့်စည်ကားသိုက်မြိုက်နေကြ လျက်အချို့မှာမူလူအသွားအလာအဝင်အ ထွက်မရှိ၊ထီးတည်သာတည်ရှိနေကြသည်။

ဤမျှများပြားလှသောစေတီပုထိုးဂူကျောင်း တို့၏ဇစ်မြစ်ကိုသိလိုသော်၊ပုဂံကောင်းစားခဲ့ စဉ်ကာလကိုပြန်၍ကြည့်ရပေလိမ့်မည်။

အေဒီ၂ရာစုခေတ်၊သရေခေတ္တရာအပျက်တွင်သမုဒ္ဒရာဇ်မင်းသည်နောက်လိုက်ဗိုလ်ပါ များနှင့်တကွမိမိတို့အမျိုး အနွယ်တူများရှိရာယခုပုဂံပြည်တည်ရှိရာအရပ်သို့ဆန်တက်ခဲ့ပြီး ထီးနန်းစိုက်ထူခဲ့သည်ဟု၍အစဉ်အဆက်မှတ်ယူကြလေသည်။မင်းဆက်၃၄ဆက်မြောက်ပျဉ် ပြားမင်းလက်ထက်ကရ၉ခုနှစ်တွင်ပုဂံသည်တံခါး၂ရပ်ကျုံးမြို့ရိုးအစုံအလင်ဖြင့်ရာဇဌာနီမင်း

သင်ခန်းစာ (၇)

နေပြည်ဖြစ်လာခဲ့လေသည်။ ၍တွင်ပုဂံခေတ်ဦးပိုင်းအကြောင်းခြင်းရာသည်ဒဏ္ဍာရီပုံပြင်များ နှင့်ရောနှောနေလေသဖြင့်မှုန်ရီမှုန်ဝါးရှိချေသည်။ မင်းဆက်၄၂ဆက်မြောက်အနော်ရထာမင်း လက်ထက်ရောက်မှသမိုင်းကြောင်းသည်ပီပြင်ထင်ရှားစပြုလာသည်။

အနော်ရထာမင်း(၁၀၄၄-၁၀၇၇)နန်းသက်မှသည်နရသီဟပတေ့မင်း(၁၂၅၆-၁၂၈၇) နန်းသက်အထိပုဂံသည်နှစ်ပေါင်းနှစ်ရာ့ငါးဆယ်ကျော်တိုင်တိုင်ကြီးကျယ်ထည်ဝါခဲ့လေသည်။ ထို့နောက်ပြည်ပမွန်ဂိုစစ်ဒဏ်ကြောင့်ပုဂံသည်မင်းနေပြည်အဖြစ်မှရွေ့လျော့ခဲ့လေသည်။

ထိုစဉ်ကနိုင်ငံတော်၏အကျယ်အဝန်းသည်မြောက်ဘက်တွင်ဘန်းမော်အထိ၊တောင် ဘက်တွင်ထားဝယ်အထိ၊အရှေ့ဘက်တွင်သံလွင်မြစ်အထိ၊အနောက်ဘက်တွင်အနောက်ရိုးမအ ထိရှိခဲ့ပေ၏။ ပုဂံသည်ပူပြင်းခြောက်သွေ့လေ၍စိုက်ခင်းပျိုးခင်းမကောင်း၊ မွန်တို့ကတတ္တရဒေ သဟုခေါ်ကြသည်။ သို့ရာတွင်ပုဂံ၏အရှေ့မြောက်ဘက်မိုင်၉၀ခန့်၊အကွာရှိကျောက်ဆည်ဒေ သတွင်လည်းကောင်း၊ပုဂံ၏တောင်ဘက်မိုင်၇၀ခန့်၊အကွာရှိမင်းဘူးဒေသတွင်လည်းကောင်း ဆည်မြောင်းတူးဖော်၍ဆန်စပါးလိုင်လိုင်စိုက်ပျိုးကြသည်။ ထိုအခါကျောက်ဆည်နှင့်မင်း ဘူးဒေသများကိုကျောထောက်နောက်ခံပြု၍ပုဂံသည်မျိုးရိက္ခာများကိုလုံကြွယ်ဝလေသည်ဖြစ် ၏။ ထို့ပြင်ပုဂံသည်ရေလမ်းတီးမြစ်ကြောင်းမှတစ်ဆင့်ပင်လယ်နှင့်လမ်းပေါက်သည်ဖြစ်ရာပင် လယ်ရပ်ခြားတိုင်းပြည်များနှင့်ဆက်သွယ်ရေးအဆင်ပြေခဲ့လေသည်။ ကုန်လမ်းမှလည်းပြည်ပ နိုင်ငံများနှင့်ဆက်သွယ်နိုင်ခဲ့သည်။ ဥပမာအားဖြင့်၊သီဟိုဠ်မင်းဝိဇယဘာဟုကကျေးကုလားကို ရန်ကိုတွန်းလှန်နိုင်ရန်ပုဂံမှစစ်ကူတောင်း၏။ ပုဂံမှစစ်ကူပို့ပေးသည်သာမကသီဟိုဠ်သာသနာ ပြန်လည်ထွန်းကားအောင်လည်းရဟန်းသံဃာများပို့ပေးနိုင်ခဲ့လေသည်။ တစ်ဖန်ပုဂံမှတရုတ် နိုင်ငံဆွမ်မင်းများနေပြည်တော်သို့သံစေလွှတ်၍ရာဇမဟာမိတ်ဖွဲ့နိုင်ခဲ့လေသည်။ တစ်ဖန်မဇ္ဈိမ ဒေသဂယာအရပ်ရှိမဟာဗောဓိစေတီတော်ပျက်စီးနေသည်များကိုပုဂံမှရဟန်းရှင်လူအဖွဲ့စေ လွှတ်ပြင်ဆင်နိုင်ခဲ့လေသည်။

ပုဂံသည်စီးပွါးရေး၊လူမှုရေးတောင့်တင်းသောတိုင်းကြီးပြည်ကြီးဖြစ်ခဲ့ပေ၏။ သို့ရာ တွင်ပုဂံပြည်အဖို့၍ထူးခြားသောအခြင်းအရာကားသာသနာရောင်ဝါထွန်းလင်းခဲ့ခြင်းဖြစ်ပေ

သည်။

သီဟိုဠ်မဟာဝံသကျမ်းအလိုဆိုရသော်ဘီစီ၃ရာစုကာလအသောကမင်းဥက်ီးလက်ထက် တွင်သုဝဏ္ဏဘုမ္မိ(သထုံပြည်?)သို့ရှင်သောဏနှင့်ရှင်ဥတ္တရတို့ကြရောက်သာသနာပြုခဲ့ကြ သည်။အချို့သုတေသီတို့ကမူအသောကကျောက်စာများတွင်ထိုအချက်ဖော်ပြခြင်းမရှိသဖြင့် သုဝဏ္ဏဘုမ္မိ(သထုံပြည်?)၌သာသနာရောက်ကြောင်းကိုလက်မခံလိုကြမည်သို့ပင်ဖြစ်စေရေး ဟောင်းသုတေသနဌာန၏တူးဖော်တွေ့ရှိချက်အရပုဂံ၏အရှေ့တောင်ဘက်မိုင်၉ဝခန့်အကွာ ရှိဗိဿနိုးဒေသတွင်၁ရာစုဒုဗုဒ္ဓဘာသာအယူဝါဒရှိနေပြီဖြစ်ကြောင်းကိုအခိုင်အမာယူနိုင်လေ သည်။တစ်ဖန်ပုဂံ၏တောင်ဘက်မိုင်၁၆ဝအကွာရှိသရေခေတ္တရာ၌လည်း၅ရာစုမှ၉ရာစုအထိ ဗုဒ္ဓသာသနာတည်တံ့ခဲ့လေသည်။

ဤသို့အားဖြင့်၁၁ရာစုမတိုင်မီကပင်ဗုဒ္ဓသာသနာသည်မြန်မာနိုင်ငံတွင်ရှိနေခဲ့လေ သည်။အနော်ရထာမင်းလက်ထက်တွင်ကားသာသနာတော်၏တိုးတက်မှုသည်အဓိကရမှတ် တိုင်သဖွယ်ဖြစ်ခဲ့တော့သည်။

မဟာရာဇဝင်ကြီးများအလိုဆိုရသော်သထုံပြည်မှရဟန်းတော်ရှင်အရဟံသည်ပုဂံသို့ကြ ရောက်၍အနော်ရထာမင်းကိုတရားစစ်တရားမှန်စတင်ဟောကြားခဲ့လေသည်။ထိုအခါအနော် ရထာမင်းသည်တရားတော်၌သဒ္ဓါကြည်သိုခြင်းပြင်းပြကား

"ငါတို့ကားငါ့ရှင်မှတပါးအခြားကိုးကွယ်ရာမရှိပြီ။ ငါတို့ကိုယ်အသက်နှစ်ပါးကိုငါ့ရှင် အားဆောင်နှင်းတော့သည်။ငါ့ရှင်အဆုံးအမ၌လည်းငါခံတော့သည်။" ဟူ၍လျှောက်ခဲ့ပေ ၏။

အနော်ရထာမင်းကိုယ်တိုင်အားပေးချီးမြှောက်လေသဖြင့်ပုဂံတွင်ထေရဝါဒဂိုဏ်းဗုဒ္ဓဘာ သာအခြေတည်ခဲ့သည်ဟုအစဉ်အလာမှတ်ယူကြလေသည်။ပုဂံတွင်တည်ဆောက်ခဲ့ကြသော စေတီပုထိုးကျောင်းအများစုသည်လည်းထေရဝါဒဆိုင်ရာသာသနိကအဆောက်အအုံများဖြစ်ကြ သည်။

သို့ရာတွင်ပုဂံပြည်၌ထေရဝါဒဂိုဏ်းဗုဒ္ဓဘာသာအယူဝါဒသာရှိသည်မဟုတ်။ဗုဒ္ဓဘာသ

အခြားဂိုဏ်းနှင့်အခြားဘာသာအယူဝါဒများလည်းရှိလေသည်ပင်၊ ဤနိုင်ငံဤဒေသအတွင်း သို့ဗုဒ္ဓသာသနာရောက်မလာမီကပင်လူအများအဖို့နဂါးကိုးကွယ်မှုမိရိုးဖလာနတ်ကိုးကွယ်မှု တို့ရှိခဲ့ပြီးဖြစ်၏။ ထိုပြင်တဝပုဂံ၌ဗြာဟ္မဏဟိန္ဒူဝါဒရှိပြန်လေသည်။ မင်းခမ်းမင်းနားများ၌ပင် ဟိန္ဒူခလေ့ထုံးစံအချို့ကိုလက်ခံကျင့်သုံးလေသည်ဖြစ်၏။

ထေရဝါဒဗုဒ္ဓသာသနာသည်လည်းအလွန်ထွန်းကားလာခဲ့တော့သည်။ ပုဂံသူပုဂံသား တို့လည်းသဒ္ဓါကြည်သိုစိတ်ကြီးစွာဖြင့်ကုသိုလ်ကောင်းမှုပြုကြပေ၏။ ရက်ရက်ရောရောလှူကြ တန်းကြပေ၏။ သူတို့သည်ဘုရားဂူကျောင်းတည်ဆောက်ကြရာတွင်ဆိုင်ရာပစ္စည်းဝတ္တုများ အတွက်ကုန်ကျရ၏။ ပန်းချီ၊ပန်းပဲ၊ပန်းပု၊ပန်းရန်စသူတို့ကိုလက်ခပေးရ၏။ သူတို့စားသောက် နေထိုင်ရေးအတွက်စားနပ်ရိက္ခာနှင့်ပုဆည်ဖျင်ခါးစီးစသောအဝတ်များကိုပေးရ၏။ ပေးရကုန် ရသည်မှာမနည်းပါပေ။

ပုဂံပြည်ကြီးကောင်းစားစဉ်ကသော်စေတီဂူကျောင်းကဲ့သို့ကျောက်အုတ်ဖြင့်တည် ဆောက်သောသာသနိကအဆောက်အအုံအများအပြားလည်းရှိခဲ့၏။ နန်းတော်၊လူနေအိမ်ကဲ့ သို့သစ်ဝါးဖြင့်တည်ဆောက်သောအဆောက်အအုံများလည်းအပုံပင်ရှိလေသည်။ သို့ရာတွင် သစ်ဝါးအဆောက်အအုံများမှာနှစ်ကာလကြာညောင်းလာသည်နှင့်အမျှပျက်စီးကုန်လေပြီ၊ ကျန်ရှိနေသည်မှာကျောက်အုတ်အဆောက်အအုံများသာဖြစ်ကြသည်။

ကျောက်အုတ်အဆောက်အအုံအမျိုးအစားကိုရေးလှူတို့သည်၁ရာစုဗိဿနိုးခေတ်က

တည်းကတည်ဆောက်ခဲ့ကြလေသည်။ နှစ် ၁၀၀၀ခန့်အကြာပုဂံပြည်၌ဗုဒ္ဓသာသနာထွန်းကား ၍စေတီဘုရားအမြောက်အမြား တည်ဆောက်လာသည်။အခါမူကားပုဂံရှိပန်းရန်သမား၊ ကျောက်ဆစ်သမားတို့မှာဘုရားဗိသုကာနှင့်အနုပညာဘက်၌အတွေ့အကြုံကြွယ်ဝနေကြလေပြီ။ သူတို့သည်အုတ်ဆက်၊အုတ်စီ၊အုတ်နှင်းတော်ကြပါပေသည်။အုတ်နှင့်ကျောက်ကိုသင့်လျော် အောင်ပူးတွဲသုံးတတ်ကြပါပေသည်။အင်္ဂတေ၊ ထုံးသရွတ်အကိုင်လိမ္မာကြပါပေသည်။ထို. ပြင်ပုဂံသည်ဗိသုကာနှင့်အနုပညာကိုအိန္ဒိယမှနည်းယူသင်ကြားခဲ့သည်မှန်၏။သို့ရာတွင်၎င်းရေ မြေ၌အဆောက်အအုံတည်ဆောက်လာသောအခါမြန်မာ့ဗီဇ၊မြန်မာ့ဟန်နှင့်လိုက်အောင်ပြု ပြင်မွမ်းမံခဲ့လေသည်ဖြစ်၏။တစ်ဖန်အိန္ဒိယရှိအဆောက်အအုံများ၌မတွေ့ရသောသပ်စီပေါင်းကူး နှင့်ခုံကိုပုဂံဗိသုကာတွင်ထိထိရောက်ရောက်အသုံးပြုနိုင်ခဲ့လေသည်။

စေတီပုံသဏ္ဍာန်များကိုကြည့်မည်ဆိုသော်အဓိကအားဖြင့်လေးမျိုးတွေ့ရလိမ့်မည်။

တစ် ။ ။ သပိတ်မှောက်ပုံးပတ်သဏ္ဍာန်။

နှစ် ။ ။ လေးထောင့်ပစ္စယသုံးဆင့်နှင့်ရှစ်ထောင့်ကြာဝန်းခံပြီးခေါင်းလောင်းပုံသပိတ် မှောက်လုံးပတ်သဏ္ဍာန်။

သုံး ။ ။ သပိတ်မှောက်နှင့်ဖောင်းရစ်(အထွတ်)အကြား၌အရစ်ဝိုင်းများပါသောဖရုံတုံး (အာမလက)ထပ်တိုးလာသည့်သဏ္ဍာန်။

လေး ။ ။ သီဟိုဠ်ပုံတုထားကာအောက်ခြေအုတ်ခုံဝိုင်း၍ခေါင်းလောင်းပုံလုံးပတ် သဏ္ဍာန်။

လိုဏ်ဂူများ အတွက်ဆိုရသော်ပန်ရက်ပုံသည်ယေဘုယျအားဖြင့်လေးထောင့်ဖြစ်လေ သည်။အမျိုးအစားကားနှစ်ခုရှိပေ၏။တစ်မျိုးမှာမုခ်တစ်ဖက်ဂူ(တစ်ဝဂူ)ဖြစ်၍ကုလားကျောင်း (ဂန္ဓကုဋိ)နောက်ဘက်နံရံတွင်ပလ္လင်တံကဲနှင့်ဆင်းတုရုပ်ပွားထားရှိသည်။ဒုတိယအမျိုးမှာ မုခ်လေးဖက်ရှိသည်။အပြင်ဂန္ဓကုဋိအလယ်တွင်ဝဟိုမဏ္ဍိုင်ရှိသည်။ထိုမဏ္ဍိုင်အချိုင့်များတွင် ဆင်းတုရုပ်ပွားများထားရှိသည်။ဂန္ဓကုဋိအဆောင်ကြီးကိုတိုးချဲ့၍အာရုံခံမုခ်တစ်ဖက်ဖြစ်စေ၊ လေးဖက်ဖြစ်စေထုတ်ထားတတ်သေး၏။ကုလားကျောင်းအပေါ်၌မှုပစ္စယာများဆင့်ကာပစ္စ

ယာအထက်၌စေတီ(ထူပါ)ပေါက်ထားသည်လည်းရှိသည်။ ကွမ်းတောင်နှင့်စေတီငယ်ပေါက် ထားသည်လည်းရှိ၏။

ပုဂံခေတ်တစ်လျှောက်တွင်လိုဏ်ဂူဘုရားဗိသုကာအနုပညာသည်တိုးတက်ပြောင်းလဲ လာခဲ့လေသည်။ ၁၂ရာစုအစောပိုင်းပုံစံကိုခေတ်ဦးပိုင်းလက်ရာဟူ၍လည်းကောင်း၊ ၁၂ရာစု နောက်ပိုင်းပုံစံကိုခေတ်နှောင်းပိုင်းလက်ရာဟူ၍လည်းကောင်းမှတ်ယူနိုင်လေသည်။ ခေတ်ဦး ပိုင်းလက်ရာတွင်လိုဏ်ဂူ(ကုလားကျောင်း)အတွင်းခန်း၌ပေါင်းကူးသည်နိမ့်၏။ အလင်းရောင် သည်လည်းအပြင်နံရံရှိကျောက်ပြတင်းအုတ်ဇာပေါက်ပြတင်းမှဖြစ်စေ၊ ကုလားကျောင်းအ ထက်တစ်ဖက်ကော့အမိုး(မိုးလျှော)ရှိအလင်းရောင်ပေါက်မှဖြစ်စေအတွင်းသို့ခပ်မှိန်မှိန်ဝင်လာ ၏။ ခေတ်နှောင်းပိုင်းလက်ရာတွင်မှမုခ်မြင့်မြင့်နှင့်လေသာပြတင်းတို့မှတစ်ဆင့်ကုလား ကျောင်းအတွင်းသို့အလင်းရောင်ရောလေကောင်းလေသန့်ပါကောင်းစွာဝင်နိုင်ပေသည်။ လိုဏ်ဂူမှာ လည်းပျပ်ဝပ်သောအသွင်မှမိုးထက်သို့တလူလူလွင့်ကာမြင့်မားသောအသွင်သဏ္ဌာန်ကို ဆောင်လာသည်။ ဘုံနှစ်ဆင့်နှင့်ဖြစ်လာသည်။ ထိုပြင်ကုလားကျောင်းအထက်၌အမိုးဆင်ခြေလျှော အစားတည်မတ်သောပစ္စယာဝင်လာသည်။ အုတ်အရွယ်အစားသေးသေးသုံးလာသည်။ သစ် သားအထိန်းပေါင်မပါဘဲသပ်စီခုံးရဲရဲသုံးလာသည်။

ပုဂံပြည်ကြီးတိမ်ကောလာချိန်၁၃၄၃နှစ်တွင်ပင်းယဆင်ဖြူရှင်မင်းတော်၏ပုဂံကျောင်း ကျောက်စာ၌ပုဂံပြည်ကြီးကိုပါဠိဘာသာဖြင့်ချီးပခဲ့ပေ၏။ မြန်မာပြန်အကျဉ်းချုပ်ကားအောက် ပါအတိုင်းပင်။

"ပြည်တကာတို့ထက်မြတ်သော၊နှလုံးမွေ့လျော်ဖွယ်ရှိသောအကြင်ပြည်သည်ရှိ၏။ ထို ပြည်သည်ဝတ္ထုကာမတို့နှင့်ပြည့်စုံသည်ဖြစ်၍ပုက္ကရကာမ(ပုဂံ)ဟူ၍လည်းထင်ရှားကျော်စော၏။ ထိုမှတစ်ပါးရန်သူတို့ကိုချေမှုန်းလေရှိသောရဲရင့်စွမ်းပကားရှိသောသူတို့၏နေရာဌာနဖြစ်ခြင်း ကြောင့်အရိမဒ္ဒန(အရိမဒ္ဒန)ဟူ၍လည်းထင်ရှားကျော်စော၏။"

ယင်းမှာရန်သူတို့ကိုချေမှုန်းရာအရိမဒ္ဒနပြည်ကြီးတည်း။ ထိုပြည်ကြီးကားသင်္ခါရသ ဘောရွေ့လျော့ခဲ့လေပြီ။ ကြွင်းကျန်သည်မှာစေတီအိုလိုဏ်ဂူဟောင်းတို့သာဖြစ်တော့သည်။

ထိုစေတီထိုလိုဏ်ဂူများကိုမျက်စိတစ်ဆုံးကြည့်လိုက်သည်ဆိုအံ့။ကြည့်ကာစတွင်ရှခင်းသည် မှန်မှန်မွားမွားရှိပါလေသည်။သို့ရာတွင်ရှခင်းသည်တဖြည်းဖြည်းကြည်လင်လာကာဘုရားဖူး ၏အာရုံတွင်ပုဂံကျက်သရေသည်ထင်ထင်လင်းလင်းပေါ်လာလိမ့်မည်ဖြစ်ပါသတည်း။

(၁၉၇၈ခုနှစ်မတ်လအဆင့်မြင့်ပညာဦးစီးဌာနထုတ်ဝေသော"ပုဂံစေတီပုထိုးများ"စာအုပ် ဦးကျော်အောင်ရေးသောနိဒါန်းမှကောက်နှတ်ချက်)

ဝေါဟာရ

နောက်လိုက်ဗိုလ်ပါ (န) နောက်ကလိုက်ပါသောသူ၊ယောက်ျား။မင်း၊မှူးမတ်စသည်တို့ ၏နောက်လိုက်အခြေအရံ၊စစ်သည်တပ်သား။
ရာဇဓာနီ (န) မင်းနေပြည်။နိုင်ငံမြို့တော်။
နန်းသက် (န) မင်းအဖြစ်ဖြင့်နိုင်ငံကိုအုပ်စိုးသောကာလအပိုင်းအခြား။
မင်းနေပြည် (န) နိုင်ငံမြို့တော်။
တတ္တဒေသ (န) အလွန်ပူလောင်သောအရပ်။
ကျော့ထောက်နောက်ခံ (န) ၁။ ကူညီမည့်သူ၊အကူအညီ။
                                ၂။ လိုလျှင်ရနိုင်ရန်အသင့်ပြင်ဆင်ထားသောလူသူအ ရာဝတ္ထု။
ကျေးကုလား (န) အိန္ဒိယတောင်ပိုင်းရှိလူမျိုးတစ်မျိုး၏အမည်။
စစ်ကူ (န) စစ်တိုက်ရာတွင်ပိုင်းဝန်းကူညီတိုက်ခိုက်ရန်ဖြည့်တင်းသောအင်အား။
မရှိုမဒေသ (န) မူရင်းအဓိပ္ပါယ်အလယ်ပိုင်းဒေသ၊ဣ ဆောင်းပါးဖွဲ့မှုရေး၊အိန္ဒိယပြည် ဟောင်းကိုရည်ရွယ်ခေါ်သည်။ 中天竺
ဗောဓိ (န) 菩提
အလို (န) ဆိုလိုသောသဘော။သက်ရောက်သောအနက်အဓိပ္ပါယ်။
ဆောင်နှင်း (က) ၁။ ပေးအပ်သည်။

၂ ။ (လင်မယား)ပေးစားသည်။

ထေရဝါဒဂိုဏ်း (န) (佛教的) 上座部教派

သာသနိကအဆောက်အအုံ (န) 宗教建筑，佛教建筑

ဗြာဟ္မဏဟိန္ဒူဝါဒ (န) 婆罗门教

ပုချည်ဖျင် (န) အပေါ်အကျီ့ရေးအခေါ်။

ခါးစီး (န) လုံချည်ရေးအခေါ်။

အပုံ (န) အများများပြားခြင်း။

သရွတ် (န) ကျောက်အုတ်တို့ကိုစီထပ်ရာ၌မြဲမြံစေရန်လည်းကောင်း၊မြေပြင်နံရံစ သည်တို့ကိုသပ်ယပ်ပြေညီစေရန်လည်းကောင်းလိမ်းကျံသုံးစွဲသည်၊ပျစ်ပျစ် ဖျော်ထားသောအရာ။(အင်္ဂတေသရွတ်၊မြေနီသရွတ်၊ရွှေ့စေးသရွတ်စ သည်ရှိသည်)

သပ်စီ (က) [ပန်းရန်] အဝင်အထွက်မှခံဝအထက်ကွေးတွင်သပ်သဏ္ဍာန်တစ်ဘက် ရှူးအုတ်ချပ်တို့နှင့်စီထားခြင်း။

ပေါင်းကူး (က) နှစ်ဘက်စွန်းမှအုပ်ကိုင်းစွင့်တက်သောအစွန်းချင်းထိစပ်ကူးဆက် ခြင်း။

ခုံး (န) အထက်သို့မို့မောက်ကွေးဝိုက်နေသောအရာ။

ပလ္လင် (န) အလေးအမြတ်ပြုအပ်သောပုဂ္ဂိုလ်တို့ထိုင်ရန်မွမ်းမံထားသောခုံမြင့်။

တံကဲ (န) အမိုး၊နောက်ခံ၊နောက်မှီ၊ပလ္လင်နောက်မှီအဆင်တန်ဆာတစ်မျိုး။

ဂန္ဓကုဋိ (န) ဘုရားသခင်ကိန်းအောင်းမွေ့လျော်တော်မူရာအဆောင်အခန်း။

ပစ္စယာ (န) စေတီတော်၏အခြေအဆင့်။(အများအားဖြင့်သုံးဆင့်တည်လေ့ရှိသည်)။

အာမလက (န) သျှိသျှား။သဘော်ဇီးပြု။ 【植】余甘

လေသောပြတင်း (န) လေကောင်းစွာဝင်ထွက်နိုင်သောအိမ်နံရံရှိတံခါးပေါက်။

ဝတ္ထုကာမ (န) ဝတ္ထု=ပစ္စည်း + ကာမ=နှစ်သက်ခြင်း ။နှစ်သက်ကြသောပစ္စည်းများ။

ပုဏ္ဏကာမ (န) ပုဏ္ဏ=ပြည့်စုံသော + ကာမ=နှစ်သက်ခြင်း။ နှစ်သက်ခြင်းပြည့်စုံ သော။

လေ ၁။ (ကထ) ကြိယာနောက်တွင်ဆက်၍သုံးထားရာအဓိပ္ပါယ်အထူးအထွေမရှိ၊ တစုံတရာသောဖြစ်ပျက်မှုများကိုပြန်လည်တင်ပြရာတွင်ပိုအသုံးများသည်။ ဥပမာ-

- ပုဂံမြို့ဟောင်းတွင်စေတီပုကျောင်းပေါလေစွ။
- ပုဂံသည်ပူပြင်းခြောက်သွေ့လေ၍စိုက်ခင်းပျိုးခင်းမကောင်း။

၂။ (ပ) တိုက်တွန်းကြောင်းညွှန်ပြရာ၌ကြိယာနောက်တွင်ဆက်၍သုံးသော စကားလုံး။ ဥပမာ-

- ထိုင်လေမတ်တတ်ရပ်ပြီးစကားမပြောပါနဲ့။
- ခင်ဗျားတို့ဒီမှာဘဲစောင့်နေကြလေ။
- ဘယ်သူသွားမယ်ဆိုတာပြောလေ။

၃။ (ပ) သတိပေးလိုကြောင်းညွှန်ပြရာ၌ဝါကျနောက်တွင်ဆက်၍သုံးသော စကားလုံး။ ဥပမာ-

- သူလဲသွားမယ်လေ။
- ပညာရွှေအိုးသူမခိုးလို့ဆိုတယ်လေ။
- ဗမာတွေထမင်းစားတဲ့အခါင်ပြာရေမပါရင်မပြီးဘူးတဲ့လေ။
- ဟိုအမျိုးသမီးကြီးဟာသူ့အမေလေ။

၄။ (ပ) တကယ်၊အမှန်၊ကောန်ဟူသောအနက်ပေါ်စေရန်ဝါစကင်္ကိက်ကတ္တား တစ်ခုခုတို့၏အဆုံး၌ဆက်၍သုံးသောစကားလုံး။ ဥပမာ-

- မင်းကောင်းစေချင်လို့ပြောတာပါ။မင်းသဘောဘဲလေ။
- မတတ်နိုင်ဘူးလေ။ကုန်ချင်ကုန်ပေစေပေါ့။
- တနေ့ကတောင်ဂုဏ်ထူးဘွဲ့တစ်ခုရခဲ့တယ်လေ။

- ကျွန်တော်လေမနေ့ကမျှော်နေလိုက်တာ။

၅။ စကားစချီရာ၌ဆွဲငင်ပြောဆိုသောစကားလုံး။ ဥပမာ-
- အေးလေ၊
- တယ်လေ၊
- လားလားလေ၊
- ဟင်းလေ၊
- ဟဲ့လေ။

ထို့ပြင်တဝ (သ) ဆိုခဲ့ပြီးသောအရာမှအခြားတပါး၊ 'ထိုမှတပါး' 'ထိုပြင်' 'ထိုအပြင်' လည်းသုံးသည်။ပေါရာဏတွင် 'ထိုမြို့' ကိုလည်းသုံးသည်။

*****   *****   *****

ရှင်းပြချက်

၁။။ လက်ညှိုးထိုးမလွဲ   比比皆是

၂။။ "...သည်" "...မှာမူ" တို့သည်ပေါင်းစပ်ဝါကျတစ်ခုတွင်ရှေ့နောက်နှစ်ပိုင်းအ ကြောင်းမတူသည်ကိုပြလို၍သုံးသောကတ္တားနောက်ဆက်နှစ်လုံးဖြစ်သည်။တခါတ လေ "...သည်"နှင့် "...ကတော့" ကိုလည်းသုံးတတ်သည်။ ဥပမာ-
- ထိုအဆောက်အအုံများအနက်အချို့သည်စေတီပြို့လိုက်ဂူပျက်များဖြစ်ရှိ၍အ ချို့မှာမူဆိုင်ရာတို့ကထိန်းသိမ်းပြုပြင်ထားလေသဖြင့်သပ္ပါယ်သစ်လွင်နေကြ သည်။တစ်ဖန်အချို့သည်ဘုရားဖူးများဖြင့်စည်ကားသိုက်မြိုက်နေကြလျက် အချို့မှာမူအသွားအလာအဝင်အထွက်မရှိ၊ထီးတည်းသာတည်ရှိနေကြသည်။
- ကျွန်တော်သည်မြို့ထဲသို့ပစ္စည်းများသွားဝယ်လိုသော်လည်း၊သူမှာမူအခန်းထဲ ၌ကုပ်ပြီးဝတ္ထုကိုပဲဖတ်ချင်၏။

- ကျွန်တော်သည်ကျောင်းသားဖြစ်သည်။သူကတော့ကျောင်းဆရာဖြစ်ပေသည်။

၃။။ မဟာဝံသကျမ်း။ ရှေးသီရိလင်္ကာ(ဝါ)သီဟိုဠ်ကျွန်းတွင်ပါဠိဘာသာဖြင့်ပြုစုခဲ့သော အလွန်ကျော်ကြားသောသိဟိုဠ်နှင့်ဗုဒ္ဓဘာသာသမိုင်းတစ်စောင်ဖြစ်သည်။ရဟန်းမဟာနာမကပြုစုသောကျမ်းတည်း။ **摩诃那摩长老著《大史》(亦译作《大王统史》)**

၄။။ အသောကမင်း(?-ဘီစီ၂၃၂)ရှေးအိန္ဒိယမဂဓတိုင်းမင်းတစ်ပါးဖြစ်ရာသူ့လက်ထက်တွင်တတိယသံဂါယနာတင်ပြီးလျှင်ပြည်ပသို့သံဃာတော်အဖွဲ့ဖွဲ့ကိုလွှတ်ပြီးလျှင်သာသနာပြုသည်။
阿育王（古印度摩揭陀国孔雀王朝的一位国王，亦译作阿恕迦、阿输迦、无忧王或天爱喜见王）

၅။။ သုဝဏ္ဏဘုမ္မိ（古地名）苏伐剌蒲迷，又译作金地或杜温那崩米。故地在今缅甸和泰国南部一带，有人认为即今日缅甸的直通。

၆။။ ရှင်သောဏ 须那迦长老

၇။။ ရှင်ဥတ္တရ 郁多罗长老

၈။။ ဗိဿနိုး(မြို့) 毗湿奴，原为印度大神名。缅甸一古城名，故地在蒲甘东南。

သင်ခန်းစာ (၇)   113

၉ ။ ။ သရေခေတ္တရာ（古地名）室利差呾罗，故地在今日缅甸卑谬一带。

၁၀ ။ ။ အနော်ရထာမင်း: 阿奴律陀王(၁၀၄၂-၁၀၇၇)သူ့လက်ထက်တွင်ကျောက်ဆည်၊ မိတ္ထီလာတစ်ဝိုက်တွင်ဆည်မြောင်းများတူးဖော်တည်ဆောက်၍ပြည်တွင်းစီးပွားရေး တောင့်တင်းလာခဲ့သည်။မြန်မာပြည်တစ်ပြည်လုံးတွင်ဗုဒ္ဓဘာသာထေရဝါဒဂိုဏ်းကို အဓိကကိုးကွယ်ကြကာသာသနာရေးဖက်တွင်အလွန်ထွန်းကားလာခဲ့သည်။မြန်မာ ပြည်တစ်ပြည်လုံးကိုပထမအကြိမ်အောင်မြင်စွာစည်းရုံးခဲ့သည်။

၁၁ ။ ။ ရှင်အရဟံ 阿罗汉长老(၁၀၂၃-၁၁၁၅)မြန်မာပြည်မွန်လူမျိုးသံဃာတော်တစ် ပါးဖြစ်သည်။ ပုဂံခေတ်အနော်ရထာ၊စောလူး၊ကျန်စစ်သား၊နှင့်၊အလောင်းစည်သူအစ ရှိသည့်မင်းလေးဆက်ကိုးကွယ်ခဲ့သောထေရဝါဒဂိုဏ်းထွန်းကားစေခဲ့သောဆရာ တော်ကြီးလည်းဖြစ်ပါသည်။

၁၂ ။ ။ မဟာရာဇဝင်ကြီး: 吴格拉著《缅甸大史》၁၇၃၄ခုမှ၁၇၃၃ခုနှစ်ကြားမှစာ တော်ဦးကုလားပြုစုခဲ့သောမြန်မာရာဇဝင်တစ်စောင်ဖြစ်သည်။

၁၃ ။ ။ အရိမဒ္ဒန ၊ အရိမဒ္ဒန ပုဂံမြို့၏ ရှေးအမည်တစ်ခု၊ "ရန်များချေမှုန်းသောမြို့၊" ဟု အဓိပ္ပါယ်ရ၏။

၁၄ ။ ။ အကြင်...ထို... 'အကြင်' တိကျစွာမသတ်မှတ်သေးသောလူ၊အရာဝတ္ထု၊ကိုညွှန်ပြရာ သုံးသောနာမ်စားတစ်လုံးဖြစ်သည်။နောက်ဆက်ထားသောဝါကျတွင် 'ထို' သည်ဆို ခဲ့ပြီးသောလူ၊အရာဝတ္ထု၊ကိုညွှန်းသည်။ ဥပမာ-

- ပြည်တကာတို့ထက်မြတ်သောနံလုံးမွေ့လျော်ဖွယ်ရှိသောအကြင်ပြည်သည်ရှိ၏။ထိုပြည်သည်ဝတ္ထုကာမတို့နှင့်ပြည့်စုံ၍ပုဏ္ဏကာမ(ပုဂံ)ဟူ၍လည်းထင်ရှားကျော်စောသ၏။
- အကြင်သူသည်ကြိုးစားအံ့။ထိုသူသည်အောင်ပွဲရလတ္တံ့။
- အကြင်မျှလောက်သောဝတ္ထုပစ္စည်းကိုအလိုရှိ၏။ထိုမျှလောက်သောဝတ္ထုပစ္စည်းကိုရနိုင်ပေ၏။

*****   *****   *****

လေ့ကျင့်ခန်း

၁။ အောက်ပါမေးခွန်းများကိုဖြေပါ။

၁။ ပုဂံမြို့ဟောင်း၏အကျယ်အဝန်းသည်မည်မျှရှိပါသနည်း။

၂။ ဤဆောင်းပါးအလိုအရ'ပုဂံ'ဟူသောအမည်သည်မည်သည့်အကြောင်းကြောင့်ဖြစ်ပေါ်လာခဲ့သနည်း။အခြားသောအဆိုမျိုးရှိသေး၏လော။

၃။ 'အရိမဒ္ဒန'သည်ရှေးပုဂံကိုခေါ်သောအမည်တစ်ခုဖြစ်၏။၎င်းအမည်သည်အဘယ်သို့သောအနက်အဓိပ္ပါယ်ဆောင်ထားသနည်း။

၄။ ပုဂံခေတ်ကမြန်မာပြည်သည်နိုင်ငံခြားများနှင့်ဆက်သွယ်မှုများကိုသင်သိသလော။သိလျှင်အတိချုပ်ရေးပြပါ။

၅။ ဗုဒ္ဓဘာသာသည်မည်သည့်ခေတ်၌မြန်မာပြည်တွင်းသို့ပြန့်ပွားလာခဲ့သနည်း။ယင်းခေတ်မတိုင်မီကအခြားအခြားသောကိုးကွယ်မှုရှိပါသေးသလော။

၆။ ပုဂံမြို့ရှိစေတီများ၏ပုံသဏ္ဍာန်သည်ဘယ်နှစ်မျိုးရှိပါသနည်း။လိုက်ဂူများကော။

၇။ ပုဂံခေတ်တစ်လျှောက်တွင်လိုက်ဂူဘုရားဗိသုကာပညာတိုးတက်လာသည်ကိုသာဓကနှင့်ပြနိုင်ပါသလော။

သင်ခန်းစာ (၇)   115

၁။ ပုဂံပြည်ကြီးမည်မျှကြာတည်တံ့ပြီးလျှင်ပျက်ပြားတိမ်ကောသွားခဲ့သနည်း။ ၎င်းဆောင်ပါးတွင်ပုဂံပျက်ပြားသွားခဲ့ရသောအကြောင်းရင်းကိုမည်သို့ရှင်းပြထားသနည်း။ သင်သဘောတူ၏လော။

၂။ 'ဖြင့်' ဟူသောစကားလုံး၏သုံးပုံသုံးနည်းများကိုပေါင်းရုံးသုံးသပ်ကြည့်ပါ။

၃။ အောက်ပါစကားလုံးများဖြင့်ဝါကျတစ်ခုစီဖွဲ့ပြပါ။
စပြု၊   ...မှသည်...အထိ၊   ...သည်...မှာမူ၊
ထိုပြင်တဝ၊ အကြင်...ထို...၊   စွာ၊
ရကား၊   နှင့်တကွ၊

၄။ အောက်ပါစာပိုဒ်ရှိကွက်လပ်များတွင်သင့်လျော်သောစကားလုံးဖြင့်ဖြည့်ပါ။
မြန်မာလူမျိုးများ(对于......来说)သားရှင်ပြုသမီးနားသမင်္ဂလာတစ်ရပ်ကိုမိမိတို့အင်အား(根据)ထိုက်သင့်(   )ပြုလုပ်(习惯)သည်။(某)သူသည်မိမိ၏သားသမီး(   )၍မင်္ဂလာသဘင်မျိုးမပြုလုပ်(那)သူသည်မိဘဝတ္တရားမကျေပွန်ဟုအများအပြောခံရပေ(   )။အခြားအခြား(   )ကောင်းမှုကုသိုလ်အလှူဒါနများကိုမပြုလုပ်(   )ဖြစ်နိုင်ကြသေး(   )သားရှင်ပြုသမီးနားသမင်္ဂလာမပြုလုပ်(   )မဖြစ်နိုင်သောထုံးစံလေးဖြစ်နေ(   )တော့သည်။အချို့သောသူ(   )မိမိသားသမီးများ(   )သီးသန့်(或者)သူများနှင့်ပေါင်းလုပ်ကြသည်။အချို့သောသူ(   )သားသမီးများမထွန်းကား(   )၍ကုသိုလ်မျိုးရလို(   )သူတစ်ပါး၏ရင်နှစ်သည်းချာဖြစ်သောကိတ္တိမသားသမီးများ(   )လုပ်ပေး(   )။အလှူအဝင်နေ့တွင်ရှင်လောင်းလှည်း(必须)၏ရှင်လောင်းလှည်းရာတွင်ရှေးဦးဆုံးကာလသားနှစ်ယောက်ငွေဖလားကြီးတွင်ဆန်ပေါက်ပေါက်(   )ကြေးပြား

ငွေစများရောထည့်ကြဖွန်( )။ဒို့ပတ်ဝိုင်း( )သီဆိုတီးမှုတ်( )။(其后)လူတွေအလှူပစ္စည်းတွေကိုင်ဆောင်( )လိုက်လာကြ၏။(某些)ငွေ ကြေးတတ်နိုင်သူများငှင်းနေ့ည( )ဆိုင်းသံတဒြိမ်ဒြိမ်အငြိမ့်ပွဲ(等)ညဉ့်ခံ သေးသည်။အလှူပွဲကြီးနေ့နံနက်အာရုံဦး( )သံယာတော်များ( )ဆွမ်းနှင့် ချို့ချဉ်ခဲဖွယ်( )ဆက်ကပ်သည်။ကြွရောက်လာကြသောည်.ပရိသတ်တို့ ( )ကျွေးမွေးည့်ခံ၏။ညနေကျ( )မောင်ရှင်လောင်းများအားဆံချပြီး( ) သက်န်ဝတ်( )သည်။နားသသူသတို့သမီးများကိုနားပေါက်ဖောက်ထွင်း( )။

၅။ သင်ခန်းစာ၏အစမှစ၍စာအပိုဒ်ငါးပိုဒ်ပြီးသည့်အထိတရုတ်ဘာသာသို့ပြန်ဆို ပါ။

၆။ အောက်ပါဝါကျများကိုမြန်မာဘာသာသို့ပြန်ဆိုပါ။

（1）从鸦片战争到抗日战争一百多年间，每当我国与帝国主义发生战事时，没有一次我们不吃亏的。

（2）他做工作一向都是一丝不苟全力以赴，因此大伙儿对他都很尊重。

（3）在汉代我国就通过陆上西北、西南丝绸之路和外国有了交往，其后又通过海上丝绸之路与遥远的海外诸国有了联系。

（4）据大多数人类学家和历史学家的意见，今日缅甸境内的主要民族的先民都是在公元前或公元初始时由中国大陆分批徙入的。

（5）许多学者认为观察蒲甘一带的古代建筑可知缅甸的建筑艺术在许多方面都是借鉴了印度的经验，而砌拱门的技艺则是从中国学习去的。

（6）蒲甘一些佛窟中在窟顶和墙上画着一些素描画，此外还填上了黄、橙、棕等颜色，用黑色或红色勾边，与我国甘肃敦煌壁画相似。

၇ ။ အောက်ပါစာပိုဒ်ကိုမြန်မာဘာသာသို့ပြန်ဆိုပါ။

北京是中华人民共和国首都，面积16800平方公里，其中市区面积1041平方公里；据2001年7月统计数字，常住人口为1381.9万；是全国的政治、文化和对外交往中心。北京是一座有着3000多年建城史、800年建都史的城市，是中国历史上最负盛名的都城，也是独具文化魅力的古城。悠久的历史为北京留下了丰富的文化遗产。它又是一座蓬勃发展、充满生机的大都市，在大步迈向现代化的进程中，正发生着深刻的变化。20世纪90年代以来，北京经济年增长率保持在9.5%以上。

现在的北京拥有创新、开放的文化氛围，能兼容并蓄其他文化。北京生机勃勃，日新月异，是整个中国迅速发展的缩影。北京经济的特点是：增长率较高；前沿科技应用及时、发展迅速，比如信息产业；重视对年轻一代的教育和培养；加入世界贸易组织后更加开放。到2008年，北京将进入经济加速成长的新阶段，北京市人均GDP将直逼6000美元。高新技术产业成为主导，实现现代化的基础设施供给系统。环绕市区的绿化隔离带全面建成；中关村科技园区、商务中心区等一批重要城市功能区基本建成；卫星城和小城镇建设加快推进，郊区城市化水平大幅度提高；城区危旧房改造基本完成；城市体系趋于完善。人均年可支配收入将达到 25000 元左右，农民人均纯收入超过万元。恩格尔系数由 2000 年的 40% 下降到 35% 左右，汽车大量进入家庭。信息化加速发展，对经济、社会发展和人们的生活方式产生深刻影响。各信息系统实现网络资源共享。比较完善的信息应用服务体系基本形成。

၈။ "ကျွန်တော်တို့နိုင်ငံခြားဘာသာစကားသိပွဲ" ဟူသောခေါင်းစဉ်ဖြင့် စာစီစာကုံးရေးပါ။ (စာစကားပြင့်ရေးရန်)

၉။ မြန်မာတို့၏ပွဲတော်နေ့သို့မဟုတ်လေ့ထုံးစံတစ်ခုခုအကြောင်းကိုတစ်ယောက်လျှင်ငါးမိနစ်စီလက်တန်းပြောပါ။

***** ***** *****

အပိုဖတ်စာ

ရန်ကုန်မြို့

ရန်ကုန်မြို့သည်မြန်မာနိုင်ငံ၏ကေရာဇ်များဖြစ်ကြသောရာဇဂြိုဟ်၊ အလောင်းဘုရားနှင့်သာယာဝတီမင်းတို့အောင်မြေနင့်ခဲ့ရာသုံးကြိမ်သုံးခါတည်ခဲ့သောမြို့ဖြစ်သည်။

သက္ကရာဇ် ၁၁၇၁ ခုနှစ်ကုန်းဘောင်မင်းခေါ် အလောင်းဘုရားသည်ဒဂုံမြို့ယယ်ကိုအောင်

သင်ခန်းစာ (၇)   119

မြေရန်နှင့်သို့မဟုတ် 'ရန်ကုန်'ဟုအမည်ပြောင်းကာသစ်တပ်မြို့အဖြစ်တည်ဆောက်သည်။ ၎င်းမြို့မှာအဝန်း ၁၁၇ တာရှိသည် (ခုနစ်တောင်လျှင်တစ်တာရှိသည်)။ သစ်တပ်မြို့ငယ်၏မြောက်ဘက်တွင်ဆူးလေဘုရား၊ တောင်ဘက်တွင်မြစ်၊ အရှေ့ဘက်ကုန်သည်လမ်းပတ်ဝန်းကျင်လောက်၊ အနောက်ဘက်၌လမ်း ၃၀ သို့မဟုတ်စစ်ကဲမောင်ထော်လေးလမ်းအထိလောက်သာရှိသည်။

ရန်ကုန်မြစ်နှင့်အလောင်းဘုရား၏ရန်ကုန်မြို့တောင်ဘက်သစ်တပ်မြို့ရိုးသည်နီးကပ်လျက်ရှိရာမြစ်နှင့်မြို့ရိုးကြားတွင်လည်းအိမ်များရှိနေသည်။ သစ်တပ်၏တောင်ဘက်တစ်ခုတည်းသောတံခါးပေါက်မှဝင်ပြီးနောက်မြောက်စူးစူးသို့ရှေ့ရှုသွားသော်နိုင်ငံခြားကုန်သည်များနေရာကုလားတန်းသို့ရောက်သည်။ ကုလားတန်းနှင့်မဝေးသောတောင်နှင့်မြောက်ဖောက်ထားသည့်လမ်းမကြီးမှာဝန်ကြီးလမ်းဟုခေါ် ရာထိုလမ်းတွင်မြို့ဝန်၏အိမ်နှင့်ရုံးတော်ရှိသည်။ မြို့အရှေ့ဘက်ဆင်ခြေဖုံးရပ်ကွက်ကလေးတစ်ခုရှိ၍အနောက်ဘက်နှင့်ရွှေတိဂုံဘုရားသွားသောလမ်းတစ်လျှောက်မှာအရေးပါပြီးမြောက်ဘက်ခပ်လှမ်းလှမ်းတွင်မှုဆိုင်းမြေကွက်များ၊ ဘုရားများ၊ ကျောင်းများရှိနေသည်။ လူဦးရေမှာတစ်သောင်းမျှရှိမည်ထင်သည်။

သာယာဝတီမင်းနန်းရပြီးသက္ကရာဇ် ၂၀၃ ခုနစ်တွင်အလောင်းဘုရား၏ရန်ကုန်သို့စုန်တော်မူပြီးထိုနှစ်မှာပင်ပထမမြို့ကိုဖျက်ပစ်ကာဒုတိယရန်ကုန်မြို့သစ်ကိုတည်တော်မူသည်။ မြို့

တော်ကို 'အောင်မြေရန်နှင့်' ဟုနာမည်ပေးတော်မူပြီးနန်းတော်ကို 'မြတ်နန်းအောင်ချာ' ဟု သမုတ်တော်မူသည်။အလောင်းဘုရား၏ရန်ကုန်မြို့နှင့်သာယာဝတီမင်း၏ရန်ကုန်မြို့တည် နေရာသည်တသီးတခြားစီဖြစ်သည်။သာယာဝတီမင်း၏ရန်ကုန်တွင်ရွှေတိဂုံစေတီတော်သည် ရန်ကုန်မြို့၏မြောက်ဘက်တွင်တည်နေသည်။ဆူးလေကမြို့၏တောင်ဘက်အရပ်တွင်ရှိပါ မည်။

သာယာဝတီမင်း၏ဒုတိယရန်ကုန်မြို့ကိုတည်စဉ်ကလူဦးရေနှစ်သောင်းခန့်ရှိခဲ့သော် လည်း၊၁၈၅၂ခုနှစ်အင်္ဂလိပ်မြန်မာဒုတိယစစ်ပွဲဖြစ်ပြီးအောက်မြန်မာပြည်နှင့်ရန်ကုန်မြို့ကိုသိမ်း ပိုက်ပြီးနောက်ရန်ကုန်မြို့လူဦးရေမှာသုံးသောင်းကျော်ခန့်ရှိလာသည်ဟုဆိုသည်။ထိုလူဦးရေ တိုးပွားမှုနှင့်လျော်ညီအောင်မြို့ကိုအသစ်ခဲ့တွင်တည်ဆောက်ဖို့လိုလာပြီးအင်္ဂလိပ်မြန်မာနိုင် ငံကော်မရှင်နာမင်းကြီးဆာအာသာဖယ်ရာကစစ်အင်ဂျင်နီယာတပ်မှကပ္ပတိန်ဖရေဇာကိုမြို့ သစ်တည်ဆောက်ရေးအတွက်တာဝန်ပေးခဲ့သည်။ရန်ကုန်မြို့ကိုစနစ်တကျအကွက်ရိုက်ရေးဆွဲ ပြီးချိုင်းဝှမ်းများကိုမြေဖို့ခြင်း၊တောင်ကုန်းများကိုဖြိုဖျက်ခြင်း၊လမ်းနှင့်မလွတ်သောစေတီပုထိုး၊ ကျောင်းကန်များကိုဖယ်ရှားပြောင်းရွှေ့ခြင်းပြုလုပ်ခဲ့သည်။

၁၉၂၂ခုနှစ်ရောက်သောအခါမြန်မာနိုင်ငံကိုမြူနီစီပယ်အက်ဆိုသောဥပဒေပြုအဖွဲ့အုပ် စိုးနေပေပြီ။လူဦးရေမှာထိုအချိန်ကရန်ကုန်မြို့တွင်သုံးသိန်းကျော်ရှိနေခဲ့ပြီ။ထိုသို့လူဦးရေများ ပြား၍ခေတ်မီတိုးတက်လာသောမြို့တစ်မြို့၏အရေးအကြီးဆုံးဦးစားပေးလုပ်ဆောင်ရမည်။ ကိစ္စများမှာရေကိစ္စမီးလျှာကိစ္စလမ်းကိစ္စမီးကိစ္စများပင်ဖြစ်သည်။ဆူးလေစေတီတော်သည်မြို့ အလယ်တွင်ကျပြီးရန်ကုန်မြို့၏အသည်းနှလုံးကဲ့သို့ဖြစ်နေသည်။မြို့တော်တစ်ခု၏မြို့လယ် ခေါင်တွင်စေတီတစ်ဆူတည်ရှိနေသောမြို့ဟူ၍ကမ္ဘာဘယ်နိုင်ငံမှာမှရှိလိမ့်မည်မထင်။ဤ သည်ရန်ကုန်မြို့၏ထူးခြားမှုတစ်ရပ်ဟုပြောရလိမ့်မည်။

ယခုခေတ်ရောက်သော်ရန်ကုန်မြို့လယ်တွင်ဟိုနားဒီနားကမိုးမျှော်အဆောက်အအုံများ တဖွားဖွားပေါ် ပေါက်လာနေသည်။ဈေးကွက်စီးပွားရေးနှင့်အပြိုင်ဟိုတယ်မိုတယ်တာဝါများ

သင်ခန်းစာ (၇)

ထွက်ပေါ် လာသည်။မီနီမာကက်၊စူပါမာကက်၊ကုန်တိုက်ကြီးများ၊ကုမ္ပဏီကြီးများသည်ဒီက နေ့ရန်ကုန်၏မြို့ပြတန်ဆာများဖြစ်လာခဲ့ပြီ။အဆင်မြင့်ရုပ်ရှင်ရုံ၊လေအေးပေးစက်တပ်မှန်လုံ ကား၊ညကလပ်နှင့်၊ရက်စင်တောရင့်စသည်တို့သည်မြို့ပြ၏လည်ဆွဲဖြစ်နေခဲ့ပြီတကား။။

(၁၉၉၈ခုနှစ်နိုဝင်ဘာလထုတ်မြန်မာ့ဘေနစီးပွားရေးမဂ္ဂဇင်းမောင်တင်ဆင့်ဆောင်းပါးမှ)

*****　　　*****　　　*****

သင်ခန်းစာ (၈)
ပုခက်လွှဲသောလက်

ဝါကျွတ်လျှင် အမေ့ကို မမြမေ အဖြေပေးရမည်ဆို၏။ ယခုတော့ ဝါခေါင်လကုန်ခဲ့ပြီ။ မည်းညို သောတိမ်တောင်များရှေ့လဆိုလျှင် ပါးလွှာလာတော့မည်။ သီတင်းကျွတ်ကောင်းကင်တွင် ဖြူဆွတ်သော တိမ်လွှာများပေါ့ပါးစွာရွက်လွှင့်ကြပေမည်။ သီတင်းကျွတ်ဆိုသည်က ပေါ့ပါးခြင်း၊ လွတ်လပ်ခြင်း၊ တောက်ပကြည်လင်ခြင်းကို သရုပ်ဆောင်ပါသည်။ စိုထိုင်းအေးစက်သော ရာသီခွင်မှ လောကတစ်ခုလုံး အလွတ်ရှန်းကာ ပုနွေးသောရင်ခွင်သို့ဝင်တော့မည်။ ၍ လိုရာသီရောက်လျှင် မမြမေသည်လည်း ပေါ့သောတိမ်လွှာများလိုပင် တစ်ကိုယ်တော်ရွက်လွှင့်ချင်ပါသည်။ သူသည် ထိုင်ရ၍ ဘဝတွင် ကျောက်ချကာ ငေးမောနေရသူမဟုတ်။ အမေ့လိုပင် အစဉ်လုပ်ရှားနေသူဖြစ်၏။ ဒါပေမယ့် အမေ့သဘောကိုနား မလည်။

အစ်မကြီး မဆွေနှင့် ညီမယ်လေး ယောက်အိမ်ထောင်ခွဲသွားကြပြီဆိုတော့ အမေ့အပါး

တွင်သူတစ်ယောက်တည်းကျန်ရစ်သည်။ အမေ၏အိုမင်းချိန်ကူဖော်လောင်ဖက်ရှိဖို့သင့်သည် မဟုတ်ပါလား။

ဒါပေမယ့်အမေက 'လင်ယူရမယ်' တဲ့။

လက်ထပ်ပြီးလျှင်သူ့နောက်ကိုကိုယ်ပါရမည်ဆိုတော့အမေ့ကိုခေါ်သွားလျှင်ရမည်။ ဒါပေမယ့်အဖေကပက်လက်ဆိုတော့မဖြစ်သေး။ သူယူရမည်။ သူကိုအိမ်ပါအောင်ခေါ်ရမည်လား။ လက်ထပ်ရမည်။ သူကအလုပ်နှင့်နယ်သွားရပြီဆိုပါတော့။

အမေအိုနှင့်အဖေလူနာ။

ဒါတွေကိုအမေတွေးဖို့ကောင်းသည်။ ဒါတွင်မဟုတ်။ အမေတွေးလျှင်တွေးစရာအများ ကြီး။ အမေသည်မတွေးပဲနှင့်သူ့ကိုလက်ထပ်ဖို့တိုက်တွန်းနေသည်တော့မဟုတ်တန်ရာ။

ဒါပေမယ့်ဘာ့ကြောင့်များဝါကျွတ်လျှင်အဖြေပေးရမည်ဟုသူ့ကိုတောင်းဆိုနေသည်မသိ။ အမေ့ဘဝတွင်အဖေပါခဲ့သောကဏ္ဍကိုသူသိသင့်သလောက်သိခဲ့ပါသည်။ သူကသမီး ခြောက်ယောက်တွင်ဒုတိယမြောက်ဆိုတော့အဖေပင်စင်မယူခင်လခစားလုပ်ခဲ့သည်ကို ကောင်းကောင်းမှတ်မိသည်။ အဖေလခစားလုပ်ကတည်းကအမေကမုန့်ဟင်းခါးဆိုင်ထိုင်ခဲ့သည်။

မုန့်ဟင်းခါးဆိုင်မှတစ်ခါတစ်ခါသူတို့ခြောက်ယောက်ကိုမွေးခဲ့သည်ဆိုလျှင်မမှားပါ။ အ မေ့ကိုယ်ဝန်ဖိုက်ပူပူကမုန့်ဟင်းခါးတောင်းလိုဖောင်းလိုက်ပိန်လိုက်ဖြစ်နေတာသည်။ အမေ တော်ခဲ့သည်ကသူတို့ညီအစ်မခြောက်ယောက်စလုံးကိုဒီဂရီရသည်အထိပညာသင်ပေးခဲ့သည်။

သူသည်အစ်မမဆွေနှင့်အတူညီမလေးများ၏အနီးများလျှော်ပေးခဲ့ရသည်ကိုသတိရ နေဆဲ။ အလတ်မပူစုးနှင့်အငယ်တွေနို့စို့ချိန်ကကျောင်းမတက်ခင်မုန့်ဟင်းခါးဆိုင်လိုက်၍နို့ တိုက်ရသည်။ ပြီးတော့ကလေးကိုပုခက်တွင်သိပ်ခဲ့ကာကျောင်းတက်ရသည်။ နံနက်ခြောက်နာ ရီကထွက်သွားသောအမေသည်နံနက်ဆယ်နာရီထိုးလျှင်မုန့်ဟင်းခါးဆိုင်ကပြန်ရောက်သည်။ အမေ့မုန့်ဟင်းခါးဆိုင်သည်လမ်းထိပ်မှာဖြစ်၍တော်ပါသေး၏။

အဖေကရုံးကိုထွက်သွားပြီ အဖေရုံးကလခဘယ်လောက်ရသည်သူမသိ။ အမေ့ကိုလ ကုန်လျှင်ပုတ်ပြတ်တစ်ရာတော့ပေးတာတွေ့သည်။ သူတို့အားလုံးစာသင်ဖို့နှင့်ကလေး

ခြောက်ယောက်နှစ်နှစ်ခြားဆက်တိုက်မွေးသောကုန်ကျစရိတ်အတွက်အမေမုန့်ဟင်းခါးဆိုင်ထိုင်ရသည်ကိုသူနားလည်ပါသည်။

သူတို့ကျောင်းပြန်လာလျှင်မနက်ကမဆွေလျှော်သွားသောကလေးအနှီးနှင့်အိမ်သားများအဝတ်ကိုမြမေမီးပူတိုက်ရသည်။ ပြီးတော့ညစာဆက်ချက်သည်။ နောက်နေ့မုန့်ဟင်းခါးချက်ဖို့တော့မဆွေနှင့်အမေမီးဖိုမှာအလုပ်ရှုပ်ကြပြီ။

တခါတရံအဖေရှိသည်ဆိုသည်ကိုသူမေ့နေတတ်သည်။ ဒါအတွက်သူအပြစ်များဖြစ်နေပြီလား၊ ဟုတ်၏။ အဖေသည်နံနက်ခင်းတွင်ဆေးတံခဲ့သတင်းစာဖတ်၏။ ပြီးတော့သူခူးပေးသောနံနက်စာစားကာရုံးသို့ထွက်သွားသည်။

ညနေတိုင်းသူတို့သားအမိတွေမီးဖိုချောင်အလုပ်ရှုပ်ချိန်တွင်အဖေဘယ်အချိန်ကရုံးကပြန်ရောက်လာသည်ကိုသတိမထားမိ။

ညနေခြောက်နာရီမှာတော့အဖေ့ကိုထမင်းခူးကျွေးရမည်ကိုသူသတိရမိ၏။ ဒီတော့အဖေ့ကိုတစ်နေ့နှစ်ချိန်ပဲသူသတိရသည်ဟုဆိုရမည်။ ကျန်အချိန်တွေမှာသူတို့ကျောင်းသွားရသည်။ စာကျက်ရသည်။ သူရော မဆွေရောညပိုင်းကလေးပုခက်လွှဲကာစာကျက်ကြရသည်။ မနက်ကျတော့လည်းနံနက်လေးနာရီထကာသူတို့အမေနှင့်အတူလုပ်ရှားကြရသည်။

တစ်ခါတုန်းကကျောင်းပိတ်ရက်တနင်္ဂနွေ့မို့အဖေရုံးမတက်။

မြမေသည်ပုခက်တွင်းမှကလေးကိုကြည့်ယင်းလန့်လာသည်။ ကလေးမှာပူစူး အောက်မည်ဖြစ်၏။ အမေကနေ့လယ်မုန့်ဟင်းခါးချက်ဖို့ဝယ်ရန်အိမ်ကမထွက်ခင်ကတည်းကသူ့ကိုသတိပေးသွားသည်။ 'မိညိုကိုယ်ပူနေသတဲ့'သူကကလေးကိုအအေးပတ်မှာစိုး၍ပုခက်ကိုပင်ပြင်ပြင်မလွှဲ၊ မညိုသည်အော်၍ငိုသည်။ သူကောက်ယူပွေ့ချီကာချော့သည်။ ကလေးကငယင်းငိုယင်းအသံပျောက်သွားသည်။ ပြီးတော့မျက်ခွံလေးလံကာနှတ်ခမ်းပြဲ၍လက်ကလေးများကွေးသွားတော့သည်။ ကိုယ်ကချစ်ချစ်တောက်ပူလာသည်။

'အဖေအဖေမညိုတက်နေပြီ' သူသည်အိမ်ဦးခန်းဖိနပ်ချွတ်သို့ပြေးသွား၍အဖေ့ကိုပြန်၏။ အဖေသည်စာကြည့်နေရာမှမျက်လွှာပင့်ကာသူ့ကိုကြည့်၏။

သင်ခန်းစာ (၈)

'အေးလေနင်၊ အမေလာတော့ ဆေးခန်းသွား' အဖေသည် ဒါပဲပြောကာ မျက်မှန်ပြန်တပ်၍ စာကြည့်သည်။ မမြမေသည် ကလေးကို တင်းတင်းကြီးပွေ့ကာ ကြောင်တက်တက်ဖြစ်သွားသည်။

မဆွေနင့် အမေပြန်လာမှ သူတို့ သုံးယောက်စလုံး ဆေးခန်းကို ပြေးရသည်။ ဝယ်ခြမ်းလာသောငါးတွေကြောင့် ဆွဲမှာစိုး၍ စားပွဲပေါ် တင်ကာ အုပ်ဆောင်းအုပ်ခဲ့ရသေးသည်။

ဆရာဝန်ကကလေးကို စိတ်မချသေး၍ ညနေ ခြောက်နာရီထိ အိမ်ကို ပြန်မလွတ်သေးပါ။

'ဟဲ့ မမြမေ၊ သမီးအိမ်ပြန်နင့်၊ နင့်အဖေ ထမင်းစားချိန်ရောက်ပြီ'

မမြမေသည် သက်ပြင်းချမိ၏။ အိမ်ပြန်ရောက်တော့ အိမ်ကမှောင်နေသည်။ သူရောက်မှ မီးဖွင့်လိုက်သည်။ အဖေကအိပ်ခန်းထဲမှာ အိပ်ပျော်နေသည်။ အယ်ကလေးတွေက တစ်ဘက် အိမ်မှာ ရောက်နေသည်။

ထမင်းခူးပေးရင်း အမေတို့ပြန်ချိန်ကို သူတိတ်ဆိတ်စွာ စောင့်နေမိသည်။ အဖေသည် ထမင်းစားပြီးတော့ အိမ်ခေါင်းရင်းပက်လက်ကုလားထိုင်တွင် ပြန်ထိုင်ကာ စာအုပ်ကို ကောက်ကိုင်သည်။ စကားတစ်လုံးမှ မပြော။

မမြမေတော့ ရင်ထဲမှာ စကားတွေ အများကြီးပြောနေမိသည်။ သူဒီလိုပဲ ရင်ထဲမှာ ခဏခဏ စကားပြောရပါ၏။

ဆယ်တန်းစာမေးပွဲ ဖြေရမည့်နှစ်က အယ်ဆုံး ထွေးထွေးကို အမေမွေးသည်။ အမေ အလုပ်ပင်ပန်း၍ လားမသိ။ ထွေးထွေးကိုယ်ဝန်ရှိကတည်းက ကောင်းကောင်းမကျန်းမာ။ ယခု လည်း သွေးဆင်းနေသည်ဟု ဆိုသည်။

ကြီးကြီးမားမားဆို၍ သူတို့ ညီအစ်မ နှစ်ယောက်ပဲ ရှိသည်။ အမေက သူတို့ နှစ်ယောက်ကို သားဖွားဆရာမ ဆီသွားခိုင်းသည်။ ညဉ့် ၁၁ နာရီ ဆိုတော့ မမြမေ ကြောက်သည်။

'မမဆွေ၊ အဖေကိုသွားနိုးရအောင်'

သူတို့ နှစ်ယောက် အဖေကိုသွားနိုးတော့

'အေး....ဆရာမဒေါ်ခင်ကျော့ကိုသွားခေါ်ကြ'

အဖေကဒါပဲပြော၏။ ညီအစ်မနှစ်ယောက်လက်နှိပ်ဓာတ်မီးဆွဲကာညဉ့်မောင်းထဲသို့ ထွက်လာခဲ့ကြသည်။ တော်ပါသေး၏။ သားဖွားဆရာမဒေါ်ခင်ကျော့မှာတစ်လမ်းတည်းနေသူဖြစ် သည်။ ဒါပေမယ့်ဒေါ်ခင်ကျော့ရောက်လာတော့သွေးအဆင်းလွန်နေ၏။ ဆေးရုံတင်ရန်ပြော သည်။

'အေးလေကား၊ငါးဦးသွားကြ' အဖေကဒါပဲပြောသည်။ ဒေါ်ခင်ကျော့ခေါင်းရင်းမှာသုံး ဘီးသမားကိုစံရွှေရှိသည်ကိုမဆွေကသတိရသည်။ ညီအစ်မနှစ်ယောက်အပြေးထွက်ကာတံခါး ကိုပုတ်နှိုးကြရသည်။ ဘုရားတန်ခိုးတော်ပေပဲကိုစံရွှေသည်ရှောရှောရှုရှုလိုက်ကာအမေ့ကို ဆေးရုံပို့ပေးသည်။ ဒေါ်ခင်ကျော့ပါလာ၍ညီအစ်မနှစ်ယောက်အားတက်မိသည်။

နံနက်တွင်အားလျော့၍ဖျော့တော့နေသောအမေ့အပါးတွင်သူတို့ညီအစ်မနှစ်ယောက် ရပ်နေသည်။ ကလေးကိုတော့မွေးဖွားပြီးသွားပြီ။

'မမြေမေ၊အမေ့အနားမှာမဆွေရှိသားပဲ။သမီးတို့အဖေရဲ့ချိန်မီထမင်းချက်ရဦးမယ်၊အိမ် ပြန်တော့' အမေသည်အားယူ၍ပြည့်ညင်းစွာပြောသည်။ သူဒီတုန်းကလည်းမပြန်ချင်ပြန်ချင် အိမ်ပြန်ခဲ့သည်။ လမ်းတစ်လျှောက်လုံးရင်ထဲမှာစကားပြောလာခဲ့သည်။ ဒီစကားတွေကိုအဖေကြား စေချင်သည်။

သူသည်အိမ်ပြန်ရောက်တော့ကလေးတွေကိုရောအဖေ့အတွက်ပါချက်ပြုတ်လိုက် သည်။ ပူစူးကအမေ့ကိုအိပ်ရာကနိုးနိုးချင်းမတွေ့ရ၍ငိုသည်။

အဖေသည်ရေမိုးချိုး၍သူခူးပေးသောထမင်းကိုစားကာရုံးသို့ထွက်သွားသည်။

ညရောက်တော့မဆွေနှင့်သူလူချင်းလဲကြရန်အဝတ်များယူ၍ဆေးရုံကိုထွက်လာခဲ့ သည်။ ဆေးရုံရောက်တော့အမေ့မျက်နှာကြည်လင်နေသည်ကိုတွေ့ရ၍သူစိတ်ပေါ့သွားသည်။

'အိမ်မှာအဆင်ပြေလား'

မမဆွေကမေး၏။ သူကခေါင်းညိတ်ယင်းမဆွေနားကပ်ကာအမေကြားအောင်ပြော သည်။

'အဖေနဲ့အမေကဘာမှမပတ်သက်ဘူးထင်တယ်' သူပြောသံကြားတော့မဆွေကရယ်ပါ

သည်။ မဆွေသည်ရယ်မော၍စကားပြောတတ်သည်ကိုချစ်စရာကောင်းနေပေသည်။

'မပတ်သက်လားပတ်သက်လားအခုတစ်ယောက်မွေးပြီလေ' ဒါပဲပြော၍ရယ်ပြန်ပါ သည်။ သူတို့နှစ်ယောက်ဘာပြောနေသည်ကိုအမေနားလည်ဟန်မတူပါ။

သူရောမဆွေရောအလုပ်ရတော့ဝမ်းသာသည်။ ပညာသင်သူလေး ယောက်ပဲကျန်တော့အ မေမှာပေါ့သွားသည်။ မုန့်ဟင်းခါးရောင်းသည်က စားလောက်တော့သူတို့ညီအစ်မနှစ်ယောက် ဝင်ငွေကစုမိသည်။

အဖေပင်စင်မယူခင်တစ်နှစ်ကသူအောက်နှစ်ယောက်ဒီဂရီရသည်။ ဒီနှစ်မှာသူတို့အိမ် လေးလေးပင်သုံးခန်းကိုပျဉ်ထောင်ကာသွပ်မိုးလိုက်၏။ အမေကအိမ်နှင့်သစ်ဆိုင်ကိုလို အပ်သောသစ်များဝယ်ရန်လက်သမားနှင့်ကူးကလန်ကန်ကလူးလုပ်နေချိန်တွင်မမြေမေကလက် ဖက်ရည်အိုးတည်၍အလုပ်ရှုပ်နေသည်။ လက်သမားများသောက်ရန်နှင့်ခေါင်းရင်းကနားဖျင်း တဲ့တွင်းရှိပက်လက်ကုလားထိုင်ပေါ်ကအဖေသောက်ရန်ဖြစ်သည်။

ထူးထူးချွန်ချွန်သူတို့ညီအစ်မခြောက်ယောက်တွင်အငယ်ဆုံးထွေးထွေးကအိမ်ထောင် အရင်ကျသည်။ ထွေးထွေးသည်လူ့ဘဝစရောက်ကတည်းကအမေ့ကိုချောက်ချားစေခဲ့သူဖြစ် ၏။

ယခုလည်းကျောင်းကနေလင်နောက်လိုက်ပြေးသည်။ မမြေမေရဲ့ခန်းကိုအမေအပြေးအ လွှားရောက်လာသည်။ သူသည်ရုံးမှအရေးပေါ် ခွင့်တိုင်ကာအမေသွားရာကိုတကောက် ကောက်လိုက်ရသည်။

အမေသည်အိမ်ရောက်တော့ဒီတခါအော်ဂိုသည်။ သမီးကိစ္စမို့ထင်သည်။ အဖေ့ကို လည်းအော်သည်။ အဖေကမျက်မှန်ကြီးမတင်ကာကုလားထိုင်ပေါ်မှလှမ်းကြည့်သည်။ ပြီးတော့ မျက်လွှာချနေသည်။

'ကိုဘအေးအဲဒီမှာခုတ်တုတ်ထိုင်နေမိထွေးလင်နောက်လိုက်သွားပြီ' အမေသည်အော် ပြော၏။ ဒီလိုအမေအော်သည်ငိုသည်ကိုမမြေမေမမြင်ဘူးပေ။

'အဲဒါဘာဖြစ်လဲမညွှန့်'

အဖေ၏မေးသံကြားတော့မမြမေသည်ပါးစပ်ကလေးဟသွားသည်။

'ဘယ်သူနဲ့လဲဘာလဲရှင်မစုံစမ်းတော့ဘူးလား၊ပြီး တော့လူနဲ့သူနဲ့တူအောင်ပြန်အပ်ဖို့ ဘာဖို့ယောက်ျားလေးရှင်ကိုပြောရမယ်၊စီစဉ်ရမယ်လေ...'

'မလိုပါဘူး' အဖေကဒါပဲပြန်ပြောကာကုလားထိုင်နောက်မှီကိုပစ်မှီလိုက်သည်။

မမြမေသည်ငိုနေသောအမေ့ကိုကြည့်ကာပင့်သက်ရှုမိ၏။သုံးလေးရက်အမေဆက် တိုက်အပြင်ထွက်ပြီးနောက်စာရေးကြီးဦးဘအေးဒေါ်ညွန့်တို့၏သမီးထွေးနှင့်ဦးကံဘော်ဒေါ် စိန်တို့၏သားလက်ထပ်ပွဲဖိတ်စာကိုမမြမေလိုက်ဝေရသည်။ဒီတုန်းကအိမ်မှာအုန်းနို့ခေါက်ဆွဲ ကျွေး၍မင်္ဂလာညစ်ခံပွဲလုပ်သည်။

ဒီလိုနှင့်နှစ်နှစ်ခြားတစ်ခါလောက်အုန်းနို့ခေါက်ဆွဲလေးခါကျွေးပြီးသောအခါသူ၏အစ် မနှင့်ညီမလေးယောက်စုံလုံးအိမ်ထောင်ကျသွားကြသည်။

+   +   +

အဖေပင်စင်ယူသွားပြီ။

အဖေ့အတွက်လျော့သွားသောဝင်ငွေအစားကိုသူတို့ညီအစ်မနှစ်ယောက်လခကဖြည့် တင်းပေးလိုက်သည်။အဖေသည်ပက်လက်ကုလားထိုင်ပေါ်ထိုင်သည့်အလုပ်အပြင်ယခုတော့ တစ်ခုပိုလာသည်။ပင်စင်ယူဖော်ယူဘက်များနှင့်အတူလက်ဖက်ရည်ဆိုင်ထိုင်သည့်အလုပ် ဖြစ်သည်။

ကျွန်အချိန်တွင်သူစာဖတ်ရန်အတွက်စာအုပ်ဝယ်ရန်နှင့်လက်ဖက်ရည်ဖိုးဆို၍အမေ့ ကိုပင်စင်လခတစ်ပြားမျှမအပ်တော့ပါ။ကျွန်ညီအစ်မများသည်အိမ်ခွဲသွားပေမယ့်တစ်လကိုငါး ဆယ်စီအမေ့ကိုလစဉ်ထောက်သည်။မမြမေကတော့သူလခအမေ့ကိုအကုန်အပ်သည်။

ပင်စင်ယူပြီးနှစ်နှစ်အကြာအဖေလေဖြတ်၍အိပ်ရာပေါ်လဲနေသည်။အမေ့ကိုတော့ တည်တည်ငြိမ်ငြိမ်ပဲတွေ့ရသည်။

'ပင်စင်နာဆိုတာကဒါပေါ့ကွယ်'ဟုအမေကဆိုသည်။

အဖေ့ကိုအိပ်ရာပေါ်ပက်လက်ကလေး အမြဲတမ်းလို့တွေ့နေရသည်ကိုတော့မမြမေ

သင်ခန်းစာ (၈)

စိတ်မကောင်းပါ၊ရင်ထဲမှာထိတ်လန့်တုန်လှုပ်မိသည်။

မဆွေသည်ခဏခဏလာသည်။အကြီးဆုံးဆိုတော့တခြားအငယ်မတွေထက်တာဝန် သိတတ်ပုံရသည်။

'မမဆွေ၊အဖေဒီလိုဖြစ်သွားတော့အမေကချောက်ချားပုံမပေါ်ဘူး' သူကမမဆွေကို ပြောပြ၏။ 'အို...လင်ဆိုတော့စိတ်မကောင်းတော့ဖြစ်မှာပေါ့၊ချောက်ချားရလောက်အောင်အ ဖေမှာဘာမှမထူးခြားပါဘူး၊အဖေကုလားထိုင်ပေါ်ထိုင်နေတာနဲ့၊အိပ်ရာပေါ် လှဲအိပ်နေတာဒါ ပဲကွာတယ်'

ဟုတ်ပေသား၊မမဆွေသည်မှန်သောစကားကိုဆိုတတ်၏။

+   +   +

ယခုတော့အမေနားပြီ။

ကလေးလည်းမမွေးတော့၊မုန့်ဟင်းခါးဆိုင်ကိုလည်းမထိုင်တော့၊အိမ်ပြင်အဝတ်တန်း များတွင်လည်းကလေးအနှီးများမရှိတော့ပေ၊ကလေးများပိုသံရယ်သံမရှိတော့ရှိ၍သူတို့အိမ် လေးတိတ်ဆိတ်နေသည်။

မကြာပါ၊အမေ့အိမ်အလယ်ခန်းထုပ်တွင်အစောဆုံးပုခက်လာချိုတ်သူကအငယ်ဆုံး ထွေးထွေး။ထွေးထွေးသည်ကျောင်းတက်ယင်းလင်နောက်လိုက်ပြေး၍အမေကပညာအဆုံး ထိသင်ရန်ပြောသည်။ထွေးထွေးကျောင်းဆက်တက်တော့ကလေးကိုအမေကထိန်းပေးရသည်။

နောက်တော့ကျန်ညီအစ်မများ၊သူတို့အလုပ်သွားချိန်တွင်ကလေးတွေကိုအမေ့ဆီလာ အပ်ကြသည်။ညနေကျလာခေါ်သည်။တန်းများပေါ်တွင်အနှီးများပြည့်လာပြန်သည်။အိမ် သည်ကလေးတို့ငိုသံနှင့်စီညံလာပြန်သည်။

မမြမေသည်နားယဉ်၍မလာတော့။ယခင်လိုတိတ်တိတ်ဆိတ်ဆိတ်ပဲနေချင်သည်။နား ခေါင်းထဲမှာလည်းကလေးသေးစိုသောအနှီးအနံ့များစွဲနေသလိုဖြစ်နေသည်။

'အမေရယ်ကလေးထိန်းဂေဟာပဲဖွင့်ပေတော့'ဟုသူကဆိုသည်။

အမေကတော့ကလေးများကိစ္စပြီးလျှင်အဖေ့ကိုထမင်းကျွေးရသည်။နောက်ဖေးတည်

ရသည်။ မမြေမရုံးမသွားခင်အဖေဆီးသွား၊ဝမ်းသွားထားသောအဝတ်များကိုလျှော်ခဲ့သည်။ အဖေသည်ညဘက်သတိလစ်၍ခဏခဏအိပ်ရာပေါ်ဆီးသွားတတ်သည်။

အမေ၏မုန့်ဟင်းခါးပြင်သောလက်သည်ယခုတော့ကလေးပုခက်လွှဲလျက်ရှိသည်။ ကလေးပုခက်ဘေးတွင်ဖျာလေးခင်း၊ကာအိပ်ယင်း၊ စကားပြောယင်းပုခက်လွှဲကတော့မပျက်။ တခါတရံအိပ်ပျော်သွားတတ်သည်။

'နေပါဦး၊မောင်ထွန်းလွင်ကိုသမီးကဘာသဘောမကျတာလဲ' ကဲအမေကပုခက်လွှဲယင်းမေးပြန်သည်။ အမေ့အမေးကိုသူမဖြေ၊ ငြိမ်သက်စွာနားထောင်ယင်းစဉ်းစားနေမိ၏။ 'လင်' ဟူသောအပိုင်းကဏ္ဍကိုအဖေကဘယ်လိုလက်ခံကျင့်သုံးသည်မသိ။ အမေကလည်းဘယ်လိုနားလည်လက်ခံထားပါသနည်း။

အမေ့ဘဝတွင် 'လင်' ဟူသောဝေါဟာရနှင့်ပတ်သက်၍တဘက်လူဘေးကကြည့်၍ အားကျစရာဘာတစ်ကွက်များရှိပါလိမ့်။ မမြေမသည်တွေ့၏။ ကြည့်နူးစရာလေးတစ်ကွက်မျှသူ့ အနေနှင့်မတွေ့မိ။ ဒါပေမယ့်လည်းအမေကဘာကြောင့်များ လင်ယူဖို့နားချပါသနည်း။ အမေကအကောင်းဘက်ကပဲကြည့်တတ်၍သူကအဆိုးဘက်ကပဲကြည့်တတ်လေသလား။

'အမေကလည်းအမေရာ ကလေးပုခက်လွှဲရတာလက်မညောင်းသေးဘူးလား' သူကဒါပဲပြန်မေးလိုက်၏။

'ဒါကတော့မသေမချင်းလွှဲရတာကြည့်နူးဖို့တောင်ကောင်းသေး။ သူတို့အိပ်နေတာချစ်စရာမကောင်းဘူးလား' အမေကဆို၏။

'မြေးတွေလွှဲပြီးယင်း၊အဖေ့ကိုပုခက်ပေါ် တင်လွှဲဦးပေါ့' ဟုသူကဆိုသည်။ အမေကတခစ်ခစ်ရယ်၏။

'မိန်းမဆိုတာဒီလိုပဲပေါ့သားသမီးမွေး၊ပြီးတော့မြေးကိုမွေး။ လင်ကအိုလို့နာလာတော့ လင်ကိုဆက်မွေး'

'အမေ့ဟာကလည်းမွေးလို့ပဲမဆုံးဘူး'

'ဒါပေါ့၊ဒါပေါ့' ဟုဆိုကာအမေကရယ်သည်။ သူသည်လည်းရောနောရယ်ရပေမယ့်စိတ်

ကိုသိပ်မပါ။ သူရုံးကအလုပ်များအိမ်ယူလာ၍လုပ်ပြီးချိန်စားပွဲတွင်ထိုင်နေလျှင်အမေကဒီမောင်ထွန်းလွင်အကြောင်းကိုပဲမေးမေးနေတတ်သည်။

'ကိုထွန်းလွင်ဆိုသူသည်ဘယ်လိုသူများပါလိမ့်။' သူကစဉ်းစားတော့ကြည့်မိပါသည်။

'သမီးရယ်၊အဖေရယ်၊အမေရယ်ခုလိုနေတာမကောင်းဘူးလား။တော်ကြာသမီးလင်ယူတော့အမေ့အိမ်ခန်းမှာပုခက်တစ်လုံးတိုးလာတာပဲရှိမယ်'

သူကဒီလိုတော့ပြန်ပြောမိသည်။

'အဲဒီတော့ဘာဖြစ်လဲအမေကလေးပုခက်လွဲနေတုန်းစိတ်ငြိမ်နေတာပါလွဲယင်းအိပ်ပျော်သွားတော့လည်းအေးလို့၊သမီးသာတစ်ယောက်တည်းကျန်ရစ်ပြီး အမေမျက်စိမှိတ်သွားယင်ဘယ်မှာစိတ်ပြောင့်မလဲ၊အမေစိတ်ဘယ်မှာအေးမလဲငြိမ်မလဲမိန်းမဆိုတာလင်ရှိမှတင့်တယ်တာ'

အမေကဆိုပြန်ပါသည်။အမေ့စကားကြားတော့သူသည်ဆယ်တန်းတုန်းကဝေသန္တရာဇာတ်တော်ကြီးသင်ခဲ့ရသည်ကိုသတိရရ၏။ဦးသြဘာသက၍လိုပင်ဆိုသည်။လင်မရှိသောမိန်းမအလှမရှိသောရုထားတဲ့၊မတင့်တယ်။

'မောင်တရာပင်ရှိလင့်ကစားလင်မရှိသောမိန်းမသည်အချည်းနှီးတဲ့'

ဘာကြောင့်များပညာရှိများနှင့်လူကြီးအစဉ်အဆက်တို့သည်ထိုစကားများကိုဆိုပါလိမ့်။

'သမီးကသေသည့်အထိတစ်ယောက်တည်းနေသွားယင်ကောင်းတာပေါ့၊အမေမျက်စိမှိတ်မှမတော်တာတွေနဲ့တွေ့သွားယင်ပြီးပါရော၊လူဆိုတာမပြောနိုင်ဘူး'

အမေ၏သောကနှင့်၊အမေ့ဆန္ဒ၏ရည်ရွယ်ချက်များကဒါပဲဖြစ်သည်။အမေ့သောကကိုတော့သူရုပြုမိပါသည်။အမေ့ကိုလည်းမတော်တာနှင့်မတွေ့ပါဘူးဟူ၍သူကတိမပေးနိုင်ပါ။အမေတို့စကားနှင့်ပြောရလျှင်တော့အမေ့ဘဝသည်တင့်တယ်ဟန်ရှိသည်။ဘာတွေများတင့်တယ်နေပါလိမ့်၊သူကတော့တင့်တယ်ခြင်းများကိုမမြင်။အဖေသည်ငွေ၁၀၀ကျပ်အပ်ကာထမင်းစားသည်ကိုပဲတွေ့၏။ပြီးတော့သူတို့ခြောက်ယောက်မွေးသည်။ဘာမှလိုက်လိုက်လဲ့လဲ့အဖေ့နှလုံးသားလှုပ်ရှားသည်ကိုမတွေ့မိ။အမေကတွေးဖို့ကောင်းပါသည်။သူလင်ယူခဲ့သောဘ

ဝတစ်လျှောက်လုံးအကြောင်းကိုတွေးပြီးမှသူကိုနားချဖို့ကောင်းပါသည်။ပြီးတော့လည်းအချိန်နှင့်အကန့်အသတ်နှင့်အဖြေပေးရမည့်အချိန်ကသီတင်းကျွတ်လျှင်။

ထွေထွေနွေးနွေခြောက်သွေ့စပြုလာသောသီတင်းကျွတ်၏ရာသီလွန်လျှင်ဆောင်းရန်၊သင်းသောလေပြေများတိုက်ခတ်လာတော့မည်။ဒီအချိန်တွင်ကိုထွန်းလွင်ရင်ခွင်ကပူနွေးနေလျှင်တော့ကောင်းပေမည်။တစ်မိုးတွင်းလုံးကစိစွတ်ထိုင်းမှိုင်းလှသည်။ပြီးတော့အနီးစိုအဝတ်စိုများ၏အနံ့ကညစ်ထေးထေးအောက်သိုသိုဒီအနံ့တွေကကြီးစိုးစိုးနှင့်နေမပူလျှင်အိပ်ခန်းထဲတန်းလုပ်၍လှမ်းရသောအခါပို၍ဆိုးသည်။နေရှိန်နှင့်မှအနံ့ကပြယ်သည်။ဘယ်လိုပင်စင်အောင်လျှော်လျှော်ကလေးသေးဝတ်ထက်အဖေဆီးသွားထားသောအဝတ်များက အိမ်ထဲမှာလှန်းလျှင်အနံ့ကမပျောက်ချင်။

သူတို့ညီအစ်မခြောက်ယောက်သားမွေးဖွားခဲ့သည်။အဖေသည်ဝဟိုအမျိုးသမီးဆေးရုံကြီးသို့မရောက်ဘူးခဲ့ပါ။အနီးလွတ်နေသောကလေးကိုလည်းစောင်ခြံ၍မပေးဘူးခဲ့။သေးစိုသောအနီးကိုဘယ်လိုလဲရမည်ဟုအဖေမသိ။သူတို့ညီအစ်မသာကလေးယဲများနှင့်အိပ်ခဲ့ရ၏။

သူသည်အမေ့လိုသတ္တိရှိပါ့မလား။ဆေးရုံပေါ်တွင်ဗိုက်ကရစ်၍နာလာလျှင်အနည်းဆုံးကိုထွန်းလွင်လက်ကလေးကိုတော့ကိုင်၍အားပြုချင်ပါသည်။ထွေထွေကိုမွေးတုန်းကအမေကသူတို့လက်ကိုသာကိုင်၍ညည်းတွားနေသည်ကိုသူတွေ့ခဲ့ရသည်။

အို...အဖေကိုသနားပါသည်။သူထမင်းမှန်မှန်ခူးကျွေးခဲ့ပါသည်။ယခုလည်းအိပ်ယာပေါ်လဲနေ၍ခြေးဝတ်သေးဝတ်လျှော်ပေးခဲ့သည်။အဖေတစ်ယောက်အနေနှင့်ချစ်ပါသည်။

ဒါပေမယ်၊အဖေသည်ယောကျာ်းအမျိုးအနွယ်´လင်ကဏ္ဍ´တွင်ပါဝင်သူ။ကိုထွန်းလွင်လည်းယောကျာ်းအမျိုးအနွယ်။အကယ်၍များအဖေ့လိုလင်ကျောက်ရုပ်ဖြစ်နေခဲ့ပါလျှင်။

အဖေကိုတော့သူမျက်စိထဲတွင်ထမင်းလခမှန်မှန်ပေးစားသူတစ်ယောက်လို့သာမြင်သည်။သူတို့အိမ်၏ဖြစ်ပျက်ကိစ္စအရပ်ရပ်တွင်အဖေဘယ်ကဏ္ဍမှပါဝင်သည်ကိုမတွေ့ရ။ကိုထွန်းလွင်သာအဖေ့လိုပုံစံနှင့်ဆိုပါက...ဘုရားဘုရား။သူကအမေ့လိုအရည်အချင်းမရှိ

ပါရမီမပြည့်ပါ။ပုခက်လွဲသောလက်ဆိုသည်မှာပါရမီရှိဖို့လည်းလိုပါသည်။

အကယ်၍များရင်ထဲကလိုက်လိုက်လဲ့လဲ့ဖြစ်လာလျှင်တော့သီတင်းကျွတ်ရာသီ၏အချစ်နှ၁နာကန်တွင်ကြာညိုရန်သင်းကောင်းသင်းပျံ့နေပေလိမ့်မည်။ဆောင်းအလှည့်ရောက်တော့လည်းသဇင်နံ့ပြင့်ရစ်ပတ်နေသောနှင်းမှုန်သည်သူကိုပွေ့ပိုက်ချော့သိပ်ပေလိမ့်မည်။

ဒါပေမယ့်အိပ်ပျော်ခြင်းသည်တစ်ခဏ။အိပ်မက်ဆိုတာကလည်းတစ်ဒဏ်။

ရှတ်တရက်နာခေါင်းထဲကိုသေးဆို့နံ့တွေ၊ဆိုထိုင်းသောမှုန့်အငွေ့အသက်တွေဝင်ရောက်လာပါပြီတဲ့။သူသည်ဆောင်းအိပ်မက်ကလန့်နိုးရပြီးလျှင်ကျောက်ရုပ်ကြီးတစ်ရုပ်ကိုများတွေ့နေရမည်လား။သူ့လက်သည်ပုခက်ကိုတော့လွဲချင်ပါသည်။ကျောက်ရုပ်ကြီးကိုရိုက်ခွဲသည့်လက်အဖြစ်တော့မရောက်ချင်ပါ။

အမေ့လိုလည်းသည်းခံနိုင်စွမ်းမရှိလေတော့-

အမေရယ်သီတင်းကျွတ်ကနေငွေ့ဦးပေါက်အထိစဉ်းစားပါရစေ။

(ခင်နှင်းယုရေးသည်။မဟေသီမဂ္ဂဇင်း၊အောက်တိုဘာ၁၉၈၇။)

ဝေါဟာရ

ဝါကျွတ် (က) ဝါတွင်းကာလမှကင်းလွတ်သည်။(သီတင်းကျွတ်လပြည့်ကျော်တစ်ရက်နေ့ဝါကျွတ်သည်။)

ရွက် (န) လေသဘော်စသည်ကိုလေတိုက်အားဖြင့်ရွှေ့လျားလေအောင်လေအားခံယူရန်စိုက်ထောင်ပြန့်ကျက်ထားသောဖျင်စ။

ကျောက်ချ (က) ကျောက်ဆူးကိုရေတွင်ချ၍လှေသင်္ဘောတို့ကိုရပ်ထားသည်။

ကုပေါ်လောင်ဖက် (န) ဝိုင်းဝန်းကူညီမစသူ၊ယိုင်းပင်းသူ၊အခါမရွေးကိစ္စမရွေးကူညီသူ။

အနီး (န) ၁။ နို့စို့အရွယ်ကလေးသူငယ်၏ကိုယ်ကိုထွေးပတ်ရန်သုံးသောအဝတ်ပိုင်း စ။

၂။ အောက်ခံ၊အခင်း။

သိပ် (က) ၁။ ကလေးငယ်တစ်ဦးတည်းအားအိပ်ပျော်အောင်ချော့မော့ပြုစုသည်။

၂။ ညကာလလွန်အောင်သိုမှီးထားသည်။

ပုတ်ပြတ် (ကြ) အလုံးစုံကိုချိုရှ၍တန်ဖိုးဖြတ်လျက်။

ခြား (က) ပိုင်းကန့်သည်၊ခွဲသည်၊တသီးတသန့်ဖြစ်စေသည်။

ပူစူး (န) ကလေးငယ်။

ကနားဖျင်း (န) အမိုးပြန့်ယာယီအဆောက်အအုံငယ်။

လေဖြတ် (က) အကြောသေသည်။သွက်ချာပါဒဖြစ်သည်။ကိုယ်ခန္ဓာသွေးကြောများ အတွင်း၌လိုအပ်သောလေတွန်းပို့အားပြတ်တောက်ချို့တဲ့သည်။

နားယဉ် (က) ကြားရဖန်များ၍ရိုးနေသည်။

ရစ် (က) ဝမ်းတွင်း၌လှည့်ပတ်ထိုးကျင့်နာကျင်စေသည်။ရစ်ပတ်ထိုးကျင့်နာကျင်မှု ကိုခံစားရသည်။

***** ***** *****

ရှင်းပြချက်

၁ ။ ။ ခင်နှင်းယု(၁၉၂၉-)အမည်ရင်းမှာဒေါ်ခင်စုဖြစ်သည်။မြစ်ဝကျွန်းပေါ်ရှိ ဝါးခယ်မ မြို့တွင်မွေးဖွားသည်။အသက်၂၂နှစ်တွင်ထိုအချိန်အာဏာရပါတီဖြစ်သောပ-ဆ-ပ- လ၍နချုပ်တွင်အမှုထမ်းယင်းသတင်း ဆောင်ပါးများစတင်ရေးသားသည်။ထို့နောက် ဝန်ကြီးချုပ်ဦးနု၏အတွင်းရေးအတွင်းဝန်အဖြစ်တာဝန်ထမ်းဆောင်ယင်းတက္ကသိုလ်ပ ညာကိုဆက်လက်သင်ကြားခဲ့သည်။ရန်ကုန်တက္ကသိုလ်မှဝိဇ္ဇာဘွဲ့ရခဲ့သည်။၁၉၆၀ပြည့် နှစ်တွင်စာပေဗိမာန်အဖွဲ့နှင်းပေးသောဝတ္ထုတိုပေါင်းချုပ်ဆုကိုရရှိခဲ့သည်။

သင်ခန်းစာ (၈)

၂ ။ ။ သည်က ကြိယာနောက်တွင်ဆက်ထားကာသဒ္ဒါအရခွဲစိတ်စိစစ်ကြည့်လျှင် "က" ကတ္တားပုဒ်နောက်ဆက်၊ "သည်" ကကတ္တားပုဒ်ထဲမှနာမ်ပုဒ်စုသို့မဟုတ်ဝါကျ၏အဆုံး သတ်စကားလုံးဖြစ်သည်။ တစုံတရာပြုခြင်းဖြစ်ခြင်းကိုအလေးပေးရည်မှတ်ညွှန်ပြ သည်သဘောဆောင်သည်။ ဥပမာ-

- သီတင်းကျွတ်ဆိုသည်ကပေါ့ပါးခြင်းလွတ်လပ်ခြင်းတောက်ပကြည်လင်ခြင်း ကိုသရုပ်ဆောင်ပါသည်။
- အမေတော်ခဲ့သည်ကသူတို့ညီအစ်မခြောက်ယောက်စလုံးကိုဒီဂရီရသည်အ ထိပညာသင်ပေးခဲ့သည်။
- မုန့်ဟင်းခါးရောင်းသည်က စားလောက်တော့သူတို့ညီအစ်မနှစ်ယောက်ဝင် ငွေကစုမိသည်။
- သူသည်ပန်ကာအောက်မှာပင်စာဖတ်ယင်းပန်းချီဆွဲယင်းအချိန်ကုန်သည်က များသည်။

၃ ။ ။ သလောက်

၁ ။ ကြိယာနှစ်လုံးနိူင်းယှဉ်ဖော်ပြရာတွင်တူမျှခြင်းသဘောကိုပြသောစကားလုံး။ အ နိူင်းခံသောကြိယာကရှေ့ကိုထားပြီးနိူင်းသောကြိယာ ကနောက်တွင်ထားရမည်။ ဥပမာ-
- သူဖတ်သလောက်ကျွန်တော်လည်းဖတ်သည်။
- ခင်ဗျားရေးသလောက်ကျွန်တော်ကူးမည်။

၂ ။ တဖန်ကြိယာနှစ်လုံးနိူင်းယှဉ်ဖော်ပြရာတွင်ကြိယာနှစ်လုံးအနက်အဓိပ္ပါယ်လုံးဝ ပြောင်းပြန်ဖြစ်သော်ငြားလည်းပမာဏအတိုင်းအတာသို့မဟုတ်အဆင့်အတန်း ချင်းတူနေသည်ကိုလည်းသုံးနိူင်သည်။ ဥပမာ-
- အခန်းထဲ၌လူသူများပြာသလောက်စည်းကမ်းသေဝပ်ကြသည်။

- သူပြောသလောက်မလုပ်။
- ယခုနှစ်သဘာဝဘေးဆိုးဝါးသလောက်စပါးအထွက်မလျော့ခဲ့ချေ။
- ကျွန်တော်တို့ကားစကားမပြောငြိမ်ချက်သားကောင်းသလောက်စိတ်တွင်းမှာ ကားဆူပွက်နေကြ၏။
- မောင်မောင်ကတက်ကြွလှုပ်ရှားသလောက်မောင်စိန်မှာအေးစက်နိုင်လှပေသည်။

၃။ ရှေ့ကြိယာပုဒ်ဖြင့်နောက်ဆက်ကြိယာကိုအထူးပြုရာတွင် 'သလောက်' ကိုလည်း သုံးသည်။တခါတလေရှေ့နောက်ကြိယာနှစ်လုံးတူသည်လည်းဖြစ်နိုင်၏။ ဥပမာ-
- တတ်နိုင်သလောက်ကူညီမည်။
- မရှိသလောက်ဖြစ်နေပြီ။
- သိသင့်သလောက်သိခဲ့ပါသည်။

၄။။ ယင်း (သ) ၁။ တစုံတရာပြုလုပ်ဆောင်ရွက်ဆဲ၌တပြိုင်တည်းဆောင်ရွက်သော အခြားပြုလုပ်မှုတစုံတရာကိုယှဉ်ပြရာတွင်သုံးသောစကားလုံး။ ဥပမာ-
- ထမင်းခူးပေးယင်းအမေတို့ပြန်ချိန်ကိုသူတိတ်ဆိတ်စွာစောင့်နေမိသည်။
- ထွေးထွေးသည်ကျောင်းတက်ယင်းလင်နောက်လိုက်ပြေး၍အမေကပညာအ ဆုံးထိသင်ရန်ပြောသည်။
- ဆွမ်းခံယင်းငုက်သင့်။

၂။ 'ယင်း' နှစ်လုံးထပ်၍သုံးလျှင် 'ဆက်တိုက်ထပ်ခါတလဲလဲတပြိုင်တည်းဖြစ် သောအခြေအနေ' ကိုပြသည်။ 'ယင်း' ရှေ့တွင်ထားသောကြိယာနှစ်လုံးသည် တူသောသို့မဟုတ်ဆင်သောကြိယာနှစ်လုံးလည်းဖြစ်နိုင်သည်။ ဥပမာ-
- အိပ်ယင်းစကားပြောယင်းပုခက်လွဲကတော့မပျက်။
- ကလေးကငိုယင်းငိုယင်းအသံပျောက်သွားသည်။
- သမင်မွေးယင်းကျားစားယင်း။

သင်ခန်းစာ (၈)

- ပြောယင်းဆိုယင်းမျက်ရည်ကျလာ၏။
- ပြောပြီးယင်းပြောယင်းဖြစ်နေသည်။

၅။။ ချင်
၁။ လိုလားတောင့်တသည့်သဘောပြကြိယာထောက်ဖြစ်သည်။ ဥပမာ-
- ဝိုက်ပြည့်နေပြီဘာမှမစားချင်။
၂။ အကယ်၍ 'မ...ချင်...ချင်' 'မ...ချင့်...ချင့်' သုံးလျှင်မတတသာ၍ပြုရခြင်း၊စိတ်မပါပဲလျက်ပြုရခြင်းကိုပြသည်။ ဥပမာ-
- မပေးချင်ပေးချင်နှင့်ပေးရသည်။
- မပြန်ချင့်ပြန်ချင့်အိမ်ပြန်ခဲ့သည်။
၃။ တစုံတခုဖြစ်ပေါ်မည့်အရိပ်အရောင်ရှိသည့်သဘောပြစကားလုံး။ ဥပမာ-
- ဆံပင်ဖြူချင်လာပြီ။
- ဖျားချင်သလိုလိုဖြစ်နေသည်။

၆။။ လို့
၁။ စကားပြောရာတွင်ရှေ့ကြိယာကိုအကြောင်းခံပြု၍နောက်ကြိယာနှင့်ဆက်စပ်ပေးသောစကားဆက်ဖြစ်သည်။စာစကားတွင် '၍' 'သောကြောင့်' သုံးသည်။ ဥပမာ-
- သူပေးလို့ကျွန်ုပ်ရတယ်။
- သူစိတ်ဆိုးနေလို့ကျွန်တော်အနားကိုမကပ်ဝံ့။
၂။ စကားပြောရာတွင်ပြောဆိုကြောင်း၊ခေါ်တွင်ကြောင်း၊တွေးထင်မှတ်ယူကြောင်း၊ကြိယာမျိုးနှင့်အပြောခံကြောင်း၊ပြောရာအကြောင်း၊အမည်ပညတ်တို့ကိုစပ်သွယ်ပြဋ္ဌာန်းသောစကားလုံး။စာစကားတွင် 'ဟု' 'ဟူ၍' သုံးသည်။ ဥပမာ-
- အဆွေအမျိုးလို့မှတ်ရသည်။

- တော်ကြာမြို့ထဲသွားမယ်လို့ကျွန်တော်စိတ်ကူးထားတယ်။
- ဒီပုစ္ဆာခက်တယ်လို့ခင်ဗျားထင်သလား။

၃။ စကားပြောရာတွင်ရှေ့ကြိယာကနောက်ကြိယာကိုအထူးပြု၍ပြသောစကားလုံး။ ဉပမာ-
- ဝါဝင်းလို့ထိန်နေသောလိမ္မော်ရောင်
- ငိုနေလို့နေရာမကျသေးဘူး၊သူ့ကိုပြောအုံးမှ။

၄။ အပြောဝါကျ၌ကြိယာ၏အနက်ကိုကြိယာနာမ်မပြောင်းပဲကတ္တားပုဒ်ဖြစ်စေလိုရာ၌ဖြည့်စွပ်၍သုံးသောကတ္တားပြစွဉ်းဖြစ်သည်။ ဉပမာ-
- စားလို့ကောင်းတယ်။
- အိပ်လို့ပျော်တယ်။
- ဝယ်လို့ရတယ်။
- ကားထဲရောက်လို့လဲသက်သာမယ်မထင်နဲ့။

၅။ တစုံတရာသောအခြေအနေမျိုးတွင်တည်နေသည်ကိုပြသောစကားလုံး။ ဉပမာ-
- အိပ်လို့၊အိပ်လို့။
- ကိုယ်မှာလဲချွေးတွေရွှဲလို့။
- နီလိုက်တာရဲလို့။
- ပုခက်လွှဲယင်းအိပ်ပျော်သွားတော့လည်းအေးလို့။

၇။ ကြိယာနှစ်ခါထပ်ပြီးထားသောအခါ၊ကြိယာဝိသေသနဖြစ်သွား တတ်၏။သို့သော်တခါတလေ၌သို့မဖြစ်ပဲနာမ်ဖြစ်သွားသည်။ ဉပမာ၌၊သင်ခန်းစာတွင် 'ကြီးကြီးမားမားဆို ၍သူတို့ညီအစ်မနှစ်ယောက်ပဲရှိသည်' ဟူသောဝါကျတစ်ခုပါလာရာ၌တွင်ပါသော 'ဉကီးဉကီးမားမား' သည် နာမ်ဖြစ်သွားပြီး 'အသက်ဉကီးသောသူ' ဟူ၍အနက်ရ၏။

၈ ။ ။ ဟုတ်ပေသား၊ ဤနေရာတွင် 'ဟုတ်' သည် 'အမှန်တကယ်ဖြစ်သောအတည်ဖြစ်သော' ဟူ၍အဓိပ္ပါယ်ဆောင်ပြီး၊ 'ပေသား' ဆိုသည်မှာဤသို့သောအခြေအနေ၌ သက်ရောက်နေခြင်းပို၍ထင်ရှားစေရန်ပြုသောစကားလုံးဖြစ်သည်။ 是啊！ 对啊！

၉ ။ ။ ကူးကလန်ကန်ကလူး အပြန်ပြန်အလှန်လှန်ဈေးဆစ်နေလျက်။

*****   *****   *****

လေ့ကျင့်ခန်း

၁ ။ ။ သင့်တော်သည့်စကားလုံးများရွေးပြီးအောက်ပါစာလုံးများနှင့်ပေါင်းစပ်ကာစကားစုငါးခုစီရေးပြပါ။ တရုတ်လိုအနက်လည်းဖွင့်ဆိုပြပါ။

မ...မချင်း၊   ......ချင်း၊   ...ဖော်...ဖက်၊   မ...ချင့်...ချင့်၊

၂ ။ ။ 'ကို' ဟူသောစကားလုံး၏သုံးပုံသုံးနည်းများကိုပေါင်းရုံသုံးသပ်ကြည့်ပါ။ ဤသင်ခန်းစာအပါအဝင်တွေ့ခဲ့ရသောဆောင်းပါးများမှ သက်ဆိုင်ရာဝါကျများထုတ် နုတ်၍ပြယုဂ်အဖြစ်နှင့်ပြပါ။

၃ ။ ။ အောက်ပါစကားလုံးများဖြင့်ဝါကျတစ်ခုစီဖွဲ့ပြပါ။
ပေသား၊   ...ယင်း...ယင်း၊   ...သည်က၊   ပေပဲ၊
ကလည်း၊   ဆိုတော့၊   ပါရော၊   လင့်ကစား၊

၄ ။ ။ သင်တန်းသူသင်တန်းသားများသုံးယောက်တစ်စုခွဲ၍ဤ "ပုခက်လွဲသောလက်" ဟူသောဝတ္ထုတိုတစ်ပိုင်းကျစီတာဝန်ခွဲပြီးတရုတ်ဘာသာသို့ပြန်ဆိုပါ။

၅။။ အောက်ပါစာတိုတစ်ပုဒ်မြန်မာဘာသာသို့ပြန်ဆိုပါ။

太　阳

古时候，天上有十个太阳，晒得地面上连一棵草也不能生长。人们热得实在受不了，就找了一个很会射箭的人射掉九个，只留下了一个，地面上才不那么热了。这当然是传说。太阳离我们有一亿五千万公里远，到太阳上去，如果步行，日夜不停地走，差不多要走三千五百年；就是坐飞机，也要飞二十几年。这么远，箭哪儿能射得到呢？

太阳大得很，它有一百三十万个地球那么大。因为地球离太阳太远了，所以我们看太阳觉得它只有一个盘子那么大。

太阳虽然这么远，但是它和我们的关系非常密切。

地球上的光明和温暖，都是太阳送来的。我们这个世界生气勃勃，是因为有太阳。太阳的光和热，可以让动植物生长，可以让大地上的一切都活动起来。如果没有太阳，地球上会到处是黑暗，到处是寒冷，没有风、雪、雨、露，没有草、木、鸟、兽，自然也不会有人。

一句话，没有太阳，就没有我们这个美丽的世界。

၆။။ "ကျွန်တော့်အမေ" ဟူသောခေါင်းစဉ်ဖြင့်စာစီစာကုံးတစ်ပုဒ်ရေးပြပါ။

၇။။ ဖတ်ခဲ့ဖူးသောစာရေးဆရာမခင်နှင့်ယုရေးသောဝတ္ထုတပုဒ်ပုဒ်ကိုကျောင်းနေဘက်များရှေ့တွင်လက်တန်းဝေဖန်ပြပါ။

အပိုဒ်ဝတ်စာ

ခြစ်ခြစ်တောက်ပူနေသောနေမင်းကြီး

ခြစ်ခြစ်တောက်ပူနေသောနေသည်ကျွန်ုပ်တို့အသက်ရှင်လျက်နေထိုင်နိုင်ရန်အဖို့ မဖြတ်နိုင်သောအပူဓာတ်နှင့်အလင်းရောင်များပေးနေ၏။ထိုအပူဓာတ်ကြောင့်သစ်ပင်သီးနှံများဖြစ်ထွန်းအောင်မြင်သည်။နေမင်း၏လင်းရောင်ခြည်ကြောင့်အရာဝတ္ထုအရောင်အဆင်းတို့ကိုမြင်ရခြင်းဖြစ်သည်။နေကြောင့်"နွေမိုးဆောင်း"ဟူသောရာသီဥတုတို့ဖြစ်ပေါ်လာရသည်။နေပူရှိန်ကြောင့်ဖြစ်ပေါ်လာသော"လေအား"ဖြင့်အဏ္ဏဝါခရီးကိုတက်စုံရွက်ကုန်ဖွင့်နိုင်သည်။လေရဟတ်စက်ကြီးများလည်စေသည်။

နေပူရှိန်ကြောင့်ရေသည်အငွေ့အဖြစ်ကောင်းကင်သို့တက်သည်။ကောင်းကင်မှတဖန်မိုးအဖြစ်ရွာသည်။မိုးရည်ကအင်း၊အိုင်၊မြစ်၊ချောင်း၊ပင်လယ်သမုဒ္ဒရာတို့ကိုရေပြည့်စေသည်။မြစ်ချောင်းများတွင်မပြတ်သောရေအလျှံဖြစ်စေသည်။ရေတံခွန်များဖြစ်စေသည်။ရေတံခွန်များကဂျင်နရေတာများကိုလည်စေ၍လျှပ်စစ်ဓာတ်အားရစေသည်မဟုတ်လော။

ကမ္ဘာမှမိုင်ပေါင်း(၉၃)သန်းခန့်ဝေးကွာသောအာကာသအရပ်တွင်နေရှိသည်။နေသည်အချင်းမိုင်ပေါင်း(၈၆၄၀၀၀)ခန့်ရှိသည်။ကမ္ဘာ၏အချင်းက(၇၉၂၆)မိုင်သာရှိ၏။၉၅မျှကြီးမား၍၉၃မျှဝေးကွာသောအရပ်ရှိနေမင်းထံမှစွမ်းအားများကိုကမ္ဘာကရရှိသည်။ထင်း၊ကျောက်မီးသွေး၊ရေနံ၊ဓာတ်ငွေ့တို့တွင်ပါဝင်သောစွမ်းအင်သည်ကမ္ဘာမြေပေါ်တွင်ကျရောက်နေသောနေပူရှိန်ကိုနှစ်ပရိစ္ဆေဒကြာမြင့်စွာခံယူစုဆောင်းပြီးမှပြောင်းလဲဖြစ်ပေါ်လာသောစွမ်းအင်တစ်မျိုးဖြစ်သည်။သိပ္ပံပညာရှင်များကတော့ထိုပစ္စည်းများကို"ရုပ်ကြွင်းလောင်စာ"ဟုခေါ်ကြသည်။

ရုပ်ကြွင်းလောင်စာများကိုလူသုံးကိစ္စများဆောင်ရွက်ရန်အတွက်လောင်ကျွမ်းစေတိုင်းနေမင်းထံမှစုဆောင်းသိုမှီးပေခဲ့သောစွမ်းအင်များပြန်လမ်းမရှိသုံးစွဲလိုက်ရခြင်းဖြစ်၏။လူသားများကလည်းထိုလောင်စာပစ္စည်းများသည်ထာဝရသုံးမကုန်စွဲမကုန်ပဒေသာပင်လောင်စာများပမာအမှတ်မားပြီးစိုးရိမ်ကြောင့်ကြမှုမရှိဖောဖောသီသီသုံးစွဲခဲ့ကြ၏။ယနေ့ထိုဆိုးမွေကိုကျွန်ုပ်တို့

ခံစားကြရပေပြီ။ တောပြုန်း၊ တီးမှု၊ သဘာဝသယံဇာတခေါင်းပါးမှုများကြောင့် ဖောက်လွဲဖောက်ပြန်ဉတုများကိုယခုအခါခါးစည်းခံနေကြရပြီမဟုတ်ပါလော။ သည်အတိုင်းသာဆက်လက်သုံးစွဲနေကြဦးမည်ဆိုလျှင်အဝင်မရှိဘဲအထွက်ချည်းသာမို့ကမ္ဘာ့ရကမ္ဘာကြီးအဖြစ်ဒဏ်ခတ်ခံရပေဦးမည်။

နေသည်ဟီလီယမ်ဓာတ်ငွေ့၊ သာမကအခြားဓာတ်ငွေ့အမျိုးမျိုးပါဝင်သောအလုံးကြီးတစ်လုံးဖြစ်သည်။ နေတွင်အောက်စီဂျင်၊ ဟိုက်ဒြိုဂျင်စသောဓာတ်ငွေ့များအပြင်သံ၊ ကြေးနီ၊ ဒန်စသောဖြပ်တို့သည်လည်းဓာတ်ငွေ့များအဖြစ်ရှိနေသည်။ နေကိုလွှမ်းခြုံထားသော "ကိုရိုးနား" ဓာတ်ငွေ့လွှာမှပူပြင်းသောဓာတ်ငွေ့တို့သည်တထိန်ထိန်ညီးသောအစွယ်အလျှံကြီးများအဖြစ်စကြဝဠာအာကာသဟင်းလင်းပြင်သို့ထိုးထွက်နေကြသည်။ ထိုဓာတ်ငွေ့အစွယ်အလျှံကြီးများသည်တစ်နာရီမိုင် ၂၅,၀၀၀ မြန်နှုန်းဖြင့်မိုင်ငါးသိန်းခရီးအကွာအဝေးရှိရာစကြဝဠာလဟာပြင်အရပ်သို့တိုင်ရောက်၏။

နေသည်အပူစွမ်းအင်ကိုကမ္ဘာသို့နေ့စဉ်ဖောဖောသီသီပေးနေသည်။ နေစွမ်းအင်ကိုရိပ်စားမိသောပညာရှင်များကမှုလွန်ခဲ့သောနှစ်ပေါင်းများစွာကပင်တီထွင်မှုများပြုလုပ်ခဲ့ကြ၏။ နေစွမ်းအင်ကိုနဖူးကြိုးတပ်ခဲ့ကြဖို့ကြိုးစားခဲ့ကြ၏။ ကမ္ဘာသည်နေ၏အပူစွမ်းအားသန်း (၁၀၀၀) ပုံလျှင် (၁) ပုံခန့်သာရသည်ဆိုငြား ထိုစွမ်းအားသည်ပင်လျှင်အမေရိကန်တစ်ပြည်လုံးသုံးနေသောအခြားလောင်စာစွမ်းအင်များထက်အဆပေါင်း (၂၀၀၀) ခန့်အားကြီးနေ၏။ အိမ်တစ်အိမ်၏ခေါင်မိုးပေါ်ကျရောက်သောတစ်နေ့တာနေရောင်၏စွမ်းအင်သည်ထိုနေ့အတွက်ထိုအိမ်ထောင်ကသုံးသောလျှပ်စစ်ဓာတ်အားထက်အဆပေါင်းများစွာရှိသည်ဆို၏။ ထိုအတူမြေတစ်ကေပေါ်ကျရောက်သောနေရောင်ခြည်၏စွမ်းအင်မှာမြင်းအကောင် ၄၀၀၀ အားနှင့်ညီမျှသည်။

အချုပ်ပြောရသော်နေမင်းကနေ့စဉ်နှင့်အမျှကမ္ဘာမြေသို့အဖိုးတန်စွမ်းအင်များရက်ရောစွာချပေးနေဆဲဖြစ်သည်။ အသုံးပြုတတ်လျှင်ပြုတတ်သလိုခံစားကြရပေလိမ့်မည်။ ထိုကြောင့်

ကျွန်ုပ်တို့လူသားတို့သည်နေမင်းကနေ့စဉ်ချပေးသောစွမ်းအင်များကိုအသုံးပြုတတ်အောင် ဆက်လက်ကြိုးစားကြရမည်။

(၁၉၉၉ခုနှစ်မေလထုတ်မြန်မာ့နေစီးပွားရေးမဂ္ဂဇင်းဆောင်းပါးတစ်ပုဒ်မှ)

*****   *****   *****

သင်ခန်းစာ (၉)
နှစ်ပေါင်းတစ်ထောင်ကျော်ကပျူဇေးသံ

စကားစကားပြောဖန်များ၊ စကားထဲကဇာတိပြဟူသောသူဟောင်းတို့ စကားစဉ်ထားခဲ့ပါ သည်။ မှန်ပါသည်။ လူမျိုးတစ်မျိုး၏ ဇာတိကိုသုတေသနပြုစစ်ဆေးသောအခါ ထိုလူမျိုး၏ ဘာ သာစကားကိုအခြေအမြစ်ကစ၍ အထပ်ထပ်အလွှာလွှာသိပွဲနည်းကျကျလေ့လာရပါသည်။

မြန်မာစကားသည် တရုတ်စကား၊ တိဘက်စကားတို့နှင့် ဆွေမျိုးတော်စပ်သည်ဟု ဘာ သာဗေဒပညာရှင်များ တွေ့ရှိတင်ပြကြပါသည်။ ထို့ကြောင့်မြန်မာ့ ဇာတိကိုသိချင်လျှင်ယင်းတ ရုတ်စကား တိဘက်စကားတို့ကိုတတ်သိလေ့လာဖို့လိုသည်ဟုဆိုကာ ရှေးအခါကယင်းတို့ကို လေ့လာရန်ပညာတော်သင်များကိုပင်လွှတ်ခဲ့ဖူးပါသည်။

ထိုမျှမကသေးပါ။ တရုတ်လူမျိုးတို့သည် မိမိတို့၏အတွေ့အကြုံ အကြားအမြင်များကို ရေးပဝေသနီကစ၍ အကွရာတင်မှတ်တမ်းရေးလေ့ရှိပါသည်။ ထို့ကြောင့် သမိုင်းဆရာတို့

သည်။ အထူးသဖြင့် အာရှတိုက်သမိုင်းဆရာတို့သည် တရုတ်ဘာသာကိုလေ့လာကာ တရုတ်စာ ပေကိုမွေ့နောက်ရာဖွေလျက် မိမိတို့ဆိုင်ရာသမိုင်းအထောက်အထားများကို ထုတ်ယူကိုးကား ၍ သမိုင်းရေးသားပြုစုကြပါသည်။ ထို့ကြောင့် တရုတ်စကားနှင့် တရုတ်သမိုင်းသည် မြန်မာတို့ အတွက် အလွန်အရေးပါအရာရောက်ပါသည်။

မြန်မာနိုင်ငံသရေခေတ္တရာစသောပျူဒေသတို့မှပျူလူမျိုးတို့၏သမိုင်းကိုလေ့လာရာ

တွင်ရှေးခေတ်ကမျက်မှောက်အတွေ့အကြုံတို့ကိုရေးထားသည်။ တရုတ်မှတ်တမ်းတို့သည်အ ထူးကျေးဇူးပြုပါသည်။ အခိုင်အမာကျေးဇူးပြုပါသည်ဟုသမိုင်းဆရာတို့တွေ့ရှိမိန့်ဆိုကြပါ သည်။

၉တွင်ကားခရစ်သက္ကရာဇ်ရှစ်ရာစုအခါ၌ပျူတို့ကတရုတ်မင်းထံသို့စေလွှတ်သည့်အ ဖွဲ့တစ်ဖွဲ့အကြောင်းတရုတ်မှတ်တမ်းကိုတင်ပြလိုပါသည်။

ခရစ်သက္ကရာဇ် ၆၁ခုမှ ၉၀၅ခုအထိထင်ရှားခဲ့သောတရုတ်နိုင်ငံတန်မင်းဆက်ရာဇ ဝင်တွင်ပျူတို့အကြောင်းကို၉သိုမှတ်တမ်းရေးထားပါသည်။

ပျူမင်းသည်ထွက်တော်မူသောအခါဝေါစီးသည်။ ခရီးဝေးထွက်သောအခါဆင်စီးသည်။ မောင်းမမိဿံရာနှင့်ချီ၍ခစားရသည်။ နေပြည်တော်၏မြို့ရိုးကိုစဉ့်အုတ်များနှင့်တည်ဆောက် ထားသည်။ တံခါး ၁၂ ပေါက်ရှိသည်။ မြို့ထောင့်လေးထောင့်တွင်စေတီလေးဆူတည်ထားသည်။

လူများသည်မြို့တွင်း၌နေသည်။အိမ်တွင်သုံးသောအုပ်ကြပ်တို့မှာခဲမပုပ်နှင့်သွပ်တို့ဖြင့်ပြီးသည်။ကြက်မောက်သားသစ်ကိုအသုံးပြုသည်။ပျူတို့သည်အသက်သတ်မှုကိုရွံရှာကြသည်။တစ်ဦးနှင့်တစ်ဦးပခုံးဖက်၍နှုတ်ဆက်သည်။ကြိုဟ်သွားကြိုဟ်လာစသည်ကိုတွက်သောလက်ရိုးဇေဒင်တတ်သည်။ဗုဒ္ဓဘာသာဝင်များဖြစ်၍မွန်စီရွှေချကျောင်းများကိုဆောက်လုပ်သည်။ကျောင်းအခင်းကိုဆေးရေးသည်။ကောင်ဇောခင်သည်။နန်းတော်အဝယ်တော်တို့လည်း၍အတိုင်ပင်ယောကျာ်းကလေးများခုနစ်နှစ်ရှိလျှင်ဆံရိတ်၍ရှင်ပြုရသည်။အသက် ၂၀ဝရှိ၍တရားမရလျှင်လုဝတ်လဲသည်။ပိုးထည်မှာသတ်သတ်လွှတ်မဟုတ်၍သူတို့မသုံး။ချည်ထည်ကိုဝတ်သည်။ဦးခေါင်းထက်တွင်ပုလဲခက်သောဦးထုပ်ကိုဆောင်းသည်။နန်းတော်ထဲတွင်ရွှေခေါင်းလောင်းငွေခေါင်းလောင်းထားသည်။ရန်သူလာလျှင်၍ခေါင်းလောင်းများကိုတီးသည်။...မိန်းမများသည်ဦးခေါင်းထက်ဆံကိုထုံးဖွဲ့၍ပုလဲသွယ်များဖြင့်တန်ဆာဆင်သည်စသဖြင့်၊ပျူတို့အကြောင်းကိုအထက်ပါတန်မင်းဆက်ရာဇဝင်၌မှတ်တမ်းတင်ထားချက်ရှိသည်ဟုဂျီးအီး။ဟာဗီ၏မြန်မာရာဇဝင်စာအုပ်မျက်နှာ ၁၂၊ ၁၃တို့တွင်ဖတ်ရပါသည်။

၍တွင်အထူးတလည်တင်ပြချင်သည်မှာကားသက္ကရာဇ် ၈ဝ၂တွင်တရုတ်ကဝိကြီးပဲ့ကျွေးယိ(၇၇၃-၈၄၆)ဖွဲ့ဆိုခဲ့သည်။ပျူဂီတအကြောင်းကဗျာဖြစ်ပါသည်။ယင်းကဗျာအင်္ဂလိပ်ဘာသာပြန်ကိုဟာဗီ၏ရာဇဝင်စာမျက်နှာ ၁၄တွင်တွေ့နိုင်ပါသည်။

ပဲ့ကျွေးယိအမည်ကိုရောမအက္ခရာနှင့် **BaiJuyi** ဟုပြန်ရေးပါသည်။တချို့နေရာတွင် **PoChu-i** ဟုလည်းတွေ့ရပါသည်။

ပဲ့ကျွေးယိသည်တန်မင်းဆက်တွင်ထင်ရှားသောစာဆိုကြီးတစ်ဦးဖြစ်သည်။ဟေနန်ပြည်နယ်မြို့ယ်တစ်ခု၌ဆင်းရဲနွမ်းပါးသောပညာရှင်အရာထမ်းဘများမှ၇၇၃ခုနှစ်တွင်မွေးဖွားသည်။

ပဲ့ကျွေးယိသည်ငယ်စဉ်ကဘွင်းဘွင်းရှင်းရှင်းမင်းနားရောက်အောင်လျှောက်တင်လေရှိသည်။နောက်ပိုင်းတွင်ကားနိုင်ငံရေးပဋိပက္ခများအကြားတွင်ဝင်ရောက်စွက်ဖက်ရာမရောက်ချင်၍သတိနှင့်နေသည်။ထိုကြောင့်ပဲ့ကျွေးယိသည်နေပြည်တော်တွင်လည်းကောင်း၊ခရိုင်

ပြည်နယ်တို့တွင်လည်းကောင်းရာကြီးထူးကြီးများနှင့်ထမ်းရွက်ခဲ့ရလင့်ကစားသြဇာအာဏာ ရရှိသင့်သလောက်မရရှိခဲ့။၈၄၂ခုနှစ်တွင်တရားရေးဝန်ကြီးဟူသောဘွဲ့အမည်အိမ်ရှေ့စံ၏စဉ့္စဦ အကြီးတော်ဟူသောဘွဲ့အမည်တို့နှင့်အငြိမ်းစားယူသည်။၈၄၆ခုနှစ်အသက်၇၅တွင်အနိစ္စ ရောက်သည်။

ပဲ့ကျွေးယိသည်တစ်ဆယ့်နှစ်နှစ်သားအရွယ်မှစ၍မနားမနေကဗျာရေးသည်။ပြန်လည် စုဆောင်းကြည့်သောအခါအပုဒ်ပေါင်း၂၈၀၀ရှိသည်။သူ့ကဗျာတို့ကို(၁)အနုသာသနဆုံးမ ခန်းကဗျာများ(၂)ကျေနပ်နှစ်သိမ့်မှုကဗျာများ(၃)ဝမ်းနည်းကြေကွဲမှုကဗျာများ(၄)ပကိဏ္ဏက ကဗျာများဟူ၍လေးမျိုးခွဲခြားသတ်မှတ်သည်။ပထမအမျိုးတွင်ပါဝင်သည့်ဆုံးမခန်းကဗျာ များမှာလူမှုရေးဝေဖန်ချက်များဖြစ်၍အင်မတန်ထိထိရောက်ရောက်ရှိသည်ဟုဆိုပါသည်။ တောင်သူလယ်သမားဆင်းရဲသားတို့၏ကံကြမ္မာကိုဖွဲ့ဆိုရာတွင်စကားရိုးရိုးစလုံးနည်းနည်းနှင့် ပေါ်ပေါ်လွင့်လွင့်ဖွဲ့ဆိုသဖြင့်စာဖတ်သူ့စိတ်ကိုတိမ်းညွတ်စေနိုင်စွမ်းရှိသည်ဟုဆိုပါသည်။ ထို့ကြောင့်သူ၏ကဗျာတို့သည်သူခေတ်မှစ၍ယခုခေတ်တိုင်အောင်လည်းကောင်းတ ရုတ်ပြည်ကြီးမှစ၍ဂျပန်ပြည်တိုင်အောင်လည်းကောင်းလူကြိုက်များသည်ဟုပညာ ရှင်တို့မိန့်ဆိုပါသည်။

ယခု၍တွင်ကောက်နုတ်ဖော်ပြသည်"ပျူတို့ပြည်ကတေးဂီတ"ခေါ်ကဗျာရှည်ကြီးကို ဖတ်ရှုကြည့်ကြပါ။အနုသာသနဆုံးမခန်းကဗျာတစ်ပုဒ်ဖြစ်ပါသည်။မင်းကြီး၏အပေါင်းပါနန်း တွင်းသူနန်းတွင်းသားမှူးကြီးမတ်ကြီးအရာရှိကြီးများကသူတို့သခင်အရှင်မင်းကြီးသည် တစ်ရာ့တစ်ပါးသောထီးဆောင်မင်းတို့၏အရှင်သခင်ဖြစ်သဖြင့်ဝမ်းသာဂုဏ်ယူကြ၍အားရ ကြသည်ချီးကျူးကြသည်ဘုန်းတော်ဘွဲ့ကိုဖွဲ့ဆိုကြွေးကြော်ကြသည်။သို့သော်လည်းလယ်သမား အိုကြီးတစ်ဦးကမူကားသည်လိုမတွေ့မမြင်တစ်ရာ့တစ်ပါးသောမင်းတို့ထက်တောင်သူ လယ်သမားအခြေခံပြည်သူများကပိုမိုအရေးကြီးသည်ဟုသူ့နည်းသူ့ဟန်နှင့်ကြွေးကြော်လိုက် ပါသည်။ဖတ်ရှုဆင်ခြင်အကဲဖြတ်ကြည့်ကြပါဘိ။

| ပျူတို့ပြည်ကတေးဂီတ | **骠国乐** |
| ပဲ့ကျွေးယဲ ရေးသည် | 白居易 |

ပျူတို့ပြည်ကတေးဂီတ
ပျူတို့ပြည်ကတေးဂီတ။

骠国乐，骠国乐，

ပင်လယ်ကြီး၏နောက်တောင်မှ
နေပြည်တော်ကိုရောက်လာကြ။

出自大海西南角；

အောင်ချမ်းမင်း၏ချစ်သားလူ
အမည်တော်ကသုနန္ဒ။

雍羌之子舒难陀，

နှစ်ဆန်းတစ်ရက်မီအောင်ပါ
တောင်ပိုင်းတေးသံလာဆက်သ။

来献南音奉正朔。

တက်ဇုန်မင်းကြီးစံနန်းထက်
ခြေရံသင်းပင်းခစားလျက်။

德宗立仗御紫庭，

ဖောင်းတော်နားပိတ်ဖြေချွတ်ကာ
ပျူဂီတသံနားဆင်ပါ။

蕤绂不塞为尔听。

ခရုသင်းကိုတစ်ချက်မှုတ်
ဆံထုံးချွန်တွေယိမ်းနဲ့လုပ်။

玉螺一吹椎髻耸，

ကြေးအိုးစည်ကိုတစ်ချက်ခေါက်
ဆေးထိုးလက်တွေခုန်ကြမြှောက်။

铜鼓一击文身踊；

ပုလဲပန်းပွါးလှုပ်လှုပ်ရှား
ကြယ်နက္ခတ်လိုဝင်းလက်သွား။

珠缨炫转星宿摇，

ပန်းပေါင်းစုံနှင့်ဆံရှည်များ
တွန့်လိမ်ကစားမြွေနဂါး။

花鬘斗薮龙蛇动。

အဆိုအကပြီးဆုံးက

曲终王子启圣人，

မင်းကြီးကိုလျှောက်သုနန္ဒ၊

"တန်နိုင်ငံ၏စာရင်းဝင်

ကျွန်ုပ်ဖခင်ဖြစ်ပါချင်"

ဝဲကယာကမြဲခစား၊

ချီးကျူးကြလေမျူးမတ်များ။

"ငါတို့မင်းကြီးဘုန်းတော်များ

ကြီးမြတ်လှသည်ပါတကား"

ခဏကြာလျှင်မင်းငယ်များ

နန်းတော်ပြည့်မျှဝိုင်းခစား။

ရှိသေရှိခိုးခဝပ်ကာ

ဘုန်းတော်ဘွဲ့ကိုတင်လျှောက်ပါ။

ပျူတို့ဆက်သတေးသံဆန်း

မင်းကြီးနှစ်သက်စိတ်စွဲလမ်း။

သားစဉ်မြေးဆက်သိစေရန်

မှတ်တမ်းတင်ဖို့လျှောက်ကြပြန်။

ထိုခဏတွင်လယ်သမား

ဒုံးချင်းဆိုသည်ဖိုးသက်ကျား။

မင်းကြီးစိတ်ကိုအကဲခတ်

တစ်ဦးတည်းပင်ပြောဆိုရွတ်။

"တို့ရှင်မင်းကြီးလွန်မြင့်မြတ်

ပြည်ထဲရေးမှာလွန်ပါးနပ်။

ငြိမ်းချမ်းသာယာစခန်းသို့

ပြည်သူစိတ်ကိုဆွဲဆောင်ပို့။

臣父愿为唐外臣。

左右欢呼何禽习，

至尊德广之所及。

须臾百辟诣阁门，

俯伏拜表贺至尊。

伏见骠人献新乐，

请书国史传子孙。

时有击壤老农父，

暗测君心闲独语：

闻君政化甚圣明，

欲感人心致太平。

ပြည်သူစိတ်ကိုဆွဲဆောင်ရာ	感人在近不在远,
ဝေးထက်နီးကအရေးသာ။	
ငြိမ်းချမ်းသာယာရှိဖို့ရေး	太平由实非由声。
ပြောရုံမပြီးလုပ်ဆောင်ပေး၊	
နိုင်ငံတော်တွက်အကျိုးများ	观身理国国可济,
မိမိကိုယ်နယ်သဘောထား။	
မင်းကြီးကိုစိတ်ပမာထား	君如心兮民如体。
ပြည်သူကိုယ်မှတ်တင်စား၊	
ခန္ဓာကိုယ်ကြီးဆင်းရဲက	体生疾苦心惨凄,
စိတ်လည်းတုက္ကဆင်းရဲရ၊	
ပြည်သူပြည်သားအေးပါက	民得和平君恺悌。
မင်းကြီးသည်လည်းအေးပါရ၊	
သို့ပါသော်လည်းယခုခါ	贞元之民若未安,
ကျိန်ယွမ်ခေတ်ကြီးဆိုးလှပါ၊	
ပျူတေးသံကိုကြားရလည်း	骠乐虽闻君不欢;
မင်းကြီးပျော်မည်မဟုတ်တည်း၊	
ကျိန်ယွမ်ခေတ်ကြီးအတွင်းတွင်	贞元之民苟无病,
ငြိမ်းချမ်းသာယာရှိပါလျှင်၊	
ပျူဂီတသံကိုမလာလည်း	骠乐不来君亦圣。
မင်းကြီးဘုန်းတော်ကြီးမည်တည်း။"	
ပျူတေးသံများစည်စည်ကား	骠乐骠乐徒喧喧,
ငြိမ့်ညောင်းသာယာပါတကား၊	
သို့ပေမယ့်လည်းလယ်သမား	不如闻此刍荛言。

သင်ခန်းစာ (၉)

ဒုံးချင်းသံကအမြတ်စား။
မင်းကြီးသောတဆင်စေသား။
   မင်းသုဝဏ်ပြန်သည်။ ၁၉၃၁၊၈၅၉။
      (၁၉၉၀ပြည့်နှစ်မေလထုတ်ရှမဝဂုဇင်းမှ)

ဝေါဟာရ

  စကားစဉ် (န) ရှေးလူကြီးအဆက်ဆက်တို့ပြောဆိုရိုးပြုခဲ့သောစကား
  အခြေအမြစ် (န) ပင်ရင်း၊မူလ၊ဇစ်မြစ်။
  မွေ့နောက် (က) အပျို့အနံ့ထွက်ဝင်ရှာဖွေသည်။
  မောင်းမမိဿံ (န) ဘုရင်၊မိဖုရားတို့၏အခြေအရံ၊နန်းတွင်းအမှုလုပ်မိန်းမများ။
  စဉ့် (န) မြေထည်ပစ္စည်းစသည်များကိုသုတ်လိမ်းရန်ပြုပြင်ထားသည့်ချော်ရည်တစ်
      မျိုး။
  ပြီး (က) အရာဝတ္ထုတစ်မျိုးတည်းနှင့်လုပ်ထားသည်။
  ကြက်မောက် (န) ပွင့်တံပေါ်တွင်ဆူးသီးငယ်များတန်းရှိသီးသောအပင်။【植】红毛丹
  လက်ရိုးဗေဒင် (န) ပြိုဟ်နေ့၊နက္ခတ်အသွားအလာ၊လက်ထပ်ရက်ငင်စသည်တွက်
      သောဗေဒင်
  ကဝိ (န) ကဗျာလက်ံဖွဲ့ဆိုတတ်သူ၊စာဆို၊စာဆိုတော်၊ပညာရှိ။
  အိမ်ရှေ့စံ (န) ရှင်ဘုရင်၏ထီးနန်းမွေကိုဆက်ခံမင်းပြုရန်လျှာထားခြင်းခံရသူ။
  အနုသာသန (န) ဆုံးမခြင်းအမိန့်၊ပညတ်ဥပဒေ။
  ပကိဏ္ဏက (နဝ) ရောနှောသော။

     ****   ******   ******

ရှင်းပြချက်

၁။။ စကား၊စကားပြောဖန်များ၊စကားထဲကဇာတိပြ ဆိုလိုသည်မှာစကားပြောဖန်များ တော့ပင်ကိုယ်သဘောကိုပေါ်လာတတ်သည်။

၂။။ မှစ၍၊ကစ၍ တစုံတခုသောအချိန်၊နေရာသို့မဟုတ်အရာကိုစွန့်ခွါဖယ်ထွက်ကြောင်းပြ သောစကားလုံး။ ဥပမာ-

- လူမျိုးတစ်မျိုး၏ဇာတိကိုသုတေသနပြုစစ်ဆေးသောအခါထိုလူမျိုး၏ဘာသာ စကားကိုအခြေအမြစ်ကစ၍အထပ်ထပ်အလွှာလွှာသိပုံနည်းကျကျလေ့လာရ ပါသည်။
- ...ရေးပဝေသဏီကစ၍အက္ခရာတင်မှတ်တမ်းရေးလေ့ရှိပါသည်။
- တစ်ဆယ့်နှစ်နှစ်သားအရွယ်မှစ၍မနားမနေကဗျာရေးသည်။
- သူ၏ကဗျာတို့သည်သူ့ခေတ်မှစ၍ယခုခေတ်တိုင်အောင်လည်းကောင်း၊တ ရှတ်ပြည်ကြီးမှစ၍ဂျပန်ပြည်တိုင်အောင်လည်းကောင်းလူကြိုက်များသည်။

၃။။ ရာကျ၊ရာရောက် (ကထ)ကြိယာတစ်ခုခုနောက်တွင်ဆက်ထားပြီးသုံးရာ 'သဘော သက်ရောက်သည်' 'အနက်အဓိပ္ပါယ်ဆောင်သည်' 'ထပ်တူထပ်မျှဖြစ်သည်' ဟူသောအ နက်ရှိ၏။ ဥပမာ-

- နိုင်ငံရေးပဋိပက္ခများအကြားတွင်ဝင်ရောက်စွက်ဖက်ရာမရောက်ချင်၍သတိ နှင့်နေသည်။
- ဤသို့လုပ်သည်မှာသစ္စာမရှိရာကျသည်။
- ဒီလိုလုပ်ရင်ကျဆုံးသွားတဲ့ရဲဘော်များကိုအိုးမဲသုတ်ရာမကျဘူးလား။
- ချစ်ရာမကျနှစ်ရာကျသည်။

သင်ခန်းစာ (၉)

၄ ။ ။ တကား၊ ဝါကျအဆုံးသတ်ရာတွင်ထားပြီး အံ့သြခြင်း၊ သဘောကိုက်ညီခြင်း၊ စိတ်တက်ကြွခြင်း၊ အဓိပ္ပါယ်လေးနက်စေခြင်းစသည်တို့ကိုပြသောစကားလုံး။ ဥပမာ-
- သံဃာတော်သာလျှင်ကိုးကွယ်ရာရှိ၏တကား။
- စိတ်ဓာတ်ဆိုသည်မှာဆန်းကြယ်လှပေသည်တကား။
- သွားမှဖြစ်တော့မည်တကား။
- အရှေ့ကောင်းကင်စခွင်တွင်နီဝင်းသောအာရုဏ်ဦးကျင်းပနေပြီတကား။
- လွတ်လပ်ရေး၏တန်ဖိုးကားကြီးမြတ်လေစွတကား။
- ငြိမ်းညှောင်းသာယာပါတကား။

၅ ။ ။ စေသား၊ စေသော၊ စေသောဝ် တောင့်တခြင်း၊ ဆုတောင်းခြင်းပြင်ပြစွာဖော်ပြလိုရာ၌သုံးသောဝါကျအဆုံးသတ်စကားလုံး။ ဥပမာ-
- မင်းကြီးသောတဆင်စေသား။
- တူနှစ်ကိုယ်ပေါင်းရပါစေသားဟုဆုတောင်းမည်။
- ဤကောင်းမှုကိုဖျက်ဆီးသူများအပါယ်ကျစေသော။

၆ ။ ။ ဂျီ၊ အီး၊ ဟာဗီ (Godfrey Eric Harvey 戈・爱・哈威) "မြန်မာသမိုင်း" ကိုရေးသားပြုစုသူ။ ၁၈၈၉ခုနှစ်တွင်မွေးဖွားသည်။ ၁၉၁၂-၁၉၃၄ခုနှစ်အထိဖြစ်သော ၂၂နှစ်အတွင်းမြန်မာပြည်တွင်နေထိုင်၍အမှုထမ်းခဲ့သည်။ သူပြုစုသော "မြန်မာသမိုင်း" သည်အကြောင်းအရာပြည့်စုံခိုင်လုံ၍နာမည်ကျော်ကြားသည့်ပြင်ပညာရှင်တို့၏ချီးမွမ်းခြင်းခံခဲ့ပါသည်။

၇ ။ ။ စုဠအကြီးတော် စုဠ=ဦးခေါင်း၊ အထွတ် အကြီးတော်=ဘုရင်၏သားတော်သမီးတော်များအားဆုံးမသွန်သင်စောင့်ရှောက်ရသောပညာရှိအမှုထမ်း။

၈။ ။ တစ်ရာ့တစ်ပါးသော... ဝေါလေ့သုံးစကား။ စင်စစ်တိတိကျကျတစ်ရာနှင့်တစ်ပါးကိုမဆို လိုပဲများပြားလှစွာသောအနက်အဓိပ္ပါယ်ကိုပဲပြပါသည်။ ဥပမာ-

- တစ်ရာ့တစ်ပါးသောလူမျိုး
- တစ်ရာ့တစ်ပါးသောထီးဆောင်းမင်း

၉။ ။ ဤသင်ခန်းစာတွင် "တန်မင်းဆက်ရာဇဝင်" ကျမ်းကိုကိုးကား၍ပျူနိုင်ငံအကြောင်းကိုရေးပြထားသည်။ "တန်မင်းဆက်ရာဇဝင်ကျမ်းသစ်" မှမူလတရပ်စာများကား အောက်ပါအတိုင်းဖြစ်သည်။ ယှဉ်၍ကြည့်ပါလေ။

（骠）王出，輿以金绳床，远则乘象。媵史数百人。青甓为圆城，周百六十里，有十二门，四隅作浮屠，民皆其中，铅锡为瓦，荔支为材。俗恶杀。拜以手抱臂稽颡为恭。明天文，喜佛法。有百寺，琉璃为甓，错以金银，丹彩紫鑛涂地，覆以锦罽，王居亦如之。民七岁祝髮止寺，至二十有不达其法，复为民。衣用白氎、朝霞，以蚕伤生不敢衣。戴金花冠、翠冒，络以杂珠。王宫设金银二钟，寇至，焚香击之，以占吉凶。……妇人当顶作高髻，饰银珠琲，衣青娑裙，披罗段；行持扇，贵家者傍至五六。

（《新唐书·骠国传》）

*****　　　　*****　　　　*****

လေ့ကျင့်ခန်း

၁။ ။ 'ပင်' ဟူသောစကားလုံး၏သုံးပုံသုံးနည်းများကိုပေါင်းရုံးသုံးသပ်ကြည့်ပါ။ ဤသင်ခန်းစာအပါအဝင်တွေ့ရှိခဲ့သောသက်ဆိုင်ရာဝါကျထုတ်နုတ်၍ပြယုဂ်အဖြစ်နှင့်ပြပါ။

သင်ခန်းစာ (၉)

၂။။ အောက်ပါစကားလုံးများဖြင့်ဝါကျတစ်ခုစီဖွဲ့ပြပါ။

...မှစ၍ ...တိုင်အောင်၊   ...ရာရောက်၊   တကား၊   စေသား၊
...လေရှိ၊   ဖို့၊   တည်း၊   ပါဘိ။

၃။။ ထယ်ဝါခန့်ညားခြင်းကိုဖော်ပြသောစကားစုငါးခုကိုရေးပြပါ။

၄။။ အောက်ပါဝါကျများကိုမြန်မာဘာသာသို့ပြန်ဆိုပါ။
(၁) 那时大英帝国曾在世界各地拥有众多殖民地，所以它自我吹嘘为"日不落帝国"。
(၂) 从到他家之日起，直到离开，我们就一直得到他母亲无微不至的照顾。
(၃) 你这样宠孩子并不是爱他，等于害了他。
(၄) 他真是一位智力过人而又机敏的学者。
(၅) 父母的恩情大无边。
(၆) 但愿人类早日根除将使种族灭绝的毒品危害。
(၇) 即使有他人的帮助，没有自身的努力也办不成事。
(၈) 为彻底解决我国北方的干旱缺水状况，必须实施"南水北调"大工程。

၅။။ အောက်ပါစာပိုဒ်ကိုမြန်မာဘာသာသို့ပြန်ဆိုပါ။

"就是不和你合影"

在训练场上，我终于见识到了杨晨的魅力。一大帮各种年龄的球迷纷纷要求和杨晨合影,杨晨彬彬有礼地一一满足了他们的要求。受到感染之际,趁着他身边暂时空缺,本人也上前要求来一张。没想到,杨晨居然和我开起了玩笑,一边嚷嚷着"不拍不拍,就是不和你合影",一边转身像个调皮的小孩子跑开去。在强烈抗议下,故意磨磨蹭蹭才和我站到一起的他又装出一副心不甘情不愿的苦脸瞪着我,逗得在场的摄影师们频频按动快门,留下杨晨这一难得的表情。

虽然我原先并非球迷,为了采访杨晨才临时恶补一番足球常识,从没看到过杨晨的球场英姿,只在网站上看过几张并不清晰的照片,实在不明白为什么会有那么多球迷喜欢他,那么多女孩子想嫁给他。但此次跟踪采访,却真实地感受到了杨晨的魅力。最后要告诉大家的是:杨晨本人要比电视上、照片上帅得多,可爱得多,只要你不是把他当做一个高不可攀的明星偶像,而是身边一个可爱的朋友,你会发现,他是一个可以带给你无穷快乐的朋友。至于能不能嫁到,只能看你的缘分了。

၆ ။ ။ "အစဉ်အလာရှိသောတရုတ်မြန်မာချစ်ကြည်ရေး" ဟူသောခေါင်းစဉ်ဖြင့်စာစီ
စာကုံးတစ်ပုဒ်ရေးပြပါ။

၇ ။ ။ တရုတ်မြန်မာဆက်ဆံရေးနှင့်ပတ်သက်သည်ပုံပြင်သို့မဟုတ်အကြောင်းအရာ
တစ်ခုခုပြောပြပါ။

***** ***** *****

အဖိုဖတ်စာ

မြန်မာ့ရိုးရာနှင့်ဗုဒ္ဓဘာသာအယူဝါဒ

ဒေါက်တာထင်အောင်

ပုဂံပြည်ဘုရင်နော်ရထာမင်းစောသည် ၁၀၇၀ ခုနှစ်တွင် မြန်မာနိုင်ငံတော်တစ်ဖက်လုံးကို စည်းရုံးပြီးနောက်ထေရဝါဒဗုဒ္ဓဘာသာကိုနိုင်ငံတော်၏ဘာသာအဖြစ်သို့ရောက်အောင်သာသနာပြုတော်မူစဉ်အချိန်ကမြန်မာနိုင်ငံတော်အတွင်း၌ရေးကျယ်သောဘာသာရေးအယူဝါဒများရှိနေပြီးဖြစ်ပေ၏။ ယင်းတို့အနက်အရေးအကြီးဆုံးနှင့် လူကြိုက်အများဆုံးအယူဝါဒများမှာနတ်ကိုးကွယ်မှုနှင့်ကွပ်ဝေဒင်ပညာနှင့်အဂ္ဂိရတ်ပညာတို့ပင်ဖြစ်သည်။ ထို့ပြင်မဟာယာနဗုဒ္ဓဘာသာအယူဝါဒနှင့် အင်းအိုင်ခလဲ့လက်ဖွဲ့စသည်တို့ကိုယုံကြည်သောဗုဒ္ဓဘာသာအယူဝါဒများလည်း ရှိသေးလေသည်။ သို့သော်လည်းယင်းတို့မှာမူရင်းအတိုင်းမဟုတ်ဘဲပုံပျက်ကာတိုင်းရင်းအယူဝါဒများ၊ အောက်လမ်းအတတ်ပညာများနှင့်ရောထွေးယှက်တင်ဖြစ်ကုန်သည်။ ဖော်ပြပါအယူဝါဒအမျိုးမျိုးသည်တစ်ခုနှင့်တစ်ခုမတူကွဲပြားခြားနားကြကုန်သော်လည်းတစ်ပေါင်းတည်းတစ်မျိုးတည်းကဲ့သို့ကားဖြစ်၍နေကြပေ၏။ အဘယ်ကြောင့်ဆိုသော်ထိုအယူဝါဒများကို အရည်းကြီးရဟန်းများကဦးဆောင်မှုပေးလျက်ရှိနေကြသောကြောင့်ဖြစ်လေသည်။ ဤအရည်းကြီးများသည်ဗုဒ္ဓဘာသာစာပေကျမ်းဂန်များ ကိုလည်းအတော်အတန်တတ်သိကြကုန်၏။ ဗုဒ္ဓဘုရားရှင်၏တန်ခိုးသတင်းအရှိန်အစော်ဖြင့် လည်းလူရေပြောင်းနေကြကုန်၏။ သို့မောင်းသောသစ်ခေါက်ဆိုးသင်္ကန်းကိုဝတ်ကာဒေါက်ချောကိုလည်းဆောင်းကြကုန်၏။ သို့သော်လည်း ယင်းတို့မှာတိရစ္ဆာန်တို့အသက်ပေါင်းများစွာဖြင့် ယဇ်ပူဇော်ပသမြဲဖြစ်သောနတ်ကနားပေးမှုကိုကမကထပြုလုပ်ကြသူများလည်းဖြစ်လေသည်။

ထေရဝါဒဗုဒ္ဓဘာသာကိုနိုင်ငံတော်ဘာသာအဖြစ်သို့ရောက်အောင်အနော်ရထာမင်းစောကြီးပမ်းပြုစုတော်မူသောအခါအရည်းကြီးများကအပြင်အထန်အတိုက်အခံပြုခဲ့လေသည်။ ထိုရဟန်းကြီးများမှာတိုင်းသူပြည်သားများ၏အပေါ်၌အလွန်ဩဇာကြီးမားသူများဖြစ်ကြရာအနော်ရထာမင်းစောသည်မရှောင်မလွဲသာတော့ဘဲအရည်းကြီးတို့အားနှိပ်ကွပ်ခဲ့ရပေ၏။ ယင်း

တို့အားလူထွက်စေ၍ဘုရင့်တပ်မတော်တွင်အမှုထမ်းစေခဲ့သည်။ပြို့ဟ်နက္ခတ်နှင့်ဆိုင်ရာ နက်အားလုံးနှင့်ဟိန္ဒူနတ်များကိုလည်းဝိဿနိုးနတ်ကွန်းတွင်နှောင်ချုပ်ထားသည်။ထိုနတ် ကွန်းကို "နတ်လှောင်ကျောင်း" ဟုအမည်ပြောင်းသည်။ဗုဒ္ဓဘာသာမပေါ်မီကအယူဝါဒမှန်သမျှ ကိုလည်းနှိမ်နင်းသည်။သို့ဖြင့်နတ်ကတော်များလည်းနတ်ကွန်းမှဖယ်ခွါကာကချေသည်။သီ ချင်းသည်များအဖြစ်သို့ရောက်ခဲ့ကြလေသည်။

သို့သော်လည်းတိုင်းသူပြည်သားများသည်ရှိရင်းစွဲယုံကြည်ကိုးကွယ်မှုများနှင့်အလေ့အ ထများကိုရုတ်ခြည်းစွန့်ပစ်ရန်ခဲယဉ်းလျက်ရှိကြသောကြောင့်ပရိယာယ်သုံး၍လာကြ၏။ဥပမာ အားဖြင့်၊မူလကပြို့ဟ်ကြီး၉လုံးပူဇော်ပွဲကိုဘုရားကိုးဆူပူဇော်ပွဲဖြစ်စေလျက်ဂေါတမဘုရားရှင် နှင့်အဂ္ဂသာဝကရှစ်ပါးတို့ပူဇော်ပွဲအဖြစ်ပြောင်းလဲလာကြသည်။ရှေးကရှိခဲ့သောနတ်၃၆ပါးစာ ရင်းတွင်သေဆုံးသွားသောမိမိ၏သူရဲကောင်းအချို့အမည်ကိုထည့်သွင်း၍အစားထိုးပေးပြန် လေသည်။အချိန်ကြာမြင့်သောအခါ၌လူများသည်ဗုဒ္ဓဘာသာမပေါ် ပေါက်မီကတည်ရှိခဲ့သော အယူဝါဒများကိုငင်၊အဂိုရတ်နတ္တယဝေဒနှင့်နတ်ကိုးကွယ်မှုများ၏ဇာစ်မြစ်ကိုငင်၊မွေ့ပျောက် လာကာယင်းတို့ကိုပင်ဗုဒ္ဓဘာသာအယူဝါဒများဖြစ်သည်ဟုလက်ခံလာကြသည်။

***** ***** *****

သင်ခန်းစာ (၁၀)
ဘကြီးအောင်ညာတယ်

"အရှေ့ကျောင်းသားသူတောင်းစား၊လည်ပေါ် ကျောင်းသားအကောင်းစား၊ ကျောက်မီးသွေးမို့မဲသကို့၊တို့ကျောင်းသားမို့ရဲသကို့၊ဟေ့လာမောင်ရို့ဝါး" ဟုအားရပါးရဆူညံစွာအော်ဟစ်ပြေးလွှားလာကြသောကလေးတစ်စုသည်ကားလည်ပေါ်ဘုန်းကြီးကျောင်းသားကလေးများဖြစ်ကြ၏။ ငင်းတို့ကျောပုခက်တင်းချလယ်တစ်ကွက်လောက်အကွာတွင်ချည်လုံချည်ကိုပြာတာကွင်းသိုင်း၍သင်တိုင်းအင်္ကျီကိုရော့ရော့ရဲဝတ်လျက်ခေါင်းငိုက်စိုက်နှင့်တစ်လှမ်းချင်းလာနေသောမောင်ချစ်သည် 'ဝံမေသုတံကော်သမယံ' ဟုတတွတ်တွတ်ရွတ်လျက်ရှိ၏။ ဆေးတစ်အိုးကျွမ်းလောက်အကြာတွင်အရှေ့သို့လှမ်းကြည့်လိုက်ရာပန်းပုဆရာကြီးဦးအောင်ချာ၏ ကနားဖျင်းတဲ၌ကျောင်းသားသူငယ်ချင်းများဝိုင်းအုံနေသည်ကိုတွေ့ရလေ၏။ မိမိသည်လည်းအကြောင်းကိုသိလိုသောကြောင့်ပြေးသွားတိုးဝင်ကြည့်ရှုလေ၏။

ဦးအောင်ချာသည်ဆင်စွယ်မင်းသမီးရုပ်ကလေးတစ်ခုကိုထုလျက်ရှိ၏။ ထုလုပ်စပြုစ၍ ရုပ်လုံးပေါ်ရုံမျှပင်ရှိသေးသော်လည်းအရုပ်ကလေးမှာနှဲ့နောင်းဖြူဖွေးချစ်စရာကလေးဖြစ်ပေ၏။ အတန်ကြာသောအခါမောင်ထွေးမောင်ခွေးဘိုးစဘိုးလုတို့တစ်စုထပြန်သွားလေ၏။ မောင်ချစ်ကားမြေကြီးပေါ်တွင်ဒူးထောက်၍ကွပ်ပျစ်ခါးပန်းတွင်မေးတင်ပြီးလျှင်အငေးသားကြည့်လျက်ပင်ရှိသေး၏။

"ဘကြီးအောင်၊ဒီမင်းသမီးရုပ်ကလေးကိုဘယ်သူပေးဖို့ထုနေတာလဲဟင်" ဟုမျက်စိကလေးပေကလပ်ပေကလပ်လုပ်၍မေးလေ၏။ ဆောက်ပုတ်နှင့်ဆောက်ကလေးကိုအသာချ၍ဆောက်ပုံးထဲတွင်ဆေးလိပ်တိုစမ်းနေသောဦးအောင်ချာက "ငါ့တူလိုချင်လို့လား၊ ငွေတစ်

ကျုပ်ယူခဲ့ယင်ဘကြီးပေးမယ်သိလား" ဟုအမှတ်မဲ့ပြောလိုက်သောအခါမျက်မှောင်ကြုတ်
ရင်းခေါင်းကုတ်လျက် "ငွေတစ်ကျပ်ဆိုတာဘယ်နှစ်ပြားလဲဘကြီးအောင်ရဲ့" ဟုမေးပြန်လေ
၏။ပန်းပုဆရာကြီးလည်းဆေးလိပ်ကိုချ၍လက်ဝါးနှစ်ဖက်ကိုထောင်ပြလျက် "ဆယ်ပြား
ဆယ်ပြားခြောက်ခါ၊နောက်ပြီးတော့လေးပြား၊ပေါင်းခြောက်ဆယ်နဲ့လေးပြား၊အဲသလောက်ကို
တစ်ကျပ်ခေါ်တယ်၊ကြားလား" ဟုကလေးသူငယ်များကိုချစ်ခင်သောဝါသနာရှိသည့်အတိုင်း
စိတ်ရှည်လက်ရှည်ခြေဟန်လက်ဟန်နှင့်ရှင်းလင်းပြောပြလေ၏။ "ခြောက်ဆယ်လေးပြားပေး
ရင်ကျွန်တော်ဒီအရုပ်ကလေးကိုတကယ်ပဲရမလား။နောက်တော့မညာနဲ့နော်ဘကြီးအောင်"
ဟုပြောရင်းယောင်ဆံမြိတ်ကလေးကိုချာချာလည်အောင်ပတ်ရစ်လျက်အိမ်ရှိရာသို့ ရွှင်
လန်းဝမ်းမြောက်စွာခုန်ပေါက်ပြေးလွှားသွားလေ၏။

မောင်ချစ်သည်နေ့လယ်ချိန်ကျောင်းတွင်မုန့်ဝယ်စားဖို့ရန်မိခင်ပေးလိုက်သောတစ်ပြား
တစ်ပြားသောအသပြာကိုမသုံးရက်မစွဲရက်ပဲအကျီသင်ပုန်းခေါင်းတွင်အပေါက်ငယ်ဖောက်၍
စုထားသည်မှာခြောက်ပြားမျှရလေ၏။တစ်ထွာမျှကျယ်သောမီမီဝမ်းခေါင်းသမုဒ္ဒရာအတွက်မူ
ကားနေ့ဆွမ်းစားကုလားတက်ခေါက်တွင်ဘုန်းတော်ကြီးဦးခေမာဝေသောဒုက်ပျော်သီးတစ်
လုံးနှင့်ကျေနပ်ဖွယ်လုံးလျက်ရှိလေ၏။

ဆင်စွယ်ရုပ်ကလေးသည်တနေ့တခြားသားနားကြော့ရှင်း၍လာ၏။သွားကလေးများ
ပေါ်လုမတတ်ရှိအောင်ပြုံးလိုက်ရန်ဟန်ပြင်နေသောအသွင်သည်အိပ်ပျော်နေသောညအချိန်

တွင်ပင်လည်းမောင်ချစ်မျက်လုံးတွင်းမှမထွက်။ ကြည့်ရဖန်များလေအရုပ်ကလေးမှာလှလာ လေလိုချင်စိတ်ပွါးလာလေဖြစ်ရကား တစ်နေ့မှတစ်ပြားတစ်ပြားစုရသည်ကိုအလွန်ဖင့်နှေး ကြန့်ကြာသည်ဟုသိလာလေ၏။ ပိုက်ဆံရလိုလွန်း၍ဉပုသ်နေများကိုပင်စာသင်ရက်ဖြစ်ပါစေတော့ ဟုဆုတောင်းမိ၏။ တပေါက်တလမ်းကဘယ်နည်းနှင့်ပိုက်ဆံရအောင်ကြိုးစားရပါမည်နည်း ဟုကြံစည်ပြန်၏။

ထိုစဉ်အခါကကမ္ဘာစစ်ကြီးအတွင်းဖြစ်၍ကျောက်တံအလွန်ရှား၏။ မောင်ချစ်သည်အစ် ကိုကြီးကိုသစ်၏ကျောက်သင်ပုန်းကွဲများကိုညောင်ရေအိုးစင်မှယူ၍ညည့်နက်သန်းခေါင်မ ရောင်မိုင်းတလူလူထွက်နေသောရေနံဆီမီးခွက်ကြီးကိုထွန်းသို့လျှက်ချွန်ထက်သောဖဲထီးသံ ချောင်းဖြင့်ကျောက်တံကိုတိုက်လေ၏။ ကျောက်တံရောင်း၍ပိုက်ဆံခြောက်ပြားရ၏။ ကျောင်းသားကြီး ဖိုးတေကအနိုင်ကျင့်၍မပေးပဲထားသောကြေးတစ်ပြားအတွက်ကွေ့မိတိုင်းဆွေးမိ၏။

တစ်ဆယ့်နှစ်ပြားမျှရလေသောအခါအင်္ကျီသင်ပုန်း ခေါင်းမှာမဆံ့တော့ပြီဖြစ်၍နှစ်ဖက် ပိတ်ကြသောင်းဝါးတစ်ဆစ်တွင်ထိပ်ကအပေါက်ဖောက်ကာဝေလာခေါင်းချော့ခေါင်းနက်ဖိုး ချွန်းစသောတံဆိပ်အမျိုး ခတ်နှိပ်သည်ကြေးပြား၁၂ပြားဟိတိကိုသွင်းလှောင်သိမီးထား လေ၏။ နှစ်ဆန်းတစ်ရက်နေ့ကဒွေးလေးညိုချစ်စနိုးပေးသည်။ သူ့ငယ်ဖော်မောင်ထွေးကအ လိုက်နှစ်ပြားပေး၍ပိုက်ဆံချင်လဲစဉ်ကမလဲရက်ပဲတွယ်တာခဲ့သည်။ ထုံးအမှတ်နှင့်ဒေါင်းပိုက်ဆံ ကလေးကိုလည်းဖျာအောက်မှထုပ်ယူ၍ကြေးပြားအဖော်များရှိရာကြေးတိုက်တွင်းသို့သွတ် သွင်းလိုက်လေ၏။ ကြေးပြားအရေအတွက်ကိုလည်းဝါးကျောတွင်စူးဖြင့်ခြစ်၍မှတ်ထားလေ ၏။ "ပဲဟင်းချက်တဲ့နေ့ကတစ်ပြား၊ ဘကြီးထူးကွဲပျောက်တဲ့နေ့ကတစ်ပြား" စသည်ဖြင့် လက်ချောင်းကလေးများကိုချိုးကာချိုးကာပိုက်ဆံစာရင်းတွက်ရစစ်ရသည်မှာနေ့စဉ်နှင့်အမျှ ဖြစ်၏။ ရေတံလျှောက်ထဲမှာထားရလျှင်ကောင်းနိုးနိုးသဘောကြမ်းပေါ်မှာဝှက်ရလျှင်လုံနိုးနိုးနှင့် ပိုက်ဆံဘူးနေရာကျိတ်ပြောင်းရသည်မှာလည်းအမောပင်ဖြစ်၏။ အရုပ်ကလေးကိုရလျှင်ထည့် ထားဖို့ရန်ထန်းရွက်ဟချောကလေးကိုအမျိုးမျိုးပြုပြင်ဆင်ယင်မွမ်းမံရသည်မှာလည်းမအား ပင်ဖြစ်လေ၏။

ဈေးသည်ဒေါ်ခါ၏တောင်နှဲ၌အငွေ့ထောင်ထောင်နှင့်ကောက်ဦးခြိုပေါင်းကို
မြင်ရသောအခါသွားရည်ယိုမိ၏။ သို့ပါသော်လည်းဝယ်မရသောသရေစာတို့ကိုသဝိတ်မှောက်
လေ၏။ သူငယ်ဖော်တို့ဖန်ဒိုးဝယ်၍ဂေါ် လီရိုက်သောအခါကလေးတို့ဘာဝအများနည်းတူက
စားလိုပါသော်လည်းမိမိတွင်ရှိရင်းစွဲစည်ပတ်သံခွေအဟောင်းကြီးကိုကျောင်းဝိုင်းပတ်လည်
တွင်လှည့်ပတ်ရိုက်လျက်တစ်ယောက်ထီးတည်းကျေနပ်တင်းတိမ်ရလေတော့၏။ သို့ဖြင့်
တစ်ပြားတိုးလျှင်တစ်မျိုးဝမ်းသာလျက်စုဆောင်းလာခဲ့ရာပိုက်ဆံ၃၄ပြားပိုက်မိသောနေ့သို့
ရောက်လာလေသတည်း။

ညနေ၄နာရီကျောင်းလွှတ်ခေါင်းလောင်းသံသည်မောင်ချစ်၏နှလုံးသွေးကိုနိုးဆွလိုက်
လေ၏။ ဘုရားရှိခိုးဆုံးခါနီး 'အာမ' ဟုဆိုမိလျှင်ပင် 'ဘနေ့' ကိုမစောင့်နိုင်ပဲထ၍ပြေးလေရာအ
စောင့်ကိုရင်ကြီးတစ်ပါးကအလျင်လိုရကောင်းမလားဟု၍ထိပ်ကိုဂေါင်ဂေါင်မြည်အောင်
ခေါက်လိုက်၏။ အမှုမထားမိလမ်းတွင်ခလုတ်တိုက်၍ခြေမကွဲသွားသော်လည်း နာရမှန်းမသိ။ ဦး
အောင်ချော့ကနားဖျင်းနားရောက်သောအခါအတင်းတိုးဝင်သွားလေ၏။ ဖော့ဦးထုပ်ကိုဆောင်း၊
တောင်ဘီအပြာကိုဝတ်လျက်ကွပ်ပျစ်ထက်တွင်အခန့်သားထိုင်ရင်းမင်းသမီးရုပ်ကလေးကို
ဘယ်ပြန်ညာပြန်ပယ်ပယ်နယ်နယ်ကိုင်တွယ်ကြည့်ရှုနေသောလူကြီးတစ်ယောက်ကိုမြင်မှသာ
ကိုယ်ရှိန်သတ်၍ပြောနေကြသောစကားကြားမိလေတော့၏။

"ဘယ်နဲ့လဲဆရာကြီးရဲ့၊ ကျုပ်ပြောတဲ့အဖိုးနဲ့ပဲပေးလိုက်မယ်မဟုတ်လား။ ခင်ဗျားတို့
အရုပ်ကလေးနဲ့တန်တဲ့အိမ်တစ်အိမ်မှမရှိပါဘူး။ ဝယ်နိုင်မဲ့လူလဲရှိမှာမဟုတ်ပါဘူး။"

"မှန်ပါ။ ဝန်ထောက်မင်းဖို့ဆိုယင်တော့အလကားတောင်းလဲပေးရမှာပါပဲ။ နို့ပေမဲ့အချော့
သတ်အမွမ်းတင်ဖို့လေးငါးရက်လောက်ဆိုင်းစေချင်ပါတယ်။ ပြီးယင်ပြီးချင်းဝန်ထောက်မင်း
တို့ဆီကိုလာပြီးပို့ပါ့မယ်။"

ထိုမျှကိုကြားရလျှင်မောင်ချစ်၏အသည်းနှလုံးအူသိမ်အူမတို့သည်ကြွေကျမတတ်ဖြစ်
လေ၏။ အရုပ်ကလေးကိုအတင်းလု၍ပြေးလိုသောစိတ်ပေါ် လာသော်လည်းဝန်ထောက်မင်း
ဟုကြားရရုံမျှနှင့်ပင်ဒူးတုန်နေရသောမောင်ချစ်မှာအဘယ်သို့ဝံ့ရပါအံ့နည်း။ ခါးကြားက

သင်ခန်းစာ (၁၀)

ခြောက်လုံးပြူးသေနတ်သည်လည်းမောင်ချစ်၏အကြံကိုသိသည်အလား မောင်ချစ်ဆီသို့စိမ်းစိမ်း လှည့်၍ခြောက်လှန့်မောင်းနှင်လေ၏။ဝဲလာသောမျက်ရည်ကိုအနိုင်နိုင်ထိန်း၍မိမိဖက်သို့ကျော ခိုင်းနေသောဆင်စွယ်ဒေဝီကလေးကိုနောက်ဆုံးကြည့်ကြည့်လျက်ထွက်လာလေ၏။ လမ်းကြား ယ်တစ်ခုအတွင်းမှ "ဟိုကောင်ကလေးသို့တို့တို့ကိုကြိုက်လို့ပို့နင်ငိုပေမဲ့အလကား၊ တို့ အမေကမပေးစား" ဟုထွက်ပေါ်လာသောတေးသံသည်တေးဆိုသူအားနှလုံးပွားဖွယ်ပင်ဖြစ် သော်လည်းမောင်ချစ်၏နှလုံးသားကိုကားဓားပါးနှင့် မွမ်းလိုက်လေတော့သတည်း။

၁၅ရက်မျှကြာသောအခါခေါင်းထက်တွင်တဘက်ကိုယ်စီတင်ထားသောမိန်းမကြီး တစ်စုနှင့်ယောကျာ်းကြီးတစ်ယောက်တို့မောင်ချစ်တို့၏ခြောက်သွေ့သောခြံကလေးအတွင်းသို့ ဝင်သွားသည်ကိုမြင်ရပါသည်။အိမ်ရှေ့ခွေးကတက်ကိုတက်မိလျှင်ပင်တိုင်ဖုံးနား၌မျက်ရည် စက်လက်ဦးဆံဖားလျားနှင့်ထိုင်နေသောမိန်းမတစ်ဦးသည်ယောကျာ်းကြီး၏ခြေဖုံကိုပြေးဖက် လျက် "အမယ်လေးကိုရင်အောင်ရဲ့မောင်ချစ်ဖြစ်ပျက်ပုံတွေမြင်ဝဲ့သေးရဲ့လား ရှင်၊မောင်ချစ် ရေအမေ့သားကြီးရဲ့။အမေလိုက်ခဲ့မယ်ကွယ့်နော်။ဟီးဟီး" ဟုဟစ်အော်ပြောဆိုငိုကြွေးမြည် တမ်းလေ၏။ဦးအောင်ချာလည်းမောင်ချစ်အလောင်းနားတွင်မလှုပ်မရှက်ထိုင်နေသောမောင် ချစ်ဖခင်အား "ဘယ်နဲ့ဖြစ်ရတာလဲမောင်ဖိုးငွေရဲ့၊ကိုရင်လဲမြို့တက်သွားတာဆယ်လေးငါး ရက်ကြာသွားလို့ဘာသတင်းမမကြားမိဘူး။အခုပြန်ရောက်ရောက်ချင်းပဲအိမ်မှာထိုင်တောင်မ ထိုင်ခဲ့ပဲပြေးလာခဲ့တာပဲကွဲ့။" ဟုပြောလေ၏။ "ကိုရင်ရယ်၊ဘာရောဂါရယ်လို့လဲမပြောတတ် ပါဘူး။တမိုင်မိုင်တတွေတွေနဲ့၊ထမင်းမစားဟင်းမစား၊တခါတလေသူ့အမေကျေးလို့ဆန် ပြုတ်ကလေးတစ်ဇွန်းလောက်ဝင်သွားပေမဲ့ချက်ခြင်းအန်ပစ်လိုက်တာပဲ။ပယောဂဆိုလို့ဆရာညို ခေါ်ပြပါလဲဘာမှမထူးခြားဘူး။ကလေးကိုညှိုးဆံသလိုသာဖြစ်နေတာပဲ။မေးလို့လဲမပြောဘူး၊ မနေ့ညကတော့သူအမေကိုခေါ်ပြီးသူ့စုထားတဲ့ပိုက်ဆံငါးမူးနှစ်ပြားကိုသူ့ဆရာတော်ကိုလှူ လိုက်ပါလို့မှာပြီးတော့ကိုရင်အောင်ကိုမေးတာပဲ။မြို့သွားတယ်လို့ပြောတော့အတန်ကြာကြာ ဘာမျှမပြောပဲမော်နေပြီး 'ဘကြီးအောင်ညာတယ်' လို့မပီတပီပြောရင်းအသက်ပျောက်သွား တာပဲ" ဟုပြော၍လုံချည်စပြင်မျက်ရည်သုတ်လေ၏။ဦးအောင်ချာလည်းစဉ်းစား၍အကြောင်း

ရင်းကိုရိပ်မိသောအခါမျက်နာသိုးငယ်၍သွားလေတော့သတည်း။

ယခုအခါတွင်ကားရွာကလေးအနောက်ဖက်နွားစားကျက်အနီးထိမ်ပင်ကြီးတောင်ယွန်းရှိသင်းချိုင်းကုန်းထက်တွင်ထီးတည်းသောအုတ်ဂူကလေးတစ်ခုကိုတွေ့နိုင်ပါသည်။ 'အချစ်ဂူ' ဟူ၍၎င်း၊ 'မောင်ချစ်ဂူ' ဟူ၍၎င်းအမည်နှစ်မျိုးဖြင့်ခေါ်ကြရမည်သည်ကိုအမှန်ဟူ၍မပြောနိုင်ပါ။ ဂူကလေး၏အရှေ့မျက်နာလိုက်ပေါက်ကလေးထဲတွင်ကျွဲကျောင်းသားနွားကျောင်းသားတို့၏လက်ချက်ကြောင့်ကျိုးပဲ့ပျက်စီးနေသောအရုပ်ကလေးတစ်စုံကိုတွေ့နိုင်ပါသေးသည်။ လိုဏ်ဝအင်္တေတွင်သွင်းနှံထားသောကျောက်ပြားငယ်ထက်တွင်ကား "လို၍မရသောဆင်းရဲ" ဟုစာတမ်းထိုးထားပါသည်။ ကျွန်တော်၏ဘိုးအေအားမေးမြန်းကြည့်ရာ၃-နှစ်လောက်ကပျံတော်မူသွားသောတောထွက်ကြီးဦးကုဏ္ဍ၏လက်ရာဖြစ်သည်ဟုသာမန်မျှသာသိရပါသတည်း။

(မင်းသုဝဏ် ရေးသည်။၁၉၃၁ခုမတ်လ)

***** ***** *****

ဝေါဟာရ

ပြာတာကွင်းသိုင်း (က) လုံချည်ကိုကောင်းစွာမဝတ်ပဲပခုံးတွင်စလွယ်ကဲ့သို့ဒေါင်လိုက်စွပ်ထားသည်။ပြာတာဆိုသည်မှာပြီတိသျှခေတ်ကရုံးတွင်အသေးအဖွဲဆောင်ရွက်ရန်အကူအညီအဖြစ်ထားရှိသောအမှုထမ်း။

သင်တိုင်းအကျီ (န) ခေါင်းမှစွပ်၍ဝတ်ရသောလက်တို အကျီပွတစ်မျိုး။

မေးတင် (က) ၁။ မေးအစွန်းကိုလက်တန်းခုံစသည်အမြင့်တစုံတရာပေါ်တွင်မေးထားသည်။

၂။ အရာဝတ္ထုချင်းအစွန်းထပ်ရုံမျှတင်သည်။

ဆောက် (န) သစ်သားကျောက်သားစသည်တို့ကိုထွင်းထုရန်အရိုးတပ်ထားသည့်သံ

သင်ခန်းစာ (၁၀)

အသွား။

ဆောက်ပုတ် (န) ဆောက်ကိုရိုက်ရန်လက်ရိုက်။
သားနား (နဝ) သပ်ရပ်ခမ်းနားသော၊ခန့်ညားသော။
ကြော့ရှင်း (နဝ) သပ်ရပ်တင့်တယ်သော၊အချိုးအစားကျသော။
သင်ပုန်းခေါင်း (န) အကျီ့ကိုယ်ထည်ဘေးစပ်ကြောင်းချုပ်ရိုးအောက်ခြေဝဲယာခွဲ
 လျှက်ထပ်ချုပ်ထားသောဒေါင်လိုက်စတုဂံထိပ်ပိုင်းပုံပါသည်ဝိတ်
 ထပ်။
ကြေးတိုက် (န) ငွေတိုက်၊ဘဏ္ဍာတိုက်၊ 钱库,银库
ကြသောင်းဝါး (န) လက်မဝက်ခန့်အသားထူသောခေါင်းပွဝါးတစ်မျိုး။
ဖန်ဒိုး (န) 小孩玩儿的玻璃球
ဂေါ်လီရိုက် (က) 弹玻璃球
စည်ပတ်သံခွေ (န) 铁箍, 铁环
မှန်ပါ၊မှန်ပါ (အ) မိမိထက်အသက်ကြီးဂုဏ်ကြီးသူတို့၏စကားကိုကြားနာရာ၌ဝန်ခံ
 နာယူသောအားဖြင့်ယဉ်ကျေးဖွယ်ရာတုံ့ပြန်ထောက်ပြည့်ပြောသော
 စကား။
ရင်ဒူးတုန် (က) ကြောက်အားကြီး၍ရင်ထဲမှာခုန်ကာဒူးလည်းတုန်လာသည်။
နလုံးပွား (က) နှစ်သက်သဘောကျသည်၊ကြည်နူးပျော်ရွှင်သည်။
မွမ်း (က) အစိတ်စိတ်ဖြစ်အောင်ဝါးစသည်ဖြင့်လှီးသည်။
ခွေးကတက် (န) အိမ်၏မျက်နှာစာတွင်အိမ်ကြမ်းပြင်အောက်နိမ့်၍ဆောက်လုပ်
 ထားသောအဆင့်။
တိုင်ဖုံး (န) အိမ်မျက်နှာစာရှိတိုင်တို့ကိုဖုံးကွယ်ထားသောထရံ။
ပယောဂ (န) စုန်းအတတ်၊သူတစ်ပါးထိခိုက်နစ်နာအောင်အစီအရင်အမျိုးမျိုးဖြင့်
 စေစားဖန်တီးသောအတတ်။

ယွန်း (နဂ) အနည်းငယ်စောင်းသော။

ထိမ်ပင် (န) 【植】蟠檀树

*****　　　　*****　　　　*****

ရှင်းပြချက်

၁။။ တင်းချလယ်တစ်ကွက်　စပါးတစ်တင်းလောက်မျိုးချနိုင်သောလယ်တစ်ကွက်။

၂။။ ဆေးတစ်အိုးကျွမ်း(လောက်) ဆေးတံနှင့်ဆေးတစ်အိုးပြီးအောင်သောက်ရှုရသော ကာလအပိုင်းအခြား။

၃။။ သကို၊သကိုး၊သည်ကို၊ ကတ္တား၏အမူအရာကိုအသိအမှတ်ပြုသည့်သဘောထောက် ခံလေးနက်စေသည့်သဘောနှင့်ဝါကျအဆုံးသတ်စကားလုံး။ ဥပမာ-
- ကျောက်မီးသွေးမို့မဲသကို၊ တို့ကျောင်းသားမို့ရဲသကို။
- နိုင်မယ်ဆိုလဲနိုင်လောက်ပါတယ်။တော်လဲတော်ပေသကို။
- အစကမင်းသိနှင့်နေသည်ကို။

၄။။ ချင်း
၁။ အတန်းအစား၊အမျိုးဇာတ်တူသောအဖြစ်တစ်ခုတည်းသောအဖြစ်ကိုပြသောစ ကားလုံး။ ဥပမာ-
- ကြိုးချင်းထားကြိုးချင်းငြိ၊အိုးချင်းထားအိုးချင်းထိ။
- ဒါးဒါးချင်းလုံလုံချင်းရင်ဆိုင်ရမည်။

၂။ တစ်ခုတည်း၊တစ်ဦးတည်း၊တစ်ချိန်တည်းသာလျှင်ဖြစ်တည်ခြင်းသဘောကိုပြ သောစကားလုံး။ ဥပမာ-

- နေ့ချင်းကြီး
- ညတွင်းချင်း
- တစ်ဦးချင်းသီချင်းဆိုသည်။
- ခေါင်းငိုက်စိုက်နှင့်တစ်လမ်းချင်းလာနေသောမောင်ချစ်သည်...

၃။ တပြိုင်နက်၊တချက်တည်းသောအဖြစ်ကိုပြသောစကားလုံး၊ '...လျှင်...ချင်း' သို့မဟုတ် '...ယင်...ချင်း' '......ချင်း' ဟူ၍ပုံစံအမျိုးမျိုးဖြင့်သုံးသည်။ ဥပမာ-
- သတင်းရ(လျှင်)ရချင်းအကြောင်းကြားပါ့မည်။
- ပြီးယင်ပြီးချင်းဝန်ထောက်မင်းတို့ဆီကိုလာပြီးပို့ပါ့မည်။

၄။ တစုံတခုသောပိုင်းခြားသတ်မှတ်ချက်ကိုထင်ရှားစေသည့်စကားလုံး၊တစုံတခု သောကာလအထိအဆက်မပြတ်ဆက်တိုက်ဖြစ်နေပုံကိုပြသည့်စကားလုံး၊ 'မ... မချင်း' ဟူ၍စကားပုံစံဖြင့်သုံးသည်။ ဥပမာ-
- မသေမချင်းတိုက်ပွဲဝင်သွားမည်။
- သူတို့မလာမချင်းစောင့်နေမည်။
- အကောင်းဆုံးမဖြစ်မချင်းကြိုးစားမည်။

၅။ တူညီလိုက်လျောသောအဖြစ်ကိုပြသောစကားလုံး၊ '...လျှင်...ချင်း' ဟူ၍စကား ပုံစံဖြင့်သုံးသည်။ ဥပမာ-
- ချစ်လျှင်ချစ်ချင်းမုန်းလျှင်မုန်းချင်း

၅။ အ...သား တစုံတရာသောအခြေအနေ၌သက်ရောက်နေခြင်းကိုထင်ရှားစေလိုရာ၌သုံး သောစကားလုံး၊အကြားမှာကြိယာသို့မဟုတ်နာမဝိသေသနတစ်လုံးထည့်ရမည်။ ဥပမာ-
- မောင်ချစ်ကားမြေကြီးပေါ်တွင်ဒူးထောက်၍ကွပ်ပျစ်ခါးပန်တွင်မေးတင်ပြီး လျှင်အငေးသားကြည့်လျက်ပင်ရှိသေး၏။

- ကွပ်ပျစ်ထက်တွင်အခန့်သားထိုင်ရင်းမင်းသမီးရုပ်ကလေးကိုဘယ်ပြန်ညာ ပြန်ပယ်ပယ်နယ်နယ်ကိုင်တွယ်ကြည့်ရှုနေသောလူကြီးတစ်ယောက်ကို...

၆။။ လူမတတ် တစုံတခုသောဖြစ်ပျက်မှုသဘောသို့ရောက်နိုင်သောအခြေအနေကိုပြရန်ကြိ ယာနောက်၌စပ်၍သုံးသောစကားလုံး။ 'လုနီးပါး' 'လုခမန်း' 'လုဘနန်း' နှင့် 'မတတ်' တို့ကိုလည်းသုံးသည်။(အတွဲ၅ သင်ခန်းစာ၁၄ ရှင်းပြချက် ၈ ကိုယှဉ်ကြည့်ပါ)

၇။။ နိုး (ပ) ကိစ္စတစုံတရာဖြစ်ဖွယ်ရှိကြောင်း၊ဖြစ်ဟန်လက္ခဏာရှိကြောင်း၊မျှော်ကြောင်း ကိုပြသည့်စကားလုံး။ 'နိုးနိုး'သုံးလျှင်လည်းအတူတူပင်။ ဥပမာ-
- စာပို့လုလင်ခပ်ဝေးဝေးကလာလျှင်စာပါလာနိုးနှင့်မျှော်ကိုးစောင့်စားတတ်၏။
- ရေတံလျောက်ထဲမှာထားရလျှင်ကောင်းနိုးနိုးသဘော်ကြမ်းပေါ်မှာဝှက်ရလျှင် လုံနိုးနှင့်ပိုက်ဆံပုံးနေရာကျိတ်ပြောင်းရသည်မှာလည်းအမောပင်ဖြစ်၏။

၈။။ ဝေလာခေါင်း၊ ကျော့ခေါင်း၊ နတ်ဖိုးချွန်း ပထမကမ္ဘာစစ်ကြီးဖြစ်တုန်းကမြန်မာပြည်တွင် သုံးနေကြသည့်အကြွေမျိုး၏အမည်များ။

၉။။ အလား (ပ) ပုံပန်း၊သွင်ပြင်အခြေအနေစသည်တူညီသည့်အဖြစ်ကိုပြသောစကားလုံး။ ကြိယာနောက်တွင်သုံးလိုလျှင် 'သည့်အလား' 'မည့်အလား' စသည်တို့သုံးရသည်။ ဥပမာ-
- ပီကင်းတက္ကသိုလ်ကျောင်းဝင်းကြီးသည်ပန်းခြံကြီးတစ်ခုအလားလှပသည်။
- ခါးကြားကခြောက်လုံးပြူးသေနတ်သည်လည်းမောင်ချစ်၏အကြံကိုသိသည် အလားမောင်ချစ်ဆီသို့စိမ်းစိမ်းလှည့်၍ခြောက်လှန့်မောင်နှင့်လေ၏။
- မိုးကောင်းကင်တစ်ခုလုံးပြိုကျတော့မည့်အလားအုံ့မှိုင်းနေ၏။

သင်ခန်းစာ (၁၀)   169

၁၀ ။ ။ လို၍မရသောဆင်းရဲ 佛教谓 "求不得苦"。

*****   *****   *****

လေ့ကျင့်ခန်း

၁ ။ ။ အောက်ပါစကားလုံးများဖြင့်ဝါကျတစ်ခုစီဖွဲ့ပြပါ။

ချင်း၊   လုမတတ်၊   နိုး၊   အလား။   အ...သား၊

နို့ပေမဲ့၊   ပါစေတော့၊   ရယ်လို့။

၂ ။ ။ အောက်ပါစာပိုဒ်ရှိကွက်လပ်များ၌ဆီလျော်သောစကားလုံးဖြင့်ဖြည့်ပါ။

မြန်မာနိုင်ငံတော်( )ရွှေခြည်ထိုးငွေခြည်ထိုးလုပ်ငန်းကိုအနုပညာတစ်ရပ် (作为)လုပ်ကိုင်ဆောင်ရွက်ကြ( )နှစ်ပေါင်း၃၀၀(约)ရှိပြီဟုယူဆ(应)ပါသည်။ ယခုရွှေခြည်ထိုးငွေခြည်ထိုးလုပ်ငန်းကိုမန္တလေးမြို့ယခုခေတ်(直至)ဆက်လက်လုပ် ကိုင်( )ရှိကြပါသည်။မြန်မာတို့၏ရွှေခြည်ထိုးငွေခြည်ထိုးလုပ်ငန်းသည်အနောက် တိုင်းဥရောပတိုက်( )ရွှေခြည်ထိုးငွေခြည်ထိုးလုပ်ငန်းနှင့်လုံးဝမတူ( )မြန်မာ့အသွင် ကိုမြန်မာ့အမြင်နှင့်ဖန်တီး( )လုပ်ကိုင်ဆောင်ရွက်( )အံ့ဩ( )တစ်ရပ်ဖြစ်ပါ သည်။ရွှေခြည်ထိုးငွေခြည်ထိုးလုပ်ငန်းတွင်ရွှေကြယ်ငွေကြယ်ရွှေရည်စိမ်ထားသောဗူး နွယ်ခေါ် သွယ်ပြောင်ကလေးများကိုလည်း(应用)တန်ဆာဆင်ပေးပါသည်။(此外) ကျောက်သံပတ္တမြားအတုဖန်နှင့်မှန်အစအနကလေးများကိုထည်( )အသုံးပြုပါ သည်။၎င်းတို့သည်အောက်ခံအဝတ်အထည်နှင့်ဆီလျော်( )ပြုပြင်ဆင်ယင်ထား (由于)အရောင်တဖိတ်ဖိတ်တောက်လျက်အလွန်ကြည့်( )လုပတင့်တယ်ပါ သည်။ရုပ်ပုံများပေါ်( )လည်းလူရုပ်များ(之外)နတ်ရုပ်သိကြားရုပ်များလည်းအသွင် ပေါ်၍ရွှေခြည်ငွေခြည်( )ထိုးထားပါသည်။(此外) ဆင်မြင်းခြသေ့(等等)တိ ရစ္ဆာန်များ၏ပုံများကိုလည်းထိုး၍(表现)ကြပါသည်။(同样)ကြာဖူးကြာပွင့်ပန်းခက်

ပန်းလက်များ၏အသွင်ကိုလည်းရွှေခြည်ငွေခြည်ထိုး၍တခမ်းတနားပြုလုပ်ကြပါသည်။ (某些)ရုပ်ပုံများကိုလည်းအောက်ခံအဝတ်အောက်တွင်ဝှမ်းခံ(   )ရုပ်ဖောင်းရုပ်ကြွများကိုလည်းရွှေခြည်ငွေခြည်(   )ထိုး၍ရုပ်လုံးဖော်ပါသည်။ရှင်ဘုရင်မိဖုရား(以及)မင်းညီမင်းသားမျှုးကြီးမတ်ရာသေနာပတိတို့(   )လည်းရွှေခြည်ငွေခြည်ထိုးသောအဝတ်တန်ဆာများကိုပြုလုပ်ကြပါသည်။ရွှေခြည်ထိုးငွေခြည်ထိုးလုပ်ငန်းတွင်အချို့အဝတ်တန်ဆာများ(   )ငွေခြည်ကိုအတိုင်ထား(   )ရွှေခြည်ကိုအဖောက်ပြင်ထား(   )ယက်လုပ်ကြပါသေးသည်။(古时)ကြက် ၂၂လက်မရှိသောပုဇွန်ဆီရောင်အဝတ်ကိုအောက်ခံ(   )လျက်ရွှေခြည်ငွေခြည်ထိုး(惯于)ပါသည်။ကန့်လန့်ကာများ၊မှန်ဖုံးများ၊မျက်နှာကြက်နဖူးစည်းများနှင့်မင်းညီမင်းသားသုံးဆင်မြင်းများ၏ကကြိုးတန်ဆာများကိုလည်းရွှေခြည်ထိုးငွေခြည်ထိုးအထည်များကို(应用)ပါသည်။

၃။ သင်ခန်းစာ၏အပိုဒ် ၃ ကစပြီးအပိုဒ် ၆ အထိတရုတ်ဘာသာသို့ပြန်ဆိုပါ။

၄။ အောက်ပါဝါကျများကိုမြန်မာဘာသာသို့ပြန်ဆိုပါ။

(1) 每天又得干这,又得干那,根本就没有什么空。

(2) 这首长诗我读过多次,几乎能一字不漏地背下来。

(3) 一走进国际博览会的大门,我们就发现中国参展的商品不少。

(4) 他的小女儿今年考大学,可报北京大学好还是报当地大学更有把握,总定不下来。

(5) 回忆童年生活就像看电影一样,眼前浮现出一个又一个的镜头。

（6）他小时候就用功，现在果然发了。那时候我就说这孩子肯定有出息。

（7）难怪你听到这消息毫不惊奇，原来你早就听说啦！

（8）他喜欢孩子，见到孩子就会跟他们逗着玩儿。孩子们也很喜欢他。

၅ ။ ။ အောက်ပါဝတ္ထုတိုတစ်ပုဒ်ကိုမြန်မာဘာသာသို့ပြန်ဆိုပါ။

常胜的歌手

王蒙

有一次，一位歌手唱完了歌，竟没有一个人鼓掌。于是她在开会的时候说道："掌声究竟能说明什么问题呢？难道掌声是美？是艺术？是黄金？掌声到底卖几分钱一斤？被观众鼓了几声掌就飘飘然，就忘乎所以，就选成了歌星，就坐飞机，就灌唱片，这简直是胡闹！是对灵魂的腐蚀！"

后来她又唱了一次歌，全场掌声雷动。她在会上又说开了："歌曲是让人听的，如果人家不爱听，内容再好，曲调再好，又有什么用？群众的眼睛是雪亮的，群众的心里是有一杆秤的，离开了群众的喜闻乐见，就是不搞大众化，只搞小众化，就是出了方向性差错，就是孤家寡人，自我欣赏。我听到的不只是掌声，而且是一颗颗火热的心的跳动！"

过了一阵子，音乐工作者开会，谈到歌曲演唱中的一种不健康的倾向和群众的趣味需要疏导，欣赏水平需要提高。她便举出了那一次唱歌无人鼓掌作为例子，她宣称：

"我顶住了！我顶住了！我顶住了！"

又过了一阵子，音乐工作者又开会，谈到受欢迎的群众歌曲还是创作、演唱得太少。她又举出了另一次唱歌掌声如雷的例子，宣称：

"我早就做了，我早就做了，我早就做了！"

၆။ ကိုယ်စိတ်ကြိုက်ခေါင်းစဉ်ဖြင့်လက်မှုအတတ်ပညာလုပ်ငန်းတစ်ရပ်ရပ်အကြောင်းကိုရေးပြပါ။

၇။ စာရေးဆရာမင်းသုဝဏ်၏ရေးပုံရေးနည်းကိုဝေဖန်ဆွေးနွေးကြပါ။

***** ***** *****

အပိုဖတ်စာ

ယဉ်ကျေးသူ

မာမာ ရေးသည်။

နေဖန်ဝါရောင်ပျော့သည့် ကြေးဆည်းဆာဖြစ်လေသည်။

မာမာသည်သူ၏အိပ်ခန်းတွင်း မှန်ခုံဝယ်အလှပြင်နေသည်။ဆံပင်ကိုအလယ်တည့်တည့်မှခွဲ၍နောက်တွင်တစ်ပတ်လျှိုဆံထုံးထိုးထားသည်။အမောက်အထောင်အကောက်မရှိ၊ပကတိအိအိကလေးနေသည်။ဆံပင်များသည်ခွဲကြောင်းတစ်ဖက်တစ်ချက်တွင်ပိပိရိရိနေသည်နှင့်၊အမျှဆံယဉ်နကလေးများကလည်းမခို့တရို့ကလေးနဖူးပြင်၌ဝဲကျနေလေသည်။နောက်တွဲတစ်ပတ်လျှိုမှာမြန်မာနံ့ဆန့်ကွာဌေးရသပ်ရပ်လှပေသည်။

မာမာသည်သူ့မျက်နှာရိပ်ကိုမှန်ထဲတွင်တစ်ချက်ကြည့်ပြီး ယွန်းအစ်ကလေးထဲမှသနပ်

သင်ခန်းစာ (၁၀)

ခါးခဲကလေးများကိုထုတ်ယူကြိတ်ခြေကာတို့ဖတ်ပုဝါကလေးဖြင့်အသာအယာတို့၍ဖို့လိုက်လေသည်။မြန်မာဖြစ်ဘီငါးလုံးသနပ်ခါးခဲကလေးများမှာနိုင်ငံခြားပေါင်ဒါများကဲ့သို့နီသလိုလိုပြာသလိုမဖြစ်ဘဲနုဂိအသားညိုစိုစိုပြည်ပြည်ပေါ်တွင်ဝါဝါကလေးပန်းရလျက်ရှိတော့သည်။

နောက်သနပ်ခါးမှုန့်များတင်နေသောစိမ်းလန်းနက်မှောင်ထူထပ်သည့်မျက်ခုံးများကိုသွားပွတ်တံအသေးကလေးဖြင့်ခြစ်လိုက်ပြီးနုတ်ခမ်းကလေးကိုလည်းနုဂိပန်းရောင်အသွေးပေါ်လာအောင်လျှာကလေးဖြင့်လျက်သိမ်းလိုက်လေသည်။ ၎င်းတွင်မျက်နှာနှင့်ဦးခေါင်းပြင်ဆင်ခြင်းကိစ္စပြီးဆုံးသဖြင့်မာမာသည်နေရာမှထကာပီရိုအနီးသို့ကပ်သွားလေသည်။

ထိုနောက်ပန်းမော်ပိုးအသိုကွက်စိပ်အကျီကလေးနှင့်အမရပူရရက်ပိုးရောချည်ပါလုံချည်အနီကလေးကိုထုတ်ယူဝတ်ဆင်လိုက်သည်။သူ့အသွင်မှာသူ့အဆင်အပြင်နှင့်အလွန်ပင်ပနံ့ရ၍ယဉ်ကျေးထည်ဝါလှတော့သည်။သူ့အဆင်အပြင်ကိုဖြေရသလောက်သူ့မျက်နှာထားမှာလည်းတည်ကြည်လှသဖြင့်သူ့အရွယ်ကလေးနှင့်မလိုက်အောင်ပင်မာမာမှာခံ့ညားထည်ဝါလေးစားစရာလေးဖြစ်နေပေတော့သည်။မာမာသည်သူ၏မြန်မာပီသ၍ရှိရှိနှင့်လှသောအဆင်အပြင်ကိုကျေနပ်စွာမှန်ထဲတစ်ချက်ကြည့်လိုက်ပြီးမှအိမ်ရှေ့သို့ထွက်သွားလေသည်။

+ + +

မာမာယခုအသက် ၂၀တင်းတင်းပြည့်လေပြီ။၁ဖန်စ်အရွယ်အပျိုဖော်ဝင်စကမှုသည်လိုမဟုတ်ခဲ့။စိတ်ကလေးကလည်းကြွရုပ်ရည်ကလေးကလည်းလှသည်ဖြစ်လေရာကာလသားများတစ်နေ့တစ်ခြားအိမ်ရှေ့တွင်ခြေရှုပ်စပြုသလောက်သူကိုယ်တိုင်လည်းဂနာမငြိမ်ဖြစ်ခဲ့လေသည်။

မုန်ရှေ့တွင်အလိမ်အကောက်တို့ဖြင့်ပြီးသောအမောက်ကြီးကိုတပင်တပန်းအချိန်ကုန်ခံကာလုပ်ရသည်မှာလည်းမာမာ၏နေ့တိုင်းအလုပ်နှင့်မျက်ခုံးထူထူကိုသေးသေးသွယ်သွယ်ဖြစ်အောင်နှတ်ရသည်မှာလည်းမကြာခဏ။နတ်ခမ်းနီပါးနီခြယ်ရသည်မှာလည်းအမောတော်တော်ကြာကျစ်ဆံမြီး၊တော်တော်ကြာအလိပ်၊တော်တော်ကြာအခွေနှင့်၊အမျိုးမျိုးဖြစ်ချင်တိုင်းဖြစ်နေတော့သည်။

အဝတ်အစားမှာလည်းပဒုမ္မာပါး၊တိုကျပ်မှုးနိုင်လွှန်ပါး၊တိုကျပ်၊ငင်းမှသည်လက်ပြတ်၊ လက်ပြတ်မှသည်ချိုင်းပြတ်ထိဆင်.ကဲ၍အတင်.ရဲလာသောအခါ၌ကားမိခင်ကြီးမနေသာတော့ ပြီ၊အလိုလိုက်ခဲ့သမျှကြာလေဆိုးလေဖြစ်ကာနောင်ရေးအတွက်ရတက်မအေးနိုင်သောမိခင်ကြီး ကသမီးချောအတွက်စိတ်မောလျက်ရှိရာပေလိမ့်မည်။မာမာ့အခြေအနေကိုလည်းကြည်. လိုက်ပါဦး။လမ်းများထွက်လိုက်လျှင်ကာလသားတွေပါလာကြတော့သည်။မာမာ့အဆင်အပြင် ကြောင်.သူတို့လေးစားပုံမရနံဘေးကမိခင်ကြီးကိုပင်ရှိသည်ဟုအသိအမှတ်ပြုဟန်မတူ၊ "တယ်ချေပါလားဟေ့" ဟုကြားတကြားပြောအလစ်တွင်စာထောင်ပြမျက်စိမိတ်၊ခေါင်းညိတ် ခေါ်၊ဘေးနားမှစက်ဘီးဖြင့်တိုက်မိမတတ်ပွတ်ကပ်စီးသွားသူများကမရှား၊လေချွန်သူကချွန်ကြ လေရာမာမာအဖို့အတော်ပင်ကဏ္ဍဌေးဖျက်စရာဖြစ်ရတော့သည်။

(၁၉၆၂ခုနှစ်နိုဝင်ဘာလထုတ်ငွေတာရီမဂ္ဂဇင်းဝတ္ထုတို "ယဉ်ကျေးသူ" မှကောက်နုတ်ချက်)

***** ***** *****

သင်ခန်းစာ (၁၁)
ပဒေသရာဇ်ခေတ်မြန်မာစာပေအခြေအနေ

ပဒေသရာဇ်ခေတ်ဟုဆိုရာ၌မြန်မာစာပေစတင်ပေါ် ပေါက်ခဲ့ရာမှသီပေါမင်းတရား ပါ တော်မူသည့်ကာလအထိကိုပဒေသရာဇ်ခေတ်ဟုဆိုလိုပါသည်။ အကြမ်းအားဖြင့်နှစ်ပေါင်း ၂၀၀၀ခန့်ရှိသည်ဟုဆိုရာ၏။ တကောင်းအဘိရာဇာမှအစပြု၍မြန်မာရာဇဝင်ကိုစတင်ရသော် လည်းမြန်မာဟုခေါ်သောဝေါဟာရကိုငှင်း၊ လူမျိုးကိုငှင်း၊ သရေခေတ္တရာပျက်ပြီးကာလမှစတင်၍ တွေ့ရသည်ဟုရာဇဝင်ဆရာတို့ဆိုကြပါသည်။

မြန်မာတို့မရောက်မီမြန်မာနိုင်ငံတွင်းသို့မူလတိုင်းရင်းသားများအပြင်ပြည်ပမှပုဂ္ဂိုလ်အ များအပြားရောက်လျှက်ရှိခဲ့လေသည်။

မြန်မာတို့ဝင်ရောက်လာသောအခါတွင်မြန်မာတို့ကလည်းပျူ၊ မွန်တို့အလားတူအိန္ဒိယ မှကြီးခခွေးကိုယူ၍မြန်မာဘာသာကိုတီထွင်ရေးသားခဲ့လေသည်။ ဤကားမြန်မာစာပေ၏ အစမူလပင်ဖြစ်ပါတော့သည်။ မြစေတီကျောက်စာသည်အစောဆုံးမြန်မာစာဟုဆိုကြပေသည်။ နောက်ထပ်မရှာဖွေချက်အရမြစေတီကျောက်စာထက်စောသောကျောက်စာတစ်ခုနှစ်ခုမျှသာ တွေ့ရပါသည်။ သက္ကရာဇ်၄၀၀မှ၆၅၀အထိပုဂံခေတ်တွင်မြန်မာဘာသာအားဖြင့်ကျောက်စာများ ကိုအများအပြားရေးထိုးထားကြပါသည်။ ကျောက်စာဆိုသည်မှာကုသိုလ်ကောင်းမှုအကြောင်း မှတ်တမ်းတင်သောစာပင်ဖြစ်သည်။ ယင်းမှတ်တမ်းများသည်ပုဂံခေတ်၏လူမှုရေး၊ ပညာရေး၊ စီးပွါးရေးနှင့်ယဉ်ကျေးမှုအနုပညာများအကြောင်းကိုအသင့်အတင့်တွေ့ရပေသည်။ ယုံကြည် ကိုးကွယ်မှုနှင့်ဘာသာရေးခံယူချက်မှာလည်းထင်ထင်ရှားရှားရှိခဲ့လေပြီ။ ထေရဝါဒဗုဒ္ဓဘာသာ ကိုလက်ခံကိုးကွယ်ဆည်းကပ်ခဲ့ချေပြီ။ ထို့ကြောင့်နိဗ္ဗာန်မဂ်ဖိုလ်ကိုဆုတောင်းတတ်လေပြီ။

လောကီစည်းစိမ်ချမ်းသာကိုလည်းဆုတောင်းတတ်လေပြီ၊သင်္ခါရဓမ္မ၏သဘောကိုလည်း ကောင်းစွာသဘောပေါက်ခဲ့လေပြီ။

ပုဂံခေတ်တွင်ကျောက်စာရေးထိုးခြင်းနှင့်လေးလုံးစပ်လက်ကိုစတင်တွေ့ရပါသည်၊ပုဂံခေတ်ကုန်ခါနီးတွင်ရတုကိုစတင်တွေ့ရပါသည်၊လက်ထက်ရတုသည်ပို၍စံနစ်ကျသည်၊ပို၍ဂီတဆံသည်၊နား၀င်ချိုသည်၊ပင်းယခေတ်တွင်ရတုအများအပြားရေးလေပြီ၊အင်း၀ခေတ် တွင်လက်ရာရတုနှင့်ပျို့တို့ဖွံ့ဖြိုးတိုးတက်ခဲ့လေပြီ၊ရေးသားသောအကြောင်းအရာများကား အဘိဓမ္မာနှင့်ဆိုင်ရာအမေးအဖြေ၊တရားဓမ္မနှင့်ဆိုင်ရာသိမှတ်ဖွယ်ရာများ၊သုတ္တန္တပိဋကတ်မှ ဇာတ်ဝတ္တုတို့ကိုပျို့ကဗျာဖြင့်စီကုံးရေးသားခြင်းများဖြစ်လေသည်၊အင်း၀ခေတ်သည်မြန်မာ စာပေဖွံ့ဖြိုးတိုးတက်ဆုံးအချိန်ဟုဆိုသင့်လေသည်၊ဤ၌အထူးပြုရန်မှာထန်းတက်သမား သည်မိမိ၏ရင်ဘတ်နှင့်ထန်းလုံးကိုပူးတွဲ၍တက်ဘိသကဲ့သို့ရေးသားသောစာပေများ သည်ဓမ္မကြောင်းကိုအခြေခံ၍ရေးသည်သာများလေသည်။မြတ်စွာဘုရားသခင်ဟောကြား တော်မူသောတရားသဘောကိုသရုပ်လှအောင်ချုပြသည်သာဖြစ်ပေသည်။ဖတ်နာသူ အပေါင်းတို့သည်လည်းဤသို့ပါတကားဟုသံဝေဂဖြာသော်လည်းပွားရာ၏၊တရားရသော်လည်းရရာ ၏၊အဓိကအကျိုးတရားကားလောကဓံကိုယောနိသောမနသိကာရဖြစ်အောင်နှလုံးသွင်းနိုင်မှု သည်ခံနိုင်မှု၊ရှောင်ရဲနိုင်မှုများဖြစ်သတည်း။

အလိမ္မာစာမှာရှိသည်ဆိုသောစကားအတိုင်းဗုဒ္ဓတရားတော်နှင့်လျော်ညီစွာလိမ္မာရေးခြား ရှိအောင်ကိုယ်နှုတ်၊နှလုံးသုံးပါးလုံးကိုစောင့်သုံးဆောက်တည်နိုင်အောင်ဆုံးမပဲ့ပြင်၊သွန်သင် လမ်းပြသည့်စာပေများသာလျှင်များပြားလေသည်။

မင်းသည်တိုင်းပြည်တွင်အာဏာရှိသူ၊လက်နက်ရှိသူ၊ဩဇာရှိသူဖြစ်ရကားမင်းကိုဆုံးမ မှတိုင်းပြည်ချမ်းသာမည်။မင်းကောင်းမှတိုင်းပြည်သာယာမည်။ မင်းလိမ္မာမှတိုင်းပြည်အေး ချမ်းမည်။မင်းမလိမ္မာကအစစအရာရာချောက်ချား၍မှောက်မှားကုန်ကြမည်ဟုယုံကြည်သည်။ အသိနည်းဆိုသော်ဦးချို့ရှိသူသည်ဦးချို့ကိုအားကိုး၏၊အစွယ်ရှိသူသည်အစွယ်ကိုအားကိုး၏၊ ဆိုသောလောကနီတိစကားအတိုင်းအာဏာလက်နက်ရှိသူသည်မိမိ၏အာဏာလက်နက်ကို

သင်ခန်းစာ (၁၁)   177

တိုင်းသူပြည်သားများအပေါ်၌အကွက်ကျကျမျှုးတပ်ဘဲအလွဲသုံးစားအမှားဖက်ပါချေက အစစဒုက္ခရောက်မည်ဟုနားလည်သောကြောင့်ပင်ဖြစ်သည်။ ဤသည်ကားအုပ်ချုပ်ရေး အရာစံနစ်အရသူ့ခေတ်နှင့်သူ့အခါမို့အထူးဆိုဖွယ်ရာမရှိပါ။ဆိုလိုသည်မှာကားစာပေရေးသား ပြုစုသူတို့သည်ပြည်သူလူထုအပေါ်၌မေတ္တာစေတနာထားရှိကြပုံကိုတင်ပြလိုရင်းသာဖြစ်၏။ မင်းကိုဆုံးမခြင်းအားဖြင့်ပြည်သူလူထုကို ကောင်းကျိုးပြုပေသည်။

မင်းမကောင်းသဖြင့်ပြည်သူလူထုလုလုကြီးဒုက္ခရောက်ခဲ့ရသည်သာဓကများကလည်း မြန်မာရာဇဝင်တစ်လျှောက်တွင်ကြုံခဲ့ဆုံခဲ့ဘူး၏။ဥပမာအားဖြင့်ဝယ်သုံးခုဉ္သျှစ်ထုဟုဆိုကြ သည်,သက္ကရာဇ် ၈၈၈ ခုနှစ်တွင်သိုဟန်ဘွားမင်းသည်ဗုဒ္ဓကိုမကြည်ညို၊ရဟန်းသံဃာတို့အား ညှဉ်းဆဲပြည်သူလူထုကိုနိပ်စက်သည်ဖြစ်ရကား တစ်တိုင်းတစ်ပြည်လုံးချောက်ချောက် ချားချား မှောက်မှောက်မှားမှားဖြစ်ကုန်ကြသည်။ကိုယ်ကျင့်တရားတွေပျက်ကုန်ကြသည်။ အချင်း ချင်းသတ်ဖြတ်ကုန်ကြသည်။မိုက်ချင်စိတ်၊မခံချင်စိတ်၊သတ္တစွမ်းပြလိုသည့်စိတ်တို့သည်ဖိတ် ဖိတ်လျှံထွက်ကုန်ကြသည်။အကုသိုလ်ကိုမမြင်တော့၊သံသရာကိုမတွေးတော့။

ယင်းသို့စိတ်ဓာတ်ပျက်စီးကုန်ကြသောပြည်သူအပေါင်းအားကောင်းမြတ်သောကရု ဏာသခင်အရှင်အဂ္ဂသမာဓိသည်အဖတ်ဆည်မီစေရန်ရဲခန်းနှင့်ပြု၍ချောက်ခဲ့ရသည်။ဘုံခန်း နှင့်ပြု၍မြှောက်ခဲ့ရသည်။ဗုဒ္ဓ၏တရားတော်ကိုအလေးအနက်ခံယူထားသောမြန်မာတို့သည်

ဤစာကိုနာရကြားရခြင်းကြောင့်၊ထိတ်လန့်ကြသည်၊ကြောက်ရွံ့ကြသည်၊သံဝေဂရကြသည်၊ သို့နှင့်တဖြေးဖြေးတစစပျက်စီးဆဲဆိတ်ဒတ်များကိုပြန်လည်ဆယ်မီကာမှုလမြန်မာ့ရိုးရာ ယဉ်ကျေးမှုအတိုင်းအခြေခိုင်မြဲခြင်းသို့ရောက်ရှိခဲ့ရသည်။ဤကားအမွှေးအကြူမျှသောသာဓကဖြစ်ပါ သည်။

အင်းဝခေတ်၊တောင်ငူခေတ်၊ညောင်ရမ်းခေတ်၊ကုန်းဘောင်ခေတ်အဆက်ဆက်တွင် သူ့ခေတ်နှင့်သူ့တီထွင်မှုဆန်းသစ်မှုများရှိသည်။စာပေကိုဝေဆာသည်ထက်ဝေဆာအောင်စွမ်း ဆောင်အားထုတ်ရေးသားခဲ့ကြသည်၊မည်သည်တို့ကိုရေးသနည်း။

ဗုဒ္ဓစာပေနှင့်မကင်းရာမကင်းကြောင်းဖြစ်သောဇာတ်ဝတ္ထု၊စကားပြေများ၊ပျို့၊လက်ဂါများ၊ ဆုံးမစာများ၊နီတိကျမ်းများ၊ရာဇဝင်ကျမ်းများ၊ဓမ္မသတ်ကျမ်းများတို့ဖြစ်ပေသည်။ကဗျာလင်္ကာ ဂီတအနေနှင့်ဆိုသော်စည်း၊ဝါးမပါသောစနာလက်ရဂီတများ၊စည်း၊ဝါးပါသောသောတာ လက်ရဂီတသီချင်းတို့ကိုအများအပြားတီထွင်ရေးသားလေသည်။ထို့ကြောင့်အဆင်ကွဲဖြစ်သော မြန်မာကဗျာများသည်၆ရမျိုးအထိတိုးတက်လာခဲ့ပေသည်။

ကြာမရှိသောရေကန်သည်မတင့်တယ်ဘိသကဲ့သို့စာဆိုမရှိသောနန်းတော်သည်လည်းမ တင့်တယ်ဟုရှေးကဆိုရိုးရှိခဲ့သည်အတိုင်းထိပ်တန်းစာဆိုများကိုထင်ပေါ်သလောက်စင် တော်ကကောက်၍ရွှေနန်းတော်၌ထားရှိပေသည်၊ထိုဆရာများသည်ကောင်းနိုးရာရာကဗျာလက်ာ များကိုဖွဲ့ဆိုရသည်၊မင်းနှင့်ကားမကင်းနိုင်ပါချေ။မိမိ၏ပညာကိုမင်းကသာလျှင်(ဝါ)ရွှေနန်း တော်ကြီးကသာလျှင်ချီးမြှင့်မြှောက်စားနိုင်သည်ဖြစ်ရကားပညာရှင်မှန်သမျှရွှေနန်းတော်အ ရိပ်ကိုခိုလှုံ၍ရွှေနန်းတော်ရိပ်မြိုင်ကိုမှီခဲ့ရလေသည်။သို့ကြောင့်ယင်းတို့၏စာပေတွင်ရွှေနန်း တော်နှင့်မကင်းနိုင်ဖြစ်ရပေသည်၊ဤကားအပြစ်ဆိုဖွယ်မရှိဟုဆိုသင့်ပါသည်။ရဟန်းစာဆိုများ သည်အမျိုးလေးပါးကိုအစဉ်သဖြင့်စာပေနှင့်ဆုံးမလျက်ရှိလေပြီ။လူပုဂ္ဂိုလ်စာဆိုတို့သည်ဆုံး မရန်မလိုသော်လည်းကောင်းနိုးရာရာလမ်းညွှန်စာကလေးများကိုကားရေးသားကြသည်၊အ များအားဖြင့်ကားနန်းတော်ကိုဖွဲ့ရသည်၊ဘုန်းတော်ကိုဖွဲ့ရသည်၊တေဇော်ကိုဖွဲ့ရသည်၊ဖွဲ့ရပါ သော်ကဟူ၍အပြစ်မတင်သင့်။ဒင်းတို့၏ထမင်းစားနေရသောကြီးပွားနေရသောဘဝကို

သင်ခန်းစာ (၁၁)

စာပေအကျဉ်းသမား(ဝါ)ကလောင်အကျဉ်းသမားဘဝကိုပြန်လည်သုံးသပ်သင့်၏။

မင်းမှုခင်းရေးကိုနွယ်၍မှတ်ဖွယ်၊သိဖွယ်၊နည်းယူဖွယ်များကိုလည်းအများအပြားရေးသား ခဲ့ပါ၏။စစ်ရေးစစ်ရာ၊စစ်မြေစာတို့ကိုလည်းရေးသားခဲ့ပါ၏။ဆင်းရဲသားများဘဝလယ်သမား ဘဝကိုလည်းတွေ့တတ်သမျှရေးသားခဲ့ပါ၏။ဓမ္မသတ်ပုံပြင်၊ရာဇဝင်နှင့်ဗေဒင်နက္ခတ်အရပ် ရပ်တို့ကိုလည်းရေးသားခဲ့ပါ၏။သူ့ခေတ်နှင့်သူ့အကောင်းဟူသမျှတို့ကိုပြန်၍ကလောင်ဆန့်ခဲ့ ပါ၏။

ခြုံ၍ဝေဖန်ရသော်မြန်မာစာပေအရေးအသားတိုးတက်ပြန့်ပွားခဲ့သည်။မြန်မာကဗျာအ မျိုးအစားတိုးတက်ပြန့်ပွား၍အကွန့်အဆန်းတွေ၍ရှင်းဝေခဲ့သည်။သဒ္ဒါလင်္ကာရ၊သြဇာ ဂုဏ်၊မဓုရတာဂုဏ်၊သုခုမာလတာဂုဏ်တို့ပြည့်စုံခဲ့သည်။ယင်းတို့ကြောင့်လည်းခိုင်ခံ့မြဲမြံသော မြန်မာစာပေကြွယ်ဝဖြိုးသောမြန်မာစာပေကွန့်ဆန့်ညွှန့်လန်းသောမြန်မာစာပေဟု၍ဝေဝ ဆာဆာကြီးထွန်းကားခဲ့ခြင်းဖြစ်ပေသည်။ယင်းစာပေဗိမာန်ကြီးကိုတည်ဆောက်၍သွားခဲ့ သောရေးဆရာမြတ်တို့၏ကျေးဇူးကားကြီးမားလှဘိ၏။ထယ်ဝါလှဘိ၏။

စာဆိုများသည်လယ်ကွင်း၊ထဲသို့ဆင်းခဲ့လေသည်။ယာခင်းထဲသို့ဆင်းခဲ့လေသည်။ လယ်သမား၊ယာသမားတို့၏ဘဝစားရဝတ်ရနေပုံများကိုဖွဲ့ခဲ့ကြသည်။သို့သော်ဆင်းရဲသည် ကိုသာဖွဲ့ဆိုတတ်သည်။ချမ်းသာသည်ကိုဖွဲ့ခြင်းကားမရှိ။ချမ်းသာအောင်မည်သို့ပြုရမည်ဟု လည်းနည်းလမ်းမရှိသေး။နိုင်ငံတကာကူးသန်းရောင်းဝယ်မှုလည်းမပြုနိုင်ကြသေးသည်။ ခေတ်တွင်ကိုယ်စားဘို့ကိုသာကိုယ်စိုက်၊ကိုယ်ဝတ်ဘို့ကိုသာကိုယ်ရက်ကြရသဖြင့်ကိုယ့်ဝမ်းစာ ကိုယ်ရှာနိုင်လျှင်ချမ်းသာသည်ဟုဆိုနိုင်ရကား လူတိုင်းလိုလိုပင်ချမ်းသာကြပေသည်။

ဝန်ကြီးပဒေသရာဇာသည်မိမိ၏မလွတ်လပ်သောဘဝနှင့်လယ်သမားထန်းသမားကြီးများ ၏လွတ်လပ်သောဘဝကိုနှိုင်းယှဉ်ကြည့်မိသည်။ယင်းတို့၏ဘဝကားဂုဏ်ဒြပ်နှင့်မထယ်ဝါ လင့်ကစားပျော်စရာရှိလှချေ၏။တကားဟုအားကျမိခဲ့သည်။အားကျသည်အလျောက်တူချင်း များနှင့်ဖွဲ့ဆိုမှတ်တမ်းတင်ခဲ့သည်။

လွမ်းချင်း၊ဂုဏ်ချင်း၊ဒုံးချင်း၊အိုင်ချင်း၊တျာချင်း၊ဘုံကြီးသုံးဘုံထောက်သုံးအိုးစည်သုံးဒိုး

ပတ်သံစသည်တို့ကားကျေးလက်ဂီတ(၀ါ)ပြည်သူလူထု၏ဘဝကဗျာများပင်တည်း။ ထိပ်တန်း စာဆိုသည်ရွှေနန်းတော်ရိပ်မှနေ၍စကားလုံးကြီးကြီးခဲခဲထယ်ထယ်နှင့်စာကြီးပေကြီးများကို ရေးသဖြင့်,ငှင်းတို့၏စာကိုရွှေစာတိုက်တွင်သို့သွတ်သွင်းခြင်းခံခဲ့ရ၏။ သာမန်လူထဲကစာ ဆိုတို့၏ကျေးလက်ကဗျာကလေးများကားစကားလုံးမကြီး၊ ခန့်ညားထယ်ဝါမှုလည်းနည်းသ ဖြင့်ရွှေစာတိုက်တွင်စာရင်းမဝင်ခဲ့ချေ။ ထိုကြောင့်လည်းထီးနှင့်မတန်နန်းမဆန်သောယင်းက ဗျာသီချင်းကလေး များကိုတွေ့ရနည်းပါးခြင်းဖြစ်ပါ၏။ သို့ရာတွင်စာဆိုတို့ကားမရေးမဟုတ်၊ ရေးခဲ့သည်သာတည်း။

လျှာသည်သွားနှင့်မကင်းကောင်းသဖြင့် မကြာတခါအကိုက်ခံရဘိသို့မင်းနှင့်မကင်း ကောင်းသောစာဆိုတို့လည်းအပြစ်ဒဏ်ခံကြရ၏။ ရခိုင်ဥက္ကာပျံအမတ်ကြီးအားလက်နှစ်ဖက် ကိုဖြတ်၍ဘုရားတွင်လှူခဲ့ဘူး၏။ အနန္တသူရိယအားသတ်စေခဲ့၏။ လက်ဝဲသုန္ဒရဦးပေါ်ဦးပ ခန်းမင်းသားကြီးတို့အားနယ်လွှဲခဲ့၏။ မြဝတီမင်းကြီးအားထောင်သွင်းခဲ့၏။ မမြကလေးအား သတ်စေခဲ့၏။ မောင်ဖေဝယ်၊စလေဆရာကြီးဦးပုည်တို့အားလည်းသတ်စေခဲ့၏။

ထိုကြောင့်လည်းစိတ်ပျက်ခဲ့ရ၏။ ညည်းညူခဲ့ရ၏။ "မင်းဆိုသမျှကွင်းရှောင်မယ်၊ ထ မင်းတောင်မစားချင်ဘူးလေး" ဟုစကားကုန်ဆိုလိုက်၏။ ဟုတ်လည်းဟုတ်ပေလိမ့်မည်။ စလေ ဦးပုည၏ခေတ်သည်တိုင်းပြည်အုပ်ချုပ်ရေးယိုယွင်းနေသောကာလဖြစ်ချေသည်။ ခေတ်သစ် အုပ်ချုပ်ရေးစံနစ်(ဝါ)ပါလီမန်နှင့် တွဲဖက်သောဘုရင့်အုပ်ချုပ်ရေးစံနစ်ကိုထူထောင်လိုသည့် ယောမင်းကြီးဦးဘိုးလိုင်သည်ခဏခဏထောင်ကျရာထုမှလျှောကျခဲ့လေသည်။

အချုပ်အားဖြင့်၊ ဝေဖန်ရသော်ရေးခေတ်အနစ္စာပေဆရာတို့သည်မြန်မာစာပေဗိမာန်ကြီး ကိုအကွန့်အဆန်း၊ အပြောက်အမွမ်းတွေနှင့်ဝေဝေဆာဆာထယ်ထယ်ဝါဝါကြီးလှပခန့်ညား အောင်စွမ်းဆောင်အားထုတ်ခဲ့ကြပေသည်။ ယင်းဗိမာန်ကြီးသည်ကမ္ဘာ့အလယ်တွင်တင့် တယ်ခဲ့ပေသည်။ သူတို့ခေတ်နှင့်သူတို့အခါသူတို့တာဝန်ကားကျေပွန်ခဲ့ကြပေပြီ။ မိမိခေတ်နှင့်မိ မိအခါမိမိတို့တာဝန်ကျေပွန်ရန်ကားစာပေဗိမာန်ကြီးတွင်လိုအပ်မည်ထင်သည့်နေရာကဝင်၍ ပြုပြင်မွမ်းမံခြယ်လှယ်ရန်သာရှိတော့သည်ဟုသဘောရှိပေကြောင်း။

(၁၉၆၄ခုနှစ်ဒီဇင်ဘာလ၅ရက်နေ့အမျိုးသားစာဆိုတော်နေ့တွင်နန်းညွန့်ဆွေတင်သွင်း
သောစာတမ်းမှကောက်နုတ်ချက်)

ဝေါဟာရ

သက္ကရာဇ် (န) ၁။ အစဉ်မှတ်သားလာခဲ့သောနှစ်တို့၏အရေအတွက်။
　　　　　 ၂။ မြန်မာတို့သုံးနေကျနှစ်တို့၏အရေအတွက်။

မဂ် (န) ကိလေသာကုန်ပြီးနိဗ္ဗာန်ကိုမျက်မှောက်ပြုနိုင်မည့်လမ်းကြောင်း။【佛教】
　　　 道，有"四道"之说。

ဖိုလ် (န) မဂ်ဉာဏ်ပေါက်သဖြင့်ခံစားရသောအကျိုး။【佛教】果，果位，有
　　　　　"四向四果"之称。

ပိဋကတ် (န) ဗုဒ္ဓ၏အဆုံးအမဖြစ်သောကျမ်းဂန်သုံးမျိုးသုံးစားခွဲထားသည်။ 三藏经
　　　　　　သုတ္တန္တပိဋကတ် = ဘုရားဟောသောဒေသနာ 经藏
　　　　　　ဝိနယ ပိဋကတ် = ဘုရားသတ်မှတ်သောရဟန်းများကျင့်ဝတ် 律藏
　　　　　　အဘိဓမ္မ ပိဋကတ် = ဘုရား၏နက်နဲသောသဘောတရား 论藏

ဓမ္မကြောင်း (န) တရားတော်နှင့်အညီဖြစ်သောအရေးအရာ။
သံဝေဂ (န) ပြုခဲ့မိသောအမှားအပြစ်တို့အတွက်သတိတရားရခြင်း။
လောကံ (န) လောကတွင်ဖြစ်လေဖြစ်ထရှိသောသဘောတရား။
ဖိတ်ဖိတ်လျှံ (ကြိ) ပြည့်သည်ထက်ပိုလွန်၍အပြင်ပသို့စဉ်ကျလျက်။
အမြွက် (န) သိသာရုံမျှဖြစ်သောသဘော။ အကျဉ်း။
ဥဿျစ် (န) အစေးရှိသောခွဲမာသီးသီးပြီး၊အနံ့ပြင်းသောအရွက်နှင့်ဆူးရှိသောပင်
　　　　　စောက်တစ်မျိုး။【植】印度枳
တေဇော် (န) ဘုန်းတန်ခိုး။အာနုဘော်။
ကွန့် (က) ဝေဝေဆာဆာဖြစ်အောင်ဖန်တီးပြုလုပ်သည်။

သြဇာဂုဏ် (န) စာပေတွင်အကျယ်ကိုအကျဉ်းချုပ်၊အကျဉ်းကိုအကျယ်ချဲ၍ရေးသား ထားသောအရည်အသွေး။

မဓုရတာဂုဏ် (န) ကဗျာလက်ဓ္ဓိကာရန်တူ၊ဌာန်တူ၊အသတ်တူစုသည်များဖြင့်ဖတ် ရွတ်နာကြားရာ၌သာယာချောမွေ့အောင်စပ်ဆိုထားသောအရည်အ သွေး။

သုခမာလတာဂုဏ် (န) သိမ်မွေ့နိုင်းချိန်စွာရေးသားစပ်ဆိုသောအရည်အသွေး။

တျာချင်း (န) သံမှန်သံကျတစ်ပေါက်သံနှင့်စ၍တစ်ပေါက်သံနှင့်ဆုံးသောသီချင်းမျိုး။

***** ***** *****

ရှင်းပြချက်

၁။။ ပါတော်မူ   ပါ = တစ်ဦးတစ်ယောက်သယ်ဆောင်သွားခြင်းခံရသည်။ တော်မူ = မြင့် မြတ်သူတို့နှင့်သက်ဆိုင်သည်ကြိယာကိုအထူးပြုသောစကားလုံး။ ဆိုလိုသည်မှာကုန်း ပေါင်ခေတ်နောက်ဆုံးဘုရင်သီပေါမင်းကအင်္ဂလိပ်နယ်ချဲ့အဖမ်းခံရခြင်းဖြစ်သည်။

၂။။ ...တုံ...တုံ ဝေလဲ့သုံးစကားပုံစတစ်မျိုး။အလှည့်အလည်ပြုခြင်းဖြစ်ခြင်းကိုပြသောစ ကားပုံစ၊အကြိမ်အဖန်ထပ်မံပြုခြင်းဖြစ်ခြင်းကိုပြသောစကားပုံစ၊ ဥပမာ -

 - ထန်းတက်သမားသည်မိမိ၏ရင်ဘတ်နှင့်ထန်းလုံးကိုပူးတုံခွါတုံဖြင့်တက်ဘိ သကဲ့သို့...
 - အလုပ်သမားဖြစ်တုံလယ်သမားဖြစ်တုံ...
 - စိတ်ညှိုးတုံချုတုံမတည်မငြိမ်ဖြစ်လျက်...

သင်ခန်းစာ (၁၁)

၃ ။ ...သော်လည်း...သော်လည်း ဝေလေ့သုံးဝါကျပုံစံတစ်မျိုး။ ၍ သင်ခန်း စာရှိ 'သော်လည်း' သည်ခါတိုင်းတွေ့နေကျ 'ရှေ့ကြိယာကိုမှဖြစ်ပါယ်ဆန့်ကျင်သောနောက်ကြိယာကို ဖော်ပြလိုရာဆက်စပ်သည့်စကားလုံး' မဟုတ်တော့၊ 'သော်' (ကြိယာနောက်တွင် ဆက်၍ 'လျှင်' ဟုသောအနက်ရှိ) နှင့် 'လည်း' (ထပ်ဖြည့်ပေါင်းစည်းရှုင်းသည်သဘော ပြစကားလုံး) မှလအနက်အဓိပ္ပာယ်ပေါင်းထားလိုက်သည်သာဖြစ်သည်။ ဥပမာ−

− (ဘုရားကျမ်းဂန်)ဖတ်နာသူအပေါင်းတို့သည်လည်း၍သို့ပါ၊တရားဟုသံဝေ ဂပွားသော်လည်းပွားရာ၏။ တရားရသော်လည်းရရာ၏။

၄ ။ ယောနိသောမနသီကာရ ဖြစ်ပျက်သောအကြောင်းများကိုဝမ်းမြောက်ခြင်းဖြင့်ရင်ဆိုင် ၏ ။

၅ ။ အလိမ္မာစာမှာရှိသည် (စကားပုံ)လူမှုရေးရာတွင်ယဉ်ကျေးစွာဆက်ဆံခြင်းတတ်သိ ချက်ချာပါးနပ်ခြင်းကိုစာထဲမှာပြထားသည်။

၆ ။ ဝစနာလက်ရ = စကားတန်ဆာ
သောတာလက်ရ = နားဆင်တန်ဆာ

၇ ။ သော်ကော ကြိယာနောက်တွင်ထား၍တကယ်စင်စစ်ဖြစ်သည်အနက်ပြစကားလုံး။ 'သကော' နှင့်အတူတူပင်။ သင်ခန်းစာ(၃)ကိုယှဉ်ကြည့်လေ။ ဥပမာ−

− ...အများအားဖြင့်ကားနန်းတော်ကိုဖွဲ့ရသည်၊ဘုန်းတော်ကိုဖွဲ့ရသည်၊ ဝေဇော် ကိုဖွဲ့ရသည်၊ဖွဲ့ရသော်ကောဟုအပြစ်မတင်သင့်။

− သိပါသော်ကော၊
− ဆိုင်သော်ကော၊

၈ ။ သို့။ ၁ ။ ဆိုက်ရောက်ခြင်း၊ရေးရှုဦးတည်အပ်သောပုဂ္ဂိုလ်၊ဝတ္ထု၊အရာစသည်တို့ကိုပြ
သောစကားလုံး။ ဥပမာ-
- ဆရာထံသို့ရောက်လာကြ၏။
- စာကြည့်တိုက်သို့သွားသည်။
- သန်းခေါင်ယံသို့ရောက်နေပြီ။
- ဧရာဝတီမြစ်ရေသည်မြောက်ဘက်မှတောင်ဘက်သို့စီးဆင်းသွားသည်။

၂ ။ စာရေးရာတွင်သုံးသည်။ ဥပမာ-
သို့
မောင်အောင်သန်း၊
အခန်းနံပတ် ၃၂၁၊ပညာတော်သင်ဆောင်၊
ပီကင်းတက္ကသိုလ်၊
ပီကင်းမြို့၊တရုတ်ပြည်သူ့သမ္မတနိုင်ငံ။

၃ ။ ဤသို့၊ထိုသို့၊တို့ကိုအတိပြု၍သုံးသောစကားလုံး၊အခြားအခြားသောစကား
လုံးများနှင့်ပေါင်း၍ သို့ကြောင့်၊သို့စင်လျက်၊သို့တည်းမဟုတ်၊သို့ဖြစ်သော
ကြောင်၊သို့ဖြစ်၍၊သို့မှသာ၊သို့ရာတွင်၊သို့သော်ငြားလည်းစသဖြင့်သမ္ဗန္ဓအ
ဖြစ်လည်းသုံးသည်။ ဥပမာ-
- ဓါးကိုသို့ကိုင်၊လုံ့ကိုသို့နတ်။
- သို့နှင့်တပြေးပြေးတစစပျက်စီးဆဲစိတ်ဓာတ်များကိုပြန်လည်ဆယ်မိ
ကာ...

၄ ။ ကဲ့သို့ကိုအတိပြု၍သုံးသောစကားလုံး။ ဥပမာ-
- မီးသို့ပူသည်။
- အသို့နည်းဆိုသော်...
- လျှာသည်သွားနှင့်မကင်းကောင်းသဖြင့်မကြာတခါအကိုက်ခံရဘိသို့မင်း

နှင့်မကင်းကောင်းသောစာဆိုတို့လည်းအပြစ်ဒဏ်ခံကြရ၏။

*****　　　　*****　　　　*****

လေ့ကျင့်ခန်း

၁ ။ ။ အောက်ပါမေးခွန်းများကိုဖြေပါ။

၁ ။ မြန်မာပြည်ပဒေသရာဇ်ခေတ်ဆိုသည်မှာမည်သည့်အချိန်မှစ၍မည်သည့်အချိန်အထိဖြစ်ပါသနည်း။

၂ ။ မြန်မာပြည်ရှိလူမျိုးများတွင်မူလတိုင်းရင်းသားများအပြင်အခြားသောလူမျိုးများသည်မည်သည့်အရပ်ကနေပြောင်းရွှေ့လာခဲ့ကြပါသနည်း။

၃ ။ မြန်မာစာပေသည်မည်သည့်အချိန်မှစ၍ပေါ်လာခဲ့သနည်း။ မြန်မာစာပေသည်မည်သို့စတင်ပေါ်ပေါက်ခဲ့သနည်း။

၄ ။ ပုဂံကျောက်စာများတွင်မည်သည့်အကြောင်းများကိုမှတ်တမ်းတင်ထားသနည်း။

၅ ။ မြန်မာကဗျာများသည်မည်သည့်အချိန်ကစတင်ဖြစ်ပေါ်လာခဲ့သနည်း။ မြန်မာရှေးဟောင်းကဗျာအမျိုးပေါင်းမည်မျှရှိပါသနည်း။

၆ ။ ပဒေသရာဇ်ခေတ်စာပေနယ်တွင်နှင့်သက်ဆိုင်သောနန်းဖွဲ့၊ ဘုန်းတော်ဖွဲ့၊ တေဇော်ဖွဲ့၊ အဘယ်ကြောင့်အရေးများသနည်း။ ဤသို့သောအဖြစ်မျိုးကို အဘယ်သို့မြင်ရပါသနည်း။

၇ ။ ဓမ္မကြောင်း၊ ရာဇကြောင်းအပြင်အခြားအခြားသောအကြောင်းများကိုဟိုခေတ်စာပေနယ်တွင်တွေ့နိုင်သေး၏လော။

၈ ။ ရိုးရိုးဆင်းရဲသားများလယ်သမားများဘဝကိုသရုပ်ဖော်ဆောင်ထားသောရေးဟောင်းစာပေလက်ရာများရှိပါသလော။

၂။ အောက်ပါစကားလုံးများဖြင့်ဝါကျတစ်ခုစီဖွဲ့ပြပါ။
သော်ကော၊ သာလျှင်၊ သော်လည်း၊ အတွက်၊
ခါနီး၊ ...တုံ...တုံ၊ ရာ(用作助动词应该)၊
သို့နှင့်၊

၃။ အောက်ပါစာပိုဒ်ရှိကွက်လပ်များ၌ဆီလျော်သောစကားစုထည့်၍ပြည့်ပါ။
မြန်မာ့ပန်းချီ(开始)ပုဂံ(从)ဟုဆိုပါ( )မှားပေးပုဂံခေတ်ဦး(大约)ပန်းချီပေါ်ပေါက်လာခဲ့(虽然)မြန်မာ့ပန်းချီအစစ်( )မဆို( )ပေးမြန်မာ့ပန်းချီ( )ပုဂံခေတ်(中期)အနော်ရထာမင်း(在位时)သထုံပြည်သိမ်းပိုက်( )သာသနာတော် (连同)ပင့်ဆောင်ခဲ့( )ပါရှိလာခဲ့သောပန်းချီလက်ရာ( )မြန်မာ့ပန်းချီလက်ရာ အစပျိုးခဲ့ခြင်း(是)ပေတော့သည်။မြန်မာ့ပန်းချီရေးခြယ်မှု( )သာသနာရေးဘာသာ ရေးတို့( )အခြေခံ( )ရေးဆွဲလာခဲ့လေသည်။ပုဂံမြို့( )သထုံမှသာသနာတော် ရောက်လာချိန်( )ဘုရားပုထိုးစေတီဂူကျောင်းစရပ်တန်ဆောင်းများတွင်မျက်စိပ သာဒ( )ရှိစေ၊သတိသံဝေဂ( )ရစေ( )စေတနာ( )ငါးကုငါးဆယ် ဇာတ်နိပါတ်တော်များဗုဒ္ဓရုပ်ပွားတော်ပုံများနတ်ရုပ်ထုပုံများတိုင်းသူပြည်သားသူဌေးသူ ကြွယ်မင်းပုဏ္ဏား(等等)တို့ဆင်ယင်ထုံးဖွဲ့မှုပြုခဲ့ကြပုံများ(表现)သည်။ဇာတ်တော်များ ကို(相当多)ရေးဆွဲစေခဲ့လေသည်။ပန်းချီပညာ( )သာသနာရေးဘာသာရေး နှင့်(离不开)။ပန်းချီပညာ( )အရေးပါအရာရောက်ခဲ့သည်။ကျယ်ဝန်းခဲ့သည်။ (换句话说)ပုဂံခေတ်( )ပန်းချီများသည်လွန်ခဲ့သောရာဇဝင်သမိုင်းဝင်တို့( )အ ထောက်အထားပြုနေ( )သိ( )ပေသည်။လူနေမှုယဉ်ကျေးမှုဓလေ့ထုံးစံ ဆင်ယင်ထုံးဖွဲ့ပုံများရေးခြယ်ထားခဲ့ကြ(由于)ပုဂံခေတ်၏သမိုင်းစာစောင်(作为)ယခု (直到)တွေ့ရှိနိုင်ကြလေ့လာနိုင်ကြပေသည်။

၄။။ သင်ခန်းစာ၏အပိုဒ်သုံးနှင့်အပိုဒ်လေးကိုတရုတ်ဘာသာသို့ပြန်ဆိုပါ။

၅။။ အောက်ပါဝါကျများကိုမြန်မာဘာသာသို့ပြန်ဆိုပါ။
（1）从抗击日本法西斯到中国解放战争年代，他都英勇地参加战斗。
（2）东南亚许多古老民族的文字都是借用印度字母创造出来的。同样，古代越南、日本文字则是借鉴中国文字创造的。
（3）她一个人扮演性格根本不同的孪生俩姐妹，一会儿演姐姐，一会儿演妹妹，人们真以为是两个人呢。
（4）作家们应该深入群众之中，到工厂去，到农村去，才能写工农的生活。
（5）尽管他用词不华丽，也不深奥，但反映了他那个时代的现实，所以他的作品都是些进入文学宝库的作品。
（6）植物离不开土地与空气，同样作家也离不开人民与生活。
（7）总的来看他是个伟大的诗人、作家，也是个伟大的政治活动家。
（8）在旧社会作家往往会被当权者加害，所以有的人写得晦涩难懂。我们不应责怪他们："怎么这样写？"

၆။။ အောက်ပါစာပိုဒ်ကိုမြန်မာဘာသာသို့ပြန်ဆိုပါ။
2001年7月从联合国教科文组织获悉,我国被批准列入《世界遗产名录》的自然和文化遗产的数量已达 27 处，居世界前三位。在国家文物局、建设部等有关部门的共同努力下，2000 年我国龙门石窟、都江堰、东西陵等历史风景名胜地被联合国教科文组织列入《世界遗产名录》。此外，已被列为世界遗产的西藏布达拉宫扩充了大昭寺，苏州园林在原有 4 处园林的基础上扩充了沧浪亭等 5 处景观。申报世界遗产将使我国的遗产保护纳入科学化、规范化、系统化的管理轨道。我国还向世界遗产中心提交了山西云岗石窟的申报材料。此外，中国的教科文组织还积极对非物质文化遗产进行保护。我国已向联合国教科文组织推荐了优秀传统剧种昆曲作为首批非物质文化遗产代表作列入名录。我国传统音乐档案被列入"世界记忆"登记册。在教科文组织的帮助下，我国还实施了中国少数民族民歌调查和整理项目。

（2001 年 7 月 19 日《北京青年报》）

၇။။ "သမိုင်းပြတိုက်အကြောင်း" ခေါင်းစဉ်ဖြင့်စာစီစာကုံးတစ်ပုဒ်ရေးပြပါ။

၈။။ ပဒေသရာဇ်ခေတ်မြန်မာစာပေအကြောင်းအကျဉ်းချုပ်ရှင်းပြပါ။

*****　　　*****　　　*****

အပိုဆက်စာ

ဦးသိန်းဖေမြင့်ပြောကြားသောမိန့်ခွန်း

သဘာပတိနှင့်ကြွရောက်လာသောနာယကဆရာကြီးများ

ညီသည်တော်များနှင့်အသင်းသားများခင်ဗျား

သင်ခန်းစာ (၁၁)

ယခုလိုစာဆိုတော်နေ့ကျင်းပခြင်းဟာမြန်မာနိုင်ငံယဉ်ကျေးမှုလောကမှာကောင်းသော အစဉ်အလာကိုကျွန်တော်တို့အသင်းကထိမ်းသိမ်းသွားနိုင်သဖြင့်ဝမ်းသာစရာကောင်းပါ တယ်။

ယနေ့အဘို့ကျွန်တော်တို့ဟာမြန်မာစာပေသမိုင်းမှာထင်ရှားခဲ့ကြတဲ့စာဆိုတော်များ စာရေးဆရာကြီးများကိုအထူးသတိရကြပါတယ်။ရှေးစာရေးဆရာကြီးများထားခဲ့တဲ့စာပေ အမွေအနှစ်ကိုမပျောက်မပျက်အောင်ထိန်းသိမ်းသွားရုံမျှမကကျွန်တော်တို့လက်ထက်မှာပွား များအောင်လုပ်မယ်ဆိုတာကိုအဓိဋ္ဌာန်ပြုကြပါတယ်။

ရှေးကစာရေးဆရာကြီးများရဲ့ဘဝကိုပြန်လည်တွေးတောကြည့်တဲ့အခါမှာ "မင်းခ စား:–ကမ်းနားသစ်ပင်" ဆိုတဲ့စကားကိုသတိရကြပါလိမ့်မယ်။ပဒေသရာဇ်မင်းစိုးရာဇာတွေ ဟာအချိန်မရွေးဒုက္ခပေးနိုင်ပါတယ်။တစ်ဘက်မှာလဲဘဝရှင်မင်းကြီးကောဠုတာစောရှိသဘော တော်ကျလျှင်တောင်စမုခံကထောင်ထုပ်များကိုပေးသနားတော်မူတတ်ပါတယ်။အဲဒီလိုပဒေ သရာဇ်စနစ်ရဲ့ဒုက္ခနှင့်ဆုလာဘ်ကြီးများမှာရှေးစာရေးဆရာကြီးများဟာမင်းစိုးရာဇာကိုပြုပြင် ဆုံးမတဲ့စာမျိုး၊သူတို့လုပ်ပုံကိုဝေဖန်တဲ့စာမျိုး၊ပြည်သူအများ ဆင်းရဲသားကျေးတော်မျိုးကျွန် တော်မျိုးဘက်မှရှေ့နေလိုက်ရတဲ့စာမျိုး၊ရေးရတာဟာမလွယ်ကူပါဘူး။အသက်အန္တရာယ်မ ကြောက်ဆုလာဘ်ကိုစွန့်လွှတ်ပြီးရေးကြရပါတယ်။ဒီလိုမလွယ်ကူတဲ့ကြားထဲကဘဲများစွာသောပ ဒေသရာဇ်စနစ်ကိုပြုပြင်ဆုံးမတဲ့စာတွေဝေဖန်တဲ့စာပေတွေပြည်သူလူထုဘက်ကရှေ့နေ လိုက်တဲ့စာပေတွေစာရေးဆရာတွေပေါ်ခဲ့ပါတယ်။ယနေ့ကျွန်တော်တို့ဟာအဲဒီလိုကျွန်တော် တို့မြန်မာစာပေသမိုင်းရဲ့ခက်ရာခက်ဆစ်ကြားထဲကပေါ်လာကြတဲ့စာရေးဆရာတွေကိုရည် မှန်းပြီးပူဇော်ကြပါစို့။ချီးကျူးကြပါစို့။

ရှေးဟောင်းအမွေအနှစ်ကိုထိန်းသိမ်းဘို့နှင့်ကျွန်တော်တို့လက်ထက်မှာတိုးချဲ့ဘို့ကိစ္စ များနှင့်ပတ်သက်ပြီးကျွန်တော်အနည်းငယ်အစီရင်ခံလိုပါတယ်။ရှေးဟောင်းအမွေအနှစ်ကို ထိန်းသိမ်းတဲ့အခါမှာရှေးဟောင်းမှန်သမျှလက်ခံရမယ်ဆိုတဲ့အယူအဆမရှိထိုက်ပါဘူး။ဝေ ဖန်ဆန်းစစ်ပြီးမှလက်ခံသင့်တာကိုလက်ခံရန်ဖြစ်ပါတယ်။ဝေဖန်ဆန်းစစ်ရာမှာလဲခုခေတ်ခုကာ

လနုဒေသမှတ်ကျောက်များနှင့်ဝေဖန်ဆန်းစစ်ခြင်းဟာမမှန်ပါဘူး။မတရားပါဘူး။ခုခေတ်မှာ ဂျက်လေယာဉ်ပျံတွေကိုမြင်ပြီးလှည်းဘီးကိုအရမ်းကဲ့ရဲ့ချလို့မဖြစ်ဘူး။တကယ်စင်စစ်လူသ မိုင်းမှာ 'ဘီး' မပေါ်ခင်လူတွေအပင်ပန်းအဆင်းရဲများစွာခံရတယ်။ 'ဘီး' ပေါ်လာတော့ဝန် ထုပ်ဝန်ပိုးအတော်ပေါ့သွားတယ်။ဒီတော့လှည်းကိုမကဲ့ရဲ့မရှုတ်ချခင် 'ဘီး' မပေါ်မီခေတ်ကို ပြန်သတိရရမယ်။ဒီဥပမာလိုဘဲရေးဟောင်းစာပေသို့မဟုတ်ယဉ်ကျေးမှုအနုပညာတွေကိုဝေ ဖန်ဆန်းစစ်တဲ့အခါမှာအဲဒီစာရေးဆရာကြီးတွေအနုပညာသည်ကြီးတွေနေခဲ့ကြတဲ့ရေး ဟောင်းခေတ်ရဲ့ကာလဒေသပတ်ဝန်းကျင်အခြေအနေများကိုထည့်သွင်းစဉ်းစားပြီးမှဝေဖန်ရမယ်။ အဲဒီရေးဟောင်းခေတ်တိုးတက်အောင်လုပ်မလုပ်ဆိုတဲ့အချက်ကိုသာမှတ်ကျောက်ထားပြီး ဝေဖန်သုံးသပ်ရမယ်။တိုးတက်အောင်လုပ်ခဲ့ရင်လက်ခံထိန်းသိမ်းရမှာဘဲ။ရှေ့တဆင့်ကျွန် တော်တို့လက်ထက်မှာတိုးချဲ့ဘို့အတွက်အခြေခံအဖြစ်ဖြင့်ထားကြရမှာဘဲဖြစ်ပါတယ်။

+ + +

ဆရာကြီးများညည်သည်တော်များမိတ်ဆွေများနှင့်ရဲဘော်စာရေးဆရာများခင်ဗျား ... ယ နေ့စာဆိုတော်နေ့မှာစာဆိုတော်စာရေးဆရာကြီးများရဲ့ဂုဏ်ရည်တွေသတိရပြီးသူတို့ထားခဲ့ တဲ့အမွေအနှစ်များကိုသိမ်းဆည်းစောင့်ရှောက်ကြရန်အဓိဋ္ဌာန်ပြုကြပါစို့။

ကျွန်တော်တို့ရဲ့ပြည်သူလူထုကြီးဟာကျွန်တော်တို့ရဲ့ကျေးဇူးရှင်တွေဖြစ်ပါတယ်။ကျေး ဇူးရှင်တွေကိုအကောင်းဆုံးကျေးဇူးဆပ်နည်းကတော့ပြည်သူလူထုရဲ့ဘဝအတွေ့အကြုံတွေ ကိုလေးနက်စွာလေ့လာပြီးကျွန်တော်တို့ဖန်တီးကြမဲ့စာပေမှာပြည်သူလူထုရဲ့ဘဝဒေါင့်ကွက် အမျိုးမျိုးကိုထင်ဟပ်ပေါ်ပြီးပြည်သူလူထုဘဝသစ်ဖန်တီးရေးတိုက်ပွဲမှာအတူပါဝင်ရန်ဖြစ်ပါ တယ်။ဒီနည်းအားဖြင့်ယနေ့စာဆိုတော်နေ့မှာတိုးတက်တဲ့ပြည်သူ့စာပေဆတက်ထမ်းပိုး ထွန်းကားလာအောင်အဓိဋ္ဌာန်ပြုကြပါစို့။ ။

(၃-၁၂-၅၆ စာဆိုတော်နေ့အခမ်းအနားတွင်မြန်မာနိုင်ငံစာရေးဆရာအသင်းဥက္ကဋ္ဌဦး သိန်းဖေမြင့်ပြောကြားသောမိန့်ခွန်းမှကောက်နှုတ်ချက်)

***** ***** *****

သင်ခန်းစာ (၁၂)

စာမေးပွဲ

ထွန်းကလေး၊

မြင့်ကြီးတော့အင်္ဂလျားဆောင်ကိုပြန်နေပြီ၊စာမေးပွဲဖြေဘို့ပြန်လာတယ်လေ၊တစ်မိနစ်နှစ်မိနစ်မှအားမထားနိုင်အောင်စာကျက်နေရတယ်။ ဒါပေမဲ့ ထွန်းကလေးနဲ့တော့တွေ့ချင်သေး။ အရေးတော်ပုံကြီးနဲ့ကင်းဝေးနေတာလဲကြာပြီ၊တစ်ညနေအင်္ဂလျားဆောင်လာခဲ့ပါအုံး။ မြင့်ကြီးဘယ်မှမသွားဘူးအမြဲအဆောင်မှာဘဲရှိနေတယ်။

မြင့်ကြီး

"ညော်...မမြင့်ဦးတစ်ယောက်ပြန်ရောက်နေပြီကို...."

'ကွယ်ရင်မေ့တွေ့သေအောင်လွမ်း' ဆိုသောစကားမျိုးကားကျွန်တော်လိုပင်ဖြစ်ဟန်ရှိသည်။ မမြင့်ဦးသည်ဗိုလ်အောင်ကျော်ကိစ္စပြီးစလောက်ကအိမ်ပြန်သွားခဲ့လေသည်။ ယခုဆိုလျှင်နှစ်လကျော်သုံးလမျှကြာသွားပေပြီ။ ရှည်ကြာလှသောကာလမဟုတ်ပါ။ သို့ပါလျှက်ဤကာလအတွင်းအကြောင်းတစုံတရာနှင့်တိုက်ဆိုင်သဖြင့်မမြင့်ဦးအားကွက်ကနဲကွင်းကနဲသတိရတတ်သော်လည်းတငွေ့ငွေ့လွမ်းခြင်းမဖြစ်ခဲ့၊တမြေ့မြေ့တမ်းတခြင်းမရှိခဲ့။ မမြင့်ဦးအိမ်ပြန်သဘောဆိုလိုက်ပို့သည့်နေ့ကသာလျှင်လွမ်းငွေ့ကလေးဝေခဲ့သည်။ ကျွန်တော်အနည်းငယ်နောက်ကျသွားသဖြင့်သဘောထွက်ခွါနေပြီဖြစ်ရာစကားမပြောလိုက်ရဘဲခပ်လှမ်းလှမ်းမှမျက်ရိပ်မျက်ခြည်လက်ဟန်ခြေဟန်ဖြင့်သာနတ်ဆက်လိုက်သဖြင့်အားမလိုအားမရဖြစ်ခဲ့ရသည်။ ထိုနေ့တစ်နေ့လုံးတမြေ့မြေ့တမ်းတမိသည်။ နောက်နေ့များမှာမမြင့်ဦးအတွက်ကျွန်တော့မှာပူဆွေးသောခံစားမှုမရှိတော့ချေ။ အေးစက်သောခံစားမှုသာရှိသည်ဟုမူဆိုနိုင်ရဲ့တမယ်သာ

ကျွန်လေတော့၏။ဘာကြောင့်ထိုသို့ဖြစ်ရသလဲ။စက္ကန့်နှင့်အတူလုပ်ရှားနေသောအရေးတော် ပုံကြီးတွင်နှစ်မြုပ်နေသည့်ကျွန်တော်အခြေနင့်တော်ပြန်စာဖတ်အေးဆေးစွာနေရသည်မမြင့် ဦး၏အခြေအနေကိုကွာခြားမှုကြောင့်ဖြစ်လေသလော။မမြင့်ဦးနှင့်ကျွန်တော်တို့သည်သမီး ရည်းစားများအဖြစ်ဖြင့်ခိုင်မြဲစွာကတိချည်နှောင်ထားခြင်းမရှိ၍ပေလော။သို့မဟုတ်ကျွန်တော်၏ ပုံွေးသောခံစားမှုတို့သည်နီးနီးကပ်ကပ်တွေ့နေသောမြေမြိကြီးနှင့်မခင်သစ်ကလေးတို့ဖက် သို့ရေစီးကြောင်းပြောင်းသွား၍ပေလော။

မမြင့်ဦးထံမှဉ့်လိုဖိတ်ကြားစာရလျှင်သာမန်အားဖြင့်မြူးတူးခုန်ပေါက်ဝမ်းအမြောက်ကြီး မြောက်အပ်ပေသည်။ ယခုမူထိုသို့မဟုတ်။ "ဩော်...မမြင့်ဦးတစ်ယောက်ပြန်ရောက်နေပြီကို..." ဟုသာသံဝေဂကျူးရင့်သူ၏အေးစက်ခြင်းဖြင့်သာရွတ်ဆိုမိသည်။သို့သော်...မမြင့်ဦးအားမတွေ့ ချင်မမြင်ချင်တော့မဟုတ်ပါ။ထို့ကြောင့်ချိန်းသည့်အတိုင်းအင်းလျားဆောင်သို့သွားလိုက်ပါ သည်။

ကံ့ကော်ပင်များတွင်ရွက်ဟောင်းများပေါ်မှထပ်ဆင့်ဝေဖြာနေကြရာအစိမ်းပေါ်နီသို့ ရောင်ခြယ်လိမ်းထားသည်နှင့်တူနေပေ၏။

ပိတောက်ပင်များသည်သင်္ကြန်ခါအတွင်းဖူးပွင့်ရန်ပြင်ဆင်နေကြ၏။

အင်းလျားရေပြင်ပြာမှာဟပ်လိုက်သောအရောင်သည်အင်းလျားဆောင်ပတ်ဝန်းကျင် တစ်ခုလုံးကိုကြည်လင်ပြာလဲ့စေလေသည်။အင်းလျားဆောင်သည်အသက်ဝင်လျက်ရှိသည်။ ဥဒဟိုဝင်ထွက်သွားလာသောကျောင်းသူများ၊ကျောင်းဆောင်မျက်နှာစာမြက်ခင်းမှာခေါက်တုံ ခေါက်ပြန်လမ်းလျှောက်နေသောကျောင်းသူများ၊တင်းနစ်(စ်)ရိုက်နေသောကျောင်းသူများ၊ ရေချိုးပြီးထမီရင်ရွားဖြင့်စင်္ကြံမှာလျှောက်သွားသောကျောင်းသူများအားလုံးပင်လှုပ်ရှားနေပေ သည်။သူတို့၏လှုပ်ရှားမှုကြီးတွင်မလှုပ်မရှားရပ်တန့်နေသူများမှာကျွန်တော်နှင့်တကွကျွန် တော့်လိပင်ခင်မင်ရင်းနှီးအပ်သောကျောင်းသူတွေရန်တံခါးဝမှာစောင့်နေသောကျောင်းသား တို့ပင်ဖြစ်လေသည်။ကျွန်တော်တို့ရပ်စောင့်နေစဉ်အချို့သောကျောင်းသူတို့သည်အနီးမှ ဖြတ်သွားခိုက်ကျွန်တော်တို့အား ကြည်ကြည့်သွားကြရာလောင်ပြောင်သရော်ခြင်း၏အရိပ်အ

ငွေ့သူတို့၏အကြည့်မှာတွေ့နိုင်သည်။ နောက်ပိုးလာကြတာလား ရှင်ဟုပါးစပ်ကမမေးသော်
လည်း ကလိဆွဲသောထိုအကြည့်များဖြင့် မေးနေကြသည်။

မမြင့်ဦးကားဆင်းမလာသေး။

မော်တော်ကားတစ်စီးထိုးဆိုက်သည်။ ကျောင်းသူတစ်ဦးအထုပ်အပိုးဝန်စည်စလယ်နှင့်
ကျောင်းပြန်လာခြင်းဖြစ်သည်။

မမြင့်ဦးသည်လှေကားပေါ်မှပင်ကျွန်တော့်အားပြုံး၍နုတ်ဆက်လိုက်၏။ ကြော့နေသော
မျက်တောင်အောက်မှပိုင်စက်ကြည့်လင်သောထိုမျက်လုံးများနှင့်သို့စိမ့်သည့်ပါးပြင်ဝယ်ထင်း
ကန်ပေါ်လာသောထိုပါးချိုင့်များ သည်ကျွန်တော့်အားအဟောင်းမှအသစ်ဖြစ်စေပါသည်။ သုံး
လတာမျှကင်းကွာပြီးခပ်အေးအေးဖြစ်သွားသောခံစားမှုကိုပူနွေး သောခံစားမှုအဖြစ်သို့ပြန်ပို့
လိုက်ပါသည်။

ကျွန်တော်တို့သည်စကားမပြောနိုင်ကြ။ တစ်ယောက်မျက်နှာတစ်ယောက်ဝဝကြည့်ပြီး
ပြုံး၍သာနေကြသည်။ နောက်မမြင့်ဦးကညည့်ခန်းဆီသို့သွားသည်။ ကျွန်တော်ကားစက်မောင်း
သောအရပ်သို့ရွှေ့သွားကာမမြင့်ဦးနောက်မှလိုက်သွားသည်။ ညည့်ခန်းတွင်စားပွဲလွတ်ကုလား
ထိုင်လွတ်မတွေ့နိုင်သဖြင့်စကြီမှာဆက်လျှောက်ကြသည်။ ဟိုဖက်ဒေါင့်ကုလားထိုင်များစားပွဲ
များကားလွတ်နေသည်။ နားဦးစရာကောင်းသောသူများတကာပြောကြားသည်စကားသံများ
မှကင်းဝေးကာနားထောင်၍မပြီးကြားနာ၍မဝသောစကားများကိုယ့်အချင်းချင်းပြောဆိုနိုင်ပါ
သည်။ သို့သော်မမြင့်ဦးကညည့်ခန်းထဲသို့မဝင်တော့ဘဲ

"ကန်ပေါင်မှာလမ်းလျှောက်ရရင်ကောင်းမှာဘဲ"

"လျှောက်မယ်လေ...မမြင့်ဦးမှာသိပ်ညောင်းနေမယ်ထင်တယ်...စာချည်းတကုပ်ကုပ်
ဖတ်နေတာကိုး..."

"ဟုတ်တယ်...တော်တော်ညောင်းနေတယ်"

ကျွန်တော်တို့လမ်းလျှောက်ထွက်ခဲ့ကြသည်။

"ရွာတုန်းကမညောင်ပါဘူးကိုတင်ထွန်းရယ်၊ ခြံထဲမှာပန်းပင်တွေပြုပြင်ရင်း၊ တံမြက်

စည်းလုံ့ရင်း၊ တောက်တိုမယ်ရလုပ်ရင်း…အညောင်းပြေတယ်၊လယ်ကန်သင်းရိုးပေါ်မှာတောင် လမ်းလျှောက်ထွက်သေးတယ်…"

"ရွာတုန်းကအနင်းအနိုပ်ခံခဲ့ရမှာပေါ့နော်။"

ထိုနေရာမှစပြီးမမြင့်ဦးတို့ရွာကြီးအကြောင်း၊မမြင့်ဦးတို့ရွာကြီးနှင့်ကပ်နေသောမြို့ကလေးအကြောင်းရောက်သွားကြလေသည်။

"ကိုတင်ထွန်းနဲ့ပိန်သွားတယ်နော်…ကျန်းမာရေးလဲဂရုစိုက်အုံးမှပေါ့…"

သူ့ရပ်ရွာအကြောင်းပြောနေရာမှမမြင့်ဦးကကရုဏာသံကလေးနှင့်ကျွန်တော့်အားပြော လိုက်သည်။ထိုအမေးနှင့်ထိုအသံကြောင့်ကျွန်တော်မှာကိုယ့်ကိုကိုယ်သနားသွားပြီးတစ် ကိုယ်လုံးဝီတိတွေပြာကနဲပျံသွားသည်။ခပ်ငေါ်ငေါ်ထွက်စပြုနေသောပါးစောင်းရိုးများကိုဘယ် လက်ဖြင့်စမ်းရင်း…

"တကယ်ဘဲပိန်သွားသလားဟင်…ကျန်းမာရေးကိုတော့ဂရုစိုက်သားဘဲ…"

သို့ဖြင့်၊အရေးတော်ပုံအတွင်းကအလုပ်ရှုပ်ပုံများသို့ရောက်သွားကြသည်။တချို့ညတွင် မှာမိုးထဲထိန်ထိန်လင်းသွားသည်။တိုင်အလုပ်လုပ်ကြသည်။တချို့နေ့တွေမှာတစ်နေ့လုံးကုန် အောင်ခြေလျင်လျှောက်၍အလှုခံကြသည်။တခါတရံအသံတွေကွဲကုန်အောင်ကြွေးကြော်သံအော် ဟစ်ကြသည်။မမြင့်ဦးကကျွန်တော့်အားသနားသွားလေကျွန်တော်ကသနားစရာကောင်း လောက်အောင်ပြောလေဖြစ်၏။

ကျွန်တော်တို့သည်ဘွဲ့နှင့်သဘင်အဆောက်အဦးကြီးမြောက်ဖက်လမ်းပေါ်မှအင်းလျား ကန်ပေါင်ရိုးလမ်းပေါ်သို့တက်ခဲ့ကြသည်။ကန်ပေါင်ရိုးလမ်းမှာကျောက်စရစ်ခဲများ၊ကျောက်မီး သွေးမှုန့်များ၊သဲများဖြင့်ဖြူနေ၏။နေမင်းသည်သစ်ပင်ထိပ်ဖျားကိုထိလုနီးပါးကျဆင်းနေ၏။ ကျွန်တော်တို့၏ရှည်လျားသောအရိပ်ကြီးများသည်အင်းလျားရေပြင်ပေါ်သို့ထိုးဆင်းနေကြ၏။

"ကိုတင်ထွန်းရော-စာတွေတော်တော်ကျက်ပြီးပြီလား။"

"ကျောင်းစာဆီမရောက်တာအတော်ကြာပြီ။စာဖတ်ဘို့နေနေသာသာစာအုပ် တောင်ကောက်မကိုင်မိသေးဘူး။"

သင်ခန်းစာ (၁၂)   195

"ဟင်…စာမေးပွဲကနီးလှပြီ…"

မမြင့်ဦး၏မျက်နှာသည် အံ့ဩခြင်းမှသို့ ငယ်ခြင်းသို့ ကူးပြောင်းသွားလေသည်။ ကျွန်တော်တို့နှင့် မျက်နှာချင်းဆိုင်ဖက်မှ "နေဝေဒ" နည်းပြဆရာကို ဘသိန်းသည်တစ်ယောက် တည်ခပ်မြန်မြန်လျှောက်လာ၏။ သူသည်နည်းပြဆရာလုပ်ရင်း အိုင်စီအက်စာမေးပွဲအတွက်ကြိုး စားနေသူဖြစ်သည်။ သူ၏ စာတော်သည်ဆိုသောဂုဏ်သတင်းသည်တက္ကသိုလ်နယ်တစ်ပိုက် တွင်ပြန့်လွင့်လျက်ရှိပေသည်။ "စာမေးပွဲကနီးလှပြီ" ဆိုသောမမြင့်ဦး၏ညည်းသံကို ထောက်လျှင်မမြင့်ဦးသည်ကျွန်တော်စာမေး ပွဲဝင်မည်ဟုတထစ်ချယူဆထားကြောင်းသိသာပေ သည်။ ကျွန်တော်ကားစာမေးပွဲအကြောင်းကိုမဆွေးနွေးဘဲရှောင်ကွင်းလိုသည်။ ထိုကြောင့်သူက ညည်းညူလိုက်သော်လည်း ဘာမျှမတုံ့ပြန်ဘဲငြိမ်နေလိုက်သည်။

ကိုဘသိန်းကကျွန်တော်တို့အားပြုံး၍အသိအမှတ်ပြုပြီးဖြတ်ကျော်ကာလျှောက်သွား လေသည်။ ခပ်လှမ်းလှမ်းမှာကျောင်းသူသုံးဦးမြက်ခင်းပေါ်တွင်ထိုင်ကာတလွန့်လွန့်လုပ်ရှား နေသောလိုင်းလုံးလေးများကိုကသိုက်ရှုနေကြသည်။

"စာမေးပွဲမဖြေတော့ဘူးလား…"

"မဖြေတော့ဘူးအောက်မေ့တာဘဲ"

"အို…မဖြေလို့ဘယ်ဖြစ်မှာလဲ။ တစ်သက်လုံးသင်လာတာတွေဟာဒီဂရီမရရင်အလဟ သဖြစ်ကုန်မှာပေါ့။ ဘုရားတည်ပြီးထီးမတင်သလိုဖြစ်သွားမှာပေါ့။ ဒီဂရီရပြီးအစိုးရအလုပ် လုပ်ရမယ်လို့မြင့်ကမဆိုလိုပါဘူး။ ဒီဂရီတော့ရအောင်ယူရမယ်…"

သူကဒီဂရီရမယ်ဆိုတာ၊ ကျွန်တော်ကဟီးရှိုးလုပ်ပြလိုက်ချင်သည်။ ဒီဂရီဘီအေဘွဲ့ကို စွန့်လွှတ်ရဲသောရောမလူစွမ်းကောင်းကြီးအဖြစ်ဖြင့် မမြင့်ဦးကမြင်စေချင်ပေသည်။

"အို…ဒီဂရီတွေဘာတွေမလိုချင်ပါဘူး။ လူအများတွေကတန်ဖိုးထားပေမဲ့ ကိုယ်ကတန် ဖိုးမထားတော့ဘူး။ မြင့်ကလဲဒီဂရီကိုတန်ဖိုးထားတုန်းလား"

မမြင့်ဦး၏မျက်နှာသည်မာတင်းလာသည်။ ကျွန်တော့်အားမျက်စောင်းတစ်ချက်ထိုးပြီး

"လောကကြီးအကြောင်းသိထားတဲ့လူဆိုတော့တန်ဖိုးထားတာပေါ့။ ဒီဂရီရှိတယ်ဆို

ရင်လှရှိသေတာပေါ့။ပြီးတော့…"

မမြင့်ဦးကရှေ့မဆက်ဘဲခဏတွေနေသည်။လေပြေကလေးကတစ်ချက်ဝှေ့ရမ်းလိုက် သည်။

"ပြီးတော့ဘာဖြစ်သလဲ"

"အို…ရှေ့ရေးလဲကြည့်ရအုံးမယ်မဟုတ်လား၊ရှေ့ဘာလုပ်မှာလဲ"

"နိုင်ငံရေးလုပ်မယ်လေ…"

အမှန်စင်စစ်ကျွန်တော်စိတ်ထဲမှာနိုင်ငံရေးလုပ်ရန်စိတ်တုံးတုံးချထားခြင်းမရှိသေး၊သို့ သော်မမြင့်ဦးအားထိုအတိုင်းသိစေလိုသည်။

"နိုင်ငံရေးလုပ်တာလဲလုပ်ပေါ့။နိုင်ငံရေးလုပ်လဲ့အသက်မွေးဝမ်းကျောင်းမှုတစ်ခုရှိရ မယ်မဟုတ်လား။အုမတောင်မှသီလစောင့်နိုင်တယ်ဆိုတဲ့စကားလဲသတိရပါအုံး။ကျမသဘော ကတော့ကိုတင်ထွန်းဟာဘီအေအောင်ရမယ်။ပြီးတော့ဘီအယ်တက်ရမယ်၊ပြီးတော့ဝတ်လုံ တော်ရဖြစ်အောင်လုပ်ရမယ်၊ဝတ်လုံတော်ရလုပ်ရင်နိုင်ငံရေးလဲလုပ်နိုင်တယ်။"

ကျွန်တော်ကားထိုစကားကိုမချေပနိုင်တော့ပြီ။ဘာမျှမပြောဘဲလျှောက်လာကြသည်။ စိတ်ထဲမှာကားတစ်ခါကမမြင့်ဦးသည်သူ့ဝတ္ထုတစ်ပုဒ်ရေးထားတယ်ဆိုပြီးရေးပေးခဲ့သောဝတ္ထု တိုကလေးကိုပြန်လည်ဖတ်ကြည့်နေသည်။ဝတ္ထုတိုကလေးမှာတက္ကသိုလ်ကျောင်းသားနှင့် ကျောင်းသူသမီးရည်းစားဖြစ်ကြသည်။နှစ်ယောက်စလုံးမျိုးချစ်စိတ်ရှိကြသည်။စာကိုလည်း ကြိုးစားသင်ကြသည်။ကျောင်းသားကဝတ်လုံတော်ရဖြစ်လာသည်။ကျောင်းသူကအမျိုးသား ကျောင်းတွင်ကျောင်းအုပ်ဆရာမကြီးဖြစ်လာသည်။နှစ်ဦးလက်ထပ်ပြီးပျော်ရွှင်ချမ်းမြေ့စွာနေ ရင်းနိုင်ငံနှင့်အမျိုးသားအကျိုးဆောင်ရွက်ကြလေသတည်းဟူ၍ဖြစ်လေ၏။ထိုဝတ္ထုမှာကျွန် တော့်အားလမ်းညွှန်အဖြစ်ဖြင့်ရေးပေးခဲ့သောဝတ္ထုဖြစ်ကြောင်းထိုစဉ်ကပင်သိခဲ့ပေ၏။

ရှစ်ဘင်္ဂံဝေဟာကိုရောက်သော်ပြန်လှည့်လျှောက်ကြ၏။ကျွန်တော်ကားဘာမျှမပြော ဘဲစဉ်းစားခန်းဝင်နေသည်။မမြင့်ဦးသည်ကျွန်တော်ကသူပြောသမျှကိုစဉ်းစားနေပြီဖြစ် ကြောင်းရိပ်မိဟန်တူသည်။ထို့ကြောင့်တတွတ်တွတ်စာမေးပွဲဖြေရန်ဆုံးမသွန်သင်နေလေသည်။

သင်ခန်းစာ (၁၂)   197

စာမေးပွဲမဖြေလျှင်ကျွန်တော့်မိခင်ဖခင်များပင်များစွာစိတ်ဆင်းရဲခြင်းဖြစ်မည်ထင်ကြောင်းပြော ပြီးနောက်

"ကိုတင်ထွန်းအရည်အချင်းကိုမြင့်ကောင်းကောင်းသိတယ်။ဖြေရင်အောင်မှာဘဲ။မဖြေ ရင်နမြောစရာကောင်းလွန်းလို့မြင့်ကတောင်ပန်နေတာပါသိလား။ကဖြေမယ်မဟုတ်လား"

ကျွန်တော်ကမမြင့်ဦးကိုစေ့စေ့ကြည့်ပြီးပြုံးလိုက်သည်။

"ကဲ...ဖြေမယ်လို့ကတိပေးပါထွန်းကလေးရယ်ဟုတ်လား"

"ကောင်းပါပြီဆရာမကြီးရယ်" ဟုပြောပြီးရယ်လိုက်မိသည်။မမြင့်ဦး၏ရွှမ်းစိုသော မျက်လုံးဝိုင်းကြီးများသည်ပြုံးလျက်ရယ်လျက်နေကြပေသည်။

သို့ဖြင့်ကျွန်တော်သည်စာမေးပွဲဖြေဖြစ်သွားလေ၏။

(သိန်းဖေမြင့်၊ "အရှေ့ကနေဝင်းထွက်သည်ပမာ" ဝတ္ထုရှည်၏အခန်း၄၂)

ဝေါဟာရ

ကွယ် (က) သူတစ်ပါးမမြင်နိုင်အောင်ပုန်းလျှိုးနေသည်။

တငွေ့ငွေ့ (ကြ၀) အရှိန်မပြတ်တဖြည်းဖြည်း။

တဖြေးဖြေး (ကြ၀) မပြတ်မလပ်ပိုလွန်ပြည့်ကဲစွာ။

ကံ့ကော် (န) ပွင့်ချပ်ပြူဝတ်ဆံဝါ၍ရန့်မွှေးသောပန်းပွင့်သည်။သစ်ပင်ကြီးတစ်မျိုး။
铁力木

ဟပ် (က) မျက်နှာချင်းဆိုင်ရှိအရာဝတ္ထုကိုအရောင်အလင်းစသည်ထိခတ်သည်။

ဉဒဟို (ကြ၀) မပြတ်မစဲ။

ထမီရင်ရှား (က) ထဘီကိုရင်ဘတ်အထက်ပိုင်းတွင်တင်၍ဝတ်သည်။ထဘီကိုရင်
သားအထက်ပိုင်းအထိမြှင့်၍ဝတ်သည်။

နောက်ပိုး (က) မိန်းမချစ်ကြိုက်လာအောင်ယောကျာ်းကပြုသည်။ယောကျာ်းချစ်
ကြိုက်လာအောင်မိန်းမကပြုသည်။

(နု) နောက်ပိုးသောသူ

ကလိဆွ (က) မခံချိမခံသာဖြစ်အောင်ဆွသည်။ပြောဆိုသည်။အခြေအနေပျက်အောင်ဆွသည်။

ပါးချိုင့် (နု) စကားပြောရာတွင်ဖြစ်စေပြီးရယ်ရာတွင်ဖြစ်စေပေါ်လာသည်။ပါးပြင်အောက်ပိုင်းရှိတွင်းခွက်ကလေး။

ကသိုဏ်းရှု (က) သမာဓိရရန်မြေကြီးဝန်းဝန်းစသောမြင်ကွင်း(ကသိုဏ်းကွက်)ကိုစူးစူးစိုက်စိုက်အလုံးစုံကြည့်ရှုပွားများသည်။

တွေ (က) ၁။ သတိလစ်သကဲ့သို့ဖြစ်သည်။

၂။ စိတ်တွင်မပြတ်မသားဖြစ်နေသည်။အဆုံးအဖြတ်မပေးနိုင်ပဲဖြစ်နေသည်။

ဝတ်လုံတော်ရ (နု) ၁။ ဗြိတိသျှခေတ်တွင်အင်္ဂလန်နိုင်ငံမှဥပဒေဆိုင်ရာဘွဲ့ရရှိ၍ဘွဲ့ဝတ်လုံကိုဝတ်ခွင့်ရသောပုဂ္ဂိုလ်။

၂။ အမိန့်တော်ရရှေ့နေကြီး။ဟိုက်ကုတ်ရှေ့နေကြီး။

*****   *****   *****

ရှင်းပြချက်

၁။ သိန်းဖေမြင့်(၁၉၁၄-၁၉၇၈)မြန်မာမျက်မှောက်ခေတ်နာမည်ကျော်စာရေးဆရာတစ်ဦးဖြစ်သည်။မုံရွာသားဖြစ်သည်။တက္ကသိုလ်အောင်ပြီးနောက်သတင်းထောက်အဖြစ်လုပ်ခဲ့သည်။၁၉၄၅-၁၉၄၆ခုနှစ်ဝမာကွန်မြူနစ်ပါတီအထွေထွေအတွင်းရေးမှူးချုပ်အဖြစ်တာဝန်ထမ်းဆောင်ခဲ့သည်။နောက်ပါတီမှအထုတ်ပယ်ခံရသည်။၁၉၅၈ခုနှစ်တွင် "ဗိုလ်ထောင်" သတင်းစာတည်ထောင်ပြီးစာတည်းချုပ်အဖြစ်တာဝန်ထမ်းဆောင်ခဲ့၏။မြန်မာပြည်စာရေးဆရာအသင်းကြီး၏ဥက္ကဋ္ဌကိုတစ်ကြိမ်မကထမ်းဆောင်ခဲ့ရာတိုးတက်သောအနုပညာဆိုင်ရာသဘောတရားကိုခံယူထားသည်။သူပြုစုသောစာပေလက်ရာ

သင်ခန်းစာ (၁၂)   199

အတော်များ၏။ သူရေးသော "အရှေ့ကနေဝင်းထွက်သည်၊ ပမာ" ဝတ္ထုရှည်ကြီးသည် ၁၉၅၇ခုနှစ်မြန်မာပြည်စာပေဗိမာန်ဆုကိုဆွတ်ခူးခဲ့သည်။

၂။။ မျိုးပြစကားလုံးသုံးနည်းတစ်မျိုး။ ကိုယ်ပိုင်နာမ်သို့မဟုတ်နာမ်စားတစ်ခုနောက်တွင် ဂကန်းပြနှင့်မျိုးပြစကားလုံးဆက်၍ထားလျှင်ထိုကိုယ်ပိုင်နာမ်သို့မဟုတ်ထိုနာမ်စားကို အလေးတင်၍ညွှန်ပြရာရောက်သည်။ ဥပမာ–
- ကြော်...မမြင့်ဦးတစ်ယောက်ပြန်ရောက်နေပြီကိုး...
- ကျွန်တော်တစ်ယောက်လုံးရှိသားဘဲ။

၃။။ ကွယ်ရင်မေ့တွေ့သေအောင်လွမ် : 离开就忘，见了又情意缠绵、生死难分。

၄။။ သို့ပါလျက် ဝါကျတစ်ခုနှင့်တစ်ခုကို '၍'သို့ဖြစ်ပါလျက်' ဟူသောအနက်ဖြင့်ဆက်စပ် ပေးသောစကားဆက်။ 'သို့စဉ်လျက်'နှင့်အတူတူပင်။ ဥပမာ–
- ရှည်ကြာလှသောကာလမဟုတ်ပါ။ သို့ပါလျက်၍ကာလအတွင်းအကြောင်း တစုံတရာနှင့်တိုက်ဆိုင်သည်ဖြင့်၊မမြင့်ဦးအားကွက်ကနဲကွင်းကနဲသတိရတတ်...
- ကျွန်တော်တို့နှစ်ယောက်အတူတူတစ်ခန်းထဲနေခဲ့၏။ခဏခဏငြင်းခုံကြ၏။ သို့ပါလျက်တစ်ခါမျှစကားမများခဲ့ကြပါ။

၅။။ မ...ရဲ့တမယ်(သာ)   လေ့သုံးစကားပုံစံတစ်မျိုး။ကြားမှကြိယာတစ်လုံးထားပြီး လျှင်တစုံတခုသောဖြစ်ပျက်မှုသဘောသို့ရောက်လုနီးပါးအခြေအနေပြပါသည်။ ဥပမာ–
- မမြင့်ဦးအတွက်ကျွန်တော်မှာပူပွေးသောခံစားမှုမရှိတော့ချေ။အေးစက်သော ခံစားမှုသာရှိ သည်ဟုမဆိုနိုင်ရဲ့တမယ်သာကျွန်လေတော့၏။

- ဖွားလိုက်တာမသေရုံတမယ်သာကျန်တော့တယ်။

၆။။ ရော နိုင်းယှဉ်ပူးတွဲမေးမြန်းသောအမေးစကားများတွင်သုံးသောစကားလုံး။ ဥပမာ-
- ကိုတင်ထွန်းရောစာတွေတော်တော်ကျက်ပြီးပြီလား။
- မခင်ချိုကိုရောတွေ့သေးလား။

၇။။ နေနေသာသာ (သ)နာမ်နှစ်ခုဆက်ပေးလျှင်၊ "ဝေးလို့မဆိုထားနှင့်" ဟူသောအနက်အဓိပ္ပာယ်ရသည်။တစ်ခါတစ်ရံကြိယာနောက်တွင်လည်းသုံး၏။ထိုစဉ်ကြိယာနောက်တွင် "ရန်" "ဖို့" စသည်ဖြင့်ထည့်သုံးလေ့ရှိသည်။ ဥပမာ-
- စာဖတ်ဖို့နေနေသာသာစာအုပ်တောင်ကောက်မကိုင်မိသေးဘူး။
- အမြတ်နေနေသာသာအရင်းပင်ပြန်မရနိုင်ရှိ...

၈။။ ဘုရားတည်ပြီးထီးမတင် အောင်မြင်ပြီးစီးခြင်းသို့တစ်လှမ်းသာလိုတော့သည်ဟူ၍။

၉။။ ဟီးရို = hero

၁၀။။ အူမတောင့်မှသီလစောင့်နိုင် အဝစားမှတရားကျင့်နိုင်သည်ဟူ၍။

***** ***** *****

လေ့ကျင့်ခန်း

၁။။ ကြိယာဝိသေသနများ၏ဖွဲ့စည်းပုံဖွဲ့စည်းနည်းများကိုတတ်နိုင်သလောက်ပေါင်းရုံးသုံးသပ်ကြည့်ပါ။

သင်ခန်းစာ (၁၂) 201

၂ ။ ။ အောက်ပါစကားလုံးများဖြင့်ဝါကျတစ်ခုစီဖွဲ့ပြပါ။

ရော၊ နေနေသာသာ၊ သတည်း၊ မှပေါ့၊ မူ၊
ဆီ၊ သည့်အတိုင်း၊ လျက်၊

၃ ။ ။ အောက်ပါစာပိုဒ်ရှိကွက်လပ်အသီးသီးတွင်ဆီလျော်သောစကားလုံးဖြင့်ပြည့်ပါ။

(从前)တစ်ပါးသောနေ့( )၌အာကာသကောင်းကင်ဝေဟင်ထိပ်ဖျားတိမ်ညွှန့် များကြား( )ကျက်စားကျင်လည်(惯于)ခြင်္သေ့( )နှင့်ဆင်ပျို( )တို့သည် နယ်လု( )စစ်မက်ဖြစ်ပွါး( )သည်.( )နှစ်ကောင်( )ဒေါသအမျက်ခြောင် ခြောင်းထွက်( )အချင်း ချင်းကုတ်( )ကိုက်( )ထိုး( )သတ်( )လေ သည်။ဆင်ပျို၏နှာမောင်း( )ခြင်္သေ့ကကိုက်ခြင်္သေ့၏မျက်နှာကိုဆင်ပျို၏အစွယ်( ) ထိုးထားကြ( )ပဉ္စသီခနတ်သားမြင့်( )နှစ်ဦးစလုံး၏အပေါ် တွင်သနားဂရုဏာ သက်ရောက်လာလေသည်။နှစ်ကောင်( )မှာခံစားကြရသောပြင်းထန်( )ဝေဒနာ ဒါဏ်ချက်( )ပို့ကြွေးမြည်တမ်းသောအသံတို့.( )ဒေါသအမျက်ခြောင်းခြောင်း ထွက်( )ကြွေးကြော်ဟစ်အော်သောအသံတို့.( )ကောင်းကင်ပြင်တွင်အရှိန် ကြီး( )မြည်ဟီး( )ရှိလေသည်။အလွန်သနား( )သောသတ္တဝါနှစ်ကောင် တို့၏အသက်များကိုကယ်ဆယ်( )သောစိတ်ဆန္ဒပြင်းပြလာသောပဉ္စသီခနတ်သား သည်ထိုအခါသမယ( )မှာထိုတိရစ္ဆာန်သတ္တဝါမျိုးများ၏ဘာသာစကားတို့ကိုဝတ် ကျွမ်းသည်ဟု( )ထိုဘာသာစကားတို့( )ထိုသတ္တဝါတို့အား(任何)တရားလမ်း ကြောင်းပြ၍ဖျောင်းဖျစကားပြောကြား( )ပြောသူပင်သာလျှင်သေငယ်ဇေနှင့်မြော ( )မောပန်းသေ( )။ထိုသတ္တဝါတို့မှာနားဝင်နိုင်ကြ( )အခါမဟုတ်ပေ။( ) ပဉ္စသီခနတ်သားသည်မိမိ၏ဝေလုဝနတ်စောင်းဖြင့်သီဆိုတီး:ခတ်( )တူရိယာဂီတစ ကားများ( )နား၀င်( )ဖျောင်းဖျ( )ဟုဆုံးဖြတ်( )စောင်းကိုကိုင်ဆောင်( ) တီးပြလေတော့သည်။နတ်စောင်းအသံကြား( )ခြင်္သေ့နှင့်ဆင်ပျိုနှစ်ကောင်စလုံး( )

ဒေါသအမျက်ပြေ(　　)မထိုးသတ်ကြတော့ပေ။

၄။။ အောက်ပါဝါကျများကိုမြန်မာဘာသာသို့ပြန်ဆိုပါ။

（1）女朋友到国外去学习快三年了，可他并非那种离开就忘，见了又情意缠绵、生死难分的人，几乎每天都在惦念着她。

（2）我们今年就要取得学位了。而他去年就毕业了。

（3）不用说住得宽敞了，他那间小屋连一张单人床都放不下。

（4）俗话说：肚子饱了才能守戒。同样，人也只有富裕了才能考虑到文化生活。

（5）他看着波纹涟漪的湖面一动不动地发呆，不知在想着什么。

（6）倒还不是什么功亏一篑、只是差一步就成功的事情，只要他继续坚持努力，这个试验就一定会成功的。

（7）看你尽低着头看书，浑身都酸了吧，把他们两个都叫上，咱们散步去吧！

（8）正因为是孩子，不是机器人，不可能安静不动，总会动来动去想淘气想玩的。

၅။။ အောက်ပါစာပိုဒ်ကိုမြန်မာဘာသာသို့ပြန်ဆိုပါ။

在科研资金方面，英国大学远远落后于美、法、德、日等国。那些尖子生离开英国前往条件更好的美国求学"情有可

သင်ခန်းစာ (၁၂) 203

原"。但是这样一来就会"影响英国的科技开发能力，进而在整个科技系统产生不良的后果"。英国学界普遍认为，美国常春藤联校的名声更多地来自于其雄厚的财力。虽然说剑桥以其 27 亿英镑的资产荣登英国富有大学的榜首，稍稍逊色的牛津大约拥有 20 多亿英镑资产，在英国是首屈一指，但和常春藤联校相比就是小巫见大巫。仅仅是哈佛一家就有将近 133 亿英镑的私人投资，紧随其后的耶鲁私人投资达 70 亿英镑，斯坦福和普林斯顿各有 60 亿英镑。但是自从 20 世纪 50 年代以来，剑桥的科学家已经 47 次获得诺贝尔奖，而哈佛的教师中只有 17 位诺贝尔奖得主。

(2001 年 7 月 19 日《北京青年报》)

၆ ။ ။ ကျောင်းနေဘက်တစ်ယောက်ယောက်ဆီကိုစာလေးတစ်စောင်ရေးပါ။

၇ ။ ။ လွမ်းဆွတ်တသဖွယ်ကောင်းသောအဖြစ်အပျက်ကလေးတစ်ခုပြောပြပါ။

*****   *****   *****

အပိုဖတ်စာ

တက္ကသိုလ်အမေဂုက်ယူပေလော့

တက္ကသိုလ်တင်ခ

တက္ကသိုလ် 'အမေ' သည်(၇၅)နှစ်ပြည့်ခဲ့ပြီ။ရာအားဖြင့်၊အိုသော်လည်းပညာအားဖြင့်၊နုပျိုသစ်ဆန်းလျက်ရှိသည်။ယခင်ကိုလိုနီခေတ်မှာတက္ကသိုလ်တွင်မြန်မာစာအဆင့်နိမ့်ကျခဲ့သည်။အထက်တန်းကျောင်းများမှာကဲ့သို့တက္ကသိုလ်တွင်မြန်မာစာသင်ရန်သီးခြားဆရာပင်မ

ရှိခဲ့ပါ။ ယခုမူမြန်မာစာပါရဂူပင်ယူလျှင်ရနေပါပြီ။

၁၉၂၀ပြည့်နှစ်တွင်ရန်ကုန်တက္ကသိုလ်မှာအရှေ့တိုင်းဘာသာရပ်ဌာနပေါ်ပေါက်ခဲ့သည်။ ထိုဌာနလက်အောက်မှာပါဠိဘာသာ၊ ပါရှိဘာသာနှင့်မြန်မာဘာသာများရှိခဲ့ဖူးသည်။ ၁၉၂၂ခုနှစ်တွင်မြန်မာဘာသာပြဆရာကိုပထမဦးဆုံးခန့်ထားခဲ့သည်။ ထိုဆရာမှာမြန်မပညာရှိဆရာပွားဖြစ်သည်။ ထိုအခါကတက္ကသိုလ်၌မြန်မာစာသည်မသင်မနေရသောဘာသာမဟုတ်ပေ။

မြန်မာစာကိုမယူလိုလျှင်ဟိန္ဒူစာ၊ တမီလ်စာ၊ ဘင်ဂလီစာ၊ အူရဒူစာနှင့်စိတ်ကြိုက်အင်္ဂလိပ်စာတို့အနက်မှကြိုက်နှစ်သက်ရာကိုယူနိုင်သည်။ ၁၉၂၄ခုနှစ်တွင်ဦးဖေမောင်တင်နိုင်ငံခြားတွင်ပညာသင်ယူခဲ့ပြီးအပြန်တွင်မှအရှေ့တိုင်းဌာနဌာနမှူးဖြစ်လာသည်။ ဆရာကြီး၏ကျေးဇူးကြောင့်၁၉၂၅ခုနှစ်တွင်မြန်မာစာဂုဏ်ထူးတန်းဖွင့်လှစ်နိုင်ခဲ့သည်။ သိပ္ပံမောင်ဝခေါ် ဦးစိန်တင်သည်မြန်မာစာဂုဏ်ထူးတန်းပထမဆုံးယူသူဖြစ်သည်။

၁၉၄၇-၂၈ခုနှစ်တွင်မြန်မာစာမဟာဝိဇ္ဇာဂုဏ်ထူးတန်းကိုဖွင့်လှစ်နိုင်ခဲ့သည်။ ယခုမူယခင်ကနှင့်မတူ၊ မြန်မာစာပါရဂူယူနိုင်ပြီ။ တက္ကသိုလ်အမေဂုဏ်ယူပေလော့။

မြန်မာစာကိုနယ်ချဲ့တို့ကနည်းအမျိုးမျိုးဖြင့်နှိပ်ကွပ်ချိုးနှိမ်ကြသည်။ စာပေတင်မှလူမျိုးမြင့်မည်ဖြစ်ရာမြန်မာလူမျိုးနှိမ်၊ အောင်မြန်မာပေနှိမ်ချခဲ့ကြသည်။ မြန်မာဗျည်းအက္ခရာ ၃၃ လုံးကိုအကုန်အစင်သင်ကြားခြင်းမပြုဘဲခြောက်လုံးကိုနုတ်ပယ်ပစ်ရန်နယ်ချဲ့တို့ကကြိုးစည်ကြီးပမ်းခဲ့ကြသည်။ သို့ရာတွင်၁၉၁၉ခုနှစ်ကပုသိမ်မြို့တွင်ကျင်းပသောသတ္တမအကြိမ်မြောက်ဗုဒ္ဓဘာသာမြန်မာအသင်းကြီးကလည်းကောင်း၊ ၁၉၂၀ပြည့်နှစ်တွင်ရန်ကုန်မြို့ ဂျူဗလီဟောခန်းကျင်းပသောတိုင်းရင်းမြန်မာကျောင်းဆရာများအစည်းအဝေးကြီးကလည်းကောင်းတစ်ပြည်လုံးစုရုံးကန့်ကွက်ခဲ့ကြသဖြင့်နယ်ချဲ့တို့လက်မြှောက်အရှုံးပေးခဲ့ရသည်။

ရန်ကုန်တက္ကသိုလ်တွင်မြန်မာစာသင်ကြားရန်မြန်မာစာပြဌာန်းစာအုပ်ကောင်းများမရှိကြောင်းနယ်ချဲ့ဘက်တော်သားတို့ကပိုင်းဝန်ပြောဆိုရာဆရာကြီးဦးရွှေဇံအောင်ကမိမိသည်အင်္ဂလိပ်စာပေနဲ့စပ်စပ်ဖတ်မှတ်ဖူးကြောင်းမြန်မာစာပေမှလောကနီတိကျမ်းကဲ့သို့ထူးခြားကောင်းမွန်အဖိုးတန်သောစာပေကိုရှာဖွေမတွေ့သေးပါကြောင်းရဲရဲရင်ရင်ရင်ဖွင့်တင်ပြခဲ့၏။

ဆရာကြီးဦးဖေမောင်တင်၊ဦးပွား၊ဦးလင်း၊ဦးအေးမောင်၊ဦးသိန်းဟန်၊ဦးဝန်၊ဒေါက်တာ ထင်အောင်စသည့်ပုဂ္ဂိုလ်ကြီးများ၏ကျေးဇူးတရားကြောင့်မြန်မာစာပေတစ်ခေတ်ဆန်းခဲ့ရ ပေသည်။ဆရာကြီးဦးဖေမောင်တင်၏ "တက္ကသိုလ်နှင့်မြန်မာစာပေ" ဟောပြောချက်သည် မြန်မာစာပေဖွံ့ဖြိုးတိုးတက်အောင်ဆောင်ရွက်ခဲ့ရပုံကိုအကျယ်တဝင့်လေ့လာသိရှိပါသည်။

ပညာရေးရင်းနှီးမြှုပ်နှံမှုသည်နိုင်ငံတိုင်းတွင်မနိုင်းယှဉ်သာအောင်တန်ဖိုးကြီးမားသည်။ ဖွံ့ဖြိုးတိုးတက်စပြုနေသောမြန်မာနိုင်ငံသည်မိမိနေအင်အားကိုပဓာနမထားဘဲသိန်းပေါင်းနှစ် ထောင်ကျော်မျှရန်ကုန်တက္ကသိုလ်စိန်ရတုအတွက်ကိုရင်းနှီးမှုပြုခဲ့သည်။

မြန်မာလူမျိုးမပျောက်အောင်စွမ်းဆောင်နိုင်ပေသောတက္ကသိုလ်အမေဂဏ္ဌာယူပေလော့။ တက္ကသိုလ်အမေသည်အသက်အားဖြင့်(၇၅)နှစ်ပြည့်ခဲ့ပြီ။ဇရာအိုသော်လည်းပညာမအိုသေး၊ နုပျိုသစ်ဆန်းလျက်ရှိပေသည်။

တက္ကသိုလ်နှောင်တော်များအားတက်လော့။

တက္ကသိုလ်ညီငယ်များအားကျလော့။

တက္ကသိုလ်အမေဂဏ္ဌာယူပေလော့။

(၄-၁၂-၁၉၉၅ ထုတ်ကြေးမုံသတင်းစာဆောင်းပါးတစ်ပုဒ်မှကောက်နုတ်ချက်)

*****   *****   *****

သင်ခန်းစာ (၁၃)
ပုံပေးစာတစ်စောင်

ဒုတိယတန်းမီးရထားစောင့်ခန်း
သာစည်ဘူတာ
၁၂၈၈-ခု၊ သီတင်းကျွတ်လဆန်း ၂ရက်

ကိုဘိုးထိန်

ဤအချိန်ကား သန်းခေါင်ကျော်အချိန်၊ ဤစာကိုရေးနေသောနေရာကား သာစည်ဘူတာရုံ၊ ဒုတိယတန်းခရီးသည်များ မီးရထားစောင့်ရာအခန်းဖြစ်လေသည်။ ဤသို့ ညဉ့်နက်သန်းခေါင်ခရီးရောက်မဆိုက်ဖြစ်သော်လည်း ပုံသွားနေစဉ်မှတ်တမ်းကို နေ့စဉ်မှန်မှန်ရေးသလိုသည်ကတစ်ကြောင်း၊ ကိုဘိုးထိန်နေ့စဉ်မပြတ်လက်လတ်ဆတ်ဆတ်ဖတ်၍ သွားစေလိုသောဆန္ဒရှိသည်ကတစ်ကြောင်းတို့ကြောင့် ခရီးပန်း၍ အိပ်ငိုက်လှသော်လည်း မအိပ်သေးဘဲ ဤစာကိုရေးလိုက်ရခြင်းဖြစ်ပါသည်။ နေ့စဉ်ပင် မှန်မှန် ဤမှတ်တမ်းကို ရေးသားရန် အားခဲထားပါသည်၊ သို့သော် နေ့စဉ်မှန်မှန်ရေးသားနိုင်မည်ဟူ၍ကား အာမခံနိုင်လမ်းတစ်ဝက်တွင် ပြတ်ချင်လည်း ပြတ်နေပေလိမ့်မည်၊ လိုရင်းကို ရေးကြစို့။

ကျောင်းပိတ်၍ ကိုဘိုးထိန်တို့နေရပ်ကိုပြန်သွားပြီးသည် နောက်နှစ်ရက်ကြာလျှင် ပြည်ကျောင်း

သင်ခန်းစာ (၁၃)

ဆောင်မှပြောင်း၍လမ်းမတော်ဝိုင် အမ် စီ အေအသင်းတွင်ကိုယူးကင်နှင့်အတူခေတ္တပြောင်းရွှေ့နေထိုင်ရပါသည်၊ထိုအသင်းတိုက်တွင်ခေတ္တနေထိုင်ခိုက်မိတ်ဆွေတစ်သိုက်နှင့်ညတိုင်းညတိုင်းမြို့တွင်းသွားပြီးရေခဲမုန့်၊ဖါလူတာစသည်တို့ကိုသွားသောက်၊ထမင်းကြော်ခေါက်ဆွဲတို့ကိုစား၍တော်တော်ပင်ပျော်ရွှင်ကြပါသည်၊ဤသို့ကြောင့် ပိတ်ရက်အတွင်းမိတ်ဆွေများနှင့်ရန်ကုန်မြို့ကြီး၌ပျော်ရွှင်စွာညတိုင်းလည်ပတ်နေရသော်လည်းကျွန်တော်၏စိတ်၌ကားပုဂံသို့သွားရန်အကြောင်းစဉ်းစားမိတိုင်းစိတ်မအေးလှပါ၊သီတင်းကျွတ်လဆန်း(၁)ရက်နေ့တိုင်အောင်ခရီးထွက်ရမည်နေ့ရက်ကိုအသေအချာမသိရစမ်းတဝါးဝါးနှင့်နေလေတော့သည်၊မီးရထားရုံပိုင်ထံသို့မကြာမကြာသွားရောက်၍မန္တလေး မီးရထားလမ်းပျက်နေသည်မှာကောင်းပြီမကောင်းသေးစသည်ဖြင့်မေးမြန်းနေရပါသည်။

တစ်ခါတစ်ရံမြင်းခြံဖက်မှလှည့်၍မသွားဘဲပြည်လမ်းဖက်မှဆန့်၍သွားရန်ကိုလည်းဆွေးနွေးတိုင်ပင်ကြည့်ကြပါသည်။သို့သော်မဆုံးဖြတ်ဖြစ်မနေ့ကန်နက်(သီတင်းကျွတ်လဆန်းတစ်ရက်)ကိုနာရီအချိန်မှမန္တလေးသွားမီးရထားများသွားနိုင်ပြီအကြောင်းကိုသိရတော့သည်၊သို့သော်မီးရထားလမ်းပျက်နေသည်နေရာတွင်ကိုက်ငါးရာခန့်လမ်းလျှောက်ရမည်ဟုသိရပါသည်၊ဆရာမစွတာကာဆင်ကလည်းသူပါအတူလိုက်မည်ဟုပြောပါသည်၊သို့သော်ကြေးနန်းစာတစ်စောင်ရောက်လာသောကြောင့်မလိုက်ဖြစ်မကြာမီပြည်လမ်းမှလိုက်လာမည်ဟုဝန်ခံခြင်းပြုပါသည်၊ဆရာမစွတာကာဆင်နှင့်ကျွန်တော်တို့မှာထိုနေ့ညနက်ဆရာဦးဖေမောင်တင်တို့အိမ်တွင်ညနက်စာစားသောက်ကြပါသည်။

ထိုညနေ၁းနာရီခွဲထွက်သောမန္တလေးရထားနှင့်ကျွန်တော်တို့လူတစ်သိုက်ထွက်လာကြပါသည်၊ကိုယူးကင် ကိုလှသွင် ကိုလှအောင်ကြီးတို့မီးရထားရုံဆင်း၍ပို့သောကြောင့်တပျော်တပါးကြီးဖြစ်လေတော့သည်၊ထိုမီးရထား တွင်ပါလာသူပစ်သိုက်မှာလည်းတော်တော်ပင်များပါ၏။ကိုခင်မောင်မြ ကိုစောသန်းတို့လူစုကဒုတိယတန်းတစ်တွဲ၊ပခုက္ကူ ကိုတင်ဖေ ကိုဘသန်းတို့လူစုကဒုတိယတန်းတစ်တွဲ၊သူတို့မှာလည်းမီးရထားလမ်းပျက်နေသောကြောင့်ယခုမှအိမ်ပြန်ကြရလေတော့သည်၊ကျွန်တော်တို့ပုဂံသွားလူစုကားဆရာဦးဖေမောင်တင် ကိုညွန့် မောင်

ဘမောင်မောင်ကျော်ဝင်းတို့ဖြစ်ပါသည်။ ကျွန်တော်တို့ကလည်း ဒုတိယတွဲတစ်တွဲစီးလျက် လိုက်ပါလာကြလေသည်။

မီးရထားရန်ကုန်မှထွက်သောအခါ ဆူဆူညံညံနှင့် တော်တော်ပင်ပျော်ကြပါသည်။ သို့ သော်ဆရာတင်တွဲထဲ၌ရှိနေသောကြောင့် စိတ်ရှိလက်ရှိသီချင်းတွေဘာတွေဆိုကာမပျော်ဝံ့ကြ။ ဆရာတင်မှာကျောင်းခန်းထဲတွင်စာသင်နေသကဲ့သို့ ဣန္ဒြေသမ္ပတ္တိနှင့် နေသည်မဟုတ်အခြား ခရီးသည်တို့ကဲ့သို့ရယ်စရာကလေးများကိုပင်ပြောရှာ၏။ သူလည်းတစ်ယောက်တည်းပျင်း ထင်ပါရဲ့။

ဤသို့ပျော်ရွှင်စွာစကားပြောပျက်လုံးတွေထိုးနေခိုက်တွင် ခါတိုင်းနှစ်များကဲ့သို့ကျောင်း ပိတ်ရက်အတွင်းနေရပ်သို့မိမိတ်ဆွေများနှင့်ပြန်သလိုလိုတွေ့မိပါသည်။ ဝမ်းသာခြင်းကြီးမက ဝမ်းသာ၏။ ပုပ်သို့ဆရာကခေါ်၍ မလိုက်ချင်လိုက်ချင်နှင့်လိုက်လာရသည်ကိုတွေးလိုက်သော အခါအနည်းငယ်စိတ်ပျက်မိပါသည်။ မီးရထားလမ်းပျက်နေရာတွင်ကိုက်ငါးရာခန့်ပစ္စည်းများနှင့် လမ်းလျှောက်ကာဖြတ်ကူးရမည်ကိုတွေးတောမိသောအခါသာ၍ပင်စိတ်ပျက်မိလေတော့ သည်။ ထိုနေရာတွင်ကူလီများမှရပါ့မလား။ ကူလီများမှမရှိမှုဖြင့်ကိုယ်ပစ္စည်းကိုယ်ထမ်းမနိုင်တ နိုင်နှင့်ဆင်ခေါင်းခွေမချိနိုင်ဖြစ်နေတော့မည်စသည်ဖြင့် အမျိုးမျိုးတွေးမိ၏။

ဤသို့တွေးရင်းဘယ်အချိန်အိပ်ပျော်သွားသည်မသိ။ နံနက်လေးနာရီခွဲအချိန်မီးရထား ကုန်ကြီးဘူတာ၌ဆိုက်လေသည်။ မီးရထားလမ်းပျက်ရာကားဤဘူတာမှစပါသည်။ အိပ်ငိုက် ငိုက်နဲ့ပဲအိပ်ရာတွေပစ္စည်းတွေသိမ်းဆည်းမျက်နှာသစ်ခေါင်းဖီးပြီးလျှင် မီးရထားမှဆင်းကြပါ ရော။ ကူလီတစ်သိုက်လည်းမီးရထားရှိရာသို့ပြေး၍လာကြ၏။ သည်တော့မှစိတ်နည်းနည်းအေး သွားလေတော့သည်။ ကိုယ်ပစ္စည်းကိုယ်ထမ်းရမှုဖြင့်ခက်လေတော့မည်။ ကောလိပ်ကျောင်းမှာ မင်းသားလိုနေတဲ့လူတွေကျွန်းလိုထမ်းရမှုဖြင့်ခက်လေရဲ့။ တကယ်လို့ ဘီအေအောင်ပြီး နောက်အလုပ်မရဘဲကူလီများဖြစ်နေမှုဖြင့်ဘယ်လိုနေမလည်းနော်တွေးကြည်စမ်းမြန်မာပြည် သည်လောက်မဆိုးသေးပါဘူးဟူ၍ အယုတ်သည်ဖြင့်လေးငါးဆယ်စားစရေးအလုပ်ကလေးတော့ရ အုံးမှာပဲ။

ကူလီတွေတော့ရှိပါရဲ့၊ ငါနဲ့တွေကကူလီခသိပ်တောင်းတာပဲဗျာ၊ တော်တော့်ငါနဲ့တွေ သည်တစ်ချက်တစ်ည်းသူဋ္ဌေးဖြစ်ကြကြတယ်ထင်ပါရဲ့၊ အထုပ်တစ်ထုပ်ကိုကြီးကြီးယ်ယ်ငါးမူး ပေးရမဲ့၊ အရွဲ့တိုက်တဲ့လူတွေပဲ၊ သို့ပေမဲ့မတတ်နိုင်ပေးရလေတော့သည်။ သူတို့ကတော့မီး ရထားလမ်းမကြာမကြာပျက်ပါစေလို့ဆုတောင်းမလား မပြောတတ်ဘူး၊ တောင်းချင်တောင်းမှာ သူတည်းတစ်ယောက်ကောင်းဖို့ရောက်မှဆိုတဲ့ လက်ံကိုသတိရမိလေတော့သည်၊ သူတို့ ကောင်းဖို့ ကျွန်တော်တို့ ခရီးသည်တွေကဒုက္ခရောက်ကြရတယ်မဟုတ်လားဗျာ။

ကူလီတွေကပစ္စည်းတွေကိုထမ်း ကျွန်တော်တို့ကဘေးမှလိုက်သွားလိုက်ကြတာတော် တော်ကြာတော့ လမ်းပျက်ရာဘက်သို့ရောက်ပါရော၊ မန္တလေးဘက်မှလာသောမီးရထားမ ရောက်သေး၊ ပစ္စည်းများကိုမီးရထားလမ်းဘေးတွင်ချထားကာ မန္တလေးရထားအလာကိုစောင့်စား နေကြ၏၊ နေပူကျဲကျဲတွင် တစ်နာရီခန့်စောင့်စားကြရလေသည်၊ မိုးမှုံပေလို့တော်သေးမိုးများ ရွာလိုက်မှဖြင့်ခိုစရာမရှိ၊ ပြေးလို့လည်းမလွတ်၊ ထီးကလည်းမပါလာကြ၊ တော်တော့်ကိုဒုက္ခ ရောက်ကြမှာပဲ၊ မိုးမင်းကိုယ်တော်မြတ်ကအဲ့တုံ့တုံ့လုပ်သေး၊ တောင်းပန်လိုက်ရတာမပြောနဲ့တော့၊ မိုးမင်းဆိုတာကပေမဲ့ အချက်ထဲကျရင်တော်တော်ခွလုပ်တတ်တယ်၊ သည်တစ်ခါခုမလုပ်ပေ လို့ဝမ်းသာကြရတော့သည်။

အနီးအနားရွာမှလူပျိုတွေလာပြီးဟိုကြည့်သည်ကြည့်ရယ်လားမောလားစကားတပြော ပြောနဲ့ တော်တော်အာတဲ့၊ အကောင်တွေ၊ ခရီးသွားမိန်းကလေးလုလုများပါမလားလို့ အပိုးတော် ထွက်ကြတာပေ့ါဗျာ၊ မြို့သားတွေလည်းအတူတူပေ့ါ၊ ကောလိပ်ကျောင်းသားတွေကသက် သေး၊ ကျွန်တော်တို့အတွက်ကံအားလျော်စွာမီးရထားလမ်းပျက်နေလို့ထင်ပါရဲ့၊ မိန်းခလေးဆို လို့တစ်ယောက်မှမပါဘူး၊ ကိုယ်တော်မြတ်တွေခဏာနေပြီး ပြေးကုန်ကြရော၊ စိတ်တော်တော် ပျက်သွားကြထင်ပါရဲ့၊ မှတ် မှတ်ကြရော့။

မန္တလေးရထားဝင်လာပြီးစောင့်နေသူများဝမ်းသာလှရှု၏၊ မီးရထားဆိုက်သည် နှင့်တပြိုင်နက်နေရာကောင်းရရန်ပြေး၍တက်ကြ၏၊ လက်ပံပင်ဆက်ရက်ကျသလိုဆည်နေပါ ရော၊ ဆရာတင်မောင်ဘမောင်နှင့်ကျွန်တော်တို့အနီးဆုံးဒုတိယတွဲထဲသို့ဖွင့်၍တက်လိုက်ကြ

အတွင်းမှာလူခြောက်ယောက်ရှိနှင့်နေပြီ။ဘယ်အချိန်ရောက်နေသည်မသိ၊ရောမတန်ခိုးရှင် တွေ၊စင်စစ်တော့ရှေ့ဘူတာကစောင်၍လိုက်လာကြသည်ကိုကျွန်တော်တို့ထိုင်မိသည်နှင့် တပြိုင်နက်လူတစ်ယောက်ပေါက်လာသေးရဲ့မောင်ကျော်ဝင်းနှင့်ကိုညွန့်ကားခင်မောင်ပြု တို့ နှင့်တစ်တွဲရလေတော့သည်။

ကျွန်တော်တို့တွဲထဲလူတွေသိပ်ကျပ်နေသော်လည်းစိတ်ညစ်စရာမကောင်း၊ပျော်စရာကြီး ဖြစ်ပါသည်။အားလုံးလိုလိုပျော်တတ်တဲ့သူတွေ၊ဆရာတင်တစ်ယောက်သာစကားနည်း၏။အ ချို့ကားကုန်သည်နှစ်ယောက်ကတော့မင်းတိုင်ပင်အမတ်နဲ့တူရဲ့။တောင်ကြီးနေခရစ်ယန်တ ရားဟောဆရာတစ်ယောက်လည်းပါ၏။ရှမ်းလိုလိုမြန်မာလိုလိုအင်္ဂလိပ်စာလည်းတော်တော် တတ်၏။မြန်မာပြည်သုတေသနအသင်းမဂ္ဂဇင်းမှာတော်တော်ရေးသားဖူးသတဲ့။ကျိုင်းတုံနယ်ရှိ လူများအကြောင်းအသိုင်းအဝိုင်းတွေနှင့်ပြောသည်မှာနားထောင်လို့ပဲကောင်းသေးတော့ သည်။မီးရထားဆယ်နာရီတွင်ထွက်တော့၏။

ကုန်သည်တွေကလည်းကုန်အရောင်းအဝယ်အကြောင်းဆွေးနွေးလာကြ။မင်းတိုင်ပင် အမတ်နှစ်ယောက်ကားသူတို့မင်းတိုင်ပင်အစည်းအဝေးတွင်ပြောခဲ့ပုံ။ပညာရေးအမတ်ချုပ် ကြီးနှင့်နှုတ်ဆက်ပြောဆိုပုံသူတို့အဖွဲ့အားကောင်းပုံဟိုနယ်သည်နယ်ပြောလိုက်ကြတာမဆုံး နိုင်။အင်္ဂလိပ်စကားကလည်းကောင်းကောင်းမတတ်။အင်္ဂလိပ်စကားတွေကိုညှပ်ကာညှပ်ကာ ပြောလိုက်ကြသည်မှာမှားမှားယွင်းယွင်းနဲ့ကြားရသူများဝမ်းထဲတွင်ကြိတ်၍ပြုံးကြမည်ကားမှု ချ။သို့သော်ကွမ်းခြေနှင့်နေကြရလေသည်။သို့ကွမ်းခြေနှင့်နေကြလေကွာလုံးထုတ်ကြလေခရစ် ယန်တရားဟောဆရာကလည်းမိမိ၏ကျိုင်းတုံအကြောင်းပြော၍မဆုံး။ဆရာတင်ကားဆေးပြင်း လိပ်ကြီးခဲလျက်မျက်စိပိတ်မှိန်းလျက်လာ၏။သူတို့ပြောကြတာကိုပဲနားထောင်နေသလား၊ အိပ်ပျော်နေသလား၊မောင်ဘမောင်နှင့်ကျွန်တော်တို့ကားပါးစပ်များဟကာသူတို့ပြောသမျှ ကိုနားထောင်၍လာကြ၏။ကျွန်တော်တို့နားထောင်လေ သူတို့ကပြောလေ။

သို့နှင့်လိုက်လာသည်မှာသာစည်ဘူတာသို့ညနေငါးနာရီမှရောက်လေသည်။မနက်ထ မင်းတစ်နပ်ဝတ်၏။ဆာလိုက်တာမပြောပါနှင့်တော့။ခါတိုင်းကားသာစည်သို့နံနက်ဆယ်နာရီအ

ချိန်ရောက်၍မြင်းခြံသွားရထားကိုဆက်၍စီးခိုင်းလေသည်။ ယခုကားမြင်းခြံရထားကိုမမီ မ နက်ဖြန်နက်သုံးနာရီရထားနှင့်မှလိုက်ရလေတော့မည်။ သာစည်သို့ရောက်လျှင်ဒုတိယတန်းမီး ရထားစောင့်အခန်းထဲတွင်ပစ္စည်းများကိုထားခဲ့ပြီးကောလိပ်ကျောင်းသားတစ်ဆယ့်တစ် ယောက်တပျော်တပါးမြို့တွင်းသို့ထမင်းဝယ်စားရန်ထွက်ကြသောဟူ၏။ ဆရာတင်ကားဘူတာရုံထ မင်းစားခန်းထဲတွင်ရှမ်းပြည်နယ်ပညာရေးဝန်မစ္စကင်(ချို)နှင့်စကားပြောလျက်ကျန်ရစ်၏။

ကျွန်တော်တို့တစ်သိုက်လည်းဆူညံစွာစကားတပြောပြောနှင့်အရာရှိများနေထိုင်ရာအ ပိုင်းသို့ခြေဦးလှည့်ကြ၏။ အနေအထားသပ်သပ်ရပ်ရပ်။ အချို့မီးရထားဘက်အရာရှိများဘော် လုံးရိုက်ကစားလျက်နေကြ၏။ ထိုမနီးမဝေးတွင်လက်ဖက်ရည်ဆိုင်သုံးလေးဆိုင်နှင့်ခေါက်ဆွဲ ဆိုင်သုံးလေးဆိုင်ကိုတွေ့ရလေသည်။ ထိုမြို့၌မြင်းရထားများကိုမမြင်ရှိပမရှိလိုလားကျွန်တော် ပဲမမြင်လို့ဘဲလား တော့မသိ။ သာစည်ကားခြောက်သွေ့လှ၏။ ဖုန်တထောင်းထောင်းနှင့်။ မြို့ လည်များစွာမကြီးလှ။ အောက်မြန်မာပြည်ရွာခံကြီးကြီးလောက်မျှသာ။ မြို့အတွင်းလှည့်ပတ်ကြ သည်မှာနာရီဝက်ခန့်ကြာ၏။ သို့သော်ထူးထူးဆန်းဆန်းမှတ်လောက်သားလောက်ဘာတစ်ခုမှ မတွေ့။ ခြေဦးလှည့်ပြန်ကြပြီးပန်းသေးထမင်းဆိုင်တစ်ဆိုင်သို့ဝင်၍ထမင်းစားကြ။ ကျွန်တော် တို့လူသိုက်တွင်ပန်ချာပီကုလားနှစ်ယောက်ပါ၏။ ၎င်းတို့ကားပန်းသေးဆိုင်၌ထမင်းမစား လက်ဖက်ရည်သာသောက်ကြလေသည်။ ရှစ်ယောက်သာထမင်းစားကြ၏။ နက်စာမစားရသေး သောသူများဖြစ်သောကြောင့်မည်မျှထမင်မြိန်ကြမည်ကိုကိုဘိုးထိန်စဉ်းစားကြည့်ကသိနိုင် ၏။ ပဲဟင်းချိုကိုအလကားပေး၏။ ကျွန်အစားအစာတို့အတွက်သာကျသလောက်ပေးရလေ သည်။ လူရှစ်ယောက်ဆာဆာနှင့်အဝစားသောက်ကြသည်မှာငွေတစ်ကျပ်ဆယ့်လေးပဲသာပေးရ လေသည်။ ကျွန်တော်တို့ရန်ကုန်တွင်တစ်ယောက်တစ်ထိုင်တည်းတစ်ကျပ်တစ်ကျပ်ခွဲကုန် ကျသူတို့ကားအံ့သြ၍မဆုံးနိုင်။ မည်မျှပေါပါသနည်း။

ထိုဆိုင်မှထွက်လာကြပြီးနောက်ကာကာလက်ဖက်ရည်ဆိုင်တစ်ဆိုင်သို့ဝင်ကာလက်ဖက် ရည်သောက်ကြပြန်၏။ အထူးကောင်းလေသည်။ သာစည်၌နို့အလွန်ပေါသောကြောင့်ဖြစ်၏။ ထိုလက်ဖက်ရည်ဆိုင်တွင်ဆယ့်ငါးမိနစ်ခန့်ကောက်ကရရှစ်သောင်းတွေပြောပြီးနောက်ထွက်

လာခဲ့ကြ၏။ဒုတိယတန်းမီးရထားစောင့်ခန်းသို့ရောက်လျှင်မောင်ပြီမကြာမီမိနစ်လေးစာပိုဝင်၍ လာ၏။ကျွန်တော်တို့လူတစ်သိုက်လည်းမီးရထားခေါင်းတွဲမှနောက်ဆုံးတွဲတိုင်၊နောက်ဆုံး တွဲမှခေါင်းတွဲတိုင်ခေါက်တုံ့ခေါက်ပြန်လျှောက်ကြသောဟူ၏။အသိလည်းမပါအပျို့ချောချော လည်းမပါကိုယ်တော်မြတ်တစ်သိုက်မောဟိုက်ရှိနေကြပြီ၊အတန်ကြာလျှင်မီးရထားလည်း ထွက်သွားတော့၏။ကျွန်တော်တို့တစ်သိုက်လည်းဘုတာရုံအနီးတမာပင်ပျိုကလေးတစ်ပင် အောက်တွင်ဝိုင်ဖွဲ့ကာပေါက်ကရသီချင်းတွေကိုဆိုလျက်နေကြ၏။ပျော်လိုက်ကြတဲ့ဖြစ်ခြင်းကသူ တွေက ကလက်ခုပ်တီးသူက တီးပျက်လုံးထိုးသူက ထိုးအမျိုးမျိုးပင်၍သို့တစ်နာရီနီးပါး သီဆိုကခုန်နေကြသောဟူသတတ်၊သွားရမည်ခရီးကိုပင်မေ့တေ့တေ့ကိုညွှန့်ကားသီချင်းဆို ကောင်း၊မောင်ကျော်ဝင်းကားပျက်လုံးအထိုးကောင်းအခြားသူတို့ကားဝိုင်းအုံကာညသူများ ဖြစ်လေသည်။တစ်ဆယ့်တစ်နာရီအချိန်သို့ရောက်လျှင်ကိုခင်မောင်ဖြူတို့လူစုခွဲ၍ထွက်သွားကြ ၏။လူစုကွဲသွားသောကြောင့်အားလုံးဝမ်းနည်းကြလေသည်။ဆရာတင်နှင့်တကွအားလုံးသော သူတို့ကားမီးရထားစောင့်ခန်းအပြင်ဘက်တွင်ပက်လက်ကုလားထိုင်များပေါ်၌အိပ်ပျော်ကြ လေပြီ။အိပ်သောကြောင့်အခန်းထဲတွင်မအိပ်ကြ၊ကျွန်တော်တစ်ယောက်သာအခန်းထဲ၌၍စာ ကိုရေးလျက်ကျန်ရစ်တော့သည်။စာရေးပြီးလျှင်ခေတ္တအိပ်မလားအောင်မေ့၏။သို့သော်န နက်သုံးနာရီရထားနှင့်မြင်းခြံသို့လိုက်ရန်စီမံရဦးမည်၊တစ်နာရီခန့်တော့မေးလိုက်ရဦးမည်။ ၍စာကိုသာစည်ဘုတာမှပင်ထည့်လိုက်ပါသည်၊မနက်ဖြန်ညတစ်စောင်ရေးပါဦးမည်၊ မျှော်ပါ။

မောင်ဝ

(သိပ္ပံမောင်ဝရေးသည်၊သူရိယမဂ္ဂဇင်း၊အတွဲ–၁၇၊အမှတ်–၆၊သြဂုတ်–၁၉၃၃မှ)

ဝေါဟာရ

ခရီးရောက်မဆိုက် (ကဝ) လိုရာအရပ်သို့ဆိုက်ရောက်ခဲ့စ။
ပါလူတာ (န) ကျောက်ကျော၊သာကူစေ့၊မလိုင်းသကြားရည်၊ရေခဲသည်ရောစပ်ထား

သောနို့အဖျော်။

ရုံပိုင် (န) မီးရထားဆိုက်ရေး၊ထွက်ရေးစသည်နှင့်ဘူတာရုံစီမံအုပ်ချုပ်မှုကိုတာဝန်ယူ ဆောင်ရွက်သောအမှုထမ်း၊မီးရထားဘူတာရုံပိုင်။

ပြက်လုံးထိုး (က) ရယ်စရာဖြစ်အောင်ပြုလုပ်ဖန်တီးပြောဆိုသည်။

သမ္မတ္တိ (န) ကောင်းကျိုးချမ်းသာနှင့်ပြည့်စုံခြင်း။

အရွဲ့တိုက် (က) မခံချင်သောသဘောဖြင့်တမင်ဖီလာကန့်လန့်ပြုမူပြောဆိုသည်။

အာ (က) ၁။ (ကျီးသတ္တဝါ)အော်မြည်သည်။

၂။ [ဥပစာ]တစ်ဘက်သားကိုအများကဝေဖန်ပြစ်တင်ပြောဆိုသည်။

၃။ [ဘန်း]ပြောသင့်သည်ထက်များစွာပြောဆိုသည်။

မင်းတိုင်ပင်အမတ် (န) 议员

ပန်းသေး (န) မွတ်ဆလင်ဘာသာဝင်တရုတ်လူမျိုး။

စာပို့ (န) ချောစာများကိုအဓိကထား၍ယူဆောင်ပေးပို့သောယာဉ်။ 邮政列车（一般也指快车）

ပေါက်ကရ (န) ထွေထွေရာရာ၊အစီအစဉ်မရှိသောအရာ။

*****   *****   *****

ရှင်းပြချက်

၁။ ။ ဝိုင် အမ် စီ အေ = **YMCA**

၂။ ။ ...တွေဘာတွေ၊ ...တို့ဘာတို့ ဟူလေ့သုံးစကားစုဖြစ်သည်။နာမ်နောက်တွင်ဆက် ထား၍မသဲကွဲမသေချာသောအရာများကိုရည်မှတ်၍ပြောသောစကားစု။ ဥပမာ-

- သို့သော်ဆရာတင်တွဲထဲ၌ရှိနေသောကြောင့်၊စိတ်ရှိလက်ရှိသီချင်းတွေဘာ တွေဆိုကာမပျော်ဝံ့ကြ။

- တံခါးတွေဘာတွေလုံခြုံရဲ့လား၊ကြည့်စမ်းပါအုံး။
- ခဲတံတွေဘာတွေဝယ်လာခဲ့ပါ။
- စာရေးကိရိယာတို့ဘာတို့ရောင်းမယ်။

၃။ ...ခြင်းကြီးမက... ကြိယာတစ်ခုနှစ်ခါထပ်ပြီးလျှင်ကြားထဲက 'ခြင်းကြီးမက' ထည့်ထားကာ 'အလွန့်အလွန်...' ဟူသောအနက်ရ၏။

၄။ မှဖြင့်. (ပ) တစ်စုံတစ်ခုသောပြုလုပ်ခြင်းဖြစ်ပျက်ခြင်းကိုရည်မှတ်၍ပြောသည်။မဖြစ်သေးသည်ကိုဖြစ်ခဲ့လျှင်၊ ဥပမာ–
- ကိုယ်ပစ္စည်းကိုယ်ထမ်းရမှဖြင့်.ခက်လေတော့မည်။
- ကူလီများဖြစ်နေမှဖြင့်.ဘယ်လိုနေမလဲနော်။
- ကူလီများမှမရှိမှဖြင့်...
- မိုးများရွာလိုက်မှဖြင့်.ခိုစရာမရှိ၊ပြေးလို့လည်းမလွတ်။

၅။ ဆင်ခေါင်းခွေ့မချိနိုင် (စကားပုံ)ဆင်ဦးခေါင်းကိုခွေ့သည်ချိုလိုသော်လည်းမချိုနိုင်သကဲ့သို့မိမိအင်အားနှင့်.မမျှသောဝန်ကိုရွက်ဆောင်လိုသော်လည်းမရွက်ဆောင်နိုင်ဖြစ်သည်။

၆။ မှတ် မှတ်ကြရောဟဲ့။ ဓလေ့သုံးစကားဖြစ်သည်။တစ်စုံတစ်ရာဖြစ်လာသောအခါ၌ "သိသာထင်ရှား၊သိမှတ်လောက်စရာတစ်ခုဖြစ်ရလေတော့ပြီ" ဟူ၍အံ့အားသင့်စွာရေရွတ်သောစကား။သို့မဟုတ် "နောင်အစဉ်သတိမှလေ" ဟူ၍နိူးဆော်သတိပေးသောစကားတစ်ရပ်ဖြစ်သည်။တစ်ခါတစ်လေ "မှတ်ကရော့" ဟူ၍လည်းသုံး၏။

သင်ခန်းစာ (၁၃)

၇ ။ ။ လက်ပံပင်ဆက်ရက်ကျသလို (စကားပုံ)လက်ပံပင်ပေါ်သို့ဆက်ရက်ငှက်များပျံလာ ပြီးနားသကဲ့သို့ဆူဆူညံညံဖြစ်သွားသည်။

၈ ။ ။ နယ်

၁ ။ ညည်းသံညူသံအပြစ်တင်သံပါသောအမေဒိုတ်တစ်မျိုး။ ဥပမာ-
 - မင်းနယ်ပြောရခက်တဲ့ကောင်ပဲ။
 - မျိုးမျိုးနယ်-မင်းမလာရင်လဲကြို့တင်ပြီးပြောလိုက်ရောပေါ့။

၂ ။ "ကဲ့သို့" နှင့်အတူတူပင်၊တစ်ခါတစ်ရံလည်း "သည်" နှင့်တွဲ၍သုံးသည်။ "သ ကဲ့သို့" နှင့်အနက်တူသည်။ ဥပမာ-
 - ကံ့ကော်ပန်းခူးခဲ့ပုံတွေ၊အတူတူရေကူးခဲ့ပုံတွေမနေ့ကနယ်အမှတ်ရလျက်ရှိ ၏။
 - ဝမ်းတွင်းမီးဟုန်းဟုန်းတောက်၍နေ၏။ကမ္ဘာမီးလောင်သည်နယ်။

၃ ။ ...နယ်...နယ် နယ်နှစ်ကြိမ်ထပ်သုံးလျှင်ဝေလေ့သုံးစကားလုံးဖွဲ့စည်းပုံတစ်မျိုးဖြစ် သည်။အမျိုးမျိုးဟူသောအနက်ရ၏။ ဥပမာ-
 - ဟိုနယ်သည်နယ်ပြောလိုက်ကြတာမဆုံးနိုင်။

၉ ။ ။ သောဟူ၏။ သောဟူသတတ်။ ဆောင်ရွက်ပြုမှုသည်ကိုအလေးပေးထုတ်ဖော်တင်ပြ သည်။ဥပမာ-
 - တပျော်တပါးမြို့တွင်းသို့ထမင်းဝယ်စားရန်ထွက်ကြသောဟူ၏။
 - လူတစ်သိုက်လည်းမီးရထားခေါင်းတွဲမှနောက်ဆုံးတွဲတိုင်၊နောက်ဆုံးတွဲမှ ခေါင်းတွဲတိုင်ခေါက်တုံ့ခေါက်ပြန်လျှောက်ကြသောဟူ၏။
 - ဤသို့တစ်နာရီနီးပါးသီဆိုကခုန်နေကြသောဟူသတတ်။

၁၀ ။ ။ ရှိပဲမရှိလို့လား၊ ကျွန်တော်ပဲမမြင်လို့ဘဲလားတော့မသိ။
我不知道是压根儿就没有呢？还是我没见到呢？

၁၁ ။ ။ ကောက်ကရရစ်သောင်း (ဝေလေ့သုံးစကားစု) တွေ့ကရရစ်သောင်း
ဖြင့်လည်းသုံးသည်။ ထင်ရာမြင်ရာအမျိုးမျိုး။ 天南海北东拉西扯（神聊）

၁၂ ။ ။ ...လိုက်(ကြ)တဲ့ဖြစ်ခြင်း ကြိယာသို့မဟုတ်နာမဝိသေသနနောက်တွင်ဆက်ထားပြီး
လိုက်လိုက်လဲ့လဲ့ခံစားနေသည်ကိုပြသည့်စကားလုံး။ ဥပမာ—
— ပျော်လိုက်ကြတဲ့ဖြစ်ခြင်း။

၁၃ ။ ။ ...လိုက်တာမပြော(ပါ)နဲ့တော့ ဝေလေ့သုံးစကားတစ်မျိုး။（动词或形容词）
……得了，别提啦！

***** ***** *****

လေ့ကျင့်ခန်း

၁ ။ ။ အောက်ပါမေးခွန်းများကိုဖြေပါ။

၁ ။ ဤစာသည်မည်သူကမည်သူထံသို့ရေးပေးသောစာနည်း။ မည်သည့်အရပ်
ကနေရေးခဲ့သနည်း။

၂ ။ မြန်မာတို့သုံးနေသောသက္ကရာဇ်နှင့်ခရစ်သက္ကရာဇ်မည်မျှလောက်ကွာခြား
နေသည်ကိုသင်သိသလော။ ခရစ်သက္ကရာဇ်နှင့်တွက်လျှင်ဤစာသည်မည်
သည့်နှစ်ကရေးသောစာနည်း။

၃ ။ အဘယ့်ကြောင့်သိပ္ပံမောင်ဝကပုဂံကိုသွားရသနည်း။ သူနှင့်အတူပုဂံသွား
သောလူစုတွင်မည်သူမည်ဝါတို့ပါဝင်သနည်း။

သင်ခန်းစာ (၁၃)   ၂၁၇

၄။ စာရေးသူ၏ရေးသားချက်အရရန်ကုန်ကနေပုဂံသို့တိုက်ရိုက်သွား၍ရနိုင် သလော။မည်ကဲ့သို့သွားရမည်နည်း။

၅။ သူတို့လမ်းခုလပ်တွင်မည်သူမည်ဝါတို့နှင့်ကြုံခဲ့ကြသနည်း။

၆။ သာစည်မြို့တွင်စည်ကားသလော။ စာရေးသူကသာစည်တွင်မည်သည့်အ ရာတွေ့ခဲ့သနည်း။

၇။ သာစည်မှမန္တလေးသွားသောမီးရထားထွက်သွားခဲ့သော်လည်း၊ ဘာ ကြောင့်သိပ္ပံမောင်ဝတို့လူစုကသာစည်ဘူတာတွင်ကျန်ရစ်နေသေးသနည်း။

၈။ သူတို့တစ်သိုက်သည်သာစည်ဘူတာမီးရထားစောင့်ခန်းအပြင်ဘက်တွင် ဘာတွေလုပ်ခဲ့ကြသနည်း။

၂။ အောက်ပါစာလုံးများနှင့် သင့်လျော်သည့်စကားလုံးများရွေးပြီးပေါင်းစပ်ကာစ ကားစုငါးခုစီရေးပြပါ။ တရုတ်ဘာသာအနက်လည်းဖွင့်ဆိုပါ။

မ...တ...၊   ဟို...သည်...၊   ...ခြင်းကြီးမက...၊
...လိုက်တဲ့ဖြစ်ခြင်း။

၃။ အောက်ပါစကားလုံးအသီးသီးဖြင့်ဝါကျတစ်ခုစီဖွဲ့ပြပါ။
သောဟူ၏၊   မဖြင့်၊   ...တွေဘာတွေ၊
...လိုက်တာမပြောပါနဲ့တော်၊ ပေလို့၊   ...လိုလို...လိုလို၊
မှာပဲ၊   သတဲ့(မတဲ့)၊

၄။ "ကျွန်တော်တို့တစ်သိုက်လည်းဆူညံစွာစကားတပြောပြောနှင့်..." မှစ၍စာအ ဆုံးအထိတရုတ်ဘာသာသို့ပြန်ဆိုပါ။

၅။။ အောက်ပါဝါကျများကိုမြန်မာဘာသာသို့ပြန်ဆိုပါ။

（1）我们一伙聊起旅途中的所见所闻，大家争先恐后，东拉西扯，真是乱糟糟的，有时都听不清谁说什么了。

（2）从学校毕业后我们就没有见过面，十多年了，突然间意外碰到了，大家真高兴。

（3）他问起这件事，我只好尽力解释了。

（4）幸好有人帮着拿东西，要不我自己搬也搬不动，真不知怎么办才好。

（5）我根本不知道这件事。不知道他压根儿就没说过，还是我忘了？

（6）他老兄真是个大能人。一到这儿就有人来找他，不久就交上了许多朋友。

（7）车厢里都是我们考察团的人。一路上有说有笑，有唱有跳，有出洋相的，还有在一边起哄的，大家开心极啦！

（8）我们中午才到达贵宾们歇息的宾馆。别提啦，不知道说了多少好话也没有让我们进去。因为是休息时间，根本不许进。

၆။။ အောက်ပါစာပိုဒ်ကိုမြန်မာဘာသာသို့ပြန်ဆိုပါ။

苏州园林里都有假山和池沼。假山的堆叠，可以说是一项艺术而不仅是技术。或者是重峦叠嶂，或者是几座小山配合着竹子花木，全在乎设计者和匠师们生平多阅历，胸中有丘壑，才能使游览者攀登的时候忘却苏州城市,只觉得身在山间。至于池沼,大多引用活水。有些园林池沼宽敞,就把池沼作为全园的中心,其他景物配合着布置。水面假如成河道模样,往往安排桥梁。假如安排两座以上的桥梁,那就一座一个样,决不雷同。池沼或河道的边沿很少砌齐整的石岸,总是高低屈曲任其自然。还在那儿布置几块玲珑的石头,或者种些花草:这也是为了取得从各个角度看都成一幅画的效果。池沼里养着金鱼或各色鲤鱼,夏秋季节荷花或睡莲开放。游览者看"鱼戏莲叶间",又是入画的一景。

(摘自叶圣陶《拙政园寄甚眷——谈苏州园林》一文)

၇။ ။ မြန်မာမိတ်ဆွေတစ်ယောက်ဆီကိုစာတစ်စောင်ရေးပါ။

၈။ ။ ခရီးထွက်အတွေ့အကြုံအကြောင်းတစ်ခုခုပြောပြပါ။

***** ***** *****

အပိုဆောင်းစာ

စကားလုံးတွဲအသုံးတွဲ

ရွှေနိုင်သိန်း(ဘက်)

မြန်မာဘာသာစကားတွင်ပါဠိ၊ သက္ကတ၊ နိုင်ငံခြားဘာသာစကားအချို့တို့ရောပြွမ်းပါဝင်ပြီး ပြည်ထောင်စုဖွား၊ တိုင်းရင်းသားဘာသာစကားတို့ကလည်း တစ်ပြည်တည်းနေတစ်ရေတည်း သောက်အဖြစ်အကြောင်းအားလျော်စွာပြည့်စွက်ထုံမွမ်းထားရာကြွယ်ဝသောမြန်မာစကားအ ဖြစ်သို့ယနေ့ရောက်ရှိနေလေပြီ။

မြန်မာစကားဖြစ်သည်။ ကညစ်၊ ကန်တော့၊ ကျိုက်၊ ကနကမာ၊ ကူးတို့၊ ကပ်သပေါင်း အစရှိသည်တို့သည်မွန်ဘာသာမှလာသောစကားဖြစ်ပြီးကျိုင်း၊ ဟော်၊ စော်ဘွားအစရှိသည်တို့မှာ ရှမ်းဘာသာမှယူသောစကားများဖြစ်လေသည်။ သို့သော်အဓိပ္ပာယ်ဆင်တူသောမြန်မာစကား လုံးတွဲမှမြန်မာနှင့်ရခိုင်တို့ကစကားတစ်လုံးချင်းစီခွဲဝေယူပြီးယနေ့တိုင်ပြောဆိုသုံးနှုန်းနေ သည်မှာအလွန်စိတ်ဝင်စားဖွယ်ကောင်းကြောင်းတွေ့ရ၍သုတေသီပညာရှင်များလေ့လာနိုင်ရန် အလို့ငှာကျွန်တော်ဉာဏ်မီသလောက်ဖော်ပြလိုက်ပါသည်။

တစ်ခါကရခိုင်ပြည်နယ်စာသင်ကျောင်းတစ်ကျောင်း၌ စာမေးပွဲစစ်ဆေးနေစဉ်ကျောင်း သားတစ်ယောက်သည်ဖြစ်ရိုးဖြစ်စဉ်မဟုတ်ဘဲအပြင်သို့ထွက်လျက်စာမေးပွဲဖြေဆိုနေရာမြန် မာဆရာမက 'ဟဲ့ဘာဖြစ်လို့အပြင်ထွက်ဖြေရတာလဲ' ဟုမေးမြန်းသည်တွင်ကျောင်းသားက 'မိုက်လို့ဆရာမ' ဟုပြန်ပြောလေ၏။ ဆရာမသည်မျက်နှာထားတင်းတင်းဖြင့် 'ဘာပြောတယ်' ဟုပြောလိုက်ရာကျောင်းသားကတစ်စုံတစ်ရာအမှုအရာကိုမပြုဘဲ 'သိပ်မိုက်တယ်ဆရာမ' ဟု တရိုတသေပြောရှာ၏။ အကြောင်းမှန်ကိုရုတ်တရက်မသိသေးသည့်ဆရာမသည်အစပထမ၌ စိတ်ဆိုးဟန်ရှိသော်လည်းရခိုင်ဆရာမများက 'စာသင်ခန်းမောင်နေလို့ဖြစ်မှာပေါ့' ဟုရှင်းလင်း ပေးတော့မှအဖြစ်မှန်ကိုသိကြကာငိုအားထက်ရယ်အားသန်ဖြစ်သောဟု၏။

'မောင်မိုက်' ဆိုသည်အဓိပ္ပာယ်တူစကားလုံးတွဲ၌မြန်မာက 'မောင်' တစ်လုံးတည်းကို ခွဲစိတ်ယူကာ 'ညမောင်နေပြီ၊ အပြင်မထွက်နဲ့တော့' ဟုပြောဆိုသုံးနှုန်းသော်လည်းရခိုင်တွင် ညမိုက်နေပြီ၊ အပြင်မထွက်နဲ့' ဟုသုံးနှုန်းပါသည်။

'ကန်ကျောက်' ဟုသောအနက်တူစကားလုံးတွဲတွင်ရခိုင်က 'ကျောက်' ကိုယူ၍မြန်မာ က 'ကန်' ကိုယူထားသည်။ မြန်မာတစ်ယောက်အား 'ဒီလူတွေဘောလုံးကျောက်နေကြတယ်' ဟုပြောလျှင် 'ဘာကြောင့်ကျောက်(ကြောက်)နေရမှာလဲ၊ အသက်ရှိတဲ့အရာမှမဟုတ်ဘဲ' ဟု ပြောမည်ထင်ပါ၏။ ရခိုင်က 'ဘောလုံးကန်သည်' ဟုဆိုရိုးမရှိဘဲ 'ဘောလုံးကျောက်သည်' ဟုသာသုံးနှုန်းသည်မှာယခုတိုင်ဖြစ်လေ၏။ 'လသာသည်' ကိုလည်းရခိုင်က 'လပသည်' ဟု သာသုံးနေဆဲဖြစ်ပါ၏။ လသာခြင်း၊ လပခြင်းတို့သည်ဆင်တူအဓိပ္ပာယ်ရှိနေခြင်းကြောင့်ဖြစ်

ပါသည်။ 'ကိုက်ခဲ' ဟူသောစကားလုံးတွဲတွင်မြန်မာက 'နေမကောင်း၍ခေါင်းကိုက်သည်' ဟုပြောမည်ဖြစ်သော်လည်းရခိုင်များက 'ခေါင်းခဲသည်' ဟုသာတွင်တွင်သုံးသည်ဖြစ်၏။ 'ကိုက်ညှပ်' ဟူသောစကားလုံးတွဲတွင်လည်းရခိုင်တို့က 'ဆံပင်ကိုက်သည်' ဟုပြောရိုးပြောစဉ်ရှိ သော်လည်းမြန်မာက 'ဆံပင်ညှပ်သည်' ဟုပြောဆိုမှသာနားလည်နိုင်မည်ဖြစ်မည်။

'ဝမ်းဗိုက်' စကားလုံးတွဲတွင်မြန်မာက 'ဗိုက်' ကိုအသုံးများပြီးရခိုင်က 'ဝမ်း' ကိုတွင် တွင်သုံးနေသည်။ မြန်မာက 'ဗိုက်အောင့်သည်' ဆိုလျှင်ရခိုင်က 'ဝမ်းအည်းသည်' ဟုသုံး လေ၏။ ကိုယ်လေးလက်ဝန်ရှိသဖြင့် 'ဗိုက်နာသည်' ဟုမြန်မာကပြောလျှင်ရခိုင်က 'ကိုယ်ဝန် ကျင်သည်' ဟုသာပြောမည်ဖြစ်၏။

ရခိုင်အမျိုးသားများ၏အိမ်သို့ သွားရောက်လည်ပတ်လျှင်အိမ်သူအိမ်သားတို့က 'ရေပူ သောက်ပါ' ဟုသာပြောကြ၏။ 'ပူနွေး' စကားလုံးတွဲတွင်ရခိုင်ကပူကိုယူ၍မြန်မာကနွေးကိုယူ ထားသောကြောင့်ဖြစ်၏။ ရင်ကျပ်ရောဂါကြောင့်ဝေဒနာခံစားရသဖြင့် 'ပင်ပန်း' ခြင်းဖြစ်ကြ၏။ သို့ဖြစ်၍ထိုရောဂါကို 'ပန်းနာ' ဟုမြန်မာကခေါ်သော်လည်းရခိုင်က 'ပင်နာ' ဟုသာခေါ်လေရှိ ၏။ အလားတူပင် မြန်မာက 'ရင်ကျပ်သည်။အသက်ရှူမဝ' ဆိုသည့်အဓိပ္ပါယ်ကိုရခိုင်က 'ရင်မှာမွန်းနေသည်' ဟုသာပြောနေသည်။ မြန်မာက 'ထမင်းဆာပြီ' ဟုပြောမည့်အစားရခိုင်က 'ထမင်းမွတ်ပြီ' ဟုသုံးပါသည်။ ရခိုင်က 'အလျင်အလျှားလား' ဟုဆိုမည်ဖြစ်သော်လည်းမြန် မာက 'အမြန်သွားပါ' ဆိုမှနားလည်နိုင်မည်ဖြစ်သည်။ ရခိုင်က 'ဒီကောင်ပြောတာမယုံနဲ့၊ သူ ကအဝါသန်' ဟုပြောမည်ဖြစ်သော်လည်းမြန်မာတစ်ဦးကဆိုလျှင်၍အသုံးအနှုန်းကိုလုံးဝနား လည်လိမ့်မည်မထင်ပါ။ 'ဒီကောင်ပြောတာမယုံနဲ့။သူအကြားသမားပါ' ဆိုမှရှင်းလင်းမည် ဖြစ်ပါသည်။ 'သူမာန်ပါနေပြီ၊ဆက်ပြီးမပြောနဲ့တော့' ဟုရခိုင်ကသုံးမည်ဖြစ်သော်လည်းမြန်မာ က' သူစိတ်ဆိုးနေပြီ' ဟုသာသုံးလိမ့်မည်ဖြစ်ပါသည်။

***** ***** *****

သင်ခန်းစာ (၁၄)

မလား

'ဟာ' ဟူသောအာမေဍိတ်သံဆုံးသွားသော်လည်းသူ့ပါးစပ်ကတော့အထက်အောက် နှုတ်ခမ်းများလက်သုံးတစ်မျှကွာဟသွားလောက်အောင်အဟောင်းလောင်းသားနှင့်အကြာကြီး ကျန်ရှိခဲ့သည်။ တစ်ပြိုင်နက်တည်းမှာပင်ဖိုးတွတ်နှင့်အောင်ဘိုကလေးတို့ကိုပြေးပြီးပွေ့ဖက် နမ်းရှုပ်ပစ်ချင်စိတ်ပေါက်အောင်လည်းချစ်၍သွားမိသည်။

ဖိုးတွတ်ရဲ့ကန်ချက်ကလည်းခေတေပျော့တော့တော့မှတ်လို့။ လေးပေကိုးလက် မအရှည်နှင့်မမျှဘဲတကယ်လူကြီးတစ်ယောက်၏ခြေမျိုးလိုပြင်းလွန်းလှသည်။

ဘေးချင်းယှဉ်၍အသေကပ်ထားသောတူးတူးကိုခါးကလေးစောင်းကာစောင်းကာဒူး ကလေးညွှတ်ကာညွှတ်ကာနှင့်၊ လိမ်ခေါက်ယူသွားပြီးဂိုးတိုင်နှင့်ဆယ်ပေအကွာလောက်ကျမှ ဘယ်ခြေနှင့်အင်ကုန်အားကုန်ကျူးပစ်လိုက်ခြင်းဖြစ်၏။

ဒီတစ်လုံးတော့အရှိန်အဟုန်ပြင်းစွာနှင့်တန်းခနဲဝင်လောက်ပြီဟုသူထင်လိုက်မိ၏။ ဒါ ပေမယ့်မှားသွားပြီ။ တက်တက်စင်အောင်မှားယွင်းသွားခဲ့ပြီ။

ထောင့်ဖြတ်အနေအထားနှင့်၊ ပါးလုံးထိုးဝင်လာသည့်ဘောလုံးကိုအောင်ဘိုကလေ တွင်ဝဲကာဒိုင်ဗင်ထိုး၍ပုတ်ထုတ်ပစ်လိုက်နိုင်ခဲ့၏။ ဘောလုံးသည်ကွင်းပြင်ဘက်အထိပြေးထွက် သွားပြီးဓမ္မာရံအုတ်တံတိုင်းနှင့်မိတ်ဆွေ့ဖွဲ့သွားလေသည်။

တကယ်တော့ကွင်းထဲမှာဆော့ကစားနေသည့်ငှက်ချီတိတ်စုစုပေါင်း၁၂ယောက်သည် တစ်ရပ်ကွက်တည်းသားတွေဖြစ်၏။ တစ်သင်းတည်းသားတွေဖြစ်၏။ သူထောင်ထားသော 'မျိုး တေဇ' အသင်းက လေးပေကိုးလက်မအရှည်ကလေးသူငယ်များဖြစ်ပေသည်။

သင်ခန်းစာ (၁၄)

သူတို့မှာကစားကွင်းရယ်လို့သတ်သတ်မှတ်မှတ်မရှိသဖြင့်၊ရပ်ကွက်ဓမ္မာရုံဘေးက ကွက်လပ်ငယ်ထဲမှာဝါးလုံးတွေဝိုင်းစိုက်ပြီးတစ်ဖက်လျှင်ခြောက်ယောက်စီခွဲ၍လေ့ကျင့်ရ ခြင်းဖြစ်သည်။သူမျက်စိအောက်မှာညနေတိုင်းလိုလိုကစားစေခဲ့တာအခုဆိုနှစ်ပတ်ကျော်ကျော်မျှ ရှိလာခဲ့ပြီလည်းဖြစ်ပေသည်။

ဖိုးတွတ်နှင့်အောင်ဘိုတို့နှစ်ယောက်တစ်ည်းတင်မကပါဘူးလေ။ချက်စူရော၊ကျော်နီရော၊ တူးတူးရော၊သက်ပြင်းရော၊အိုး အားလုံးတစ်မျိုးစီတော်ကြတာပါပဲ။ရှေ့တန်း၊အလယ်တန်း၊ နောက်တန်း၊ဘယ်နေရာမှအပြစ်ပြောစရာမရှိပါဘူး။စိုးရိမ်ရတာကပွဲမတိုးဖူးကြသေးတာတစ် ခုပါပဲ။

သူသည်သူ့ကလေးတွေ၏အခြေအနေကိုချိန်ဆကာနေရာချထားကြည့်မိသည်။ရှေ့ တန်းသုံးယောက်အတွက်ဖိုးတွတ်၊ကျော်နီနှင့်မင်းနိုင်၊အလယ်တန်းနှစ်ယောက်အတွက်သက်ပြင်း နှင့်ချူလီနောက်တန်းနှစ်ယောက်အတွက်တူးတူးနှင့်ချက်စူ၊ဂိုးကတော့အောင်ဘိုမှအောင်ဘို။ ကျန်တဲ့ရွှေအေး၊ဖိုးသား၊ဉာဏ်ဟိန်းနှင့်နီရိုးတို့ကိုတော့အရန်ပေါ့။

ဝင်ရမည်ပြိုင်ပွဲကလူကြီးတန်းမဟုတ်သဖြင့်၊တစ်ဘက်၁၁ယောက်စီဆိုသောထုံးတမ်း စဉ်လာမဟုတ်ချေ။ရှစ်ယောက်စီသာကစားရမည်။ပြိုင်ပွဲဝင်ရမည်ကွင်းကအတန်အသင့်မျှသာ ကျယ်သည်။မြောက်ပြင်အရိပ်မထွက်ဘုရား၏အရှေ့ဘက်ရှိကွင်းကြီးထဲ။သူချုပ်တိတ်တွေက လည်းချစ်ဖို့တော်တော်ကောင်းသည်။ကျောင်းအသီးသီးကဆင်းလာကြပြီဆိုသည် နှင့်တစ်ပြိုင်နက်အိမ်အရောက်မှာလွယ်အိတ်ကလေးတွေချိတ်၊အဝတ်အစားကလေးတွေက မန်းကတန်းလဲပြီးဓမ္မာရုံဝင်းထဲဆီသို့အလျှိုလျှိုရောက်လာတတ်ကြသည်။

သည်တော့သူမှာလည်းမနေသာ။ကိုယ်ပိုင်သကြားစက်အသေးစားကလေးကိုညီတွေ နှင့်ပဲလွှဲပစ်ခဲ့ရသည်။ညနေအလုပ်သမားတွေပြန်ကာနီးမှာရှင်းပေးဖို့နေ့တွက်ငွေနှင့်စာရင်းစာ အုပ်ကိုအပ်ခဲ့ရသည်။

အားကစားနည်းမျိုးစုံရှိသည်။အနက်သူအနှစ်သက်ဆုံးမှာဘောလုံး။ကိုယ်တိုင်ကတော့ ဖြစ်ဖြစ်မြောက်မြောက်မကန်တတ်။ဒါပေမယ့်ဘောလုံးရာသီတစ်ခွင်လုံးမှာတော့ဗထူးကွင်း

၏သုံးကျပ်တန်းစင်ထက်မှာသူအမြဲခဲ့စမြေပင်။

ငယ်ငယ်တုန်းကဘောလုံးကန်ချင်လို့ပူဆာတိုင်းဘယ်တော့မှမရခဲ့တာကိုတော့သူအရိုးစွဲအောင်မှတ်မိလို့နေသည်။ အဖေကလည်းအင်းမလုပ်ခဲ့၊ အမေကလည်းအဲ့မလုပ်ခဲ့၊ ဘောလုံးကပဲဈေးခေါင်ခိုက်လို့လား။ ကျွန်မှာပဲကိုပဲအစိုးရိမ်ကြီးစိုးရိမ်ကြလို့လားဆိုတာကိုလည်းသူမတွေးတတ်ခဲ့။

ထိုအစွဲကမသိမသာကပ်ငြိခဲ့ဟန်တူရဲ့လေ။

အရပ်ထဲကကလေးတွေမှောရဲ့ဝင်းထဲသို့သွားသွားပြီးတွေ့ကရာရှစ်သောင်း(ပလတ်စတစ်ဘောလုံး၊ ဘော်လီဘောဘောလုံးအကျ၊ နောက်ဆုံးခြင်းလုံးအဟောင်း)တွေနှင့်ဖြစ်သလိုဆော့ကစားနေကြတာကိုဖြတ်သွားဖြတ်လာမှာမြင်ရတော့သူကိုယ်ချင်းစာမိစိတ်မကောင်းဖြစ်မိသည်။ ဒါကြောင့်ဘောလုံးတစ်လုံးဝယ်ပေးဖြစ်ခဲ့၏။

'ဘောလုံးကိုတော့ဘုံပိုင်လို့မှတ်ယူကြ၊ သိမ်းရင်တော့သက်ပြင်းအိမ်မှာပဲသိမ်းရမယ်၊ သက်ပြင်းကမင်းတို့အထဲမှာအတန်းလည်းအကြီးဆုံး၊ အဲဒီလူကတော့သက်ကြီးပွဲဒါပေမယ့်လေးစားကြရမယ်နော်'

ထိုသို့လည်းစီမံခန့်ခွဲသွန်သင်ဆုံးမသမျှပြုပေးပြီးသူတို့၏ဝါသနာကိုဖူးဖူးမှတ်ရပြန်လေသည်။

သင်ခန်းစာ (၁၄)

× × ×   × × ×   × × ×   × × ×

'အရိပ်မထွက်ကွင်းမှာလေးကိုဖလားပွဲလုပ်မလို့တဲ့၊ အာစရိချာတိတ်တွေကိုအသင်းထောင်ပေးပြီးဝင်နိုင်းကြည့်ပါလား'

တင်လဲရည်တွေကိုသစ်သားယောက်မကြီးနှင့်ခပ်နာနာမွှေရင်း ဥပုသ်တော်ရပ်သားမောင်တင်မြကသတင်းပေးသည်။ ဥပုသ်တော်ရပ်ဆိုတာအရိပ်မထွက်ဘုရားနှင့်နီးသည်။ သည်တော့ပုပုန္ဒေးန္ဒေးသတင်းပဲဖြစ်ရမည်ဟုသူနားလည်လိုက်မိသည်။

'ဘယ်တော့လုပ်မှာတဲ့လဲ'

'လကုန်ပိုင်းလို့ကြားတာပဲ'

'ဝင်ကြေးက'

'အဲဒါတော့မသိဘူးလေ၊ အာစရိကိုယ်တိုင်သွားပြီးစုံစမ်းကြည့်ပေါ့'

ညနေကျောင်းဆင်းချိန်ချာတိတ်တွေပြန်လာတဲ့အထိစောင့်ဆိုင်းပြီးညို့နိုင်းတိုင်ပင်ဖို့လိုပါသေးသလား။ ချာတိတ်တွေကဘောလုံးနှင့်ပတ်သက်လာလျှင်သူသေဆေရှင်ဆိုရှင်။ သည်လိုပြိုင်ပွဲမျိုးနှံ့ရမှာဆိုလိုက်တော့ သည်ကောင်ငယ်တွေထမင်းမေ့ဟင်းမေ့ပျော်ကြဦးတော့မည်မှာသေချာသည်။ ညနေတင်မကဘဲမနက်ဝေလီဝေလင်းကြီးထပြီးတော့များကွင်းဆင်းနေကြဦးမှာလားမသိ။

အိတ်ကပ်ထဲတွင်မလိုလဲလိုလဲငွေနှစ်ရာထည့်ပြီးယူလာခဲ့သည်။ သူခန္ဓာကိုယ်ကတော့စက်ဘီးနင်းရင်းမှာပင်အရမ်းပဲလန်းဆန်းပေါ့ပါးလို့နေသည်။ အိုလေထဲမှာများမြောက်လွင့်ပါသွားပြီးမန္တလေးတောင်ထိပ်ချိတ်မိနေမှပြင်။

စားပွဲရှေ့ကကုလားထိုင်တွင်အတန်ကြာအောင်ထိုင်နေမိသော်လည်းစားပွဲခုံနောက်ရှိလူအုပ်စုကတော့သူ့ကိုတမင်သတိမထားမိလေဟန်နှင့်လေဖောင်ဖွဲ့၍ ကောင်းနေကြတုန်းသာဖြစ်သည်။ သူတို့ကျောဘက်ရှိဗီရိုကြီးပေါ်တွင်မှဟံသာပြဒါးရောင်ကလပ်နှင့်တင်ထား သောဖိတ်ဖိတ်တောက်ငွေဖလားကြီးတစ်လုံးကိုတွေ့ရ၏။ ဆိုင်ကယ်စီးဦးထုပ်အရွယ်ထက်ပင်ယောင်ယောင်မျှကြီးချင်သေးသည်။ အောင်ပွဲရလျှင်ယင်းကိုသာကိုင်မြှောက်၍လှည့်လည်လိုက်ရပါ

ကလက်ခုပ်သြဘာသံတွေဆူညံသွားလိုက်မည်၊အမျိုးသူစိတ်ကူးယဉ်ကြည့်မိ၏။

'ဟုတ်တယ်လေ၊အလုပ်ပစ်အကိုင်ပစ်ပြီးမအားမလပ်နဲ့လာခဲ့ရတာဟာဘောလုံးပွဲအကြောင်းစုံစမ်းဖို့၊အခိကမဟုတ်ဘူးလား၊အရည်မရအဖတ်မရစကားတွေကိုနားထောင်ဖို့လာတာမှမဟုတ်ဘဲနဲ့ '

လူတွေအားလုံးသူ့ဘက်သို့အာရုံပြောင်းလာတော့မှပဲလာရင်းကိစ္စကိုသူမှပြောခွင့်သာတော့၏။

သွားခေါခေါနှင့်လူကလက်နိုပ်စက်နှင့်ရိုက်ထားသောပြိုင်ပွဲစည်းကမ်းစာရွက်တစ်ရွက်ကိုထုတ်ပေးသည်။ 'နေ့ချင်းပြီး' ဆိုသည့်အကြောင်းကိုရှင်းပြသည်။မနက်ခြောက်နာရီမှာပွဲစမည်၊အသင်းတွေများလွန်လို့အချိန်မပေးနိုင်။တစ်ပွဲလျှင်ပထမပိုင်းအတွက်မိနစ်၂၀၊ဒုတိယပိုင်းအတွက်မိနစ်၂၀၊ကြားထဲမှာနားချိန်ငါးမိနစ်၊သရေကျလျှင်ပင်နယ်တီအဆုံးအဖြတ်၊ညနေလေးနာရီကျမှဖိုင်နယ်ပွဲကျင်းပမည်။နိုင်တဲ့အသင်းကိုဆုဖလားပေးအပ်မည်။

သည်လောက်ပါပဲ။

သူပေးလိုက်သောဝင်ကြေးငွေတစ်ရာကိုစာရင်းစာအုပ်တစ်အုပ်ကြားညှပ်နေစဉ်မှာပင်သူပြန်ဖို့ထလိုက်သည်။ဒီငွေ၊ဒီဖလားကြီးများရလိုက်ရရင်ဖြင့်လေ။

'မိတ်ဆွေကြီး၊ခင်ဗျားကလေးတွေကိုငွေကုန်ခံပြီးဝတ်စုံအကောင်းစားတွေဘာတွေလုပ်ပေးမနေနဲ့၊ရှုံးထွက်စနစ်ဆိုတာလဲခေါင်းထဲထည့်ထားဦးနော်'

ပါတိတ်ဆရာ၏ရယ်ကျဲကျဲမျက်နှာကိုသူတမင်ရှောင်လွှဲပစ်လိုက်၏။ဘယ်လိုလူလဲ။ခနဲ့တာလား၊ကျီစားတာလားကိုယ့်ငွေကုန်တာသူ့အိတ်ထဲကထုတ်ပေးရတာမှတ်လို့။မနေ့တစ်တ်မထိုင်တတ်ရှိရန်ကော၊အတော်ခက်တဲ့ပုဂ္ဂိုလ်။

မကျေမနပ်အတွေးတွေနှင့်အလုပ်ခွင်သို့သူပြန်ရောက်ခဲ့သည်။သတင်းသယ်ဆောင်လာသူမောင်တင်မြကိုလည်းလောလောလတ်လတ်ကြုံတွေ့ခဲ့ရတာတွေကိုပြန်လည်၍ဖောက်သည်ချမိသည်။

'အာစရိတော့ဖလားဒကာကိုနိုင်ငန်းတင်နဲ့တိုးလာခဲ့ပြီးနဲ့၊ကျွတယ်၊ရပ်ကွက်ထဲမှာ

သင်ခန်းစာ (၁၄)

နောက်ပေါက်ငွေရှင်ညဉ့်ဇရင်ပေါ့။ အာစရိရာ၊ သူ့ အသင်းကလည်း ခြေမသေးဘူး နော်၊ အာစရိချာတိတ်တွေကိုသာနာနာကျင်ခိုင်းထားပေတော့။

× × ×   × × ×   × × ×   × × ×

ဝါးနှစ်ပြန်လောက်မြောက်တက်သွားသောဘောလုံး၊ သူ့နံဘေးသို့ဝုန်းခနဲကျသံကြားတော့မှပဲ၊ သူ့အတွေးများတစ်စီခုနံပေါက်ထွက်ပြေးသွားတော့သည်။

မှောင်ပဲမှောင်တော့မည်။ တစ်အောင့်ကြာလျှင် ဘောလုံးကိုပင်သဲသဲကွဲကွဲမြင်ကြရတော့မှာမဟုတ်။ ဒီနေ့အဖို့တော်လောက်ပြီပေါ့။ သူသည်လက်ခေါက်မှုတ်ပြီး သူ့ချာတိတ်တွေကိုပွဲသိမ်းစေလိုက်တော့သည်။

ကလေးများသူ့ထံသို့တစ်စုတစ်ဝေးပြေးလာကြသည်။ သူ့ကျောဘက်မြက်ခင်းပေါ်တွင်ချထားသောရေခဲနှင့်သံပုရာသီးခြမ်းတွေ ထည့်ထားသည့်ဇလုံပတ်လည်မှာ ဝိုင်းအုံတိုးဝှေ့ကြသည်။

မည်သို့ပင်ဖြစ်စေ ကလေးတွေထက်မနိမ့်သောပျော်ရွှင်ခြင်းတစ်ခုကတော့တားမရဆီးမနိုင်ဖြစ်နေသည်မှာ အမှန်ပဲလို့ သူ့ဘာသာသူ ကောင်းစွာသိနေသည်။

× × ×   × × ×   × × ×   × × ×

၄ နာရီ ၂ မိနစ်၊ ဒုတိယပိုင်းပြီးဖို့ သုံးမိနစ်အလို။

သူ့ကိုဝိုင်းရံထားသည့်ရပ်ကွက်ထဲက ကလေးများနှင့်အတူ 'ဂိုး' ဟူသတိကင်းလွတ်ကျယ်လောင်မြည်ဟိန်းစွာ အော်ဟစ်လိုက်မိသည်။

'မင်းခြေထောက်မှာစက်များတပ်ထားလေရော့သလား မင်းနိုင်ရယ်'

တစ်ဖက်အသင်းက အလယ်လူနှစ်ယောက်စလုံးကိုလိမ်ခေါက်၍ ဆွဲယူသွားသည်။ ထပ်ပြီး ဆွဲသွားဦးတော့မှာလိုလိုနှင့် ကွင်းအလယ်သာသာလောက်ကနေပြီး အမြောက်ကန်ထည့်ပစ်လိုက်သည်။ မင်းနိုင်ဆီက ဘောလုံးကိုဖျက်ထုတ်ပစ်ဖို့ ဒုန်းစိုင်းပြေးလာကြတဲ့ တစ်ဖက်အသင်းက နောက်တန်းနှစ်ယောက်ဘယ်မှာ မှီလိုက်ကြတော့လဲ။ ဘောလုံးသည် သူတို့ခေါင်းပေါ်မှပီးခနဲကျော်ဖြတ်သွားသည်။ ဂိုးသမားခမျာမှာလက်ကိုပင်မြှောက်ချိန်မရလိုက်။ အဝေးကနေပြီး

အမှတ်မထင်ဒီလိုရှူးလိုက်လိမ့်မယ်လို့လည်းဘယ်ထင်ထားမှာလဲ။ဒါပေမယ့်ဘောလုံးကတော့ ဂိုးဘားတန်းအောက်တစ်ထွာလောက်ကနေပြီးမြှားတစ်စင်းပမာတန်းတန်းမတ်မတ်ဝင်သွား လေတော့သည်။

အောင်ငွေတို့၊မောင်ဦးတို့၊ချမ်းသာတို့၊ဆိုလျှင်ကွင်းအပြင်မှနေ၍ကွင်းစည်းအတွင်းသို့ ဝင်ကာကျွမ်းပစ်ကြသည်။အုန်းပင်စိုက်ကြသည်။ကင်းမြီးကောက်ထောင်ကြသည်။

လက်ခုပ်တီးသံများနှင့်၊လက်ခေါက်မှုတ်သံများကလည်းသူနားအုံနှစ်ဖက်စလုံးကိုပွင့် ထွက်သွားစေလောက်သည်ဟုထင်ရသည်။ကွင်းလုံးချွတ်၍ပစ်မြှောက်လိုက်သောမင်းမင်းကျော် ၏ပုဆိုးကကျော်စွာခေါင်းပေါ်သို့လာရောက်အုပ်နေမိသည်မို့တဝါးဝါးတဟားဟားနှင့်ပွဲကျ၍ လည်းမဆုံးနိုင်ခဲ့။

အလယ်စက်ဝိုင်းတွင်ပြန်လည်၍တည်ထားသောဘောလုံးကခရာသံကိုနာခရင်းငြိမ် သက်နေသည်။ကိုနိုင်ဝင်းတင်မှာတော့မလ္လာပ်ကလေးထဲကကုလားထိုင်ပေါ်မှာဖင်တကြွကြွဖြစ် လို့နေသည်။မျက်နှာကြီးတစ်ခုလုံးမှာလည်းချွေးတွေကြားထဲကရဲပတောင်းခတ်လို့နေသေး သည်။

အပိုင်အပြတ်နိုင်မှာပဲလို့'မျိုးတေဇာ'အသင်းအပေါ်မှာအထင်သေးခဲ့ဖူးတယ်မဟုတ် လား။ကိုနိုင်ဝင်းတင်စိတ်ထဲမှာမေးခွန်းထုတ်မိခြင်းနှင့်အတူနားထဲမှာလည်းပြန်လည်ကြား ယောင်လာသည်။

ငွေကုန်ခံပြီးဝတ်စုံအကောင်းစားတွေဘာတွေလုပ်ပေးမနေနဲ့၊ရှုံးထွက်စနစ်ဆိုတာလဲ ခေါင်းထဲထည့်ထားဦးမှတဲ့။

သူပြုးမိ၏။နာရီကိုကြည့်လိုက်တော့လက်တံအတိုအရှည်နှစ်ခုက၄နာရီနှင့်၄.၃မိနစ် ကိုတိကျစွာညွှန်ပြလျက်ရှိနေပြီ။ပွဲပြီးဖို့၂မိနစ်သာလိုတော့သည်။

×××   ×××   ×××   ×××

၄နာရီနှင့်၊၃၉မိနစ်တုန်းကတော့သူ့နလုံးသွေးတွေရုတ်တရက်ရပ်တန့်သွားခဲ့သလားပဲ။ ဂိုးမရှိသရေဖြစ်နေတုန်းမှာပင်နယ်တီတဲ့လေ။ဖြစ်ပုံကဒီလို၊

သင်ခန်းစာ (၁၄)

ဘောလုံးဆွဲယူလာသောတစ်ဖက်ရှေ့တန်းသမားကိုချက်စူကသံကြီးမဲကြီးပိတ်ဆို့ထား သည်။ဖျက်ထုတ်ပစ်နိုင်ရန်မျက်ခြည်မပြတ်ကြိုးစားသည်။သည်လိုနှင့်ဂိုးစည်းထဲသို့ရောက် လာကြသည်။

အိုဘာမျှလည်းခြေလွန်လက်လွန်မလုပ်လိုက်ရပါကလား။ချက်စူကသူ့ဘက်သို့လိမ့်လာ သောဘောလုံးကိုကန်ထုတ်ပစ်ဖို့ချိန်ရွယ်လိုက်ခဲ့ပဲရှိသေးရဲ့။ဟိုရှေ့တန်းသမားကသူ့ခြေနှင့် သူ့ခြေချင်းရှုပ်ထွေးထိခတ်မိပြီးလဲတော့၏။တော်တော်နှင့်ပြန်မထ။မြေပြင်ပေါ်မှာလူးလိမ့်နေ သည်။ 'မူတူးဆာမိဟေ့' 'မာယာတွေမာယာတွေ' ဟူသောအသံများလေးဖက်လေးတန်လုံး ဆူညံသွားသည်။ဒါပေမယ့်ပင်နယ်တီ။ချက်စူလည်းအနီကတ်ကြောင့်ထွက်ပေရော့။ချက်စူ ကမြေကြီးကိုလက်သီးနှင့်နာနာထုသည်။

'ဟာနိုင်ဝင်တင်ယောက်ဖကြီးကတော့သူ့ပါးစပ်ထဲခရာရှိတိုင်းလုပ်လိုက်ပြန်ပြီကွ' အသံတစ်သံကသူ့နား ထဲသို့စူးဝင်လာ၏။ပထမပိုင်းတုန်းကအသံရှင်ပဲဖြစ်ပေလိမ့်မည်။ ပထမပိုင်းပြီးခါနီးမှာဖိုးတွတ်ကနောက်တန်းနှစ်ယောက်ညှပ်ထားသည်ကြားထဲမှဝင်ဝင် အောင်ဂိုးသွင်းနိုင်ခဲ့တာကိုပင်လူကျဉ်ဘောဆိုပြီးဂိုးမပေးခဲ့။အဲဒီတုန်းကလည်းကွင်းဆူသွားသည်။ အခိုက်ဒီလေသံကိုသူကြားခဲ့ရသည်။နှလည်းကြားလိုက်ရပြန်ပြီ။မကြာဝံမနာသာနင်ငဆမ ဆဲရေးမတိုင်းထွာလိုက်တာပဲတော်သေးရဲ့။

ညှော်ခုတော့လူတစ်ယောက်လုံးအထုတ်ခံလိုက်ရတဲ့အပြင်ပင်နယ်တီတဲ့လေ။
ရင်ထဲမှာထင်းမီးရဲရဲတွေဟုန်းဟုန်းတောက်ပြီးတင်လဲရည်တွေပွက်ပွက်ထနေတာမျိုး လိုပူလောင်ရပြီကော။

ပင်နယ်တီရှုးမည်။သူကိုလည်းကြည့်ဦး။နချက်ချင်းပဲဆေးရုံပို့ရတော့မတတ်နာကျင်ပါ တယ်ဆိုပြီးလူးလိမ့်နေခဲ့တဲ့ကောင်ကလေး။

ဂိုးတိုင်နှစ်ခု၏အလယ်တည့်တည့်မှာအောင်ဘိုကဒူးကလေးနှစ်ဖက်ခွင်ထားပြီးအ သင့်အနေအထားနှင့်ရှိနေသည်။အသက်မရှူနိုင်သေးရဲ့လားကလေးရယ်ဘုရားဘုရား။

ဉီမြင်ကွင်းကိုစူးစိုက်ကြည့်ဖို့ကိုပင်ဝန်လေးလာသည်။အာရုံစိုက်ခြင်းများစွာ၏

အောက်တွင်ကွင်းတစ်ကွင်းလုံးငြိမ်သက်လို့နေသလောက်သူ့ရင်ထဲမှာတော့ဒိန်းဒိန်းချင်းထပ် အောင်ဆူညံလုပ်ခတ်လို့နေသည်။အရေးထဲမှာမချက်စုကသူ့နံဘေးမှာရှိုက်ကြီးတငင်လာငိုနေသေး သည်။

ခရာသံ။

သူသည်မျက်စိကိုစုံမှိတ်ပစ်လိုက်မိ၏။စက္ကန့်တိုတိုအတွင်းမှာလက်ခုပ်သံများလက် ခေါက်မှုတ်သံများ၊ဟေးဟေးဟားဟားအသံများဘာလဲဘာလဲ၊ဘယ်လိုဘယ်လိုဖြစ်သွားပြီလဲ၊ဂိုး ဝင်သွားပြီလား၊ဂိုးပေးလိုက်ရပြီလား၊မငိုစမ်းပါနဲ့၊ချက်စုရယ်။

မျက်စိအဖွင့်မှာတော့အောင်ဘိုး၏ခံခံကာကွယ်မှုကြောင့်အရှိန်မသေနိုင်သေးဘဲကွင်း အပြင်သို့ထောင်တက်ပြေးလွှားနေဆဲဖြစ်သည်။ဘောလုံးကိုသူမြင်နေရသည်။သူ့ချပ်တိတ်က လေးတွေအောင်ဘိုထံပြေးသွားကြပြီး၊ဝိုင်းအုံဖွေ့ဖက်ထားကြတာကိုလည်းမြင်ရသည်။ပြီး တော့ကိုနိုင်ဝင်းတင်၏မျက်နာကြီးရဲ့တွပျက်စီးယိုယွင်းသွားတာကိုလည်းမြင်ရသည်။

သူသည်ဘောလုံးပွဲကိုမကြည့်ဖြစ်တော့ဘဲစက္ကန့်တံကလေးရွှေ့လျှားနေတာကိုပဲစူး စိုက်နေမိတော့သည်။ရွှေ့ရွှေ့ရွှေ့၊ရွှေ့လိုက်စမ်းပါ၊မြန်မြန်ဆန်ဆန်ပွဲပြီးစေချင်လှပြီ။ပင်နယ်တီ ထပ်အပေးခံရမှာမျိုးကိုတော့သူအစိုးရိမ်ကြီးစိုးရိမ်နေသည်။ဘောလုံးဆိုတာလုံးသွားတတ် ကြောင်းကိုလည်းသူသဘောပေါက်နေသည်။

ဟောဟော။

ခရာသံရှည်၊ဒါပွဲသိမ်းတဲ့ခရာသံမဟုတ်လား။

သူ့နံဘေးကချပ်တိတ်များကွင်းထဲသို့ပြေးဝင်သွားကြပြီးအောင်ဘိုနှင့်မင်းနိုင်တို့ကိုချီး မြှောက်၍ကွင်းကိုအကြိမ်ကြိမ်အထပ်ထပ်ပတ်ပြေးကြသည်။

အကျႌတွေချွတ်၍မြှောက်ကြတော့၊ပုဆိုးတွေချွတ်၍မြှောက်ကြတော့၊ဦးထုပ်တွေ ချွတ်၍မြှောက်ကြတော့၊ကွင်းထဲမှာစွန်ရဲပေါင်းများစွာဝဲပျံနေသည်၊အလားလုချင်တိုင်းလုပသွား လေသည်။(အဲဒီအထဲမှာချက်စုတစ်ယောက်အကဲဆုံး)

  × × × × × × × × × × × ×

သင်ခန်းစာ (၁၄) 231

မဏ္ဍပ်အောက်ကမိုးပြာရောင်ပလတ်စတစ်စနှင့်ခင်းအုပ်ထားသောစားပွဲအကြီးအ ပေါ်မှာတော့ဖလားမဲ့ဟသံပဒါး ရောင်ကလပ်သည်သာအထီးတည်ရှိနေသည်။ဖုံတွေတင်မှာ မိုးလို့ဖလားကိုထုတ်မထားဘဲဖြစ်မည်ထင်သည်။

အရိပ်မထွက်ခြေတော်ရင်းမှာရပ်ထားသည်မြင်းလှည်းတွေပေါ်မှာတော့သူအရပ်ထဲက ဘုစုခရုတွေငါးပိငါးချဉ်သိပ်ရောက်ရှိနေနှင့်ကြပြီးမိုတွင်းဖားတွေလိုအော်တတ်ရာရာကိုအော် ဟစ်နေနှင့်ကြပြီးသူ့နာထဲမှာပျားရည်တွေနှင့်ပြည့်လျှံနေသလိုပဲလား။ရပ်ကွက်တကာဖလား ကြီးကိုင်ပြီးလှည့်မယ့်နေရာမှာဒီကောင်တွေအသံနဲ့တော့မိုးပြိုမယ်သာပြင်ပေရော့။

မဏ္ဍပ်ရှေ့တည့်တည့်မှာသူချာတိတ်တွေသာဆုယူရန်တန်းစီထားကြ၏။ဘယ်မှာလဲတစ် ဖက်အသင်း။ကိုနိုင်ဝင်းတင်ကကွင်းဘေးမှာမျက်နှာအိုအိုလေးတွေနဲ့ခြေစုံလက်ပစ်ထိုင်နေကြ တဲ့သူအသင်းသားတွေကိုမစုရုံးခိုင်တော့ဘူးတဲ့လား။

'နောက်ဆုံးဗိုလ်လုပွဲမှာအနိုင်ရရှိတဲ့မျိုးတေဇအသင်းဆုယူရန်ကြွပါ'

အသံချဲ့စက်နှင့်မဟုတ်ချေ။သွားခေါ်ခေါ်နှင့်လူကအက်အက်နက်နက်အသံကြီးနှင့် လောက်စပီကာလုပ်လိုက်ခြင်းဖြစ်ပေသည်။

သက်ပြင်းကရင်ကိုကော့လျက်တစ်လှမ်းချင်းလျှောက်သွား၏။ပြီးတော့ဖလားပေးမည် ကိုနိုင်ဝင်းတင်၏ရှေ့တည့်တည့်မှာကြားကြားဝင်ဝင်ရပ်၏။သူကြိုတင်မှာထားဘူးတာထက် ပင်သက်ပြင်းကဟန်တွေမှင်တွေပိုကောင်းနေသေးတော့သည်။ဓာတ်ပုံဆရာတစ်ယောက် ယောက်ကိုမျှကြိုတင်ခေါ် မထားမိတာနာတာပဲ့သူ့မှာနောင်တကြီးစွာရနေမိသည်။

လူတစ်ယောက်ကသုတ်ပျာသုတ်ပျာနှင့်ရောက်လာပြီးကိုနိုင်ဝင်းတင်၏လက်ထဲသို့ ထည့်သည်။ကိုနိုင်ဝင်းတင်ကသက်ပြင်းလက်ထဲသို့အပ်နှင်းသည်။

သောက်ရေခွက်သာသာဖလားပေါက်စကလေးကိုသူအံ့ဩစွာလှမ်းကြည့်မိ၏။တန်းစီ မပျက်ရှိနေကြသောသူ့ချာတိတ်အားလုံး၏မျက်နှာမှာလည်းသက်ပြင်းလိုပါပဲ။နေလောင်သွား သည်။သရက်သီးမှည့်တွေနှင့်တူလှ၏။ဆုပေးပွဲကိုဆုံးခန်းတိုင်သည်အထိဇွဲပဲ့ကြီးစွာစိတ် ရှည်ရှည်စောင့်ဆိုင်းကြည့်နေကြသောပရိသတ်တိုင်း၏မျက်လုံးမျက်တောင်တွေဉ်မှုပတ္တမြား

ရည်ရွှန်းလဲ့သွားကြသည်။မျက်နာပြင်အကြောများလည်းအနေအထားပျက်သွားကြသည်။

'မိုးပေါ်ကလုံးတုံးလုံးတုံးမျိုးတေဇာတို့နိုင်တဲ့ဘောလုံး'

'မျိုးတေဇာကိုနိုင်ချင်ရင်၊ကမ္ဘာတိုင်အောင်ကျင့်ကြပါဦး။'

တက်ကြမြည်ဟိန်းသောအသံလှိုင်းကြီးများလှိမ့်၍လှိမ့်၍လာရာဘက်ဆီသို့သူကြက်သီးမွေးညင်းထလျက်သားနှင့်ကြည့်လိုက်သည်။

ရိုးသားနိုးကြားခြင်းသဘာဝကိုသာရိုးသားနိုးကြားစွာပိုင်ဆိုင်သောကလေးများခမျာအမြူးလွန်နေကြရှာကုန်၏။

(ဝင်းစည်သူ ရေးသည်။ ပေဖူးလွှာ ဩဂုတ်လ၁၉၉၀။)

ဝေါဟာရ

ကန်ချက် (န) ခြေဖြင့်ခတ်သည့်အကြောင်းအရာ။

ခေ (နဝ) ညံ့ဖျင်းသော။ဆိုးယုတ်သော။

ကျူး (က) သိမ်းရုံးပေါင်းစုသည်။

ထောင့်ဖြတ် (န) စတုဂံတွင်မျက်နှာချင်းဆိုင်ထောင့်များကိုဆက်သောမျဉ်း။

ဝါးလုံးထိုး (ကဝ) (ဉပစာ)ဦးတည်ရာသို့အရှိန်အဟုန်ပြင်းစွာ။

တေဇာ (န) ဘုန်းတန်ခိုး။အစွမ်း။

ဓမ္မာရုံ (န) တရားဟောရာဘုရားရှိခိုးဝတ်ပြုရာအလှူပေးရာအဆောက်အအုံ။

ရှေ့တန်း (န) ဘောလုံးကစားရာတွင်အဓိကအားဖြင့်ဂိုးသွင်းရန်ရှေ့ပိုင်းတွင်တာဝန်ယူကစားရသူအစု။

အလယ်တန်း (န) ဘောလုံးကစားရာတွင်ရှေ့တန်းသို့မဟုတ်နောက်တန်းကိုကူ၍တာဝန်ယူကစားရသူအစု။

နောက်တန်း (န) ဘောလုံးကစားရာတွင်အဓိကအားဖြင့်တစ်ဘက်လူဂိုးသွင်းရန်ပိတ်ပင်တားဆီးသည့်တာဝန်ယူကစားရသူအစု။

သင်ခန်းစာ (၁၄)

ဂိုး (န၊လိပ် **goal**)

၁ ။ ဘောလုံးကစားရာတွင်အနိုင်ရအောင်ဘောလုံးကိုကန်သွင်းရာဘားတန်းနှင့် ဆက်ထားသည့်တိုင်နှစ်ခုအကြားရှိနေရာလပ်။

၂ ။ ဂိုးအတွင်းသို့ကန်သွင်းနိုင်၍ရသောအရေအတွက်။

၃ ။ ဂိုးမဝင်အောင်ကာကွယ်စောင့်ရှောက်သူ။

ဂိုးတိုင် (န) ဘောလုံးကစားရာတွင်ဘားတန်းနှင့်ဆက်၍ဂိုးအဖြစ်စိုက်ထားသော တိုင်။

ဂိုးစည်း (န) ဂိုးအနီးမျက်နှာစာတွင်သတ်မှတ်ထားသောစည်း။

လူကျူဘော (န) လူကဘောလုံးထက်အရင်ရောက်ခြင်း။ 越位 (球)

အလျှို့လျှို့ (ကဝ) အလျှို့အလျှို့နှင့်အတူတူ။တစ်ဦးပြီးတစ်ဦး၊တစ်ခုပြီးတစ်ခုစသည် စဉ်တိုက်ဆက်တိုက်အားဖြင့်။

နေ့တွက်ငွေ (န) တစ်နေ့အလုပ်လုပ်၍ရသောအခကြေးငွေ။

အရိုးစွဲ (က) ဝါသနာ၊လေ့၊အယူအဆသဘောထားစသည်စွဲမြဲခိုင်မာသည်။ကြာမြင့် စွာစွဲကပ်တည်သည်။

အင်းမလုပ်အဲ့မလုပ် (ကဝ) တစ်စုံတစ်ရာတုံ့ပြန်ပြောဆိုခြင်းမပြုပဲ။

အကျ (န) သူတစ်ပါးအသုံးပြုပြီး၍စွန့်ပယ်ထားသောအရာ။

ခေါင်ခိုက် (က) အမြင့်ဆုံးအဖြစ်သို့ဆိုက်ရောက်သည်။အမြင့်ဆုံးအခြေသို့ရောက် သည်။

သက်ကြီးပု (န) အသက်ကြီးသော်လည်းရှိသင့်သောအမြင့်အောက်နိမ့်ပျပ်သူ။

ဖူးဖူးမှုတ် (က) (ဥပစာ) အမြတ်တနိုးထားသည်။ယုယအရေးပေးသည်။

အာစရိ (န) သွန်သင်ဆုံးမနည်းလမ်းပြသောပုဂ္ဂိုလ်။ပညာပို့ချသင်ကြားပေးသူ။

တင်လဲရည် (န) ကြံရည်ထန်းရည်ပျားရည်တို့ကိုချက်၍ဖြစ်သောပျစ်ခဲသောအရည်။

မလိုလဲလိုလဲ (ကဝ) လိုအပ်သည်ရှိသော်အသုံးထည့်စေသောအားဖြင့်။လိုလိုမည်မည်။

လေဖေါင်ဖွဲ့ (က) ထင်ရာမြင်ရာကောက်ကရအမျိုးမျိုးလျှောက်ပြောသည်။
ဟာင်္ပြဒါးရောင် (န) အနီရောင်။
ကလပ် (န) အခြေတစ်ချောင်းပါသောဖျပ်ငယ်။
ဆိုင်ကယ်(နှုလိပ် cycle) 摩托车、自行车
သွားခေါ် (နဝ) ရှေ့သွားအပြင်ဘက်သို့ခေါ်ထွက်သော။
ပင်နယ်တီ (နှုလိပ် penalty) 罚球
ဖိုင်နယ်ပွဲ (နှုလိပ် final) 决赛
ပါတိတ် (န) ထည်လုံးပြည့်အဆင်ပုံထုတ်ကာဆေးရောင်စုံပန်းရိုက်ထားသောသို့မ
          ဟုတ်ဆေးရောင်စုံပန်းရေးထားသောအထည်တစ်မျိုး။
လောလောလပ်လပ် (ကဝ) ချက်ချင်းလက်ငင်းအားဖြင့်။
နာနာ (ကဝ) တင်းကျပ်စွာ။ပြင်းထန်စွာ။
ခြေမသေး (က) ခြေစွမ်းကောင်းသည်။ခြေသာသည်။
ရှူး (ကလိပ် shoot) ဂိုးသွင်းသည်။
အုန်းပင်စိုက် (က) (ဉပစာ)လက်နှစ်ဘက်ကိုမြေတွင်ထောက်၍ခြေနှစ်ချောင်းကို
          ထောင်ကာဦးခေါင်းစောက်ထိုးနေသည်။
ကင်းမြီးကောက်ထောင် (က) အုန်းပင်စိုက်နှင့်အတူတူပင်။
လက်ခေါက်မှုတ် (က) လက်ကွင်းမှုတ်နှင့်အတူတူ၊အတွင်း၌လျှာကိုခေါက်၍လက်
          သို့းနှင့်လက်မထိထားသောကွင်းကိုဖြစ်စေ၊လက်သို့းတစ်
          ချောင်းတည်းကွေးထားသောလက်ကွင်းကိုဖြစ်စေ သွင်း၍ရှိုက္ကန်
          မြည်အော်မှုတ်သည်။
နားအုံ (န) နား၏လိုက်ခေါင်းသဖွယ်ဖြစ်သောအစိတ်အပိုင်းနှင့်ဝန်းကျင်တစ်ဝိုက်။
ရဲပတောင်းခတ် (စု) နီရဲသည်။
မူတူးဆာမိ (န) လိမ်ညာခြင်း။

နင်ပဲဆ (န) ရှိုင်းရှိုင်းစိုင်းစိုင်းပြောဆိုခြင်း၊ တိုင်းထွာခြင်း။

ကဲ (က) ပိုသည်၊ သာသည်၊ လွန်သည်၊ လွန်ကျူးပြုမှုသည်။

ဘုစုခရု (န) ကလေးငယ်စု၊ အရွယ်အမျိုးမျိုးပါဝင်သောအသေးစားအရာဝတ္ထု။

အက်အက်နက်နက် (ကဝ) ကြည်လင်ပြတ်သားမှုမရှိသောအသံမျိုးပြင့်။

လောက်စပီကာ (န၊လိပ် loud-speaker) 扬声器

မှင် (န) သရုပ်ပီရိသောအမှုအရာ။

***** ***** *****

ရှင်းပြချက်

၁ ။ ။ မှတ်လို့ အသေအချာသဘောပိုက်နှလုံးမူသော်လည်း တွက်ချက်နှင့်နှမ်းထွက်လုံးဝမကိုက်ဖြစ်နေသောအခြေမျိုးပြုလိုသည့်လေသံ။ ဥပမာ–

- ကျွန်တော်တို့ကားမောင်လိုင်စင်ယူရတာလွယ်တာမှတ်လို့။
- ဒါများဘာခက်တာမှတ်လို့။
- ဖိုးတွတ်ရဲ့ကန်ချက်ကလည်းခေတေတေပျော့တော့တော့မှတ်လို့။

၂ ။ ။ လေးပေကိုးလက်မအရွယ် အရပ်က ၁.၅မီတာလောက်ရှိသော၁၃–၁၄နှစ်ကလေး၊ သူငယ်ကိုရည်၍ပြောသည်။

၃ ။ ။ သေဆိုသေရှင်ဆိုရှင် မည်သို့သောအခြေအနေမျိုးကိုမမှု

၄ ။ ။ ထမင်းမေ့ဟင်းမေ့ အကြောင်းအရာသို့မဟုတ်အရာဝတ္ထုတစ်ခုခုပေါ်တွင်အာရုံစူးစိုက်၍စားဖို့အိပ်ဖို့တောင်မေ့လျော့သည်။

၅။။ အရည်မရအဖတ်မရစကားတွေ အသုံးမကျသောစကားတွေ။တစ်စုံတစ်ရာအကျိုး
ဖြစ်ထွန်းခြင်းမရှိသောစကား။

၆။။ ရန်ကော ကဲ့ရဲ့ပြစ်တင်လိုရာ၌ကြိယာတွင်တွဲစပ်၍သုံးသောအဆုံးသတ်စကားလုံး။
မလိုအပ်ပဲသို့မဟုတ်လွန်ကဲပြုမူရာ၌သုံးသည်။ဥပမာ-
- သူ့အိတ်ထဲကထုတ်ပေးရတာမှတ်လို့မနေတတ်မထိုင်တတ်ရှိရန်ကော။
- ဦးကလဲရက်တတ်ရန်ကော။
- ခရီးကအလွန်ဝေးရန်ကော။
- မိုးကလဲရွာနိုင်ရန်ကော။

၇။။ ဝါးတစ်ပြန် ဝါးတစ်လုံး၏အရင်းအဖျားတိုင်အလျားပမာဏခန့်ရှိသောအတိုင်းအတာ။
၁၂တောင်လောက်ရှည်သော။
ဝါးနှစ်ပြန် ဝါးတစ်ပြန်နှစ်ဆလောက်ရှည်သော။

၈။။ ဝါးဝိဝါးချဉ်သိပ် အလွန်ပြည်သိပ်ကျပ်တည်းစွာသောအခြေအနေ။

၉။။ နေလောင်သွားသည်.သရက်သီးမှည်. အလွန်နီရဲဝင်းဝါသောမျက်နှာကိုတင်စားသုံး
သည်။

၁၀။။ ကြက်သီးမွေးညင်းထ အလွန်ချမ်းခြင်း၊ကြောက်ခြင်း၊ဝမ်းမြောက်ခြင်းသို့မဟုတ်အံ့
သြခြင်းကြောင့်အရေပြားပေါ်ရှိအဖုကလေးများကြွတက်လာသည်။

***** ***** *****

သင်ခန်းစာ (၁၄)   237

လေ့ကျင့်ခန်း

၁ ။ ။ 'မှ' ဟူသောစကားလုံး၏သုံးပုံသုံးနည်းများကိုပေါင်းရုံးသုံးသပ်ကြည့်ပါ။ ဤ သင်ခန်းစာအပါအဝင်သင်ဖတ်ခဲ့ဖူးသောဆောင်းပါးများမှသက်ဆိုင်ရာဝါကျများ ကိုထုတ်နုတ်၍ပြယုဂ်အဖြစ်နှင့်ပြပါ။

၂ ။ ။ အောက်ပါစကားလုံးများဖြင့်ဝါကျတစ်ခုစီဖွဲ့ပြပါ။
မှတ်လို့၊   အ...ကြီး...၊   ရန်ကော၊   ...ချင်တိုင်း...၊
မှပဲ၊   များ:(**不表多数**)၊   ခများ၊   ပေရော၊

၃ ။ ။ ပီတိဖြစ်ခြင်းဖော်ပြသောစကားစုငါးခုလောက်ရေးပြပါ။
(မှတ်ချက်။ ဤသင်ခန်းစာထဲကပါသောစကားစုများကိုထည့်၍မတွက်နိုင်)

၄ ။ ။ အောက်ပါစာပိုဒ်ရှိကွက်လပ်များ၌ဆီလျော်သောစကားလုံးဖြင့်ဖြည့်ပါ။

မြန်မာလူမျိုး ( ) နိုင်ငံခြားသားများကအလွန်အပျော်အပါးကြိုက် ( ) လူမျိုး၊ ၁၂ရာသီမပြတ်ပွဲကြည့်ရ ( ) ကျေနပ် ( ) လူမျိုး (**等等**) ဆိုစမှတ်ပြုကြသည်။ မှန် ( ) ၏။ မြန်မာတို့ ( ) နေရာတကာ ( ) ပွဲလမ်းသဘင်မပါ ( ) မပြီး ( ) ဆိုရ လောက် ( ) အတီးအမှုတ်အကအခုန်ဝါသနာပါ ( ) သည်။ လူဘဝရောက် ( ) ကင်ပွန်းတပ်နာမည်ပေးသည် ( ) ဘဝလမ်းဆုံး ( ) အသုဘကိုဆိုင်း ( ) ပို ( ) လူမျိုးဖြစ်လေသည်။ ရေး သူကောင်းတို့ ( ) ကောင်းမှုအကျိုး ( ) ဆုတောင်း ( ) နံနက်အိပ်ရာ ( ) နိုး ( ) နိုး ( ) "ပဥ္စင်္ဂတူရိယာမည်သောစည်းငြင်းဖြင့်နိုးထသော စည်းစိမ်ကို" ရလို၏ ( ) ဆုတောင်းသည်မှာကျောက်စာ ( ) အထင်အရှားဖြစ်လေ သည်။ ဤမျှပင်မျိုး ( ) ရိုး ( ) အစဉ်အဆက်အတီးအမှုတ်အကအခုန် ( ) ခင်မင်ခဲ့ ( ) သည်။ ကခုန်သီဆိုခြင်း ( ) မြူးတူးပျော်ရွှင်ခြင်း ( ) ဖြစ်သည်။ မြန်မာလူမျိုး ( ) ရှေး ပဝေသဏီခေတ် ( ) မိရိုးဖလာတောင်သူလယ်သမား ( ) ဖြစ် ( ) ကဆုန်နယုန်မိုး

သားကျူး( )တောင်လေမြှုသောအခါ( )ကျားမပျိုအို( )ရွာလုံးကျွတ်လယ်ထဲ( )အမြဲဆင်းရလေသည်။ထယ်ထိုးသူ( )ထိုးထွန်သူ( )ထွန်ပျိုးကြသူ( )ကြ( )ရွဲ့ထဲ( )ဝမ်းစာ( )လူစု( )လုံးပမ်းကြရ( )ယယ်ရွှယ်သူတို့( )တနည်း( )ပျော်စရာကြီးဖြစ်( )နေတော့သည်။ထိုအခါကဗျာဉာဏ်ရှိသူတို့( )မိမိတို့ပင်ပင် ပန်းပန်းကြီးစားနေရ( )စိုက်ပျိုးရေးလုပ်ငန်းအကြောင်း( )တေးသီကြသည်။ချုံနွယ်ပိတ်ပေါင်းကင်းရှင်း( )ကွင်းပြင်ကြီး( )တစ်ထောင့်ဆီ( )သာသာယာယာချို တေး သံထွက်ပေါ်( )အခါကြရသူအပေါင်း( )အတွင်းသန္တာန်( )ရွှင်မြူး ခြင်းမျိုးစုံဖြစ်ပေါ်လာ( )ခြေလက်အင်္ဂါတို့( )စည်းဝါးကျကျလုပ်ရှား( )ကခုန်( ) သည်။ဤနည်း( )မြန်မာတို့တေးဂီတ( )အကအခုန်တည်း( )သဘင်ပညာ( ) ရိုးရာစိုက်ပျိုးရေးလုပ်ငန်း( )အခြေစိုက်( )ဖြစ်ပေါ်လာဟန်( )သည်။

၅။ အောက်ပါဝါကျများကိုမြန်မာဘာသာသို့ပြန်ဆိုပါ။

(1) 开始人们还以为他真了不起。后来他老吹牛，几乎就没有人再相信他了。

(2) 真够远的，走这么久还没到啊！

(3) 对他哄也不行，吓也不行，真难以教育。唉！那个孩子的父母真是认输了。

(4) 那么等明天领导们来了再商量呗！

(5) 别看演员们都是些半大小子，可人们看了他们的演出都惊得目瞪口呆了。

(6) 听到这个好消息，他们高兴得不得了，脸上也泛出了红晕。

၆။ ။အောက်ပါစာပိုဒ်ကိုမြန်မာဘာသာသို့ပြန်ဆိုပါ။

在奥运会五环旗帜的号召之下，人们罢兵息争，消弭战火，走到一起通过体育竞赛的特定方式公平竞争，在追求更快、更高、更强的竞技活动中体现民族尊严，弘扬民族精神。奥林匹克精神早已超越其体育自身的意义而具有极其丰富的人文内涵。奥林匹克可以促进各国社会经济的发展，可以使相互仇视的国家和民族之间铸剑为犁，走向和平与友好，可以向全世界宣示爱心与慈善。在奥运会赛场上，竞赛的成败得失固然竞争得异常激烈，但人们更多的是通过参与增进友谊与交流。人们在为胜利者而尽情欢呼的同时，也会被顽强不屈、绝不轻言放弃的失败者所感动。奥林匹克早已成为人类社会不可或缺的一种文化。

奥林匹克可以使一个发展中国家获得重要的发展契机，可以使发达国家的财富更有效地为人类的共同发展创造更大的效益。奥林匹克使人类超越种族和国籍的隔阂与局限，汇聚在一起共享作为地球村村民的温馨、和谐与友好。奥林匹克旗帜所指之处，人类同沐和平大同。

北京获得 2008 年奥运会主办权，是海内外全体中国人民的光荣，也是全人类的福祉。由中国这样一个历史悠久、幅员辽阔、人口众多的国家承办奥运会这样的人类体育盛会，更充分地体现了奥运会的世界性，并更加丰富了奥运会的人文内涵。

၇ ။ ။ "အပျော်ဆုံးသောနေ့တစ်နေ့" ဟူသောခေါင်းစဉ်ဖြင့်စာစီစာကုံးတစ်ပုဒ်ရေးပါ။

၈ ။ ။ မြန်မာဝတ္ထုတိုတစ်ပုဒ်ကိုမိတ်ဆက်ပြောပြပါ။

*****   *****   *****

အပိုဖတ်စာ

ဘောလုံးသမားအရောင်းအဝယ်

ဘောလုံးကစားနည်းသည်ယခုအခါရောင်းကုန်ပစ္စည်းတစ်ခုဖြစ်နေပါသည်။ဘောလုံးကောင်းကောင်းကစားတတ်လျှင်ဈေးကောင်းကောင်းရမည်ဖြစ်ပါသည်။ဘောလုံးကစားနည်းအပေါ် ဘောလုံးသမားတစ်ဦး၏စွမ်းဆောင်မှုဖြင့်ရောင်းကုန်ပစ္စည်းဖြစ်လာရခြင်းဖြစ်ပါသည်။ကမ္ဘာ့အကြီးဆုံးဈေးကွက်မှာဥရောပတိုက်ပင်ဖြစ်ပါသည်။ယင်းဥရောပနိုင်ငံများထဲတွင်စပိန်၊အီတလီနှင့်အင်္ဂလန်တို့ကထိပ်ဆုံးမှနေရာယူလျှက်ရှိကြပါသည်။အဆင့်မြင့်ဘောလုံးသမားတစ်ဦးစီ၏လစာဝင်ငွေများမှာမယုံကြည်နိုင်လောက်အောင်များပြားလှပါသည်။အချို့ကဘောလုံးသမားများ၏လစာဝင်ငွေပေါ် မနာလိုဝန်တိုရှိနေကြပါသည်။အမှန်ကတော့မနာလိုစရာမရှိပါ။မိမိတို့၏အတတ်ပညာဖြင့်အသက်မွေးဝမ်းကျောင်းပြီးရရှိလာသည်။ဝင်ငွေမလိုချင်သူဟူ၍ရှိမည်မဟုတ်ပါ။မနာလိုစရာလည်းမရှိပါ။အဲ၊သြစရာလည်းမဟုတ်ပါ။အဘယ်ကြောင့်ဆိုသော်ကမ္ဘာကြီးသည် "ဘောလုံးရူး" ရူးနေကြပြီဖြစ်သောကြောင့်ဖြစ်ပါသည်။

ဘောလုံးရူးရူးနေကြသလိုတစ်ဖက်တွင်လည်း "ဘောလုံး" သည်နိုင်ငံတကာစီးပွားရေးလုပ်ငန်းကြီးတစ်ခုဖြစ်နေပါပြီ။အင်္ဂလန်၊အီတလီစပိန်စသည့်နိုင်ငံတို့မှဘောလုံးကလပ်သင်းကြီးများသည်ဘောလုံးသမားများကိုကြိုက်ဈေးပေးကာငှားရမ်းဝယ်ယူအသုံးပြုနေကြခြင်းအားဖြင့်ထိပ်တန်းဘောလုံးသမားတို့၏လစာငွေများမှာအဆမတန်ဖောင်းပွလာရခြင်းလည်းဖြစ်ပါသည်။ထိုမျှမကသေးပါ၊ကလပ်သင်းကြီးများကယင်းတို့၏ကလပ်သင်းများတွင်ပါဝင်ကစားလျှက်ခံစားလျှက်ရှိသည်။ "ဆုပါစတား" ဘောလုံးသမားကြီးများကလက်ရှိခံစားနေရသော

စာရိတ္တအခွင့်အရေးများကိုမကျေနပ်သေးကြောင်းအရိပ်အယောင်ပြသည်နှင့်တစ်ပြိုင်တည်း တစ်နှစ်လျှင်စတာလင်ပေါင်တစ်သန်းအထိသုံးစွဲရန်ဝန်မလေးတတ်ကြပါ။

သို့ရာတွင်ကလပ်အသင်းအများစုမှာဘောလုံးသမားများကိုမိမိအသင်းမှအခြားအသင်း များသို့ပြန်လည်ထုတ်ရောင်းသောအခါမြတ်သည်ရှိသလိုအရှုံးနှင့်ရင်ဆိုင်တတ်ကြရသည်။ ဘောလုံးသမားကောင်းတစ်ယောက်ကိုရယူလိုကြသည်။အခြားကလပ်သင်းများကတောင်းသ မျှကြေးပေး၍ငှားရမ်းဝယ်ယူလိုကြသော်လည်းခြေကျနေသောသို့မဟုတ်ပြဿနာပေါင်းစုံဖန် တီးတတ်သောဘောလုံးသမားများကိုပြန်လည်ထုတ်ရောင်းကြရသည်။အဖြစ်အပျက်များ လည်းတွေ့ရတတ်ပါသည်။

***** ***** *****

သင်ခန်းစာ (၁၅)

မြစေတီကျောက်စာ

မြစေတီကျောက်စာအကြောင်းကိုရှင်လူအများသိကြသော်လည်းယခုတစ်ကြိမ်ထပ်မံ၍ရေးသားလိုပါသည်။ ကျောက်စာရေးထိုးသူသည်ကျန်စစ်သားမင်း၏သားတော်ရာဇကုမာရ်ဖြစ်သည်။ ကျန်စစ်သားသည်အနော်ရထာမင်း၏အမျက်တော်ကြောင့်ကြောင်ဖြူအရပ်၌ပုန်းရှောင်နေစဉ်မထီးတူမသမ္မုလနှင့်တွေ့၍မယားအဖြစ်သိမ်းယူလေ၏။ အနော်ရထာမင်းကွယ်လွန်၍စောလူးမင်းနန်းတက်သောအခါကျန်စစ်သားသည်ရာဇကုမာရ်ကိုပဋိသန္ဓေတည်နေသောသမ္မုလအားသားယောကျ်ားမွေးသော် ပုဂံပြည်သို့လာခဲ့ဟုမှာခဲ့၍စောလူးမင်းထံခစားလေသည်။ စောလူးမင်းကွယ်လွန်သောအခါသက္ကရာဇ်၄၄၆ခုတွင်ကျန်စစ်သားသည်သီရိတြိဘုဝနာဒိတျဓမ္မရာဇဟူသောဘွဲ့နှင့် နန်းတက်တော်မူသည်။ နှစ်နှစ်မျှကြာလတ်သော်သမ္မုလသည်နန်းတော်သို့ရာဇကုမာရ်နှင့်ရောက်လာ၏။ မင်းကြီးလည်းသမ္မုလအားသုံးလောကဦးဆောက်ပန်းအနက်ရှိသောတြိလောကဝဋံသကာဒေဝီအမည်နှင့်မိဖုရားမြှောက်သည်။ မြေးတော်အလောင်းစည်သူကိုဘိသိက်သွန်းပြီးဖြစ်သဖြင့်ရာဇကုမာရ်အားဇေယခေတ္တရာဘွဲ့နှင့်၍ညေဝတီနှင့် တောင်စဉ်ခုနစ်ခရိုင်ကိုစားစေ၏။

မယ်တော်ကွယ်လွန်ပြီးသည့်နောက်သက္ကရာဇ်၄၇၄ခုနှစ်တွင်ခမည်းတော်ကျန်စစ်သားမင်းကြီးလည်းသေလုနီးပါးနာသောအခါရာဇကုမာရ်သည်မိမိကိုမွေးသောမင်းကြီး၏ဂုဏ်ကျေးဇူးများကိုအောက်မေ့လျှက်ရွှေဘုရားတစ်ဆူပြု၍မင်းကြီးအားဆက်ကာဤရွှေဘုရားကိုငါ့သခင်အဖို့အကျွန်ပြု၏။ အကျွန်အားသခင်ပေးသောကျွန်သုံးရွာကိုဤဘုရားအားအကျွန်ပေး၏။ သခင်အနုမောဒနာပြုပါတော့ဟုလျှောက်၏။ မင်းကြီးလည်းနှစ်ခြိုက်ဝမ်းမြောက်

လျက်ကောင်းလေစွ၊ ကောင်းလေစွဟုသာခုခေါ် ၍ဆရာသခင်တို့မျက်မှောက်၌မြေကြီးပေါ်သို့ ရေသွန်း၏။ ထိုနောက်ရာဇကုမာရ်သည်ထိုရွှေဘုရားကိုပူပြောပြီးလျှင်ကျွန်သုံးရွာကိုလှူကာသဗ္ဗညုတဉာဏ်ရအံ့သောငါ့ဆုတောင်း၏။ လှူအပ်သောကျွန်တို့ကိုနှိပ်စက်သောသူတို့သည် အရိမေတ္တယျုမြတ်စွာဘုရားကိုမဖူးရစေသတည်းဟူ၍ လည်းကျိန်ဆို၏။ ထိုအကြောင်းအရာတို့ကိုမြစေတီကျောက်စာတွင်ပါဠိ၊ပျူ၊ မွန်၊ မြန်မာဤ ၄ ဘာသာတို့ဖြင့် ရေးထိုး၏။ ဤသို့ဖြင့်သား သမီးတို့သည်မိဖတို့အားကန်တော့ကြသောမြန်မာယဉ်ကျေးမှုတစ်ရပ်ကိုရာဇကုမာရ်က ၄၇၅ ခုနှစ်တွင်ကျောက်ထက်အက္ခရာဖြင့်ရေးထိုးဖော်ပြထားခဲ့၏။

ထိုအကြောင်းနှင့်စပ်လျဉ်း၍ ဇော်ဂျီကစာပေလောကစာအုပ်တွင် ဤသို့ရေး၏။

သာမန်အခါမျိုး၌ပင်ချစ်မြတ်နိုးတတ်သော၊ အနန္တဂုဏ်ကျေးဇူးကိုသိတတ်သောသား သမီးတို့၏အပြုအမူကိုမြင်ရသောအမိအဖတို့သည်အတိုင်းမသိဝမ်းမြောက်ပီတိဖြစ်တတ်ကြ သေး၏ရှင့်။ သေအံ့မူးမူး၌သော်ကား အဘယ်ဆိုဖွယ်ရာရှိပါအံ့နည်း။ မင်းကြီးသည်နတ်ကိုလို သလော၊ ရကောင်းအံ့သို့ရှိ၏။ ပြဟ္မာကိုလိုသလော၊ ရကောင်းအံ့သို့ရှိ၏။ နိဗ္ဗာန်ကိုလိုသလော၊ ရကောင်းအံ့သို့ရှိသည်။

+   +   +

သေအံ့မူးမူးတွင်ကျွန်တော်နှင့်တကွရွှေဘုရားကိုသားဖြစ်သူရာဇကုမာရ်သည်ခမည်း

တော်အဖို့လူ့သည်ကိုခမည်းတော်ကနစ်ခြို့က်ဝမ်းမြောက်စွာသာဓုခေါ် ရကားအဘယ်ဆို ဘွယ်ရာရှိအံ့နည်း။

အသည်းအသန်နာနေသောအလောင်းစည်သူမင်းကြီးကိုအဝတ်ပုဆိုးတို့ဖြင့်ဖိ၍သတ် သောသားတော်နရသူကိုသတိရမိ၏။အကယ်၍ရာဇကုမာရ်သည်နရသူကဲ့သို့သောလူယုတ်မာ ဖြစ်ခဲ့သော်မိမိကိုမွေးသောခမည်းတော်၏ကျေးဇူးများကိုအောက်မေ့မည်ဝေးစွ။သားရင်းဖြစ် လျက်ငါထီးနန်းမရလေတကားဟုခမည်းတော်ကိုနှလုံးထောင်ပြီးလုပ်ကြံချင်သောစိတ်ရိုင်းများ ပေါ်ပေါက်လာနိုင်၏။မိခင်ဖြစ်သူသမ္မုလလည်းသာမန်မိန်းမဖြစ်မှုသားအကြံမြောက်အောင်အား ပေးနိုင်ရာ၏။ထီးနန်းကိုမဆိုထားနှင့်၊တရုတ်ပြေးမင်းလက်ထက်တွင်ဝက်လက်ကိုအကြောင်း ပြု၍အခင်များကြ၏။မင်းကြီးသည်သူများသားကိုဝက်လက်ပေးတော်မူသည်ဟု၍ရှင် မောက်ကဝက်လက်ခိုး၍အဆုံး၌ရှင်မောက်သားသီဟသူကမင်းကြီးကိုလုပ်ကြံတော်၏။

ရှင်မောက်မလိမ္မာမှုကြောင့်၊သီဟသူသည်ခမည်းတော်ကိုလုပ်ကြံသည်ဆိုနိုင်လျှင်သမ္မုလ သွန်သင်မှုကြောင့်၊ရာဇကုမာရ်သည်ခမည်းတော်ကျန်စစ်သားမင်းကိုရွှေဘုရားဖြင့်ကန်တော့ သည်ဟုဆိုနိုင်ရာ၏။မထီးတူမဖြစ်သောသမ္မုလသည်ရတနာသုံးပါးကိုကြည်ညိုသဖြင့်၊သားငယ် ရာဇကုမာရ်ကိုယဉ်ကျေးလိမ္မာအောင်သွန်သင်ဆုံးမမည်မှာယုံမှားဘွယ်မရှိချေ။

သီရိပုံချိုးမြရေးသားပြုစုသောရေးဟောင်းအုတ်ခွက်ရုပ်ပွားဆင်းတုတော်များတွင်ပုံ - ၄၂ (က) ကားတြိလောကဝဋ်သကာမဟာဒေဝီဖုရားကြီး၏အုတ်ခွက်ဆင်းတုတော်ဖြစ်သည်တြိ လောကဝဋ်သကာမဟာဒေဝီသည်သမ္မူလ၏မိဖုရားဘွဲ့ဖြစ်၏။ထိုအုတ်ခွက်ကို၁၉၅၁ - ၃၂ ခု နှစ်အတွင်းပုဂံမြို့မြင်းကပါရှာနဂါးရဲဘုရားအရှေ့တောင်ကိုဖိုးစော ယာအတွင်း ဘုရားပျက် တစ်ဆူ၌တွေ့၏။ထိုအုတ်ခွက်သည်အခြားအုတ်ခွက်များကဲ့သို့ခုံချွန်နှင့်လိုက်ဂူသဏ္ဍာန်ရှိ၏။အ မြင့်၆လက်မအနံ၄လက်မခန့်ရှိ၏။အောက်ဘောင်တစ်ပိုင်းနှင့်လျှောဘက်ဘောင်အောက် ပိုင်းတို့အနည်းငယ်ကျိုးပဲ့လျက်ရှိ၏။အုတ်ခွက်၏ဝမ်းဖက်တွင်အလယ်၌ဇောဓိကျောင်း ဆောင်နှင့်ပြော့ပလွင်ထက် ကြာပလွင်ပေါ်တွင်လက်တော်ဘယ်တင်ညာချ တင်ပလွင်ခွေဘုရား ကိုယ်တော်တစ်ဆူရှိ၏။ဇောဓိကျောင်းဆောင်အထက်၌စေတီကလေးများရံလျက်ရှိ၏။အလယ်

ကစေတီကလေးကိုထီးမိုးလျက်ရှိ၏။ထီးအောက်ကတံခွန်လုံးကလေးများသည်လေထဲတွင် သပ်သပ်ယပ်ယပ်လွင့်နေဟန်ရှိ၏။တင်ပလ္လင်ခွေဘုရားကိုယ်တော်၏နံဘေးတဖက်တချက်၌ တံကဲအောက် ကြာပလ္လင်ထက်မင်းထိုင်ထိုင်နေသောဘုရားလောင်းတစ်ဆူစီရှိ၏။ထိုဘုရား လောင်းတို့၏အထက်တွင်တံကဲအောက်ကြာပလ္လင်ထက်ရိုးရိုးတင်ပလ္လင်ခွေကိုယ်တော်တစ် ဆူစီရှိ၏။အုတ်ခွက်၏မျက်နှာဖက်အောက်ခြေတွင်၎င်းဘုရားကိုတြိလောကဝဠသကာမဟာ ဒေဝီသည်သံသရာမှလွတ်မြောက်ရခြင်းအကျိုးငှါမိမိလက်ဖြင့်သာလျှင်ပြုလုပ်သည်ဟူ၍ပါဠိ ဘာသာစာနှစ်ကြောင်းရှိ၏။ရာဇကုမာရ်၏မိခင်သည်မည်မျှယဉ်ကျေးသိမ်မွေ့သည်ကိုထိုအုတ် ခွက်ကသက်သေခံလျက်ရှိ၏။

(ဦးဖေမောင်တင်ပြုစုသော "မြန်မာဝတ္ထုသမိုင်းအစ" စာအုပ်ရှိ၁၉၆၄ခုနှစ်ရေး "မြစေ တီကျောက်စာ" ဆောင်းပါးမှကောက်နုတ်ချက်)

***** ***** *****

ကျန်စစ်သားနှင့်သမ္ဘူလ

ဉဿမင်းလည်းလွန်စွာအားရတော်မူသည်ဖြစ်၍...ချစ်လှစွာသောရွှေအဆင်းကဲ့သို့ရှိ သောခြေသေ့ရုပ်အလေး မျှသာရှိသောမဏိစန္ဒာအမည်ရှိသောသမီး တော်ကိုလည်းဆက်၏။ နတ်မြင်းသည်လေးယောက်တို့လည်းမဏိစန္ဒာမင်းသမီးကိုအလှည့်အလှည့်အလဲအလှယ် ဆောင်ယူခဲ့ကုန်၏။တစ်နေ့သ၌ကျန်စစ်သားစောင့်လှည်တွင်မင်းသမီးနှင့်သံဝါသဖြစ်ဘိ၏။ထိုသို့ သံဝါသဖြစ်လေသော်မင်းသမီးကိုချိန်သောခြေသေ့ရုပ်အလေးသည်ပေါ၍မင်းသမီးကိုယ်တော် လေးဘိ၏။ထိုအကြောင်းကိုစစ်သူကြီးသုံးယောက်တို့သိမြင်သော်ကျန်စစ်သားစောင့်လှည် တွင်ဖြစ်သောအကြောင်းကိုအနော်ရထာမင်းစောအားလျှောက်လေ၏။

အနော်ရထာမင်းစောလည်းငါ့သို့သောမင်းကိုမခန့်မရည်းပြုကျင့်သည်မဟုတ်လော ဟု ၍ကြီးစွာသောအမျက်တော်ရှိသောအားဖြင့်မျက်မှောင်ကြိုးဖြင့်တည်း၍အရိန္ဒမာလုံဖြင့်ထိုး တော်မူ၏။ကျန်စစ်သားလည်းမိမိကံသည်အပြီးသို့မရောက်သေးသည်ဖြစ်၍နောင်သောကြိုး

ကိုထိုးမိ၍ကြိုးပြတ်လျှင်လွတ်လေ၏။ ကျွန်စစ်သားလည်းလွတ်ပြီးသော်၊ ... လုံကိုကောက်၍ မြောက်ဘက်ကြောင်ဖြူအရပ်သွားလေ၏။

ထိုအရပ်တွင်ရဟန်းမထီးတူမတော်တစ်ယောက်သည်အဆင်းအင်္ဂါလက္ခဏာကြီးငယ် နှင့်ပြည့်စုံ၏။ ဦးရီးဘုန်းကြီးလည်းဗေဒင်တတ်တော်မူသည်ဖြစ်၍တူမဇာတာကိုယူ၍ကြည့် လေသော်ဆိုသည်ကား "ငါ့နှမငါ့ယောက်ဖတို့ပြောဖူးသည်ပါကောက်ရာအိပ်ပျော်၍နေစဉ် ထမီနားတွင်ပျားစွဲသည်ငါတို့သမီးထံဘုန်းကြီးသူရောက်မည်ဟူ၍ပြောလျှောက်ဖူးသည်နှင့် သည်ရှေ့သို့သူ၏ရှိခိုးခံရမည်၊ နင်၏လင်လျှာသည်မည်သည့်နေ့ရက်ရောက်သောအခါ နောက်တောင်တောင်မှလာ၍ရေတောင်းလာမည်၊ ထိုရေတောင်းသောသူသည်နင်၏လင်လျှာ တည်း၊ ထိုနေရက်သို့ရောက်သောအခါစားကောင်းသောက်ဘွယ်ရှာထား၍ရှိနင့်စေ" ဟူ၍ဆို လေ၏။

မထီးဆိုသောနေ့ရက်သို့ရောက်လျှင်ကျွန်စစ်သားလည်းလုံကစား၍ထိုအရပ်သို့ရောက် လာ၏။ အပြင်အလျှာနှင့်ပြည့်စုံသောမထီးတူကိုမြင်လေသော "ရေပေးပါ" ဟူ၍တောင်းပြီး လျှင်ထိုမထီးကျောင်တွင်သံပရာချည်ပင်၌၌သံပရာသီးကိုဆွတ်၍အရိန္ဓမာလုံနှင့်၊ ဒွှေး၍စားတော် ခေါ်၏။ သံပရာသီးလည်းချို့မြတ်စွာဖြစ်လေ၏။ ထိုသို့မြိန်ရှက်စွာစားတော်ခေါ်သည်ကိုမထီး မြင်လေသော်တောင်း၍စားပြန်၏။ မထီးစားသောအခါချိုမြတ်စွာနတ်သုဓါကဲ့သို့ရှိလေ၏။ မထီး လည်းသံပရာချည်သည်၌သူဆွတ်၍ပေးလျှင်ချိုမြတ်စွာသောအရသာနှင့်ပြည့်စုံသည်၊ သည် သူသည်ကားလူမည်ကာမဟုတ်၊ ဘုန်းကြီးသောသူဖြစ်သည်ဟူ၍အကြံရပြီးလျှင်၊ တူမကို တိုက်တွန်း၍ရေခမ်းရ၏။ မထီးတူမသမ္မလည်းရှိသေစွာရေခမ်းပေး၏။ ကောင်းမွှန်စွာ ပြင်၍ထားသောဘောဇဉ်တို့ကိုလည်းဆက်လေ၏။ ကျွန်စစ်သားလည်းထိုဆက်သောစားဘွယ် သောက်ရာတို့ကိုစားတော်ခေါ်ပြီးလျှင် "သင်သည်ငါ့ကိုလုပ်ကျွေးဘိသင်အားငါအသက်နှံ့၏" ဟူဆိုတော်မူ၏။ မထီးတူမသမ္မလည်းဝမ်း‌ခံ၍ကောင်းမွှန်စွာလုပ်ကျွေးမွေးမြူ၏။

+   +   +

သင်္ကရာဇ်လေးရာ့နှစ်ဆဲ့တစ်ခုသော်၊ သားတော်စောလူးမင်းဖြစ်တော်မူ၏။ ... ထိုအခါ

သင်ခန်းစာ (၁၅) 247

ရှင်အရဟံအစရှိသောမူးတော်မတ်တော်၊ကလန်သံပျင်အပေါင်းတို့သည် ဤသို့မင်းကြီးကိုနား တော်လျှောက်ကုန်၏။ "ကျန်စစ်သားသည်ကိုယ်တော်နှင့်မကွာကောင်းသောသူဖြစ်သည်။ ပုန်းရှောင်၍နေလေသည်ကိုခေါ်တော်မူပါ" ဟူ၍နားတော်လျှောက်ကြ၏။မင်းစောလူးလည်း ခေါ်ရလေ၏။

ကျန်စစ်သားလည်းမထီးတုမသမ္မူလဝမ်းတွင်းပဋိသန္ဓေရှိသည်ကိုဤသို့မှာခဲ့၏။ "သင့် တွင်ရှိသောပဋိသန္ဓေဖွားမြင်သောအခါ၊မိန်းမဖွားလျှင်သည်လက်စွပ်ကိုရောင်း၀ယ်၍သုံး ဆောင်မွေးကျွေးလေ၊ယောက်ျားဖွားလျှင်သည်လက်စွပ်နှင့်သားကိုယူ၍လာခဲ့" ဟုမှာခဲ့ပြီးမှပုဂံရာ မသို့လာ၍မင်းစောလူးတွင်မြဲလေ၏။

+   +   +

သက္ကရာဇ်လေးရာ့နှစ်ဆဲ့ခြောက်ခုသော်၊ထီးလိုင်ရှင်ကျန်စစ်သားမင်းဖြစ်တော်မူ၏။... မထီးတုမသမ္မူလလည်း "ယောက်ျားဖွားလျှင်သားနှင့်လက်စွပ်ကိုယူ၍လာလည်" မင်းကြီး မှာတော်မူရင်ရှိသောကြောင်,မင်းကြီးမင်ဖြစ်တော်မူ၍နှစ်စစ်ရှိသောအခါ၊ခုနှစ်နှစ်ရွယ်ရှိသော သားကိုလက်ကိုင်၍လာ၏။ပုဂံရာမသို့ရောက်လျှင်ထီးလိုင်ရှင်မင်းကြီးဘိုလ်ရှုသဘင်ခံ၍နေ တော်မူစဉ်နန်းတော်သို့မတက်၀ံ့သောကြောင့်,နန်းရင်ပြင်ကသားကိုလက်ကိုင်၍တောင်သွား ချေမြောက်သွားချေနေလေ၏။မင်းချင်းတို့လည်း "ဟယ်မိန်းမ...ငါတို့သခင်မင်းကြီးထွက် တော်မူလာမည်,သည်တွင်မနေနှင့်,ထွက်လေ" ဟူ၍နှင်ကုန်၏။သမ္မူလလည်း "မင်းကို လျှောက်ခန့်ရှိပါသည်,လျှောက်ပါရစေ" ဟူ၍မထွက်ဘဲနေလေ၏။မင်းချင်းတို့လည်းထိုအကြောင်း ကိုမင်းကြီးအားလျှောက်လေ၏။ထီးလိုင်ရှင်မင်းကြီးလည်းခေါ်တော်မူ၍သမ္မူလနှင့်သားတော် ကိုမြင်လျှင် "ဤမိန်းမကျေးဇူးကားငါ၌ကြီးစွ" ဟူ၍မူးတော်မတ်တော်တို့အလယ်တွင်မိန့် တော်မူပြီးလျှင်,သားတော်ကိုခေါ်၍ရင်ခွင်၌ထားတော်မူ၍ဤသို့မိန့်တော်မူ၏။ "သားကားအ ရင်း၊မြေးကားအဖျား" ဟူ၍လူတို့၀ယ်ဆိုကုန်သည်,ယခုငါ,မြေးတော်ကိုဘိသိက်သွန်း၍မင် မြှောက်ခင်ပြီဖြစ်၍ "မြေးကားအရင်း၊သားကားအဖျားဖြစ်ပြီ" ဟူ၍မိန့်တော်မူ၏။ယင်သိုမထီး တုမသမ္မူလကိုလည်းဦးဆောက်ပန်းဟူသောအမည်နှင့်မိဖုရားမြှောက်တော်မူသည်။သားတော်

ကိုလည်းဇေယျခေတ္တရာဟူသောအမည်နှင့်၊မညဝတီနှင့်၊တကွတောင်စဉ်ခုနစ်ခရိုင်ကိုပေး
တော်မူ၍မင်းပြုရ၏။

(မှန်နန်းရာဇဝင်ပထမတွဲမှကောက်နုတ်ချက်)

ဝေါဟာရ

မထီး (န) = မထေရ်။ ဝါတော်နှစ်ဆယ်နှင့်အထက်ဖြစ်သောရဟန်းတော်။
ဘိသိက်သွန်း (က) ရေစင်သွန်း၍ခေါင်းလျှော်သည်၊မင်္ဂလာပွဲပြုလုပ်သည်။
ဦးဆောက်ပန်း (န) [ဥပစာ]အထွတ်အမြတ်၊အကြီးအမှူး။
တောင်စဉ် (န) တောင်တန်း။
စား (က) (ထွက်ပေါ်သောအခွန်အတုတ်အကျိုးကျေးဇူးကို)ကောက်ခံသုံးစွဲသည်။
    食邑
အနုမောဒနာပြု (က) သူတစ်ပါး၏ကောင်းမှုကုသိုလ်အတွက်ဝမ်းမြောက်ကြောင်းပြ
    သည်။သာဓုခေါ်သည်။
သဗ္ဗညုတဉာဏ် (န) တရားအပေါင်းကိုအလုံးစုံသိသောဉာဏ်။【佛教】一切种智
အရိမေတ္တေယျမြတ်စွာဘုရား (န) 【佛教】未来佛，弥勒佛
အနန္တ (န) အဆုံးမရှိခြင်း။အပိုင်းအခြားမရှိခြင်း။အများအပြား။
ပြဟ္မာ (န) သုံးဆဲ့တစ်ဘုံရှိသတ္တဝါတို့တွင်ကြီးမြတ်ဆုံးဖြစ်သောသတ္တဝါ။
နလုံးထောင့် (က) တစ်စုံတယောက်အပေါ်တွင်အတွင်းကြိတ်အမျက်ထားသည်။
အုတ်ခွက် (န) ရွှေ့ပြောင်းတွင်ပုံသဏ္ဍာန်တစုံတရာတင်စေ၍မီးဖုတ်ထားသောအုတ်ချပ်
    ပြား။ 画像砖
ပြော့ပလ္လင် (န) ထွင်းထုခြင်းမပြုပဲသရိုးတင်၍ပန်းဖော်ထားသောပလ္လင်။ 未经雕琢
    用灰泥直接捏塑成的宝座

တင်ပလ္လင်ခွေ (က) ခြေတစ်ချောင်းပေါ်သို့ခြေတစ်ချောင်းကိုထပ်၍ခွေထားသည်။
　　　　　盘膝而坐

ဘောမိကျောင်းဆောင် (န) 佛龛

မင်းထိုင် (န) 端坐

သံဝါသပြစ် (က) ကျူးမ ကာမဆက်ဆံသည်၊ မေထုန်မှီဝဲသည်။

မခန့်မရည်း (ကဝ) လေးစားရိုသေခြင်းကင်းမဲ့လျက်၊

ဇာတာ (န) 生辰八字

လင်လျာ (န) 未来的丈夫，未婚夫

အပြင်အလျာ (န) ရုပ်ဆင်းသဏ္ဌာန်၊ သွင်ပြင်၊

နွှေး (က) ခွါသည်၊ နွာသည်၊ နှင်သည်၊ သင်သည်၊

စားတော်ခေါ် (က) (မြင့်မြတ်သူ)စားသည်။

နတ်သုဝါ (န) နတ်အစား၊ အလွန်ချို့မြိန်သောစား။

ဘောဇဉ် (န) စားဖွယ်၊ စားစရာ၊

လုပ်ကျွေး (က) ၁။ မိမိအားမှီခိုသူကိုအဝတ်အစားထောက်ပံ့ပေးကမ်းသည်၊ 供养
　　　　　၂။ အခြားသူတစုံတဦးကိုမိမိကတာဝန်ယူ၍ပြုစုစောင့်ရှောက်
　　　　　သည်။ 伺候

နံ (က) ပေးအပ်သည်၊ အပ်နှင်းသည်၊

ကလန် (န) ရွှာတစ်ရွှာတည်းကိုကြီးကဲသောအမတ်၊

သံပျိုင် (န) ရေးအခါကဏ္ဍအများကိုအုပ်ချုပ်ရသူ၊

မြ (က) မပြတ်ခစားထမ်းရွက်သည်၊

လှိုင် (နဝ) ပေါများသော၊

မင်းချင်း (န) ဘုရင့်အမှုလုပ်၊ မင်းအပါး၌ခစားထမ်းရွက်ရသောအမှုထမ်း။

ဗိုလ်ရှုသဘင်ခံ (က) (古代) 上朝; (现代) 检阅

နန်းရင်ပြင် (န) 宫前广场

လျှောက်ခန့်ရှိ (က) မြင့်မြတ်သောသူကိုပြောကြားရန်အကြောင်းရှိသည်။

*****   *****   *****

ရှင်းပြချက်

၁။။ သိရိတြိဘုဝနာဒိတျဓမ္မရာဇံ

သိရိ= ကျက်သရေပြည့်စုံခြင်း။

တြိဘုဝနာ= (လူနတ်ပြဟ္မာဟူသော)လောကသုံးပါး။

ဒိတျ= (ဂုဏ်သတင်း)ထွန်းတောက်ခြင်း။

ဓမ္မ= တရားတော်။

ရာဇံ= မင်း။

汉语意为：吉祥三界众生威名远震弘法之王

၂။။ တြိလောကဝဉ့်သကာဒေဝီ =သုံလောကဦးဆောက်ပန်း(ဦးဆောက်ပန်း=စိန်ရွှေရတနာများဖြင့်မွမ်းမံထားသောဦးခေါင်းအဆင်တန်ဆာ၊အထွတ်အမြတ်၊အကြီးအမှူး။)

၃။။ ညဝတီ ရခိုင်အရပ်၏ရှေးအမည်။ "旦迎瓦底" 或 "陀迎伐提"

၄။။ ၍ (ပ) ကြိယာနာမ်နောက်တွင်ဆက်ထား၍ပြုအံ့ဖြစ်အံ့ရအံ့သောအကျိုးတစုံတရာကိုမျှော်ခေါ် ညွှန်ပြသောစကားလုံး။ 'အလို့ငှါ' သုံးလျှင်လည်းအတူတူပင်။ကြိယာနောက်တွင်ဆက်ထားလိုလျှင် 'ခြင်းငှါ' 'ခြင်းအလို့ငှါ' 'ရန်အလို့ငှါ' 'အံ့သောငှါ' စသည်ဖြင့်သုံးကြရ၏။ ဥပမာ-

— ...မဟာဒေဝီသည်သံသရာမှလွတ်မြောက်ရခြင်းအကျိုးငှါမိမိလက်ဖြင့်သာ

သင်ခန်းစာ (၁၅)   251

လျှင်ပြုလုပ်သည်ဟူ၍ပါဠိဘာသာစနှစ်ကြောင်းရှိ၏။
- သဗ္ဗညုတဉာဏ်ရအံ့သောငှါဆုတောင်း၏။
- အားလုံးသိကြစေခြင်းငှါကျွန်တော်ထပ်တစ်ခါရှင်းပြအံ့။
- အမိနိုင်ငံတော်ထူထောင်ရန်အလို့ငှါ ထွန်းကားသောနိုင်ငံများဆီမှလေ့လာ နည်းယူရမည်။

၅။ ။ ရကောင်းအံ့သို့ရှိ၏။ 是可以得到的。

၆။ ။ ရှင့် (ပ) ဝင်လာနိုင်သောစောဒကကိုတင်ကူးဖော်ပြရာ၌ဝင်း၊ပြုလုပ်ဆောင်ရွက် ကြောင်းကိုတင်ပြလိုရာဝန်ခံလိုရာ၌သုံးသောစကားလုံး။ ဥပမာ-
- အကယ်၍ကားမရှိကုန်၏ရှင့်။
- အနန္တဂုဏ်ကျေးဇူးကိုသိတတ်သောသားသမီးတို့၏အပြုအမူကိုမြင်ရသော အမိအဖတို့သည်အတိုင်းမသိဝမ်းမြောက်ပီတိဖြစ်တတ်ကြသေး၏ရှင့်။

၇။ ။ အံ့မူးမူး ကြိယာနောက်တွင်ဆက်ထား၍ဖြစ်တော့မည်ဖြစ်လုမတတ်ဟူသောအနက် အဓိပ္ပါယ်ရ၏။ ဥပမာ-
- သေအံ့မူးမူးရောဂါရှင်
- ပြိုအံ့မူးမူးတိုက်ကြီး

၈။ ။ သော်ကား ကြိယာနောက်မှဆက်ထား၍ 'သောအခါ' 'လျှင်' ဟူသောအနက်ကိုအ လေးပေးဖော်ပြရာ၌သုံးသောစကားလုံး။ ဥပမာ-
- ...သေအံ့မူးမူး၌သော်ကားအဘယ်ဆိုဘွယ်ရာရှိပါအံ့နည်း။

၉။။ သီရိပျံချီ မြန်မာနိုင်ငံလွတ်လပ်ရေးရရှိပြီးသည့်နောက်အုပ်ချုပ်ရေးဘက်အရာရှိများပေးသောဘွဲ့အမည်တစ်မျိုး။ 'ကျက်သရေတိုးများခြင်း' ဟူသောအနက်ဆောင်ထားသည်။

၁၀။။ ဥဿာ = ပဲခူးမြို့ရေးအမည်တစ်ခု

၁၁။။ နတ်မြင်းသည်လေးယောက် ကျန်စစ်သားအစရှိသောစစ်သူကြီးလေးယောက်ကိုရည်၍ခေါ်သည်။

၁၂။။ မျက်မှောင်ကြိုးဖြင့်တည်း ကြိုးဖြင့်လက်ပြန်တုပ်နှောင်ထားသည်။

၁၃။။ အရိန္ဒမလုံ သိကြားမင်းသုံးသောနတ်လုံ။

၁၄။။ သည်သူသည်ကားလူမည်ကာမဟုတ် 此人定非凡人。

၁၅။။ မှူးတော်မတ်တော်ကလန်သံပျင် အရာရှိကြီးကြီးငယ်ငယ်ဟူလို။

၁၆။။ ခင် ရှေးခေတ်တွင်ကြိယာနောက်ထား၍ကြိုတင်ပြုပြီး၊ဖြစ်ပြီးကြောင်းကိုညွှန်ပြသောစကားလုံး။မျက်မှောက်ခေတ်တွင်ဤသို့အသုံးမျိုးတွေ့ရအလွန်ရှားနေပြီ။သို့သော်ပဋိသေမပုဒ် 'မ' နင့်တွဲသုံးကြပေသေးသည်။ဤသင်ခန်းစာတွင် "ယခုငါမြေတော်ကိုဘိသိက်သွန်း၍မင်းမြောက်ခင်ပြီဖြစ်၍..." တစ်ခွန်းပါလာသည်။မျက်မှောက်ခေတ်တွင် "မ...ခင်" သုံးနေကြသည်ကိုအလွယ်တကူတွေ့နိုင်၍သာကများမပြတော့ပြီ။

လေ့ကျင့်ခန်း

၁။ အောက်ပါမေးခွန်းများကိုဖြေပါ။

၁။ မြစေတီကျောက်စာကိုမည်သူကမည်သည့်အကြောင်းကြောင့်ရေးထိုးခဲ့ သနည်း။

၂။ မြစေတီကျောက်စာကိုမည်သည့်ဘာသာများဖြင့်ရေးထိုးထားသနည်း။

၃။ အဘယ်အကြောင်းကြောင့်ကျန်စစ်သားအပေါ် အနော်ရထာမင်းကအမျက် တော်သင့်ရသနည်း။

၄။ သမ္ဗူလဆိုသူသည်မည်သူနည်း။

၅။ ကျန်စစ်သားနှင့်သမ္ဗူလတို့သည်အဘယ်အကြောင်းကြောင့်တွေ့ဆုံ ပေါင်းသင်းပြီးလျှင်ပြန်၍ခွဲခွါခဲ့ရသနည်း။

၆။ မည်သည့်အချိန်ကျမှသမ္ဗူလနှင့်ကျန်စစ်သားအချင်းချင်းပြန်လည်တွေ့ဆုံ ကြရသနည်း။

၇။ ကျန်စစ်သားနှင့်သမ္ဗူလပြန်တွေ့သော်ကျန်စစ်သားကသူမကိုမည်သို့ ချီးကျူးပြီးမည်သည့်ဘွဲ့အမည်ကိုချီးမြှောက်ခဲ့သနည်း။

၈။ ကျန်စစ်သားနှင့်မိမိ၏သားတော်ကိုပြန်တွေ့ရှိမည်သို့မှိန်ကြားခဲ့သနည်း။ မည်သို့ချီးမြှောက်ခဲ့သနည်း။

၉။ ဦးဖေမောင်တင်၏စာတွင်ရာဇကုမာရ်အကြောင်းကိုမည်သည့်မြန်မာ့သ မိုင်းပုံပြင်များဖြင့်ယှဉ်ပြီးပြခဲ့သနည်း။ ထိုသမိုင်းပုံပြင်များကိုသင်ဖတ်ဖူး၏ လော။

၂။ 'နှင့်' ဟူသောစကားလုံး၏သုံးနည်းများကိုပေါင်းရုံးသုံးသပ်ကြည့်ပါ။ ဤသင် ခန်းစာအပါအဝင်ဖတ်ခဲ့ဖူးသောဆောင်းပါးများမှသက်ဆိုင်ရာဝါကျများထုတ်နုတ် ၍ပြယုဂ်အဖြစ်နှင့်ပြပါ။

၃။ အောက်ပါစကားလုံးများဖြင့်ဝါကျတစ်ခုစီဖွဲ့ပြပါ။

ငါ၊ တန်ရာ၊ ဤသို့ဖြင့်၊ အကယ်၍၊ ဝေ့စွ၊ မဆိုထားနှင့်၊ သောအားဖြင့်၊ ကောင်း ("合适""值得")

၄။ "မြစေတီကျောက်စာ" ဆောင်းပါးမှပထမစာပိုဒ်နှင့် "ကျွန်စစ်သားနှင့်သမ္မုလ" ဆောင်းပါးမှ "ထိုအရပ်တွင်ရဟန်းမထီးတူမတော်တစ်ယောက်သည်…" ဟူသောစာပိုဒ်တို့ကိုတရုတ်ဘာသာသို့ပြန်ဆိုပါ။

၅။ အောက်ပါဝါကျများကိုမြန်မာဘာသာသို့ပြန်ဆိုပါ။
(1) 众所周知缅甸是个受佛教影响很大的国家。所以有人说缅甸文化就是佛教文化。
(2) 为了丰富校园文化生活,同学们组织了合唱团、舞蹈队等等社团组织。
(3) 平时获得某种成功时都会无比兴奋,更何况在多次失败似乎毫无希望的时刻能取得这样的成绩,还有什么可说的呢?
(4) 在轮船坏了即将沉没的时刻,正巧一条大船来到了离它不远的地方。
(5) 如果你们像散了捆的柴禾一样,你们就会很容易被人欺侮。
(6) 不用说大人,就是未成年的孩子也懂得这个道理。
(7) 假如他不是过早去世,现在很可能成了一位领导了。

(8) 人类想拥有一个幽雅的自然环境吗？是可能得到的。想拥有一个和平的世界吗？是有可能得到的。想拥有一个美好的未来吗？也是可能得到的。只要科学地按客观规律对待各种事物就可能实现这样的理想。

၆။ ။ အောက်ပါစာတစ်ပုဒ်ကိုမြန်မာဘာသာသို့ပြန်ဆိုပါ။

兵马俑

秦始皇是历史上第一个统一了中国的皇帝。两千多年前，他为了保卫自己的地上王国，修筑了万里长城，离开人间之前，为了保卫自己的"地下王国"，在他的陵墓里，安放了一支庞大的卫队——兵马俑。

秦始皇兵马俑坑，位于陕西西安附近，从前是一片墓地。据说当地百姓的祖先在挖墓地时，曾经挖到过这种像人一样的"怪物"，但没有引起人们的注意。1974年3月，当地农民打井，又一次挖到了"怪物"——陶俑，这才引起中国考古工作者的注意。经过他们的艰苦劳动，这支规模庞大、军容威武的秦始皇的卫队才出现在人们面前。担任前锋冲杀和跟在战车后面的步兵，穿着短袍，系着腰带，打着绑腿。一般士兵不戴帽子，普通军官和将军所戴的帽子也不一样。骑兵都穿北方少数民族的服装，其他兵种有的穿汉族服装，有的穿少数民族服装。陶俑的发型是多种多样的。特别引人注意的是它们在神情上的区别。从已出土的几千个陶俑来看，大概有一百多种不同的神情，有二十多种不同脸型。军官一般表情严肃，年纪也显得大些，有的脸上还有皱纹。

这支"地下王国"卫队的发现，震惊了全中国，轰动了全世界。

၇ ။ ။ "ကျွန်စစ်သားနှင့်သမ္မူလတို့ခေတ်မှပဒေသရာဇ်စံနစ်" ဟူသောခေါင်းစဉ်ဖြင့် ဆောင်းပါးတစ်ပုဒ်ရေးပါ။

၈ ။ ။ သင်သိသောသမိုင်းပုံပြင်တစ်ခုကိုပြောပြပါ။

အပိုဖတ်စာ

မြစေတီကျောက်စာ

(ခေတ်အကွာခေတ်အသံထွက်ဖြင့်ပြောင်းရေးနည်း)

သိရီ။နမောဗုဒ္ဓယ၊ဘုရားသခင်သာသနာအနှစ်တစ်ထောင်ခြောက်ရာနှစ်ဆယ့်ရှစ်နှစ် လွန်လေပြီးရကား၊ ဤအရိမဒ္ဒနပုရမည်သောပြည်၌အား၊ သိရီတြိဘုဝနာဒိတျဓမ္မရာဇ်မည်သော မင်းဖြစ်၏။ ထိုမင်း၏ပါယ်မယားတစ်ယောက်သော်ကား တြိလောကဝဠုသကာဒေဝီမည်၏။ ထို ပါယ်မယားသားတမူလည်းရာဇကုမာရ်မည်၏။ ထိုမင်းကားကျွန်သုံးရွာတည်းပါယ်မယားအား ပေး၏။ ထိုပါယ်မယားသေခဲ့ရကား၊ ထိုပါယ်မယားတန်ဆာနှင့်ထိုကျွန်သုံးရွာသောနှင့်တည်း၊ ထို ပါယ်မယား၏သားရာဇကုမာရ်မည်သောအားမင်းပေးတုံ၏။ ထိုမင်းအနှစ်နှစ်ဆယ့်ရှစ်နှစ်မင်းမူပြီ ၍သေခဲ့မူနာသရော၌့တည်း၊ ထိုရာဇကုမာရ်မည်သောပါယ်မယားသားမိမိကိုမွေးသောမင်းကြီး ကျေးဇူးအောက်မေ့ရကား၊ ရွှေအတိသောဘုရားသခင်အဆင်းပြု၍နှပ်လေသရောတည်း၊ ဤ

သိုမိန့်။ ဤရွှေဘုရားကားငါ့သခင်အဖို့အတို့ကျွန်ပြုသတည်း၊ ဤကျွန်သုံးရွာအတို့ကျွန်ငါ့ သခင်ပေးသောသည်ကားဤရွှေဘုရားအားအတို့ကျွန်ပေး၏။ ထိုရောတည်းမင်းနှစ်ကျိုရကား ကောင်းလှ၏တည်းကောင်းလှ၏တည်းမိန့်၏။ သင်ကြီးမဟာထေရ်၊ သင်ကြီးမုဂ္ဂလိပုတ္တတိ

သထေရ်၊သုမေဓပဏ္ဍိတ်၊သင်ကြီးဥဟွံပါလ၊ သင်ကြီးဥဟွံဒို၊သင်ကြီးသောနသင်ကြီးသယ် သေနဝရပဏ္ဍိတ်ထိုသခင်တို့အမောက်တည်း မင်းရေသွန်၏။ ထိုပြီးရကားထိုရာဇကုမာရ် မည်သောပါယ်မယားသားထိုရွှေဘုရားထပနာ ၍ဤရွှေအထွတ်မှသောကုပြု၏။ ပြုပြီးရကား ဤကုဘုရားလွတ်သရော့၌တည်း။ သက်မှန လွန်တစ်ရွာ၊ရပါယ်တစ်ရွာ၊ဟန်ဗိုတစ်ရွာ၊ဤ ကျွန်သုံးရွာယူ၍ထိုရာဇကုမာရ်မည်သော

ပါယ်မယားသားဤကုဘုရားအားရေသွန်၍အသို့မိန့်၏။ ဤငါ့အမူကားသဗ္ဗညုတ ညာဏ်ပညာရအံ့သောအကြောင်းဖြစ်စေတည်း။ ငါ့နောင်အားငါ့သားလည်းကောင်း၊ ငါ့မြေးလည်း ကောင်း၊ ငါ့အဆွေလည်းကောင်း၊ သူတစ်ထူးလည်းကောင်း၊ ဤဘုရားအားငါလှူခဲ့သောကျွန် အနိုပ်အစက်တည်းမူကား၊ အရိမေတ္တေယျဘုရားသခင်အဖူးရစေ။

****** ***** *****

မြစေတီကျောက်စာချက်ဆစ်အဓိပ္ပာယ်

နမောဗုဒ္ဓယ = မြတ်စွာဘုရားကိုရှိခိုး၏ပါ၏။ စာပေပြုစုရေးသားသူတို့ရေးဦးပြုရမြဲကျင့် ဝတ်အရရေးရသည်။

အရိမဒ္ဒနပုရ = ရန်သူတို့ကိုချေမှုန်းနိုင်သောပြည်၊ ပုဂံပြည်၏ရေးအမည်။

သိရီတြိဘုဝနာဒိတျဓမ္မရာဇ = ကျက်သရေရှိသောဘဝသုံးပါးရှင်နေမျိုးနွယ်တရားမင်း၊ ကျန်စစ်သားမင်း၏ဘွဲ့။

ပါယ် = ချစ်မြတ်နိုးစွာသော

တြိလောကဝဠ်သကာဒေဝီ = သုံးလောကဦးဆောက်ပန်းမိဖုရား

တမူ = တစ်ဦး

ရာဇကုမာရ် = မင်းသား

သောနင့်တည်း = အတူတကွ

တုံ = ပြန်

သေခဲ့မူ = သေတော့ရန်

သရော = သောအခါ

နပ် = ကျေနပ်နှစ်သက်

အတို့ကျွန် = ကျွန်ုပ်တို့

နှစ်ကျူ = နှစ်လို့၊နှစ်သက်

ကောင်းလှ၏တည်း = ကောင်းလေစွသာဓု

သင်ကြီး = သံဃာကြီး

အမောက် = ရှေ့မောက်၊ရှေ့ဝယ်

လွတ် = စွန့်လွတ်သည်၊လှူတန်းသည်

သုတစ်ထူး = သုတစ်ပါး၊အခြားသူ

အရိမေတ္တယျ = ငါ့ကမ္ဘာ့၌ပွင့်တော်မူဦးမည်ဘုရားတစ်ဆူ၏ဘွဲ့အမည်တော်

အဖူးရစေ = မဖူးရစေ

《妙齐提碑文》参考译文

吉祥如意，归敬佛陀！佛历 1628 年，在阿梨摩陀那补罗城，底里德里巴瓦那底达拉达马亚扎王即位。王之爱妃名底里劳加瓦丹达加黛维,生一子,名亚扎古曼。王赐三村奴隶予爱妃。妃死,王将妃之饰物并三村奴隶授予其子亚扎古曼。王在位二十八年后病重将死,王妃之子亚扎古曼感王养育之恩,制金佛一尊。心中感到快慰,向王奏道:"此金佛乃儿臣为父王所制。父王所赐三村奴隶也一并献予此佛。"王闻言大喜,说:"善哉!善哉!"遂在国师及牟加利卜达蒂达大、杜梅卡班蒂达、边玛巴拉、边玛德瓦、多那、德那瓦耶班蒂达等众高僧前洒水。礼毕,亚扎古曼王子建金顶佛窟,置佛其中。建成后,将牟那隆、罗别、汉波三村奴隶献予佛。亚扎古曼王子向佛窟洒水说:"愿吾之善行能使吾获得一切种智。日后吾子、吾孙、吾之亲友或他人若欺虐吾献予佛之众奴者,将无缘拜谒阿利弥底耶佛。"

*****   *****   *****

ဝေါဟာရများ

ဝေါဟာရ-	သင်ခန်းစာ
ကစ၍ (သ)	⑨
ကနားဖျင် (န)	⑧
ကရစ်ဘီယံပင်လယ် (န)	③
ကလား (ပ)	①
ကလိဆွ (က)	⑫
ကလန် (န)	⑮
ကလပ် (န)	⑭
ကလာပ်စည်း (န)	③
ကဝိ (န)	⑨
ကသိုဏ်းရှု (က)	⑫
ကာကွယ်ဆေး (န)	③
ကာလပျက် (န)	④
ကာလသားရောဂါ (န)	③
ကူပေါ်လောင်ဖက် (န)	⑧
ကောဘယ်ကြီး (န)	②
ကဲ (က)	⑭
ကိုက (ပ)	①

ကံ့ကော် (န)	⑫
ကင်းမြီးကောက်ထောင် (က)	⑭
ကန့်ချက် (န)	⑭
ကပ် (က)	⑥
ကမ္ဘာကျန်းမာရေးအဖွဲ့ကြီး (န)	③
ကိုယ်ခံစွမ်းအားထုတ်ပေးသောနစ် (န)	③
ကျေးကုလား (န)	⑦
ကျောထောက်နောက်ခံ (န)	⑦
ကျူး (က)	⑭
ကျောက်ချ (က)	⑧
ကျောက်ချဉ် (န)	②
ကျောက်ပျဉ် (န)	②
ကျောက်ဖျာ (န)	②
ကြသောင်းဝါး (န)	⑩
ကြာငံ့ (န)	⑤
ကြားဝင်ရောဂါ (န)	③
ကြီး (နဝ)	④
ကြီး (ပ)	④
ကြီးတော် (န)	④
ကြေးတိုက် (န)	⑩
ကြော့ရှင်း (နဝ)	⑩
ကြို့ (က)	⑤
ကြက်မောက် (န)	⑨

ကြမ်းပိုး (န)	①
ကွန့် (က)	⑪
ကွယ် (က)	⑫
ခယ (က)	⑤
ခရီးရောက်မဆိုက် (ကဝ)	⑬
ခရစ္စမတ်ဘိုးဘိုး (န)	②
ခရစ်မပေါ်မီ၊ ဘီစီ (န)	②
ခါးစီး (န)	⑦
ခုခံအားကျဆင်းမှုရောဂါ (န)	③
ခေ (နဝ)	⑭
ခုံး (န)	⑦
ခင် (ကထ)	⑮
ခေါင်ခိုက် (က)	⑭
ခေါင်းနားပန်းကြီး (က)	⑤
ချော်ရည် (န)	②
ချင် (ကထ)	⑧
ချင်း (ပ)	⑩
ချင်းနင်း (က)	⑤
ခြား (က)	⑧
ခြေမသေး (က)	⑭
ခွေးကတက် (န)	⑩
ခွေးတိုးဝက်ဝင် (န)	①
ဂေါ်လီရိုက် (က)	⑩

ဂေါတမ (န)	⑤
ဂိုး (န)	⑭
ဂိုးစည်း (န)	⑭
ဂိုးတိုင် (န)	⑭
ဂုဏ်ထူး (န)	④
ဂန္ထလောက (န)	④
ဂန္ထကုဋီ (န)	⑦
ဂန္ထရိပိဋ္ဌာ (န)	②
ဂျူတာ (န)	⑤
င (န)	①
ငါ (ပ)	⑮
စကားစဉ်	⑨
စဖွယ် (ပ)	④
စာပို့ (န)	⑬
စား (က)	⑮
စားကျင်း (န)	①
စားတော်ခေါ် (က)	⑮
စားမြုံ့ပြန် (က)	⑤
စုဉ္စအကြီးတော် (န)	⑨
စေသား၊စေသော၊စေသောဝ် (ပ)	⑨
စောကြော (က)	③
စိုတီးစိုစွတ် (ကဝ)	①
စံကားဝါ (န)	②
စစ်ကူ (န)	⑦

စဉ်. (န)	⑨
စည်ပတ်သံခွေ (န)	⑩
စည်းမျဉ်းကန့်သတ်ချက် (န)	③
စန္ဒကူး (န)	②
စုန့်စုန့် (ကဝ)	②
စိမ့် (က)	⑤
စွ (၆)	②
ဆလိုက်ဖလင် (န)	②
ဆားပြက် (က)	⑤
ဆေးမတိုး (က)	③
ဆောက် (န)	⑩
ဆောက်ပုတ် (န)	②
ဆောင်နှင်း (က)	⑦
ဆိုင်ကယ်(န)	⑭
ဇဝန (န)	④
ဇာတာ (န)	⑮
တကား (ပ)	⑨
တငွေ့ငွေ့ (ကဝ)	⑫
တစေ့တစောင်း (ကဝ)	④
တမြေ့မြေ့ (ကဝ)	⑫
တရိပ်ရိပ် (ကဝ)	③
တီ-ဆဲလ် (န)	③
တေဇာ (န)	⑭

ဝေါဟာရများ

တေဇော် (န)	⑪
တောခြောက် (က)	⑤
တောလား (န)	④
တိုးလျှိုး (က)	⑤
တံကဲ (န)	⑦
တုံးတာ (နဝ)	①
တက် (က)	③
တင်ပလ္လင်ခွေ (က)	⑮
တင်လဲရည် (န)	⑭
တောင်ကလပ် (န)	②
တောင်စဉ် (န)	⑮
တိုင်ဖုံး (န)	⑩
တိုင်းပြုပြည်ပြုလွှတ်တော် (န)	⑥
လွှတ်တော် (န)	⑥
အထက်လွှတ်တော် (န)	⑥
အောက်လွှတ်တော် (န)	⑥
တတ္ထဒေသ (န)	⑦
တုပ်ကွေးရောဂါ (န)	③
တယ် (အ)	①
တျာချင်း (န)	⑪
တွေ့ကရာရှစ်သောင်း (န)	⑭
တွေ့ (က)	⑫
ထမီရင်ရှား (က)	⑫

ထား:ဦး (သ)　　　　　　　　　　　②
ထေရဝါဒဂိုဏ်း (န)　　　　　　　　⑦
ထိုပြင်တဝ (သ)　　　　　　　　　⑦
ထောင်ပြတ် (န)　　　　　　　　　⑭
ထစ် (က)　　　　　　　　　　　　⑤
ထည်လဲ (န)　　　　　　　　　　③
ထမ်းဆိုင်း (န)　　　　　　　　　　②
ထိမ်ပင် (န)　　　　　　　　　　⑩
ထွက်ရပ်ပေါက် (က)　　　　　　②
ထွက်ရပ်လမ်း (န)　　　　　　　②
ဒူးတုပ် (က)　　　　　　　　　　⑤
ဒေသနာ (န)　　　　　　　　　　⑤
ဒုန်းစိုင်း (က)　　　　　　　　　⑤
ဝါးလွတ် (န)　　　　　　　　　⑤
ဓာတ်နန်း (န)　　　　　　　　　②
ဓာတ်အိမ် (န)　　　　　　　　　②
ဓမ္မကြောင်း (န)　　　　　　　　⑪
ဓမ္မ၇ံ (န)　　　　　　　　　　　⑭
နသားဘာယား (က)　　　　　　⑥
နာနာ (ကဝ)　　　　　　　　　⑭
နားယဉ် (က)　　　　　　　　　⑧
နားအံ့ (န)　　　　　　　　　　⑭
နေ့တွက်ငွေ (န)　　　　　　　⑭

နေနေသာသာ (သ)	⑫
နိုပဲဆု (န)	③
နိုး (ပ)	⑤
နောက်တန်း (န)	⑭
နင်ပဲငဆ (န)	⑭
နတ်သုဓါ (န)	⑮
နန်းရင်ပြင် (န)	⑮
နန်းသက် (န)	⑦
နွားလပို့ (န)	②
နယ် (အ) (ပ)	⑬
နွေး (က)	⑮
နဲ့နဲ့သဲ့သဲ့ (ကဝ)	⑤
နလုံးထောင့် (က)	⑮
နလုံးပွါး (က)	⑩
နံ (က)	⑮
ပကိဏ္ဏက (နဝ)	⑨
ပညတ် (က)	⑤
ပဋိဇီဝဆေး (န)	③
ပဋိပစ္စည်း (န)	③
ပဏာမ (နဝ)	⑥
ပဏာမပြင်ဆင်မှုညီလာခံ (န)	⑥
ပယောဂ (န)	⑩
ပသ (က)	⑤

ပါတိတ် (န)	⑭
ပါပေ (ပ)	①
ပါလီမန် (န)	⑥
ပါးချိုင့် (န)	⑫
ပိဋကတ် (န)	⑪
သုတ္တန္တပိဋကတ် (န)	⑪
ဝိနယပိဋကတ် (န)	⑪
အဘိဓမ္မပိဋကတ် (န)	⑪
ပုချည်ဖျင် (န)	⑦
ပုဆစ် (န)	⑤
ပဲ့တင်ထပ် (က)	⑬
ပေ့ (၈)	②
ပေါက်ကရ (န)	⑬
ပင်နယ်တီ (န)	⑭
ပေါင်းကူး (က)	⑦
ပစ္စယာ (န)	⑦
ပတ်စ်ချာ (န)	③
ပုတ်ပြတ် (ကဝ)	⑧
ပန်းသေး (န)	⑬
ပလ္လင် (န)	⑦
ပုဏ္ဏကာမ (န)	⑦
ပျို့ (န)	④
ပြတာကွင်းသိုင်း (က)	⑩

ဝေါဟာရများ 269

ပြီး (က)	⑨
ပြီးသား (ပ)	⑥
ပြော့ပလွှင် (န)	⑮
ပြက်လုံးထိုး (က)	⑬
ပြည့်တန်ဆာ (န)	③
ပွင့်လင်း (က)	⑤
ပါလုတာ (န)	⑬
ပုးပုးမှုတ် (က)	⑭
ဖိကျင် (န)	②
ဖိုင်နယ်ပွဲ (န)	⑭
ဖိတ်ဖိတ်လျှံ (ကဝ)	⑪
ဖန်ဒိုး (န)	⑩
ဖိလ် (န)	⑪
ဖြိုင်ဖြိုင် (ကဝ)	①
ဖွဲ့စည်းအုပ်ချုပ်ပုံအခြေခံဥပဒေ (န)	⑥
ဝလီ (န)	⑤
ဝလီမျှော်စင် (န)	⑤
ဗောဓိ (န)	⑦
ဗောဓိကျောင်းဆောင် (န)	⑮
ဗိုင်းရပ်စ်ပိုး (န)	③
ဗိုလ်ရှုသဘင်ခံ (က)	⑮
ဗြဟ္မဏဟိန္ဒူဝါဒ (န)	⑦
ဗြဟ္မာ (န)	⑮

ဘိသိက်သွန်း (က)	⑮
ဘီစီအက် (န)	④
ဘုစုခရ (န)	⑭
ဘောဇဉ် (န)	⑮
မခန့်မရည်း (ကဝ)	⑮
မထီး (န)	⑮
မရုရတာဂုဏ် (န)	⑪
မလိုလဲလိုလဲ (ကဝ)	⑭
မဝရေစာ (န)	①
မူ (သ)	⑮
မူတူးဆာမိ (န)	⑭
မူလကိုယ်ခံစွမ်းအားလျော့ရောဂါ (န)	③
မူးယစ်ဆေး (န)	③
မေးတင် (က)	⑩
မဂ် (န)	⑪
မင်းတိုင်ပင်အမတ် (န)	⑬
မင်းထိုင် (န)	⑮
မင်းနေပြည် (န)	⑦
မောင်းမမိသံ (န)	⑨
မဣ္ဈိမဒေသ (န)	⑦
မယ် (ပ)	⑥
မျက်ပြူး (န)	④
မျက်လုံးမျက်ဖန်ကောင်း (နဝ)	④

မြ (က)	⑮
မု (ပ)	⑥
မုစ၍	⑦
မုပြင်. (ပ)	⑬
မိုပြ၊ (န)	①
မုက္ခရ (န)	③
မှင် (န)	⑭
မှိုင်ထွေချ (က)	⑤
မှန်ပါ၊မှန်ပါ (အ)	⑩
မွေနောက် (က)	⑨
မွမ်း (က)	⑩
ယု (က)	④
ယောဂီ (န)	②
ယင်း (သ)	⑧
ယပ် (န)	①
ယပ်ခတ် (က)	①
ယွန်း (နဝ)	⑩
ရတု (န)	④
ရကန် (န)	④
ရာကျရာရောက် (ကထ)	⑨
ရာဇဂြိုဟ် (န)	⑦
ရဲပတောင်းခတ် (စု)	⑭
ရောဂါပျိုးချိန် (န)	③

ရောဂါပြီး (က) ③
ရိုရိုကျိုးကျိုး (ကဝ) ①
ရုံတမယ် (ပ) ①
ရုံပိုင် (န) ⑬
ရင်ဒူးတုန် (က) ⑩
ရင်ဖွင့် (က) ①
ရစ် (က) ⑧
ရုပ်ရည်သန့် (နဝ) ④
ရွက် (န) ⑧
ရှား (န) ②
ရှူး (က) ⑭
ရှေ့တန်း (န) ⑭
ရှင် (ပ) ⑮
လူကျဲဘော (န) ⑭
လူပြိန် (န) ③
လေ (ကထ) ⑦
လေ (ပ) ⑦
လေပေါင်ဖွဲ့ (က) ⑭
လေပြတ် (က) ⑧
လေသာပြတင်း (န) ⑦
လေးချိုး (န) ④
လော (ပ) ⑤
လောကခံ (န) ⑪

လောလောလပ်လပ် (ကြ)	⑭
လို့ (သ)	⑧
လုံးပါးပါး (က)	③
လက်ခေါက်မှုတ် (က)	⑭
လက်ခတ် (န)	②
လက်တိုလက်တောင်း (န)	①
လက်ရိုးဗေဒင် (န)	⑨
လောက်စပီကာ (န)	⑭
လင်လျာ (န)	⑮
လိင်ဆက်ဆံမှုထွေပြားသူ (န)	③
လိင်တူဆက်ဆံသူ (န)	③
လည်း (သ)	①
လုပ်ကျွေး (က)	⑮
လမ်းညွှန်ဖွိုင့် (န)	②
လိုင် (နဝ)	⑮
လျှောက်ခန်းရှိ (က)	⑮
လျှပ်ပြက် (က)	⑤
ဝါကျတ် (က)	⑧
ဝါးလုံးထိုး (ကြ)	⑭
ဝေရီ (နဝ)	⑤
ဝိဇ္ဇာဇော်ဂျီ (န)	②
ဝတ္ထုကာမ (န)	⑦
ဝတ်လုံတော်ရ (န)	⑫

ဝပ်စင်း (က)	⑤
သကော (ပ)	③
သပိတ် (န)	④
သပိတ်ခါအိတ်ခါ (ကဝ)	④
သပိတ်ရောင် (န)	④
သပိတ်ဝင်အိတ်ဝင် (ကဝ)	④
သပိတ်သံအိတ်သံ (ကဝ)	④
သပိတ်သွတ် (က)	④
သပြန် (န)	④
သမထ (န)	②
သရွတ် (န)	⑦
သလောက် (သ)	⑧
သာမည (နဝ)	⑥
သာသနာနှစ်၊သာသနာတော်နှစ် (န)	②
သာသနိကအဆောက်အအုံ (န)	⑦
သားနား (နဝ)	⑩
သားနံရည်အကျိုတ် (န)	③
သားသားနားနား (ကဝ)	④
သုခမာလတာဂုဏ် (န)	⑪
သူစိမ်းတရံဆံ (န)	⑤
သူရိယ (န)	④
သော်ကား (ပ)	⑮
သော်ကော (ပ)	⑪

သော်မှ (သ)	②
သို့ (ပ)	⑪
သို့စင်လျက် (သ)	④
သံပျင် (န)	⑮
သံဝါသဖြစ် (က)	⑮
သံဝေဂ (န)	⑪
သက္ကာရ (န)	⑤
သက္ကရာဇ် (န)	⑪
သက်ကြီးပု (န)	⑭
သင်တိုင်းအကျႌ (န)	⑩
သင်ပုန်းခေါင်း (န)	⑩
သစ္စာတရား (န)	①
သပ်စီ (က)	⑦
သိပ် (က)	⑧
သဗ္ဗညုတဉာဏ် (န)	⑮
သမ္ပတ္တိ (န)	⑬
သမ္မတ (န)	⑥
သွားခေါ် (နဝ)	⑭
သွေးမတိတ်ရောဂါ (န)	③
ဟသံ်ပြဒါးရောင် (န)	⑭
ဟုတ်ဟုတ်ညားညား (ကဝ)	①
ဟပ် (က)	⑫
အကျႌ (န)	⑭

အချုပ်အချာအာဏာ (န)	⑥
အချိတ်အဆက် (န)	④
အခြေအမြစ် (န)	⑨
အငမ်းမရ (ကဝ)	①
အဆို့ (န)	②
အဏုဇီဝ (န)	③
အတိုကောက်စာလုံး (န)	③
အဝိဇ္ဇာန် (န)	②
အနမောဒနာပြု (က)	⑮
အနုသာသန (န)	⑨
အနန္တ (န)	⑮
အနီး (န)	⑧
အပုံ (န)	⑦
အပြင်အလျာ (န)	⑮
အပြည့် (န) (ကဝ)	①
အမဲ (န)	⑤
အမတ် (န)	⑥
အမြင်ကတ် (က)	⑤
အမြွက် (န)	⑪
အယူသည်း (က)	⑤
အရိမေတ္တယျမြတ်စွာဘုရား (န)	⑮
အရေပြားရောဂါ (န)	③
အရိုးစွဲ (က)	⑭

အရွဲ့တိုက် (က)	⑬
အလား (ပ)	⑩
အလို (န)	⑦
အလယ်တန်း (န)	⑭
အလျှောက် (ပ)	④
အလျှိုလျှို (ကဝ)	⑭
အာ (က)	⑬
အလွမ်းသမား (န)	④
အာစရိ (န)	⑭
အာဖရိကမျောက်စိမ်း (န)	③
အာမလက (န)	⑦
အာဝဇ္ဇန်း (န)	④
အား (ကထ)	②
အားတက်သရော (ကဝ)	①
အီကွေတာ (န)	③
အေအိုင်ဒီအက်စ်ရောဂါ (န)	③
အံ့မူးမူး (ပ)	⑮
အက်အက်နက်နက် (ကဝ)	⑭
အောက်စပို့ဒ်တက္ကသိုလ် (န)	④
အင်းမလုပ်အဲမလုပ် (ကဝ)	⑭
အောင်မြေ (န)	②
အိုင်စီအက် (န)	④
အုတ်ခွက် (န)	⑮

အန်ဖတ် (န)   ③
အုန်းပင်စိုက် (က)   ⑭
အိမ်ရှေ့စံ (န)   ⑨
ဣန္ဒြေ (န)   ⑬
ဥဒဟို (ကဝ)   ⑫
ဥမင် (န)   ②
ဥသျှစ် (န)   ⑪
ဦးဆောင်ပန်း (န)   ⑮
ဦးနောက်မြွေးရောင်ခြင်း (န)   ③
သြဇာဂုဏ် (န)   ⑪